Korea – ein vergessener Krieg?

Veröffentlichungen des
Deutschen Historischen
Instituts Moskau

Band 3

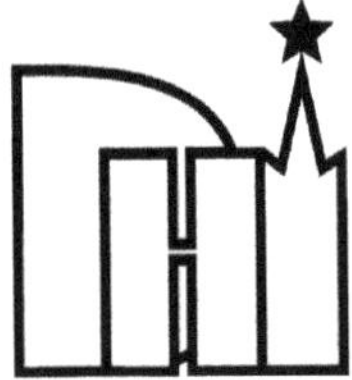

Bernd Bonwetsch, Matthias Uhl

Korea – ein vergessener Krieg?

Der militärische Konflikt auf der koreanischen Halbinsel 1950–1953 im internationalen Kontext

Oldenbourg Verlag München 2012

Die Deutsche Nationalbibliothek verzeichnet diese Publikation in der Deutschen Nationalbibliografie; detaillierte bibliografische Daten sind im Internet über http://dnb.d-nb.de abrufbar.

Rosenheimer Straße 145, D-81671 München
Internet: oldenbourg.de

Umschlaggestaltung: hauser lacour
Umschlagbild: Lagekarte der Fronten auf der Koreanischen Halbinsel mit persönlichen Eintragungen Stalins, Juli 1951, RGASPI
Satz: le-tex publishing services GmbH, Leipzig
Druck und Bindung: Memminger MedienCentrum, Memmingen

Dieses Papier ist alterungsbeständig nach DIN/ISO 9706

ISBN 978-3-486-71271-1
E-ISBN 978-3-486-71639-9

Inhaltsverzeichnis

Preface

The Korean War does not belong to the past, but to the present.

The Korean War has not been declared terminated even according to the international law. North and South Korea remain in the status of armistice, not in the status of peace, and the state of military opposition has not changed. In this way, an "unstable peace" is maintained on the Korean Peninsula, and unfortunately North and South Korea still remain in the shadow of the Cold War.

Nevertheless, various aspects related to the Korean War are still to be investigated. Once peace on the Peninsula is restored or if peaceful unification is achieved, the access to North Korean internal data may become possible. In order for this to happen, North Korea has to abandon its nuclear program and start reforming the nation, thus creating an open society and restoring the trust in North Korea within the international community.

The Korean War echoes in the present more than any other historical event of the past decades. As was discussed during this conference, the impact of the Korean War on the continuing state of political conflict in Europe, as well as on both East and West Germany's security and military policy was immense. Moreover, the Korean War was a transitional historic event that decided the fate of North and South Korea. With the help from the United States and its allies, South Korea was able to defend its free democratic system. As a result, the ROK-US alliance was formed in 1954. As a combined defense system, ROK-US has played an important role in deterring another war from happening on the Peninsula for almost six decades. Supported by this binational security agreement, South Korea was able to develop its free democratic society and market economy, thus becoming the 11th largest economy in the world.

North Korea, the only "closed kingdom" in the world, has 70 % of its vast, heavily-armed forces, numbering more than a million people, stationed close to the armistice line south of the Pyongyang and Wonsan line. North Korea's political and economical structure is highly unstable. Just like the Berlin Wall fell, North Korea may someday collapse due to an "internal explosion". This "internal explosion" may turn into an "external explosion". Therefore, in order to keep peace and stability on the Korean Peninsula and in Northeast Asia, there must be no error in crisis management nor in the operational readiness of ROK forces in order for the ROK-US alliance to maintain deterrence.

Many historical figures have affected the history of mankind. For example, if Stalin hadn't existed, we may assume that the Korean War would not have taken place. Stalin was a crafty character. Only later it was found out that Stalin tried to induce the United States and China to fight in a war of attrition, similarly to the intention revealed earlier in the Second World War to prompt a war of attrition between Germany and the US-British alliance. Kim, Jong Il, the hereditary successor of Kim, Il Sung, who received support from Stalin, upheld, and now his son, Kim, Jong Un, upholds a more brutal regime than the one maintained during the later Stalin era. We feel sympathy for the North Koreans who have been groaning under these regimes for more than 60 years now and we are aware of our current responsibility.

In this way, the Korean War will be ongoing until peace on the Korean Peninsula is established. If we continue to put our effort in recovering historical truth from the research on the Korean War, it will not become a "forgotten war", and peace and prosperity on the Korean Peninsula and in Northeast Asia will continue. This will ensure that the adverse history is not repeated and the historical lessons are learnt during these processes.

The fact that a conference on the Korean War was held in Moscow at the German Historical Institute has a special meaning since Moscow was the center of planning, managing and controlling thc Korean War. Now, the product of this conference has come to fruition, and I am offering my congratulations. My mentor, Professor Bernd Bonwetsch, helped me, a soldier, to acquire and develop academic skills and learn liberal arts. I was invited to come to the conference, but I couldn't make it to Moscow for my position requires of me to carry out crisis management missions against the North Korean threat. But I am delighted to be associated with this book, on which outstanding researchers had the pleasure to work.

Lastly, I would like to show my sincere respect and thank all the researchers, including Professor Bernd Bonwetsch, who are taking part in opening a new horizon in the field of research on the Korean War. It is my hope that the German Historical Institute flourishes in Moscow.

Dr. Yoo, Jeh Seung
Colonel General Republic of Korea Army

Der Krieg in Korea 1950–1953

Vor 62 Jahren, am 25. Juni 1950, wurde die Welt durch die Nachricht vom nordkoreanischen Angriff auf Südkorea in Schrecken versetzt. Die Blockkonfrontation zwischen Ost und West schien nach dem Vorspiel der Berliner Blockade von 1948/49 nun wirklich aus dem „kalten" in den „heißen" Krieg überzugehen. Doch es blieb bei einer Zwischenstufe, einem „begrenzten" Krieg – begrenzt in der Anwendung der Mittel, begrenzt in der geographischen Beschränkung auf Ostasien beziehungsweise die Dritte Welt und begrenzt hinsichtlich der Beteiligung der Großmächte. Damit bildete er für alle weiteren militärischen Konfrontationen im Rahmen des Ost-West-Gegensatzes das maßgebliche Muster. Es kam nicht zum großen Zusammenstoß, auch wenn dieser mehrmals unmittelbar bevorzustehen schien und als Assoziation für populärwissenschaftliche Darstellungen bis heute weiterwirkt.[1] Aber die Sowjetunion hielt ihre äußere Dissoziierung vom Krieg, den sie letztlich zu verantworten hatte, konsequent durch und griff formell überhaupt nicht militärisch in das Geschehen ein. Selbst das von ihr zum Eingreifen gedrängte kommunistische China entsandte nur „Volksfreiwillige" nach Korea und signalisierte dadurch ebenfalls, dass es die offene Konfrontation mit den USA zu vermeiden trachtete. Die Vereinigten Staaten ihrerseits engagierten sich militärisch zwar offen, taten das aber formell im Auftrag der Vereinten Nationen. Trotz mancher Versuchung trugen sie den Krieg nicht nach China und setzten die Atombombe nicht ein. Vielmehr wurde der Oberbefehlshaber Douglas MacArthur, als er dies verlangte und auch die amerikanische Öffentlichkeit in diesem Sinne zu mobilisieren suchte, am 11. April 1951 abgesetzt. In der Logik der Konfrontation der Weltmächte im Rahmen des Kalten Krieges wäre diese Eskalation in Ostasien tatsächlich der „falsche Krieg am falschen Ort zur falschen Zeit mit dem falschen Gegner" gewesen, wie es der Vorsitzende der Vereinigten Stabschefs Omar Bradley in berühmt gewordenen Worten vor dem amerikanischen Senat erklärte. Das „Vital Center" lag für beide Weltmächte in Europa.

Neben den USA stellten zwar auch weitere UN-Mitglieder wie Großbritannien, Frankreich, die Türkei und andere Truppenkontingente, doch die Hauptlast lag mit 90 Prozent aller Truppen auf den USA und dem angegriffenen Südkorea. Das militärische Geschehen zog sich drei Jahre lang hin, zunächst als dramatischer Bewegungskrieg und dann, ab Juni 1951, als aufwendiger Abnutzungs- und Stellungskrieg. Zu diesem Zeitpunkt war unter hohen Kosten für alle beteiligten Parteien der Status quo am 38. Breitengrad in etwa wieder hergestellt. Am 10. Juli 1951 begannen Waffenstillstandsverhandlungen. Doch sie gelangten vor allem wegen der chinesischen Forderung nach Abzug der amerikanischen Truppen aus Korea und der gegensätzlichen Vorstellungen über die Bedingungen des Gefangenenaustauschs schon bald an einen toten Punkt. Erst der Tod Stalins gab den Anstoß für seine Überwindung: Am 30. März 1953 wurden die Verhandlungen erneut aufgenommen. Schon bis Anfang Juni war ein Kompromiss gefunden, und am 27. Juli 1953 wurde das bis heute gültige Waffenstillstandsabkommen durch den nordkoreanischen General Nam Il und den amerikanischen General William K. Harrison für die UN-Streitkräfte unterzeichnet.

Dieser Akt fand in gespenstischer Atmosphäre in Panmunjom statt: kein Wort wurde dabei gewechselt. Durch den kleinen Ort Panmunjom auf dem 38. Breitengrad führt die Demarkationslinie innerhalb einer vier Kilometer breiten „entmilitarisierten Zone". Sie ist

[1] *Jörg Friedrich*, Yalu. An den Ufern des dritten Weltkrieges. Berlin 2007.

auf beiden Seiten bewehrter und undurchlässiger als jede andere internationale Grenze. Immer wieder kam es dennoch zu spektakulären militärischen Zwischenfällen wie zuletzt 2010 mit der Versenkung der südkoreanischen Korvette „Cheonan" am 26. März und der Bombardierung der Insel Yeonpyeong am 23. November an der umstrittenen Seegrenze im Gelben Meer. Diese Zwischenfälle hinderten die Welt außerhalb Koreas in unregelmäßigen Abständen daran, den Koreakrieg und seine Hinterlassenschaft zu vergessen, obwohl er merkwürdigerweise immer wieder als „vergessener Krieg" apostrophiert wird.[2] Das hat zweifellos mit einem unterschiedlichem Geschichtsbewusstsein und sich wandelnden Erinnerungsbedürfnissen in verschiedenen Regionen der Welt zu tun. Formell ist der Krieg bis heute nicht beendet, ein Friedensvertrag ist nicht in Sicht. Das Regime in Pjöngjang hat den Charakter des Geheimnisvollen, wenn nicht gar Unheimlichen bis heute bewahrt. Die sich seit dem Spätsommer 2008 verdichtenden Gerüchte über den problematischen Gesundheitszustand des Staatschefs und Generalsekretärs der Partei der Arbeit Kim Jong-il und über die Übernahme seiner Stellung durch seinen Sohn Kim Jong-un bis hin zu dessen offizieller Ausrufung zum „obersten Führer" am 29. Dezember 2011 nach dem Tod seines Vaters, haben zumindest die Geheimnistuerei als Grundprinzip der Staatsführung noch einmal bestätigt. So wie heute nichts über Interna nach außen dringt, ist auch fast nichts über Interna der damaligen Geschehnisse nach außen gedrungen.[3] Auch aus Moskau und Beijing ist erst in jüngerer Zeit und nur lückenhaft etwas bekannt geworden.

Lediglich das militärische Geschehen kann als weitgehend erforscht gelten. Die tatsächlich nicht ganz klare Situation am 38. Breitengrad in den Tagen und Stunden des Kriegsbeginns 1950 hatte zwar bisweilen auch im Westen die Vermutung genährt, dass dem nordkoreanischen Angriff möglicherweise ein militärisches Unternehmen des Südens vorausgegangen war, denn die Bereitschaft des südkoreanischen Präsidenten Syng-man Rhee zu militärischen „Befreiungsaktionen" war kein Geheimnis. Aber die von einigen Autoren auch heute noch vertretene, ursprünglich kommunistische These, dass das militärische Vorgehen Nordkoreas die Reaktion auf einen großangelegten südkoreanischen Angriff gewesen sei, entbehrt doch realer Grundlage.

Das Kriegsgeschehen wurde seit den Ereignissen vor allem von amerikanischer Seite und aus amerikanischer Perspektive dargestellt. Angesichts der Tatsache, dass die USA im Süden nicht nur die meisten Truppen im Einsatz hatten, sondern auch die militärische Verantwortung für die UN-Streitkräfte und die Truppen Südkoreas trugen, ist das kaum überraschend. Wie in allen Untersuchungen zum Koreakrieg galt die Aufmerksamkeit vor allem der ersten, ereignisreichen Phase des Krieges, in der militärisch wie auch politisch die schwerwiegendsten Entscheidungen zu treffen waren.[4] Selbstverständlich ist der Krieg

[2] Vgl. *Christoph Klessmann, Bernd Stöver* (Hrsg.), Der Koreakrieg. Wahrnehmung, Wirkung, Erinnerung. Köln 2008, S. 18.

[3] Eine Ausnahme bildet die Darstellung des Überläufers *Lim Un* (Pseudonym für *Ho Un-bae*), The Founding of a Dynasty in North Korea. An Authentic Biography of Kim Il-sung. Tokio 1982. Selbstverständlich sind auch diese Informationen nicht auf die Goldwaage zu legen.

[4] Ein „Klassiker": *Roy E. Appleman*, South to the Naktong, North to the Yalu. June – November 1950. United States Army in the Korean War. Washington 1961. Der Autor hat sich später noch mehrfach dem Koreakrieg gewidmet. Vgl. *Theodore R. Fehrenbach*, This Kind of War. A Study in Unpreparedness. New York 1963; *Walter G. Hermes*, United States Army in the Korean War. Truce Tent and Fighting Front. Washington 1966; *James F. Schnabel*, United States Army in the Korean War. Policy and Direction: The First Year. Washington 1972; *Nigel Thomas*, *Peter Abbott*, The Korean War 1950–53. Oxford 2004. Amerikazentriert vgl.: *Spencer C. Tucker* (Hrsg.): Encyclopedia of the Korean War: a political, social and military history. 3 Bde. Santa Barbara 2000.

auch in den Memoiren von Beteiligten wie der Generäle Douglas MacArthur, Matthew B. Ridgway und Mark W. Clark oder Präsident Trumans breit behandelt worden.

In den anderen beteiligten Ländern war die Beschäftigung mit dem Krieg weit weniger intensiv. Vor allem hinsichtlich Südkoreas wirkt das erstaunlich. Aber innenpolitische Gründe haben hier lange Zeit eine ernsthafte öffentliche und wissenschaftliche Behandlung des Themas verhindert.[5] Schließlich war der langjährige südkoreanische Präsident Syng-man Rhee (koreanisch: Rhee Syng-Man) ein entschiedener Gegner des Waffenstillstands und damit der Wiederherstellung des Status quo gewesen. Erst seit Anfang der 80er Jahre hat sich im Umgang mit dem Thema etwas geändert, und inzwischen ist auch die südkoreanische Sicht der militärischen Aspekte des Krieges umfassend beleuchtet worden.[6] Die Perspektive des Nordens mit den drei beteiligten Parteien ist dagegen weniger gut erforscht, aber doch immerhin zumindest aufgrund sowjetischer Unterlagen und aus sowjetischer Sicht wesentlich besser bekannt als vor dem Ende der Sowjetunion, auch wenn die Veröffentlichungen nicht immer wissenschaftlichen Ansprüchen im Hinblick auf Nachprüfbarkeit genügen können. Aber die Darstellungen und die Erinnerungen russischer Militärs liefern doch ein recht präzises Bild von der Beteiligung der Sowjetunion am Krieg – insbesondere natürlich vom Einsatz der sowjetischen Luftwaffe. Wie fast nicht anders zu erwarten, ergeben sich wesentliche Diskrepanzen zwischen russischen und amerikanischen Darstellungen in den Berechnungen der Verluste beider Seiten.[7] Die präziseste russische Kriegsdarstellung ist übrigens bereits in den 50er Jahren für den internen Gebrauch der höchsten militärischen Führung der Sowjetunion verfasst und erst 2002 ohne Verweis auf Verfasser, Quellen und Entstehungsgeschichte veröffentlicht worden.[8]

Nordkoreanische, öffentlich zugängliche Darstellungen sind dagegen spärlich und unzuverlässig. Sie dienen vor allem propagandistischen Zwecken.[9] Auch in der Volksrepublik China wurde das Thema Koreakrieg lange Jahre ohne angemessene Quellenbasis nicht offen und nicht ohne Beachtung politischer Vorgaben behandelt. Die postum herausgegebene „Autobiographie“ des militärischen Oberbefehlshabers der „Volksfreiwilligen“, Peng Dehuai, stand allein auf weiter Flur und konnte auch nicht ohne Vorbehalte verwendet werden.[10] Doch seit Anfang der neunziger Jahre hat sich das zunächst im Hinblick auf die militärische und seit Mitte der 90er Jahre dann auch auf die politische Geschichte des Krieges geändert. Es gibt inzwischen eine ganze Reihe qualitativ ansprechender militärgeschichtlicher Darstellungen.[11]

[5] Vgl. *Kleßmann/Stöver*, Koreakrieg, S. 19.

[6] Maßgeblich und unter Benutzung von Beutedokumenten, die die Amerikaner freigegeben haben: vgl. *Korean Institute of Military History* (Hrsg.), The Korean War. 3 Bde. Seoul 1997–1999.

[7] Die offizielle Zahl der ums Leben gekommenen sowjetischen Militärangehörigen beträgt 299: Velikaja Otečestvennaja bez grifa sekretnosti. Moskau 2010, S. 407.

[8] Siehe den Beitrag von *Natal'ja Egorova* in diesem Band; ferner: *Boris S. Abakumov*, Sovetskie letčiki v nebe Korei, in: Voprosy istorii (1993) H. 1, S. 129–139; *Jurij N. Semin, Sergej N. Ruban*, Učastie SSSR v korejskoj vojne (novye dokumenty), in: Voprosy istorii (1994) H. 11, S. 3–20; *Aleksandr S. Orlov*, Sovetskaja aviacija v korejskoj vojne 1950–1953 gg, in: Novaja i novejšaja istorija (1998) H. 4, S. 121–146; *Aleksandr S. Orlov, Viktor A. Gavrilov*, Tajny korejskoj vojny. Moskva 2003. Vgl. auch *Jeh-Seung Yoo*, Der Koreakrieg und der sowjetische Einfluß auf die Kriegsführung der Koreanischen Volksrepublik. Bochum 2003.

[9] Vgl. *Yoo*, Koreakrieg, S. 21.

[10] Vgl. *Peng Dehuai*, Memoirs of a Chinese Marshal. The Autobiographical Notes of Peng Dehuai (1898–1974). Beijing 1984. Dazu: *Jürgen Domes*, Peng Te-huai. The Man and the Image. Stanford 1984.

[11] Vgl. *Deng Feng*, Korean War Studies in China: A Review of the Last Decade, in: Social Sciences in China 37 (2006) H. 4, S. 137. Kritische Sichtung chinesischer Quellen und Studien aus den 80er Jahren: *Peter M. Kuhfus*, Widerstand und Hilfe. Hintergründe der chinesischen Intervention in Korea (Sep-

Die politisch-diplomatische Geschichte des Koreakrieges ist komplizierter und weniger gut erforscht. Sie kann nur hinsichtlich der westlichen Seite als weitgehend geklärt gelten.[12] Die Vorgänge im Dreieck Sowjetunion-China-Nordkorea sind dagegen erst in jüngerer Zeit etwas besser, aber nicht ausreichend erhellt worden. Die Unzugänglichkeit authentischer, aussagekräftiger Quellen bot schon immer den Anlass für höchst divergierende Interpretationen, sieht man von einer ersten Phase in der Hochzeit des Kalten Krieges ab, in der das Verhalten Nordkoreas und Chinas als Teil einer in Moskau ausgeklügelten und kontrollierten Globalstrategie gegenüber dem Westen angesehen wurde.[13] Diese Wahrnehmung kam im Begriff des „Stellvertreterkrieges" zum Ausdruck, weil zunächst Nordkorea und dann auch China als „Beauftragte" angesehen wurden, die stellvertretend für den eigentlichen Urheber des Konflikts, die Sowjetunion, gehandelt hätten.

Allen Whiting gebührt das Verdienst, erstmals plausibel gemacht zu haben, dass China nicht nur stellvertretend als Handlanger Moskaus agierte, sondern mit seinem Eingreifen in den Krieg auch eigene, defensive Interessen verfolgte, weil es sich durch die Vereinigten Staaten unmittelbar bedroht fühlte.[14] Allerdings ging Whiting noch von einer Übereinstimmung der Interessen aller beteiligten kommunistischen Mächte aus. Diese Annahme verschwand aus den Untersuchungen des Krieges, als seit Anfang der 60er Jahre der sowjetisch-chinesische Konflikt offen ausbrach. Er öffnete die Augen dafür, dass es außer ideologischen Gemeinsamkeiten auch machtpolitische Differenzen zwischen der Sowjetunion und China gab, die für deren Verhältnis zu Nordkorea eine Rolle spielten. Der Koreakrieg und insbesondere die Schritte, die ihn herbeigeführt hatten, wurden nun im Rahmen eines schon länger bestehenden Spannungsverhältnisses der beiden Mächte gesehen.

Am weitesten ging eine Interpretation, nach der Stalin Mao, beziehungsweise das kommunistische China in Korea hinterlistig in die Falle der direkten militärischen Konfrontation mit den Vereinigten Staaten gelockt hätte, um ein Abdriften Chinas aus dem eigenen Einflussbereich und seine Annäherung an die USA zu verhindern.[15] Darin steckt sicher mehr als nur ein Körnchen Wahrheit. Schließlich hatte Stalin 1949/50, nach einer Aussage Maos vor chinesischen Parteifunktionären im kommunistischen China ein zweites Jugoslawien befürchtet und starken Druck auf ihn ausgeübt.[16] Von jugoslawischer Seite war im Zusammenhang mit Korea schon von Anfang an ein antichinesisches Kalkül Stalins un-

tember 1950 Januar 1951), in: Arbeitskreis für Wehrforschung (Hrsg.), Unruhige Welt. Konflikt- und Kriegsursachen seit 1945. Koblenz 1989, S. 25–57.

12 Besonders hervorzuheben sind die Studien von *William Stueck*, The Korean War. An International History. Princeton 1995; ders., Rethinking the Korean War. A New Diplomatic and Strategic History. Princeton 2002. Eine gute Einführung bietet: *Rolf Steininger*, Der vergessene Krieg. Korea 1950–1953. München 2006.

13 Vgl. *John M. Mackintosh*, Strategie und Taktik der sowjetischen Außenpolitik. Stuttgart 1963. Zur älteren Historiographie siehe *Bernd Bonwetsch*, *Peter. M. Kuhfus*, Die Sowjetunion, China und der Koreakrieg, in: Vierteljahrshefte für Zeitgeschichte 33 (1985), S. 31–33.

14 Vgl. *Allen S. Whiting*, China Crosses the Yalu. The Decision to Enter the Korean War. New York 1960.

15 Vgl. *Nakajima Mineo*, The Sino-Soviet Confrontation: Its Roots in the International Background of the Korean War, in: The Australian Journal of Chinese Affairs 1 (1979) H. 1, S. 17–47; ders., The Sino-Soviet Confrontation in Historical Perspective, in: Nagai Yonosuke, Iriye Akira (Hrsg.), The Origins of the Cold War in Asia. Tokio 1977, S. 203–223. In einer späteren Version hat *Nakajima* das etwas zurückgenommen: vgl. Foreign Relations. From the Korean War to the Bandung Line, in: Denis C. Twitchett, John K. Fairbank (Hrsg.), The Cambridge History of China, Bd. 14. The People's Republic. Part 1. The emergence of revolutionary China 1949–1965. Cambridge u. a. 1987, S. 259–289, hier S. 278.

16 Vgl. *Mao Zedong*, Ausgewählte Werke, Bd. 5. Peking, S. 343.

terstellt worden.[17] Etwas anderes ist es, die militärische Konfrontation zwischen den USA und China, wie sie sich seit Oktober 1950 tatsächlich entwickelte, zum Ausgangspunkt von Stalins Überlegungen zu erklären. Es erinnert an die fatale Neigung aus den Zeiten der „Kremlastrologie“, das durch viele Faktoren beeinflusste Ergebnis sowjetischer Politik im Nachhinein zu rationalisieren und Stalin auf diese Weise als souveränen Akteur auf der internationalen Bühne darzustellen. Da es trotz zahlreicher seit 1991 zugänglich gewordener sowjetischer und chinesischer Quellen immer noch viel Ungeklärtes und Widersprüchliches im Verhalten aller Beteiligten gibt, kann aber auch eine solche Interpretation nicht als völlig abwegig bezeichnet werden. Insofern überrascht es nicht, dass derartige Interpretationen weiterhin Anhänger haben.[18] Dabei ist interessant, dass dieser Gedanke selbst auf dem Höhepunkt des sowjetisch-chinesischen Konflikts von chinesischer Seite nicht einmal andeutungsweise aufgenommen wurde und bis heute offenbar nicht aufgenommen worden ist.[19]

Auch wenn außer Zweifel steht, dass Stalin zu derart böser Hinterhältigkeit fähig gewesen wäre, wie an vielen Beispielen überliefert ist, so scheint insgesamt doch ein Ansatz fruchtbarer zu sein, der die Interpretation des Koreakrieges aus der reinen Großmachtperspektive mit nur einem wirklichen Akteur befreit und auch innerkoreanische Voraussetzungen und Ursachen des Konflikts mit einbezieht. Dies hat Robert Simmons in einer Pionierstudie getan und deutlich gemacht, dass beiderseits des 38. Breitengrades ein sozial- und nationalrevolutionäres Potential bestand und dass auf beiden Seiten die Führung ungestüm auf die militärische „Befreiung“ des jeweiligen anderen Teils drängte. So sei erst ein Substrat entstanden, auf dem sich Großmachthandeln entfalten konnte.[20]

Die Herausarbeitung der innerkoreanischen, bürgerkriegsartigen Wurzeln des Krieges ist von anderen Autoren noch weiter getrieben und als entscheidender Faktor sicher auch überbetont worden. Hier ist vor allem auf die Arbeiten von Bruce Cumings, eines zweifellos hervorragenden Kenners der innerkoreanischen Verhältnisse und Vorgänge, hinzuweisen.[21] Auch Simmons hat bei dem Bemühen, die innerkoreanischen Faktoren in das diplomatische Kräftespiel einer gespannten Dreiecksallianz Moskau – Beijing – Pjöngjang einzufügen, deren Bedeutung doch etwas überschätzt. Z. B. hat er Kim Il-sung zugetraut, Stalin mit einem verfrühten Angriffstermin hinters Licht geführt und in Zugzwang gesetzt zu haben.[22] Das war schon 1975 als These fragwürdig und ist heute durch authentische Quellen widerlegt.

Obwohl Kim Il-sung zweifellos drängte – „am Anfang war Stalin“. Diese Feststellung Rolf Steiningers gilt nicht nur für die gesamte politische und militärische Vorbereitung des Krieges seit dem Frühjahr 1949, sondern auch für die Festlegung des Angriffstermins.[23] Aber der von Simmons eingeschlagene Weg der Interpretation des Koreakrieges als eines innerkoreanischen Konflikts, der durch die Spannungen in der Allianz zwischen der Sowjetunion, China und Nordkorea zu einem internationalen Konflikt von weltpolitischer

[17] Vgl. *Peter Lowe*, The Origins of the Korean War. New York 1986, S. 160 f.

[18] Vgl. *Richard C. Thornton*, Odd Man Out. Truman, Stalin, Mao and the Origins of the Korean War. Washington D.C. 2000.

[19] Vgl. *Feng*, Korean War Studies, erwähnt dieses Thema jedenfalls nicht. Vgl. auch den Beitrag von Peter Kuhfus in diesem Band.

[20] Vgl. *Robert R. Simmons*, The Strained Alliance. Peking, P'yongyang, Moscow and the Politics of the Korean War. New York-London 1975.

[21] Vgl. *Bruce Cumings*, The Origins of the Korean War. 2 Bde. Princeton 1981 und 1990.

[22] Vgl. *Simmons*, Strained Alliance, S. 119–124.

[23] Vgl. *Steininger*, Vergessener Krieg, S. 31. Die Vorbereitungen im Dreieck Pjöngjang-Moskau-Peking sind detailliert dargestellt bei *Yoo*, Koreakrieg.

Bedeutung wurde, liegt in unterschiedlichen Nuancierungen und Gewichtungen allen seriösen Spezialstudien und auch neueren Überblicksdarstellungen zugrunde.[24]

Diese grundsätzliche Übereinstimmung ist den inzwischen zugänglich gewordenen Quellen zu verdanken. Sie sind vor allem sowjetischer, aber auch chinesischer Provenienz und liegen zu einem großen Teil in Übersetzung ins Englische und Chinesische vor.[25] Den wichtigsten Kenntnisschub ergab zweifellos die Aushändigung eines ganzen Konvoluts von entsprechenden Dokumenten durch Präsident Boris El'cin an den südkoreanischen Präsidenten Kim Young-sam bei dessen Moskau-Besuch im Juni 1994. Diese Dokumente zur politischen Geschichte des Koreakrieges bilden den Kern der Veröffentlichungen aus verschiedenen sowjetischen Archiven, die seit dem Ende der Sowjetunion der Forschung trotz aller Probleme der Archivzugänglichkeit zur Verfügung stehen. Sie sind insbesondere in Studien von Kathryn Weathersby und Anatolij Torkunov, aber auch von vielen anderen präsentiert und ausgewertet worden.[26]

Die sowjetischen Dokumente geben auch Einblick in die chinesische und nordkoreanische Haltung. Gewiss geschieht dies aus sowjetischer Perspektive und hat Anlass zu quellenkritischen und daraus folgenden inhaltlichen Differenzen gegeben.[27] Nichtsdestoweniger können sie manche Darstellung zur chinesischen Politik zweifellos ergänzen.[28] Dennoch bleibt im Hinblick auf die Beziehungen im Dreieck Moskau – Beijing – Pjöngjang und im Hinblick auf die jeweiligen inneren Erwägungen und Auseinandersetzungen noch manches offen. So muss vielfach weiterhin aus Handlungen auf die ihnen zugrunde liegenden Motive geschlossen werden. Das gilt z. B. für einen so bedeutsamen Vorgang wie die Nichtteilnahme des sowjetischen UNO-Vertreters Jakub Malik an den Sitzungen des Sicherheitsrates vom Juni 1950. Lange Zeit wurde als selbstverständlich angenommen, dass die Sowjetunion sich durch die schon mehrere Monate andauernde Boykottierung der Sitzungen des Sicherheitsrates, wegen der Frage der UN-Mitgliedschaft des kommunistischen Chinas, selbst die Möglichkeit der Einflussnahme auf dessen Entscheidungen genommen hatte. Dem war aber keineswegs so. Malik hielt sich in New York auf. Er hätte nach den Vorstellungen des Moskauer Außenministeriums an der Arbeit des Sicherheitsrates wieder teilnehmen sollen, um gegebenenfalls vom Vetorecht Gebrauch zu machen. Andrej Gromyko berichtet in seinen Erinnerungen, dass Stalin entgegen einer bereits ausgearbeiteten entsprechenden Direktive des Ministeriums und trotz der eindringlichen Warnung vor einem möglichen Beschluss über eine militärische Intervention der UNO

[24] Zu den Überblicksdarstellungen sei hingewiesen auf: *Vojtech Mastny*, The Cold War and Soviet Insecurity. The Stalin Years. Oxford 1996; *Vladislav Zubok*, *Constantin Pleshakov*, Inside the Kremlin's Cold War. From Stalin to Khrushchev. Cambridge 1996; The Cambridge History of the Cold War. Hrsg. v. Melvyn P. Leffler, Odd Arne Westad. Bd. I. Cambrigde 2010 (Beiträge von Niu Jun, William Stueck und Shu Guang Zhang).

[25] Zur systematischen Übersetzung ins Chinesische: *Feng*, Korean War Studies, S. 137.

[26] *Kathryn Weathersby* und andere haben die Dokumente und Analysen vor allem im Cold War International History Bulletin veröffentlicht. Vgl. *Weathersby*, The Soviet Role in the Korean War: The State of Historical Knowledge, in: William W. Stueck (Hrsg.), The Korean War in World History. Lexington 2004, S. 61–92. Auf russischer Seite: vgl. *Anatolij V. Torkunov*, Zagadočnaja vojna. Korejskij konflikt 1950–1953 godov. Moskva 2000. Siehe zum Stand der Koreakriegsforschung in Rußland den Beitrag von *Natal'ja Egorova* in diesem Band.

[27] Vgl. *Feng*, Korean War Studies, S. 142f.; ferner den Beitrag von *Natal'ja Egorova* in diesem Band.

[28] Studien zu Chinas Rolle: vgl. *Sergej N. Gončarov*, *John W. Lewis*, *Litai Xue*, Uncertain Partners. Stalin, Mao, and the Korean War. Stanford 1993; *Chen Jian*, China's Road to the Korean War. The Making of the Sino-American Confrontation. New York 1994; ders., In the Name of Revolution. China's Road to the Korean War Revisited, in: Stueck, Korean War in World History, S. 93–125; *Zhang Shu Guang*, Mao's Military Romanticism: China and the Korean War 1950–1953. Kansas 1995.

in Korea, wie er am 27. Juni gefasst wurde, Anweisung erteilte, dass Malik der Sitzung fernbleiben und damit vom Vetorecht keinen Gebrauch machen sollte.[29]

Gromyko erklärt das ihm als Stellvertretenden Außenminister unverständliche Verhalten Stalins als von Hassgefühlen gegenüber den USA geleitet. Doch dass ist angesichts der Konsequenzen, die dieser Schritt hatte, ebenso wenig überzeugend wie der Verweis auf die sichere Erwartung eines schnellen Sieges, die vielen Autoren als das maßgebliche, alles andere verdrängende Motiv für Stalins Entscheidung zum Krieg gilt.[30] Die Amerikaner ihrerseits hatten zwar nach Beginn des nordkoreanischen Angriffs deutlich gemacht, dass sie auf jeden Fall eingreifen wollten, aber so wurde ihnen die internationale Legitimation dieses Eingreifens doch erheblich erleichtert. Geschadet hätte ein Veto in keinem Fall. Stalins Anweisung lässt vielmehr Raum für unterschiedliche Vermutungen und Spekulationen über die ihr zugrunde liegenden Motive. Zwei Monate nach Kriegsbeginn, am 27. August 1950, erläuterte Stalin im Gespräch mit dem tschechoslowakischen Staatspräsidenten Gottwald die Absenz im Sicherheitsrat und den Nichtgebrauch des Vetorechts mit dem Wunsch, weiterhin Solidarität mit China zu zeigen, die USA als Aggressor moralisch zu diskreditieren und sie zugleich in Ostasien militärisch zu binden, so dass sie „in absehbarer Zeit nicht in der Lage sein werden, einen dritten Weltkrieg zu beginnen".[31] Damit kam Stalin zwar dem Kern des Problems schon näher, aber ungesagt blieb, dass die Rechnung nur dann logisch war, wenn diese militärische Bindung der USA zu Lasten Koreas und Chinas ging. Es fällt auf, dass auch auf dem Höhepunkt des sowjetisch-chinesischen Konflikts ein derartiger Vorwurf nicht an die Adresse der Sowjetunion gerichtet wurde. Inzwischen ist diese Version zwar auch in China nicht mehr tabu, aber sie scheint in der „politischen Historiographie zwischen Moskau und Beijing" keinen Rückhalt zu haben. Auch in den neuesten chinesischen Studien zu den grundsätzlichen Fragen des chinesischen Kriegseintritts wird allein die Gefährdung Chinas durch das Vordringen der amerikanischen Truppen über den 38. Breitengrad hinaus als Ursache für die Interventionsentscheidung herausgestellt.[32]

Die Frage, warum das so ist, gibt Raum für weitreichende Überlegungen, die hier jedoch nicht angestellt werden sollen. Aber mit gewisser Sicherheit kann gesagt werden, dass dies ein Reflex der Tatsache ist, dass im Verhältnis der drei beteiligten kommunistischen Mächte zueinander mit verdeckten Karten gespielt wurde. Ein Höhepunkt dieses Spiels war zweifellos das Tauziehen um die militärische Intervention Chinas mit der dramatischen Kehrtwende im Oktober 1950, als Stalin im Gespräch mit Tschou En-lai zunächst vereinbarte, dass China nicht eingreifen solle, dann aber doch in beiderseitigem Einverständnis agiert wurde.[33] Dabei ging es sicher um den Preis für diesen Eingriff in Form von sowjetischer Hilfe, aber auch um die Überwindung erheblicher innerchinesischer Widerstände und Differenzen.

[29] Vgl. *Bernd Bonwetsch*, Die Sowjetunion und der Beginn des Koreakrieges Juni–Oktober 1950, in: Arbeitskreis für Wehrforschung (Hrsg.), Unruhige Welt. Konflikt- und Kriegsursachen seit 1945. Koblenz 1989, S. 14f.

[30] Vgl. *Steininger*, Vergessener Krieg, S. 45; *Bernd Stöver*, Periphere Schlachten? Korea und der Koreakrieg im Kalkül der großen Mächte, in: Kleßmann/Stöver, Koreakrieg, S. 35–41.

[31] *Andrej M. Ledovskij*, Stalin, Mao Czedun i korejskaja vojna 1950–1953 gg., in: Novaja i novejšaja istorija (2005) H. 5, S. 97. Vgl. auch den Beitrag von Natal'ja Egorova in diesem Band.

[32] Vgl. *Feng*, Korean War Studies, S. 141f.; *Shen Zhihua*, China Sends Troops to Korea. Beijing's Policy-Making Process, in: Xiaobing Li, Hongshan Li (Hrsg.), China and the United States. A New Cold War History. Lanham 1998, S. 13–47.

[33] Detailliert und umsichtig dargelegt bei *Yoo*, Koreakrieg, S. 231–251.

Hier zeigt sich die Kompliziertheit der Lage, die keine einfachen Erklärungen verträgt. Ebenso gibt es keine einfachen Antworten auf die Frage nach den Ursachen für die auf dem Kriegsschauplatz selbst letztlich absolut ergebnislose, zweijährige Hinauszögerung des Waffenstillstands. Es mag zwar tatsächlich zutreffen, dass dies im Wesentlichen auf Stalin zurückging, weil er einerseits daran interessiert war, dass die USA als „Hauptfeind" der Sowjetunion sich durch einen möglichst langen Krieg eine „Blutvergiftung" holen sollten, wie er Tschou En-lai im August 1952 erklärte[34], andererseits China in der Konfrontation mit den USA halten und schließlich Zeit für die Durchführung des den Osteuropäern im Januar 1951 aufgenötigten Rüstungsprogramms gewinnen wollte.[35] China erscheint hier wieder als passives Objekt eines sowjetischen Schachzuges. Aber Stalin hat nicht mit sich selbst Schach gespielt. Das verbündete China war ein selbständiger Akteur in diesem Spiel, der sich nicht ohne entsprechende Gegenleistung zu etwas nötigen ließ, was er nicht auch selbst wollte beziehungsweise wofür es keine Kompensation gab.[36] Auch die Verhandlungsmöglichkeiten der Schwächsten in dieser Runde, der nord- und südkoreanischen Regimes, sollten nicht völlig vernachlässigt werden. Auch sie wollten ihre Interessen gewahrt sehen. Zumindest von Syng-man Rhee ist bekannt, dass er die Verhandlungen eher hintertrieb als förderte. Zu weit dagegen scheint die These Bruce Bechtols zu gehen, dass es den Nordkoreanern während des Krieges gelang, „bei ihren Entscheidungen Unabhängigkeit zu bewahren und die Chinesen dahingehend zu manipulieren, dass sie fast alle ihrer außenpolitischen und militärischen Ziele unterstützten".[37]

Zu den ungelösten Fragen des Krieges gehört schließlich auch die nach der ursprünglichen militärischen Planung in Pjöngjang. Der Bericht des nordkoreanischen Überläufers Lim Un hatte erstmals die These enthalten, dass die sowjetischen Militärberater den nordkoreanischen Streitkräften lediglich für die Einnahme Seouls einen detaillierten Angriffsplan ausgearbeitet hatten. Das sei in der Annahme geschehen, das Gros der südkoreanischen Streitkräfte würde dabei zerschlagen werden, was in Verbindung mit einem von den Kommunisten im Süden vorbereiteten Aufstand zum Zusammenbruch des südkoreanischen Regimes führen würde.[38] Ganz so, wie Lim Un behauptet hat, war es nicht. Inzwischen ist bekannt, dass in dem Plan durchaus Operationen in vier Phasen bis zur gänzlichen Inbesitznahme des Südens der koreanischen Halbinsel vorgesehen waren. Aber der Plan ist nur in den allergröbsten Zügen bekannt beziehungsweise beschrieben worden. Der Leiter der sowjetischen Militärberater, Generalleutnant Vladimir Razuvaev, der ihn am 14. November 1951 in einem Bericht für den Moskauer Generalstab darlegte, kann ihn durchaus nachträglich „geschönt" haben.[39] Es könnte sein, dass der Vorstoß über Seoul hinaus nach Süden eher als reine „Säuberungs" – oder „Marschoperation" ohne die Annahme wirklich ernster militärischer Operationen geplant war. Auf dem Kriegsschauplatz sahen die Truppen der Koreanischen Volksarmee jedenfalls wegen des mangelnden Nachschubs schon sehr schnell ziemlich hilflos aus, zumal die erwarteten und angeblich vorbereiteten Volksaufstände absolut ausblieben.

[34] *Vladimir O. Pechatnov*, The Soviet Union and the World, 1944–1953, in: Cambridge History of the Cold War, Bd. I, S. 110.

[35] Vgl. *Steininger*, Vergessener Krieg, S. 182 f.

[36] Auch hinsichtlich dieser Frage nimmt keine der neuesten chinesischen Studien den Gedanken einer sowjetischen Intrige auf: vgl. *Feng*, Korean War Studies, S. 144 f.

[37] *Bruce E. Bechtol*, Paradigmenwandel des Kalten Krieges. Der Koreakrieg 1950–1953, in: Bernd Greiner u. a. (Hrsg.), Heiße Kriege im Kalten Krieg. Hamburg 2006, S. 141–166, Zit. S. 150.

[38] Vgl. *Bonwetsch*, *Kuhfus*, Koreakrieg, S. 53; *Bonwetsch*, Sowjetunion, S. 11.

[39] Detaillierte Beschreibung der Planung bei *Yoo*, Koreakrieg, S. 165–183, Zit. S. 173.

Der Koreakrieg wartet also sowohl in engerer militärischer als auch in politisch-diplomatischer Hinsicht noch mit vielen Fragen auf. Diese offenen Fragen zu klären, war allerdings nicht der Vorsatz der vom Deutschen Historischen Institut in Moskau und dem Militärgeschichtlichen Forschungsamt Potsdam organisierten Konferenz, die dem vorliegenden Sammelband zugrunde liegt. Dies zu tun verlangt neben der Schärfung des Blicks ganz einfach weiteren Quellenzugang, den es zur Zeit noch nicht gibt. Es ging vielmehr im Wesentlichen um die Skizzierung der Ergebnisse, die die Auswertung der Quellen ergeben hat, die seit Anfang der neunziger Jahre zur Verfügung stehen und um die Erörterung der Auswirkungen, die der Krieg auf die direkt und indirekt Beteiligten hatte. Rolf Steininger hat diese Probleme in seinem Buch über den Koreakrieg als „vergessenen Krieg" zumindest in den Grundzügen zusammengefasst. Es erschien deshalb angemessen, ihn die Ergebnisse aus seiner Sicht zusammenzufassen zu lassen. Er tut dies in Form von Thesen und greift dabei Themen und Ansichten auf, die in den einzelnen Beiträgen behandelt oder zumindest angesprochen werden. Dabei geht es um Entscheidungen und Motive einzelner Konfliktparteien, um die Wahrnehmung des Kriegs und nicht zuletzt um seine Folgen für einzelne Länder und für die Entwicklung der Blockkonfrontation in Europa, einschließlich der Rüstungsmaßnahmen, die das Resultat und zugleich auf widersinnige Weise auch die Ursache dieser Konfrontation waren.

Valerij Denisov, Mitarbeiter des Moskauer Staatsinstituts für internationale Beziehungen, geht auf Fragen der Verantwortlichkeit der Konfliktparteien ein und lenkt den Blick insbesondere auf Südkorea, dessen Bedeutung für den Konflikt häufig zu sehr vernachlässigt wird. Kathryn Weathersby, die bei der Erschließung der neu zugänglichen sowjetischen Dokumente seit Anfang der 90er Jahre gleichsam in vorderster Front gestanden hat, richtet den Blick auf die Folgen des Kriegsverlaufs für die außenpolitischen Beziehungen der Demokratischen Volksrepublik Korea insbesondere zur verbündeten Volksrepublik China und der Sowjetunion. Sie sieht das nordkoreanische Verhältnis zu den Verbündeten aufgrund der Abhängigkeits-Erfahrung der Kriegszeit geprägt durch tiefes Misstrauen und das Bemühen, Unabhängigkeit zu gewinnen und zu behaupten. Peter M. Kuhfus vom Institut für Sinologie der Universität Tübingen hat ebenso wie Kathryn Weathersby zur Erschließung chinesischer Quellen zum Koreakrieg beigetragen und als einer der ersten auf die komplexen Binnenbeziehungen der kommunistischen Führung in Beijing aufmerksam gemacht. In vielen Aufsätzen hat er darauf hingewiesen, wie schwer es in China fällt, zu einer Wahrnehmung des Krieges und vor allem der chinesischen Intervention außerhalb politisch vorgegebener Bahnen zu kommen. Die Biographie des von ihm in erster Linie vorgestellten chinesischen Autors Shen Zhihua wirft, gleichsam im Vorübergehen, ein interessantes Schlaglicht auf eine Wirklichkeit in China, die man sich bis vor wenigen Jahren so kaum hätte vorstellen können. Natal'ja Egorova, die Leiterin des Sektors für die Geschichte des Kalten Krieges am Institut für Allgemeine Geschichte der Russischen Akademie der Wissenschaften, zeichnet die Neuinterpretation des Krieges in der russischen Geschichtswissenschaft mit ihren unterschiedlichen Standpunkten nach und gibt einen Einblick in die immer noch unbefriedigende Archivzugänglichkeit in Russland. Bernd Schäfer vom Deutschen Historischen Institut in Washington fasst die Auswirkungen des Krieges auf die innenpolitische Atmosphäre in den USA zusammen.

In einem zweiten und dritten Abschnitt werden die Auswirkungen des Koreakrieges auf die Blockkonfrontation in Europa und auf die durch sie ausgelöste Aufrüstungsbeschleunigung in beiden Blöcken thematisiert. Allein dies zeigt, dass von „begrenztem Krieg" lediglich im Sinne akuter Kampfhandlungen gesprochen werden kann, auch wenn unter den Referenten durchaus unterschiedliche Ansichten darüber herrschten, wieweit der Koreakrieg lediglich Entwicklungen verstärkt hat, die ohnehin im Gange waren, und wieweit er sie vielleicht nicht ausgelöst, aber zumindest ihre Realisierung legitimiert und damit ermöglicht hat.

Der ehemalige wissenschaftliche Leiter des Militärgeschichtlichen Forschungsamtes Bruno Thoss befasst sich dabei mit der Rolle des Koreakrieges für die allgemeine westliche Bedrohungsperzeption, während Rüdiger Wenzke und Dieter Krüger, ebenfalls vom Militärgeschichtlichen Forschungsamt, sich mit dem Einfluss des Krieges auf die Sicherheits- und Rüstungspolitik der beiden deutschen Staaten befassen. Sie vertreten den Standpunkt, dass der Krieg eher katalytischen Einfluss hatte, während insbesondere Rolf Steininger dem Krieg insgesamt doch größere Bedeutung gibt, und zwar sowohl im Hinblick auf die Durchführung der Rüstungsprogramme in den USA (NSC 68) und im Ostblock, wo den osteuropäischen Staaten im Januar 1951 ein großes Rüstungsprogramm aufoktroyiert wurde, als auch für die Wiederbewaffnung in Westdeutschland. Die Ausführungen zur DDR von Rüdiger Wenzke werden durch einen Beitrag des Berliner Historikers Burghard Ciesla zur Wahrnehmung des Krieges durch die Bevölkerung der DDR ergänzt.

Dem Einfluss des Korakrieges auf die kleineren Bündnispartner Dänemark und Polen widmen sich die Beiträge von Thomas Wegener Friis sowie Kristine Midtgaard vom Institut für Studien zum Kalten Krieg an der Universität Odense und Dariusz Jarosz vom Historischen Institut der Universität Warschau. Eindrucksvoll ist vor allem, welche wirtschaftliche Belastung die Verlagerung der volkswirtschaftlichen Prioritäten für die von den Kriegschäden noch nicht wieder erholte Wirtschaft Polens bedeutete. Im Unterschied zu den westlichen Volkswirtschaften, in denen der Konsum nicht litt, ergaben sich für den Konsumgüter- und Nahrungsmittelbereich in Polen erhebliche Einschränkungen. Polen steht hier zweifellos exemplarisch für die osteuropäischen Länder überhaupt. Die Frage nach der Rolle des Koreakrieges auf die nicht direkt kriegführenden Länder, die sich wie ein roter Faden durch die Referate und Diskussionen zog, hat hier zumindest eine ziemlich eindeutige Antwort gefunden.

Die Rüstungsmaßnahmen der beiden Hauptprotagonisten des Kalten Krieges, USA und Sowjetunion, werden von Irina Bystrova, leitende wissenschaftliche Mitarbeiterin des Instituts für Russische Geschichte der Akademie der Wissenschaften, und Matthias Uhl vom Deutschen Historischen Institut Moskau behandelt. Dabei geht es allerdings weniger um die Frage nach der spezifischen Rolle des Koreakrieges als um die tatsächlichen Rüstungsmaßnahmen und ihren Einfluss auf die Volkswirtschaften. Grundsätzlich gilt dabei die gleiche unterschiedliche Belastung des Nahrungsmittel- und Konsumgüterbereichs aufgrund der Steigerung der Rüstungsanstrengungen sowohl für die ost- wie auch die westeuropäischen Länder. Als Fazit bleibt mithin festzuhalten, dass der Koreakrieg zwar nicht der „Vater", aber doch der „Geburtshelfer" vieler Entwicklungen auf allianz- wie auf rüstungspolitischem Gebiet war. Das gilt für beide Seiten der Blockkonfrontation. Nicht alle Beteiligten werden ihn als „Geschenk der Götter" angesehen haben, wie dies vom damaligen japanischen Außenminister überliefert wird.[40] Aber als „Argument" in dieser oder jener Richtung ist er überall in Erscheinung getreten.

[40] Vgl. *Steininger*, Vergessener Krieg, S. 191.

1. Die Konfliktparteien des Koreakrieges

Valerij I. Denisov (Moskau)

Der Koreakrieg: Einige Überlegungen zur Verantwortlichkeit der Konfliktparteien, unter besonderer Berücksichtigung Südkoreas

Bislang wurden sowohl in Russland als auch in vielen anderen Ländern zahlreiche Untersuchungen publiziert, die sich dem blutigen Koreakonflikt der Jahre 1950–1953 widmen. Deswegen kann wohl kaum behauptet werden, dass es sich hierbei um einen „vergessenen Krieg" handelt. Er ist nicht vergessen und kann auch nicht vergessen werden, weil er vier Millionen Koreanern das Leben kostete (heute begegnet man einer noch erschreckenderen Zahl – neun Millionen Koreaner, deren Erwähnung meines Wissens Mao Tse-tung zugeschrieben wird). Etwa eine Millionen Chinesen sind an der koreanischen Front gefallen. Über 150 000 Amerikaner wurden in jenem Krieg verletzt, 54 000 getötet. Die Öffnung sowjetischer Archivbestände zum Koreakrieg und deren Veröffentlichung in Russland und anderen Ländern ermöglicht eine wahrheitsgemäße Rekonstruktion dieses Konflikts. Leider sind die unmittelbar am Koreakrieg beteiligten Parteien, namentlich die USA, Süd- und Nordkorea sowie China, noch nicht dazu bereit oder haben auch gar nicht die Absicht, ihre Archivmaterialien frei zu geben.

Auf Grundlage der sowjetischen Archivbestände zum Koreakrieg lässt sich eine hinreichend objektive Schlussfolgerung darüber ziehen, inwieweit die beteiligten Parteien für die Auslösung des Krieges verantwortlich waren. Leider sehen die meisten Autoren der in Südkorea und den USA veröffentlichten Arbeiten zu diesem Thema die gesamte Schuld am Konflikt bei Nordkorea, der Sowjetunion und China, genau genommen bei den Staatsoberhäuptern der jeweiligen Länder: Kim Il-sung, Iosif V. Stalin und Mao Tse-tung. Ein ernstzunehmender Wissenschaftler wird selbstverständlich die Verantwortlichkeit dieser drei Machthaber für den Koreakonflikt nicht anzweifeln. Aber gleichzeitig ist es auch notwendig, einen erheblichen Teil der Schuld an der Entfesselung des Konflikts um Korea bei den anderen unmittelbar beteiligten Staaten, wie beispielsweise Südkorea, zu suchen. Davon zeugen Dokumente sowie Untersuchungen russischer Wissenschaftler zu dieser Problematik. Dazu gehören unter anderem der Briefwechsel zwischen der Führung der Sowjetunion und der Nordkoreas und Chinas, die freigegebenen Chiffretelegramme der sowjetischen Botschaft in Pjöngjang, Anatolij V. Torkunovs Untersuchung „Der rätselhafte Krieg. Der Koreakonflikt 1950–1953" (2000) sowie Torkunovs und E.P. Ufimcevs Monographie „Das Koreaproblem: eine neue Betrachtungsweise" (1995). In Letzterer werden zum ersten Mal in der russischen Geschichtsschreibung dokumentarisch belegte Daten zum Koreakrieg und seinen Initiatoren angeführt und analysiert.

In meinem Beitrag werde ich versuchen, die Position Südkoreas und dessen Richtlinien bei der Lösung der Koreafrage auf der Grundlage von jetzt zugänglichen Quellen zu umreißen, sowie den Verantwortungsgrad der Machthaber in Seoul für die koreanische Tragödie der Jahre 1950–1953 offen zu legen.

Ich bin sicher, dass die Hauptschuld für die Auslösung des Koreakonflikts vorrangig bei den beiden koreanischen Parteien zu suchen ist. Die jungen politischen Eliten, die die japanische Kolonialverwaltung im Norden und Süden Koreas ablösten, waren unfähig und hilflos in ihrem Versuch, Kompromisse für eine friedliche Vereinigung Koreas oder nach 1948, für eine friedliche Entwicklung zweier neu gegründeter selbständiger Staaten auf der koreanischen Halbinsel zu finden. Man muss zugeben, dass diese Unfähigkeit und Hilflosigkeit von den Bündnispartnern beider koreanischen Staaten – der Sowjetunion und den USA – sogar noch gefördert wurde. Besonders stark widersetzte sich Syng-man Rhee der Möglichkeit einer friedlichen Vereinigung. Mehr noch, er versuchte, die Teilung Koreas und die Gründung eines separaten Staates im Süden voranzutreiben. Im Unterschied zu anderen prominenten Führungspersönlichkeiten Südkoreas, wie beispielsweise Kim Ku (ehemaliges Oberhaupt der provisorischen Regierung im Exil) oder Kim Kyu Sik (stellvertretendes Oberhaupt der provisorischen Regierung), beteiligte sich Syng-man Rhee nicht einmal an der Konferenz politischer Vertreter aus dem Norden und Süden Koreas im April 1948 in Pjöngjang, auf der der Versuch unternommen wurde, sich über die Vereinigung Koreas zu verständigen und die Schaffung eines separaten südkoreanischen Staates zu verhindern. Von Anfang an war Syng-man Rhee entschieden gegen die Suche nach einer diplomatischen Lösung des Koreaproblems.

Die Gründung zweier unabhängiger koreanischer Staaten 1948 verstärkte den Antagonismus und die Feindseligkeit der Führungsschichten Nord- und Südkoreas. Letztlich begannen beide koreanische Konfliktparteien mit den Vorbereitungen zu einer gewaltsamen Vereinigung. Wie der russische Wissenschaftler Dimitrij A. Volkogonov feststellte, „wurde der Konflikt durch das Streben beider beteiligten Parteien nach der Vorherrschaft über das gesamte Korea ausgelöst. Jede Partei war der Meinung, dass die Mehrheit der Bevölkerung der Halbinsel ihre Regierung unterstützte".[1]

Ich möchte anmerken, dass die Sowjetunion nach der Befreiung Koreas durch die sowjetische Armee im August 1945 nicht beabsichtigte, sofort mit dem Aufbau des Sozialismus im Norden Koreas zu beginnen. Dazu gab es eine spezielle Direktive Stalins, die es untersagte, die „sowjetische Ordnung" im befreiten Korea einzuführen. Der sowjetische Parteichef empfahl die Errichtung einer bürgerlich-demokratischen Gesellschaft im nördlichen Teil der Halbinsel.

Allerdings nahm die Geschichte einen anderen Lauf. Nordkorea entschied sich für das sowjetische Entwicklungsmodell und Südkorea für das amerikanische. Dieses Faktum verstärkte den Konfliktcharakter der innerkoreanischen Beziehungen noch weiter. Beide Teile Koreas strebten danach, ihr Kriegspotential und ihre militärischen Überlegenheit zu verstärken. Im Januar 1950 unterzeichneten die Republik Korea und die USA ein Abkommen über gegenseitige Hilfe und Verteidigung. Das beinhaltete die Zusage von „Ausrüstung, Material, Dienstleistungen und anderer militärischer Hilfe"[2] an Seoul.

Es muss an dieser Stelle allerdings erwähnt werden, dass auch die Demokratische Volksrepublik Korea den Abschluss eines Verteidigungsbündnisses mit der Sowjetunion noch vor Ausbruch des Koreakonflikts anstrebte. Bei seinen Treffen mit Stalin sprach sich Kim Il-sung mehrfach für ein solches Abkommen aus. Jedoch erschien Moskau die Unterzeichnung eines Verteidigungsbündnisses als nicht zweckmäßig. In diesem Zusammenhang ist die Unterredung des sowjetischen Botschafters Generaloberst Terentij F. Štykov mit Kim Il-sung und Pak Hon-yong im Januar 1949 überaus bemerkenswert. „Bezug nehmend auf den seinerzeit von Kim Il-sung geäußerten Wunsch, ein Abkommen über gegenseitige Freundschaft und Hilfe mit der Sowjetunion zu schließen" – telegrafierte der sowjetische Botschafter nach Moskau – „erläuterte ich Kim Il-sung und Pak Hon-yong, dass unter derzeitigen Umständen, solange das Land zweigeteilt ist, der Abschluss eines solchen Abkommens nicht zweckmäßig sei. Es könnte von südkoreanischen Reaktionären gegen die Regierung der Demokratischen Volksrepublik Korea missbraucht werden, um die Teilung des Landes zu erhalten. Diese Nachricht von mir" – schreibt Štykov weiter – „löste bei Kim Il-sung

[1] *Dimitrij Volkogonov*, Triumf i tragedija. Političeskij portret I. V. Stalina, in: Oktjabr', 1989, Nr. 10, S. 65.
[2] *A.V. Torkunov, E.P. Ufimcev*, Korejskaja problema: novyj vzgljad. Moskva 1995, S. 11.

und Pak Hon-yong eine gewisse Verlegenheit aus. Kim Il-sung war nicht sicher, ob er sich für den Vertragsabschluss aussprechen sollte."[3] Kim Il-sung schlug ferner vor, ein geheimes Abkommen über Hilfsleistungen seitens der Sowjetunion an Korea zu unterzeichnen. Jedoch fand auch dieser Vorschlag keine Unterstützung bei den sowjetischen Vertretern.

Offensichtlich hatte die Sowjetunion nicht vor, ein Verteidigungsbündnis mit Nordkorea zu schließen, da sie dies für eine zusätzliche Hürde auf dem Weg einer friedlichen Einigung Koreas hielt.

Seit 1949 wuchs die Spannung auf dem 38. Breitengrad der Demarkationslinie zwischen Nord- und Südkorea und die bewaffneten Auseinandersetzungen verstärkten sich. In der südkoreanischen und westlichen Literatur über Korea überwiegt die Meinung, dass der Norden diese Entwicklung provoziert habe. Aber die Informationen der sowjetischen Botschaft in Pjöngjang bezeugen, dass die südkoreanische Seite die Situation im Umkreis des 38. Breitengrad aktiv beeinflusste. Botschafter Štykov telegrafierte in Sorge nach Moskau, „dass es vom 15. bis 25. Januar 1949 vermehrt zur Verletzung des 38. Breitengrades durch die südkoreanische Polizei und Armee gekommen ist. Gruppen von 60–90 Personen" – schrieb er – „überqueren täglich den 38. Breitengrad und eröffnen das Feuer auf nordkoreanische Dörfer".[4]

Die Zahl der Grenzverstöße von Seiten der Südkoreaner stieg besonders nach dem Abzug der sowjetischen Truppen aus Nordkorea im Oktober 1948. Diese Verstöße nahmen einen äußerst provokativen und systematischen Charakter an. Nach Angaben der sowjetischen Botschaft in Pjöngjang begingen die südkoreanischen Militärs allein vom 1. Januar bis 15. April 1949 insgesamt 37 Grenzverletzungen. An den Scharmützeln, die unter Einsatz von Maschinengewehren und Granatwerfern erfolgten, waren südkoreanische Streitkräfte bis hin zur Bataillonsstärke beteiligt.

Weiterhin berichtete der Botschafter, dass „in Südkorea Gerüchte über die Offensive der südlichen Armee auf den Norden verbreitet werden, wonach die südliche Konfliktpartei mit dem Vormarsch beginnen und die Initiative ergreifen müsse".[5]

Die Frage der zunehmenden Spannungen im Umfeld des 38. Breitengrades wurde von Stalin und Kim Il-sung im März 1949, während des Besuchs des nordkoreanischen Führers in Moskau, im Detail erörtert. Stalin befragte Kim Il-sung ausführlich nach der Situation auf der Halbinsel und äußerte seine Sorge über die Zuspitzung der Lage.

Im April 1949 sendete Stalin ein Telegramm an den sowjetischen Botschafter in der Demokratischen Volksrepublik Korea, in dem stand, dass die Südkoreaner ihre Truppen im April oder Mai im Bereich des 38. Breitengrades konzentrieren würden, um dann im Juni den Norden überraschend zu überfallen und bis August die nordkoreanischen Streitkräfte zu vernichten.[6]

Analysiert man die Chiffretelegramme, die vom sowjetischen Botschafter in der Demokratischen Volksrepublik Korea nach Moskau gesendet wurden, so ergibt sich ein klares Bild darüber, dass die südkoreanische Regierung im Laufe des Jahres 1949 eine kriegerische Auseinandersetzung zunehmend provozierte, um durch Waffeneinsatz das Problem der Einigung des Landes zu lösen.

3 Archiv vnejšnej politiki Rossijskoj Federacii (künftig: AVP RF), 3/65/3 (bei der Archivchiffre werden die Nummern des Fonds, des Opis' und der Delo durch Schrägstriche getrennt), Bl. 1f., Telegramm Štykovs an Molotov, 19.1.1949.

4 AVP RF, 3/65/3, Bl. 3–5, Telegramm Štykovs an Molotov, 27.1.1949.

5 AVP RF, 3/65/3, Bl. 30, Chiffretelegramm Nr. 17064 – Marschall Vasilevskij und Botschafter Štykov an Stalin, 20.4.1949.

6 Vgl. AVP RF, 3/65/3, Bl. 25, Telegramm Stalins an den sowjetischen Botschafter in Pjöngjang, 17.4.1949.

Eine der wichtigsten und meistdiskutierten Fragen in diesem Kontext ist und bleibt die nach dem Kräfteverhältnis der beiden koreanischen Konfliktparteien am Vorabend des Krieges. Die südkoreanische Geschichtsschreibung behauptet eindeutig, dass die nordkoreanische Armee den militärischen Kapazitäten der Republik Korea mehrfach überlegen war.

Nach allem, was wir wissen, sah dies im Juni 1950 wirklich so aus. Aber die sowjetischen Archivdokumente, hier sei vor allem der Briefwechsel des sowjetischen Botschafters mit Moskau genannt, bezeugen, dass 1949 „Nordkorea absolut nicht zur Abwehr einer Aggression bereit" war. Generaloberst Štykov berichtete nach Moskau, dass die koreanische Volksarmee sehr schwach ausgerüstet war und kaum Grundlagen für die Fertigung von Ausrüstung und Munition vorhanden waren.[7]

Ein fundiertes und objektives Bild der koreanischen Halbinsel zeichnete der zeitweilige Geschäftsträger der Sowjetunion in der Demokratischen Volksrepublik Korea, Grigorij I. Tunkin. Die von ihm beschriebene Situation im September 1949 unterscheidet sich wesentlich von der, die die Führer der Demokratischen Volksrepublik Korea schilderten (ihrer Meinung nach würde die Demokratische Volksrepublik Korea im Falle einer Auseinandersetzung die Oberhand über die südkoreanische Armee gewinnen und die Bevölkerung der Republik Korea den Fall der Regierung Syng-man Rhee begrüßen).

Tunkin unterstrich in seinem Lagebericht, wie wenig zweckmäßig es für die Nordkoreaner sei, den Bürgerkrieg zu entfachen. Er schrieb nach Moskau, dass die Armee des Nordens nicht stark genug sei, um erfolgreich und schnell gegen den Süden vorzugehen und warnte davor, dass im Falle einer Offensive des Nordens gegen Südkorea „die Amerikaner sich in den Konflikt einmischen und den Südkoreanern aktive Hilfe leisten" würden.[8]

Auf der Grundlage von Tunkins Bericht verabschiedete das Politbüro des Zentralkomitees der Kommunistischen Partei einen Beschluss, der der Demokratischen Volksrepublik Korea untersagte, militärische Operationen gegen Südkorea durchzuführen.

Unter den Bedingungen der zunehmenden Konfrontationen im Bereich des 38. Breitengrades im Laufe des Jahres 1949, sowie provokativer Äußerungen seitens der südkoreanischen Politiker, sprach sich die Sowjetunion kategorisch gegen den Beginn eines Bürgerkriegs in Korea aus und unterdrückte auf jegliche Art und Weise die Absichten der nordkoreanischen Parteiführung, das Problem der Vereinigung des Landes durch Waffengewalt zu lösen. Mehr noch, um einen Angriff Südkoreas nicht zu provozieren, beschloss die sowjetische Führung, die Stützpunkte ihrer Seekriegs- und Luftstreitkräfte auf nordkoreanischem Gebiet aufzulösen.

Ich möchte an dieser Stelle unterstreichen, dass der Präsident der Republik Korea, Syngman Rhee, eine äußerst negative Rolle bei der Auslösung des koreanischen Konflikts gespielt hat. Davon zeugen sowohl Dokumente als auch Untersuchungen russischer und ausländischer Wissenschaftler als auch die Erinnerungen derjenigen, die den autoritären Führer Südkoreas persönlich kannten. Dokumente der südkoreanischen Regierung, die in sowjetische Archive gelangten, demonstrieren anschaulich die Rolle Syng-man Rhees im Koreakrieg. Ende September 1949 sandte er einen Brief an Professor Robert Oliver, aus dem hervorgeht, dass die südkoreanische Führung die feste Absicht hatte, einen militärischen Überfall auf Nordkorea zu realisieren: „Ich bin fest davon überzeugt, dass jetzt der psychologisch richtige Moment gekommen ist, gewaltsame Schritte zu unternehmen und uns mit der loyalen kommunistischen Armee im Norden zu verbinden (offensichtlich eine Anspielung darauf, dass in Nordkorea Kräfte vorhanden waren, die die Regierung der Re-

[7] Vgl. AVP RF 3/65/3, Bl. 68, Telegramm Štykovs nach Moskau, 22.6.1949.
[8] AVP RF, 3/65/837, Bl. 94–96, Telegramm Tunkins nach Moskau, 14.9.1949.

publik Korea unterstützten – Anm. V.D.), um gemeinsam den nördlichen Teil Koreas zu liquidieren. Wir werden Kim Il-sungs Anhänger in die Bergregionen zurückdrängen und sie dort verhungern lassen. Die Front muss demnach entlang der Flüsse Tumen und Yalu verlaufen."[9]

Syng-man Rhee bat Oliver darum, dass er die amerikanischen Staatsführung und Öffentlichkeit davon überzeugen solle, „zu schweigen, im Einverständnis damit, dass wir beginnen, unser Programm umzusetzen…", sprich den Angriff auf Nordkorea auszuführen.

Auch ausländische Wissenschaftler gehen davon aus, dass der südkoreanische Präsident viel dazu beitrug, den Korea-Konflikt zu provozieren. „Syng-man Rhee" – so konstatiert der amerikanische Wissenschaftler Isidor F. Stone – „begann den Krieg oder provozierte bewusst eine große Offensive, weil sein erschüttertes Regime nur durch die Einbeziehung Amerikas in den lokalen Konflikt gerettet werden konnte."[10] Und in der Tat war die innenpolitische und ökonomische Situation in Südkorea am Vorabend des Krieges krisenhaft. In den südlichen Provinzen der Republik Korea existierte eine starke Partisanenbewegung. Im Mai 1950 erlitten die Anhänger Syng-man Rhees eine ernsthafte Niederlage bei den Parlamentswahlen. Sie konnten lediglich 53 von 186 Parlamentsplätzen erringen. Im ganzen Land wurde eine stark repressive Politik gegenüber der Opposition durchgeführt. Weiterhin kam es zur Verabschiedung des Gesetzes „Über den Schutz des Staates", das übrigens bis heute in Kraft ist und für starke Diskussionen innerhalb der südkoreanischen Gesellschaft sorgt. Allein 1949 verhaftete die südkoreanische Polizei auf Grundlage dieses Gesetzes circa 120 000 Menschen, darunter 16 Mitglieder der Nationalversammlung. Am 26. Juni 1949 ermordete der Nationalist und Informant des US Counter Intelligence Corps Ahn Doo-hee den populären Politiker Kim Ku.

Auch die Wirtschaftspolitik der Regierung Syng-man Rhees wurde in der Republik Korea negativ aufgenommen. Die Bodenreform erwies sich nur für die Großgrundbesitzer als vorteilhaft. Ein Großteil der Bevölkerung hungerte. Wegen fehlenden Stroms und mangelnder Rohstoffe stand die Mehrzahl der Fabriken still. Die Arbeitslosigkeit wuchs. Dieses triste Bild der wirtschaftlichen Situation der Republik Korea zeichnete die sowjetische Botschaft in Pjöngjang 1949.

Die negative Rolle des Präsidenten der Republik Korea wird auch durch Aussagen führender Politiker Südkoreas bestätigt. Der Friedensnobelpreisträger und langjährige Kämpfer gegen die südkoreanische Militärdiktatur, Kim Dae-jung, der später zum Oberhaupt des südkoreanischen Staates wurde, charakterisierte Syng-man Rhee wie folgt: „Beim Versuch die Macht Kim Kus, der aus China zurückkehrte, zu brechen, schuf Rhee eine Opposition aus projapanischen Elementen. Rhees Regime stützte sich nicht auf Patrioten, die gegen die japanische Besatzung gekämpft hatten, sondern auf Kollaborateure. Gerade Rhee wurde zum Diktator und Begründer des autoritären Regimes."[11]

Die repressive Innenpolitik Syng-man Rhees war die Fortsetzung seiner Position in der Koreafrage. Meiner Meinung nach gibt Kim Dae-jung eine sehr treffende Beurteilung der Politik Syng-man Rhees: „Dr. Syng-man Rhee bestand auf der Gründung einer separaten Regierung im Süden 1946 und wies von vorn herein alle Bemühungen zurück, mit den Kommunisten Verhandlungen über die Einigung des Landes aufzunehmen. Er strebte gar nicht nach einer Einigung. Er war völlig auf den Erhalt seiner diktatorischen Macht fixiert.

9 AVP RF, 3/65/827, Bl. 44–46, Chiffretelegramm Nr. 60008 – 8. Abteilung GŠ VS SSSR, Meldung Štykovs nach Moskau, 2.9.1950.

10 *Isidor F. Stoun*, Zakulisnaja istorija vojny v Koree, Moskva 1953, S. 4.

11 *Dė Čžun Kim*, Južnaja Koreja: dramy i nadeždy demokratii, Moskva 1992, S. 122.

[...] Wenn wir uns an das tragische Ergebnis seiner politischen Karriere erinnern, seine Aufrufe zur Vereinigung mittels eines brudermörderischen Krieges, wird die Hauptursache unseres nationalen Elends klar deutlich.“[12] Diese Beurteilung spiegelt sehr deutlich wider, welche wichtige Rolle der südkoreanische Politiker Syng-man Rhee und dessen Regime beim Ausbruch des Bürgerkrieges auf der koreanischen Halbinsel spielten.

Abschließend einige wichtige Schlussfolgerungen:

- Hauptursache des Koreakriegs war, meiner Meinung nach, die Teilung der koreanischen Halbinsel in zwei feindliche Staaten, die ihre Legitimität gegenseitig nicht anerkannten und durch zwei gegnerische Blöcke, den sowjetischen und den amerikanischen, darin unterstützt wurden.
- Die politischen Eliten Nord- und Südkoreas waren davon überzeugt, dass die Einigung des Landes nur durch Waffengewalt möglich wäre. Andere Wege zur Vereinigung kamen ihnen nicht in den Sinn oder wurden gar nicht in Erwägung gezogen.
- Beide koreanischen Parteien bereiteten sich auf eine gewaltsame Lösung der Koreafrage vor. Bei der Realisierung ihrer eigenen Absichten zeigten sich die Führer Süd- und Nordkoreas unfähig, im Namen nationaler Interessen auf individuelle politische Ambitionen zu verzichten.
- Die kriegerischen Auseinandersetzungen in Korea 1950–1953 sind als ein erfolgloser und sehr gefährlicher Versuch der Lösung des Koreaproblems mit gewaltsamen Mitteln in die Geschichte eingegangen.

Und heute, da auf der koreanischen Halbinsel eine neue, sehr ernstzunehmende Gefahr erwächst - die einer atomaren Auseinandersetzung –, gilt es daran zu erinnern, dass der Koreakrieg zeigte, wie perspektivlos und untauglich der Versuch einer militärischen Lösung der Einigung beider koreanischer Staaten war. Die wichtigste Aufgabe ist es heute, eine diplomatische Lösung der atomaren Krise auf der koreanischen Halbinsel im Rahmen eines Sechs-Mächte-Abkommens zu erreichen. Nur dies kann real dazu beitragen, einer friedlichen Lösung der verhärteten Koreafrage näher zu kommen.

[12] Ebenda, S. 163.

Kathryn Weathersby (Washington)

The Impact of the Korean War on North Korean Foreign Relations

Introduction

If one were to rank the legacies of the Korean War that have had the most lasting impact on international relations, a high place would surely be assigned to the transformation of the Democratic People's Republic of Korea (DPRK) into a state marked by a degree of mistrust and belligerence toward both friend and foe that was unusual even by the standards of the communist world. Throughout the Cold War, North Korea maintained a high level of tension on the peninsula through a highly bellicose public posture, an outsized forward-deployed military force, and repeated violent provocations against the Republic of Korea (ROK). Pyongyang's powerful patrons, the Soviet Union and the People's Republic of China (PRC), feared negative repercussions from North Korean actions but had limited ability to restrain DPRK leader Kim Il-sung, who by the late 1950's had solidified both his hold on power and a remarkable level of autonomy within the communist alliance.

The demise of the Cold War prompted Pyongyang's Korean War allies to establish diplomatic relations and economic ties with South Korea. Far from following this lead, however, the DPRK held even more firmly to its isolation and ideological rigidity and intensified its longstanding effort to acquire nuclear weapons, bringing the impoverished country by 1994 to the brink of war with the United States. Military conflict was narrowly avoided through an agreement on denuclearization reached with Washington.

Further reduction of tensions followed the first inter-Korean summit in June 2000, but this improvement was short-lived, as Kim Jong-il responded to the hostile posture of US President George W. Bush, who took office the following year, by abandoning the 1994 agreement in favor of accelerating the DPRK's program to develop nuclear weapons. North Korea's successful nuclear test in October 2006 finally prompted Washington to renew negotiations with Pyongyang, concluding a new agreement that pledged North Korean denuclearization in exchange for establishment of diplomatic relations with Washington and conclusion of a peace treaty to end the Korean War. Despite these positive developments, however, Pyongyang's continued reluctance to embrace political and economic reform suggests that establishing a peace regime to end the Korean War will be a slow and difficult process.

This essay argues that the foundation for North Korea's distinctive belligerence and isolation was laid during the Korean War era, particularly in Pyongyang's experience of dependence on and subjugation to its Soviet and Chinese protectors. While it has long been apparent that the extraordinary physical destruction brought by American bombing of North Korea, the high rate of casualties North Korea suffered during the war, and the continued stationing of US troops in South Korea following the war deepened and prolonged the intense hostility North Korean communists held toward the United States and its client state in the southern half of the peninsula, until the collapse of the Soviet Union, little was known about relations among the communist allies during the Korean War. Archival records released by Russia, China, and Soviet bloc states of Eastern Europe reveal that North Korea's dealings with its powerful patrons during the planning and execution of the war created deep and lasting mistrust and resentment. Despite the entry of Chinese troops into the war and the Soviet provision of supplies and expertise, the wartime experience left Pyongyang with little confidence that the states on which it depended for survival would in fact ensure its basic security needs. In the aftermath of the war, the DPRK thus attempted to fortify itself against both friend and foe through isolation and bellicosity, while securing its economic needs through exploiting the security concerns and sense of fraternal obligation of its communist allies.

Research on the DPRK's extensive and multifaceted relations with the Soviet Union and China during its early years has only recently begun and many important aspects of this complex phenomenon remain to be investigated. This brief essay examines three aspects of North Korea's wartime interactions with the Soviet Union and China that played a particularly significant role in creating mistrust and resentment: the process of gaining approval to launch the military attack against South Korea; the Soviet and Chinese response to North Korea's near defeat in October 1950 and the loss of sovereignty that followed the Chinese intervention; and the subjugation to Soviet and Chinese priorities during the last two years of the war. The aim throughout is to view this history through North Korean eyes in order to identify the attitudes created in the Korean communist leadership as a result of their wartime interactions with their Soviet and Chinese comrades. It goes without saying that relying on the records of the Pyongyang's allies to tell North Korea's story is far from optimal. However, until DPRK documentary records become accessible to scholars, these sources provide the best available evidence.

The Decision for War and North Korean Agency

For the North Korean leadership, the most basic reality of the decision to attempt to reunify Korea by military means is that they were unable to take this action on their own. North Korean agency had been sharply limited ever since the US and the Soviet Union divided Korea into two occupation zones in August 1945, a decision made in haste as part of each ally's pursuit of postwar strategic advantage. Since neither Moscow nor Washington had recognized any Korean government in exile during the period of Japanese colonial rule, no indigenous leaders were in place with whom the allies would be compelled to consult on this fateful matter. Four months into the joint occupation, the Soviets and Americans continued to chart Korea's future without Korean input when they agreed in December 1945 to establish a joint trusteeship for Korea, a decision vehemently opposed and deeply resented by virtually all Koreans. In principle, the trusteeship for Korea was designed to create a government for the newly liberated country through consultation with Korean political organizations. However, since the Americans and Soviets had mutually exclusive definitions of an acceptable political profile for a Korean government, they failed to create such a structure. Instead, the burgeoning Cold War between the occupying powers geographically polarized Korean politics. As a consequence, the hasty division of August 1945 hardened into the creation of separate, hostile states in 1948, whose governments remained subordinate to their respective great power patron.

For Korean Communists, the establishment of the DPRK and the ROK altered the circumstances within which they would have to complete the task of bringing revolution to their homeland. With no hope left of creating a coalition government in Seoul within which they could maneuver politically, they would have to rely on military action. However, they could not use the military means with which they were experienced—guerilla fighting such as they had conducted in Manchuria in the 1930s against Japanese forces, together with their Chinese comrades. Instead, the newly created Korean People's Army (KPA) would have to mount a conventional military offensive across an internationally recognized border.

Such a campaign would clearly require extensive military assistance from the Soviet Union. Moreover, since it risked serious international repercussions, the decision to launch an attack on the ROK could only be made in Moscow. While Kim Il-sung's government had gained a measure of autonomy with the establishment of the DPRK and the subsequent withdrawal of Soviet occupation troops, the North Korean state remained profoundly dependent on its Soviet patron. Separated from two-thirds of the Korean population and most of the country's arable land, devastated by Japanese expropriation and destruction during World War II, and with former economic ties to Japan and China severed, the rump state in the mountainous north of Korea was not viable without extensive Soviet economic aid. Moreover, the Communist Party's hostility toward the educated and propertied classes and toward those who had collaborated with the Japanese had caused a crippling brain drain, as nearly all those with management or technical skills had fled to the South. Desperately short of trained personnel, Kim Il-sung relied on Soviet advisers to manage all branches of government, economy, and social organization, while he repeatedly appealed to Moscow for permission to send Koreans to study in the Soviet Union.[1] The repatriation from China of tens of thousands of experienced Korean soldiers provided an invaluable core of expertise for the new Korean People's Army. Nonetheless, with China still embroiled in its civil war, the task of training and supplying a modern army for the DPRK could only be done by the Soviet Union.

Perhaps even more important than this physical dependence on Moscow, Korean Communists, like their comrades throughout the world at this time, were deeply loyal to the Soviet Union. As the fatherland of the revolution and the only socialist state (in Communist Party terminology) then in existence, the USSR was the guiding light of the worldwide revolutionary struggle. Consequently, as the leaders of the new socialist state in Korea set out to create proper structures in all aspects of the country's life, they naturally deferred to Soviet guidance.[2]

For all of the above reasons, in 1949 the newly installed head of state in Pyongyang, Kim Il-sung, faced the task of persuading Soviet leader Joseph V. Stalin that a military campaign against South Korea was feasible and timely. As I have detailed elsewhere, Kim first raised the issue in March 1949, in talks with Stalin while in Moscow to conclude inaugural treaties between the DPRK and the USSR. Stalin rejected Kim's request on the grounds that the US would regard an attack on the South as a violation of its 1945 agreement with the USSR about the division of Korea and would consequently be likely to intervene. Moreover, the Soviet leader regarded the question as not yet topical since American armed forces were still in South Korea. After US troops withdrew from Korea in the summer of 1949, Kim again appealed to Stalin to consider his request. This time the Soviet leader was willing to discuss it, particularly because he feared that the US troop withdrawal was designed to unleash ROK forces for an attack on North Korea, which could result in loss of this important buffer

[1] Files in the Archive of the Foreign Policy of the Russian Federation, record group Referentura po Koree for 1945–1949 contain voluminous correspondence between Moscow and Pyongyang regarding Korean requests to send students to a wide range of educational institutions in the Soviet Union. For a description of Soviet advisers assisting the North Korean government, see *Andrei Lankov*, From Stalin to Kim Il Sung: The Formation of North Korea, 1945–1950 (New Brunswick, New Jersey 2002), pp. 1–48.

[2] The files of the International Department of the Communist Party of the Soviet Union held in the Russian State Archive of Socio-Political History contain documentation of numerous visits by newly appointed officials of the North Korean state and party who were dispatched to Moscow to learn proper procedures for their respective areas of responsibility.

against Japanese aggression against the Soviet Union. However, in September, after due deliberation, the Soviet leadership concluded that circumstances were still not favorable for an attack on the South.[3]

In January 1950, spurred by the establishment of the People's Republic of China three months earlier, Kim Il-sung fervently entreated the Soviet ambassador to Pyongyang to convey his request to meet with Stalin to press his case for permission to complete the revolution in Korea. Kim stated "that he himself cannot begin an attack, because he is a communist, a disciplined person and for him the order of Comrade Stalin is law"[4]. This time Stalin gave his consent and Kim Il-sung and DPRK Foreign Minister Pak Hon-yong traveled to Moscow to plan the offensive together with Soviet military advisers. Stalin based his approval primarily on accurate intelligence that the United States had adopted a new policy for the Far East that ruled out military intervention on the Asian mainland, which led the Soviet leader to conclude that the US would not intervene on behalf of its Korean client following an attack by the DPRK. Stalin nonetheless remained worried that the action in Korea could embroil the Soviet Union in war with the United States. Knowing that the USSR would not be able to prevail in such a war, he made it clear to Kim Il-sung that the Soviet Union would under no circumstances send its troops to his assistance. If Kim were to need reinforcements, he would have to rely on China.[5]

To prepare for such a contingency, Stalin required Kim Il-sung to gain Mao Zedong's approval before the campaign could proceed. An offended Kim traveled to Beijing and relayed Stalin's instructions to Mao along with proud assurances that Chinese assistance would not be necessary. Mao had hoped to defeat the Nationalist remnant on Taiwan before risking American reengagement through an action against South Korea, but he was committed on principle to aid his Korean comrades. Moreover, the Chinese leader had little room to object to a plan already approved by Stalin, having just concluded an alliance with Moscow that was essential for the PRC's economic development and national security. Mao therefore gave Kim the required approval and pledged Chinese assistance, but warned his Korean ally to avoid a protracted war.[6]

Chinese Intervention, Soviet Betrayal, and North Korean Humiliation

The brash young Kim Il-sung came close to proving the fears of his Soviet and Chinese elders misplaced. Once the invasion commenced on 25 June 1950, the United States immediately secured United Nations sanction to lead a multinational intervention on behalf of South Korea, but the poorly trained and ill-equipped American forces hastily dispatched from comfortable occupation duty in Japan did little to slow the KPA advance. By late summer the North Korean army had driven ROK and US forces to the southernmost tip of the peninsula, where they confined them behind a defensive line above the port of

[3] For documentation of the decision-making process, see Kathryn Weathersby, "To Attack or Not to Attack?: Stalin, Kim Il Sung and the Prelude to War," *Cold War International History Project Bulletin*, 5 (1995): 1–9.

[4] *Ibid*, p. 8.

[5] For documentation, see K. Weathersby, "'Should We Fear This?': Stalin and the Danger of War with America," Working Paper No. 39, Cold War International History Project (Washington, DC: Woodrow Wilson International Institute for Scholars, July 2002)

[6] *Ibid.*

Pusan. However, on 15 September the tide of the war abruptly turned against North Korea when the Americans succeeded in making a difficult amphibious landing at Inchon, just west of Seoul. Chinese warnings that KPA lines were dangerously overextended and exposed proved well-founded. Cut in half by the UN advance, the North Korean army rapidly disintegrated.

Within two weeks of the Inchon landing, the DPRK faced imminent defeat as UN forces occupied Pyongyang and moved rapidly northward. Under these dire circumstances, Kim Il-sung learned the most difficult lesson of the war: not only did he remain subordinate to Soviet and Chinese decisions and dependent on assistance from these allies, but he could not be assured that such vital aid would be provided.

Despite Stalin's prewar stipulation that North Korea would have to turn to China should it need reinforcements, Kim Il-sung hesitated to request Chinese intervention. Mao Zedong had taken several steps to aid the DPRK as soon as the US intervened, anticipating that Chinese troops would eventually have to enter the war. The PRC allowed the Soviets to use the Chinese Changchun Railroad and Chinese air space to transport military supplies to North Korea, and deployed 120,000 troops to the Korean border in July. Moreover, during the first weeks of the war, Mao sent experienced Chinese military officers to advise the KPA. However, the North Korean leadership was unwilling to accept such assistance. Pyongyang refused to allow its officials to share military intelligence with Chinese representatives. Five days before the Inchon landing, the personal envoy of PRC Foreign Minister Zhou Enlai was curtly rebuffed when he advised Kim Il-sung to consider a strategic withdrawal[7].

There were undoubtedly many reasons for Korean rejection of Chinese advice and aid. Prominent among them was most likely the recent history of mistrust and denigration by the Chinese comrades during the fighting in Manchuria in the 1930s. Moreover, the centuries-long history of Chinese intervention in Korea must surely have played a role. It is not difficult to imagine that the ambitious Kim Il-sung viewed his mission as not only to bring revolution to Korea but also to liberate his country from its long subjection to foreign domination. In any case, for whatever reasons, on 1 October the North Korean leader appealed for assistance to Moscow, rather than to Beijing, despite Stalin's prewar stipulation to the contrary.[8]

The Soviet leader was unwilling to revise the terms of his initial agreement. He instructed Kim to address his request for reinforcements to China. Having no alternative, the North Korean leader complied, but the PRC did not immediately dispatch the troops it had massed along the border. Instead, as UN forces continued their rapid advance into DPRK territory, Mao Zedong's government deliberated for nearly two weeks over whether it was advisable, after all, for the PRC to intervene in Korea. Finally, on 2 October Mao informed Stalin that the Chinese could not send troops to Korea, whereupon the Soviet leader, still determined at all costs to avoid military conflict with the Americans, immediately ordered Kim Il-sung to evacuate his remaining forces from Korean territory.[9] If Soviet intervention were the only means of saving the DPRK, the North Korean state would have to be sacrificed.

[7] See Shen Zhihua, "Sino-North Korean Conflict and its Resolution during the Korean War," *Cold War International History Project Bulletin*, Issue 14/15 (Winter 2003/Spring 2004): 9–24.

[8] For documentation, see Alexandre Y. Mansourov, "Stalin, Mao, Kim, and China's Decision to Enter the Korean War, Sept. 16–Oct. 15, 1950: New Evidence from the Russian Archives," *Cold War International History Project Bulletin*, 6/7 (Winter 1995/96): 94–107.

[9] *Ibid*, pp. 114–116.

Soviet Ambassador to the DPRK Terentii F. Shtykov reported to Stalin that the evacuation instruction caught Kim Il-sung and Pak Hon-yong by surprise. Kim Il-sung stated that "it was very hard for them, but since there is such advice they will fulfill it." Kim asked Shtykov to read the practical recommendations, ordered Pak to write them down, and asked for Soviet assistance in developing measures to implement the evacuation.[10] The following day the Chinese leadership changed their mind and informed Stalin that they would send troops to Korea after all. Stalin promptly cancelled the evacuation order, writing to Kim Il-sung that he was "glad that the final and favorable decision for Korea has been made at last." He instructed Kim "to resolve concrete questions regarding the entry of the Chinese troops jointly with the Chinese comrades" and informed him that "the armaments required for the Chinese troops will be delivered from the USSR"[11].

The relief the Koreans felt upon reading this news must surely have been great, but for Kim Il-sung, the realization that his Soviet mentor and protector was willing to surrender the DPRK to the American imperialists rather than risk engaging them directly predictably brought a profound change in his relationship to his patron. An early indication of this alteration is the rhetoric Kim employed when he addressed a Plenum of the Korean Workers Party in December 1950, his first speech since the war began. The elaborate peons to Comrade Stalin, Glorious Leader of Worldwide Revolution, Sun of Mankind, etc., and to the great Soviet Union, Fatherland of Revolution, etc., that had filled each paragraph of every speech Kim had delivered since his return to Korea in 1945 were abruptly gone, replaced by the barest, unadorned mention of the Soviet leader and the Soviet Union.[12]

While Stalin's evacuation order undermined Kim Il-sung's faith in Soviet protection, the entry of Chinese troops brought him personal humiliation as well as loss of control over his country and over the outcome of the war. The commander of the Chinese Volunteers, Peng Dehuai, made no secret of his contempt for Kim Il-sung's military abilities. Moreover, with Chinese forces assuming the bulk of the fighting, Peng naturally insisted on establishing a joint command in order to coordinate military action with the remaining North Korean units. Kim resisted such a move for several weeks, capitulating only after Stalin directly endorsed the Chinese plan. The establishment of a unified command required the North Koreans to turn over control of DPRK highways, railroads, ports, and airports to Chinese officers, along with communications, food storage, and even mobilization of manpower. Moreover, against strong objections from the North Koreans, in January 1951 the Chinese insisted on halting the advance near the 38th parallel in order to regroup, instead of pursuing the retreating UN forces further south. Stalin again resolved the dispute in support of the Chinese view.[13] The ultimate outcome of this decision was that the spring offensive of 1951 marked the end of the southward advance. In Kim Il-sung's perspective, therefore, while Chinese troops and Soviet supplies and expertise saved the DPRK from extinction, their assistance simultaneously prevented Korean Communists from achieving their primary goal of bringing revolutionary victory to the southern half of their country.

[10] *Ibid*, p. 118. Citing ciphered telegram from Shtykov to Fyn Si (Stalin), 14 October 1950.

[11] *Ibid*, p. 199. Citing ciphered telegram from Fyn Si (Stalin) to Kim Il Sung, 14 October 1950.

[12] Russian language texts of Kim Il Sung's speeches from 1945–1950 are found in the files of the International Department of the Central Committee of the Communist Party of the Soviet Union held in the Russian State Archive of Socio-Political History.

[13] Shen Zhihua, "Sino-North Korean Conflict and its Resolution during the Korean War," pp. 9–24.

The Armistice Negotiations and the Devastation of North Korea

When the spring offensive of 1951 not only failed to push UN forces further south but also brought very heavy Chinese and North Korean casualties, the Chinese command proposed that the allies open talks for a negotiated end to the war. Kim Il-sung was reluctant to abandon hope for a total victory. However, after personal intervention by Stalin, the North Korean leader agreed to open armistice negotiations in order to forestall an enemy offensive for a few months to give time to reinforce the Chinese/North Korean position in preparation for a new assault on enemy positions in the fall. In the end, however, by fall 1951 both sides had sufficiently dug in that further advance on the ground became impossible.[14]

With the war a stalemate, the armistice negotiations became the frontline of the struggle, which further diminished the North Korean voice. As of fall of 1951 Stalin insisted that the Chinese and North Koreans maintain a hard line in the negotiations on the grounds that the Americans had a greater need to reach an agreement. Since the war no longer endangered the Soviet border, Stalin apparently considered the conflict advantageous to Moscow. The war tied down American forces, rendering the US less likely to engage in military action in Europe. It drained American economic resources and exacerbated tensions between Washington and its principal allies. Moreover, continuing the war provided the Soviet Union with a superb opportunity to gather intelligence on US military technology and organization and to inflame anti-American sentiment throughout Europe and Asia.

For the North Korean leadership, however, the advantages the war brought the Soviet Union hardly outweighed the extraordinary damage their country suffered from the continuous bombing by the US Air Force. The level of physical destruction and loss of life from the bombing was so high that Kim Il-sung began to press his allies to reach an armistice agreement in early 1952. Kim's attempts at persuasion were unsuccessful, but by the fall of that year the Chinese leadership had become more amenable to a negotiated settlement. Stalin, however, remained determined to continue the war. In talks with Zhou Enlai in August and September, the aged, ailing Soviet leader dismissed Kim Il-sung's appeals for an armistice with the notable comment that the North Koreans "have lost nothing but their casualties." Stalin also resisted the Chinese inclination toward a negotiated settlement by presenting the issue as a question of whether they would give in to the Americans, claiming that if the US wins in Korea, China would never recapture Taiwan.[15]

While Moscow, and to a lesser extent Beijing, pressed North Korea to continue the war for gains that would accrue to their own countries, they provided the DPRK little protection against US bombing. At the time Chinese forces intervened in the war the PRC had not yet built an air force. Beijing thus insisted that Soviet pilots and anti-aircraft ground crews provide cover for troops entering Korea. The Soviet leader did so, attempting to disguise Soviet planes and pilots as North Korean. However, to prevent disclosure of their presence through enemy capture of a downed pilot, Stalin sharply limited the scope of activity of Soviet air force units. He tasked them with protecting the vital hydroelectric plant at Suiho and the Yalu River bridges across which Soviet supplies and Chinese troops entered Ko-

[14] See Kathryn Weathersby, "Stalin, Mao, and the End of the Korean War," in *Brothers in Arms: The Rise and Fall of the Sino-Soviet Alliance* (ed.), Odd Arne Westad, (Washington and Stanford: Woodrow Wilson Center Press/Stanford University Press, 1998), pp. 90–116.

[15] AVP RF, 45/1/329, ll. 54–72, 75–87, and 45/1/343, ll. 97–103, Transcripts of Conversations between Stalin and Zhou Enlai held 20 August 1952, 3 September 1952, and 19 September 1952. Translations by Danny Rozas and K. Weathersby. For the full text see *Cold War International History Project Bulletin*, 6-7 (Winter 1995/1996): 5–20.

rea, and with training Chinese pilots to take their place as quickly as possible. He expressly forbade from flying over enemy-held territory or over the sea, which sharply limited their ability to pursue American aircraft. Over the course of the war, the Soviet Air Force contribution was substantial, totaling approximately 70,000 pilots, technicians, and gunners. These highly skilled airmen accomplished their missions, which were vitally important to continuing the war, but they did not protect the bulk of DPRK territory from American bombers, which had nearly uncontested access to the skies over North Korea. The result was an extraordinary level of physical and human destruction in the DPRK. Virtually the entire infrastructure of the country was destroyed and between 8 % and 16 % of the population was killed over the course of the war.[16]

It was Stalin's sudden death on 5 March 1953 that finally freed the North Koreans and Chinese to reach an armistice. The collective leadership that nervously took power in Moscow feared that a post-Stalin government would be unable to retain its empire in Eastern Europe and perhaps even its power at home. They consequently took immediate action to consolidate their resources by ending the war in Korea. Only two weeks after Stalin's death, Moscow dispatched letters to Mao Zedong and Kim Il-sung outlining statements to be made by Kim, Peng Dehuai, the government of the People's Republic of China and the Soviet delegation to the United Nations indicating their willingness to resolve the outstanding issues in order to reach an armistice agreement.[17]

While the North Koreans eagerly embraced the Soviet decision to end the war, Moscow's action was accompanied by another decision that was politically damaging to the DPRK. In April 1953 the new Soviet leadership abruptly changed course regarding the massive international campaign the allies had jointly waged since early 1952 accusing the United States of using biological weapons in Korea. This effort had had substantial success in turning European public opinion against the American war in Korea and in mobilizing support for North Korea in the East European countries of the Soviet bloc. The allegations of biological weapons use were also an important element of domestic mobilization in North Korea. However, despite the prominence of the issue and its importance to Pyongyang, the post-Stalin leadership feared that the allegations would prove politically damaging to Soviet political interests if their falseness were revealed, and hence instructed the Chinese and North Koreans immediately to cease advancing these claims.

Conclusions

For the North Korean leadership, the war of 1950–53 brought the most painful lessons in the danger of subordination to more powerful allies. Their ability to fulfill their solemn duty to their homeland depended on decisions by Moscow and Beijing that were based on calculations of Soviet and Chinese national interests. Kim Il-sung and his comrades could not initiate a military campaign for reunification on their own, nor could they be assured that, once begun, such an effort would be carried to completion. They moreover could not ultimately count on allied support to guarantee the continued existence of the DPRK. The Korean War thus called into question the core belief of Korean Communists that national salvation would come through revolution as part of the worldwide communist movement

16 For estimates of the damage and casualties, see B.C. Koh, "The War's Impact on the Korean Peninsula," *The Journal of American-East Asian Relations*, 2:1 (1993): 57–76.

17 See Kathryn Weathersby, "Stalin, Mao, and the End of the Korean War," pp. 90–116.

led by the Soviet Union. In its place came a conviction that Korea's salvation could only be entrusted to Koreans, even while fraternal allies would be used as sources of economic and military aid.

At the same time as it shattered earlier trust in the Soviet Union, the war gave the DPRK a special status within the Soviet bloc that it was able to exploit to ensure a continued flow of aid from its allies in the postwar era. The ferocity of the US bombing created a degree of solidarity among the people of the recently established Soviet bloc, who found common cause in aiding their egregiously suffering Korean comrades. Consequently, even though the European communist states were themselves still struggling to recover from World War II, they mobilized their populations to send supplies and medical teams to Korea. Moreover, since the war ended with only an armistice and US forces remained in South Korea, the DPRK's position as the front line against imperialist aggression enabled it to demand continued economic and military support from all fraternal states. The unresolved war thus left North Korea with a toxic mix of intense hostility toward the ROK and the US combined with profound mistrust of the allies on whose support it depended for its continued existence. With such deep roots, the resulting isolation and bellicosity has remained among the most lasting and problematic results of the Korean War.

Peter Kuhfus (Tübingen)

„Ein Strategem von Kim und Mao". Politische Historiographie zwischen Moskau und Beijing

„In erster Linie tragen Kim Il-sung und Mao Tse-tung vor ihren und den anderen Völkern die Verantwortung für den Koreakrieg. [...] Mao Tse-tung stürzte sich tatsächlich aus eigenem Antrieb in diesen Krieg [...] Mao Tse-tungs aktive Haltung spielte eine höchst wichtige Rolle." In diesem Tenor lasten zwei bedeutende russische China-Historiker – Andrej M. Ledovskij und Jurij M. Galenovič – das, was 1950 in Korea geschah, den beiden ostasiatischen Führern an und sind von einer Art ostasiatischer Verschwörung überzeugt. Mao zeichnen sie dabei als den Mann, der hinter allem steckt, der einen Hang zu Intrige und Doppelspiel hat, et cetera. Diese Version des Koreakriegs hat bisher keine Verbreitung gefunden: weder chinesische noch westliche Studien kommentieren oder kritisieren sie; sie findet gar kein Echo.

Da diese Version, obwohl inzwischen zehn Jahre alt, noch immer fast „unsichtbar" ist, scheint die Annahme naheliegend, sie sei zu abseitig und nicht wichtig genug, um vorgestellt zu werden. Das wäre jedoch ein Fehlschluss, denn beleuchtet man diese „russische Version", erscheint auch die „chinesische Version" zum Koreakrieg in einem anderen Licht. Eine Kernthese der nachstehenden Analyse lautet deshalb: Zwischen den beiden russischen Historikern auf der einen und chinesischen Gelehrten auf der anderen Seite schwelt eine Kontroverse über den Komplex Koreakrieg. Zur Wesensform dieser Kontroverse gehört, dass sie aus den chinesischen Texten nicht direkt erkennbar ist, sondern erst zutage tritt, wenn man das Geschichtsbild von Ledovskij und Galenovič kennt.

Die folgenden Ausführungen bestehen aus vier Abschnitten. Der erste stellt die „russische Version" in einigen Kernpunkten vor. Der zweite demonstriert, wie eine chinesische Schlüsselpublikation als Erwiderung gelesen werden kann, und daraus hergeleitet: mit welchen Verfahren die chinesische Seite diese Kontroverse austrägt. Der dritte Abschnitt präsentiert Auszüge aus bisher wenig beachteten russischen und chinesischen Quellentexten. Der letzte schließlich fasst zusammen, weshalb die Kontroverse als „politische Historiographie zwischen Moskau und Beijing" zu verstehen ist, und was sie für die Erforschung des Geschichtsthemas Koreakrieg bedeuten kann.

Kim, Mao und Stalin: Rivalisierende Genossen? Die „russische Version"

Die Formel „russische Version" soll nicht suggerieren, die russische Geschichtsschreibung kenne bzw. vertrete nur eine einzige Meinung zum Koreakrieg. Vielmehr bezeichnet sie die Version, wie Ledovskij und Galenovič sie entwerfen. Zunächst werden diese beiden Autoren kurz eingeführt. Anschließend wird gezeigt, dass sie offene, schwerwiegende Kritik an der „Geschichtspolitik" der VR China üben. Vor diesem Hintergrund wird sodann ihre Korea-Version in Grundzügen dargelegt.

Ledovskij und Galenovič: zwei Profile

Andrej M. Ledovskij (1914–2007) und Jurij M. Galenovič (*1932) sind Zeitzeugen und herausragende Gelehrte. Sie sind/waren beide Angehörige des „Zentrums für Erforschung und Prognose der russisch-chinesischen Beziehungen" am Fernost-Institut der Akademie der Wissenschaften. Ledovskij trat nach Abschluss seines Studiums 1942 in den diplomatischen Dienst ein. Er war Erster Sekretär der sowjetischen Botschaft und Generalkonsul der UdSSR in Beijing, 1950–1952 Generalkonsul in Mukden/Shenyang (Mandschurei), mithin direkt in das Geschehen eingebunden. Von 1952 bis 1955 war Ledovskij Stellvertretender Leiter der Fernostabteilung des sowjetischen Außenministeriums, 1959–1966 Außerordentlicher und Bevollmächtigter Botschafter in Birma; 1966–1980 war er in höchsten außenpolitischen Staats- und Parteiorganen tätig. Von 1980 an war Ledovskij, „Kandidat der Historischen Wissenschaften", Mitarbeiter des Fernost-Instituts, mit den Spezialgebieten Geschichte der sowjetisch-chinesisch-amerikanischen Beziehungen und internationale Fragen in Fernost.[1] Zu seinen Büchern zählen die Studie „Kitajskaja politika SŠA i sovetskaja diplomatija, 1942–1954" (1985), der Sammelband „SSSR i Stalin v sud'bach Kitaja" (1999) und „SSSR, SŠA i kitajskaja revoljucija: glazami očevidca" (2005); zudem erstellte er die hochwichtige Dokumentenedition „Sovetsko-kitajskie otnošenija: dokumenty i materialy, 1946 – fevral' 1950" (2005).[2] Jurij M. Galenovič, Professor für Allgemeine Geschichte, studierte am Moskauer Institut für Orientstudien, war 1962–1967 an der sowjetischen Botschaft in Beijing tätig, dolmetschte u. a. die Unterredung von Mao und Kosygin (1965) und wirkte in den 70er Jahren als Regierungsberater für Fragen der bilateralen Beziehungen mit China. Galenovič lehrte auf dem Lehrstuhl für Geschichte Chinas am Institut der Länder Asiens und Afrikas der Moskauer Staatlichen Universität, wurde 1988 Leitender Mitarbeiter des Fernost-Instituts der Akademie der Wissenschaften und war lange Jahre Stellvertretender Vorsitzender der Gesellschaft für sowjetisch-russisch-chinesische Freundschaft. Galenovičs Interessenbereiche sind: Geschichte der russisch-chinesischen Beziehungen, insbesondere auch Grenzfragen, „Führer Chinas im 20. Jahrhundert", amerikanisch-chinesische Beziehungen, Russland und China im 20. Jahrhundert.[3] In seiner Dissertation untersuchte Galenovič den „Kampf in der chinesischen Führung über die Beziehungen zur UdSSR" während der Kulturrevolution.[4] Zu seinen Publikationen zählen die Monographie „Moskva-Pekin, Moskva-Tajbej" (2002), die historiographischen Studien „'Belye pjatna' i 'bolevye točki' v istorii sovetsko-kitajskich otnošenij" (1992) und „Istorija KPSS i SSSR v traktovke kitajskich učenych" (2007) sowie die Überblicksdarstellung „Rossija–Kitaj: Šest' dogovorov" (2003), die auch einer Auseinandersetzung mit der chinesischen Geschichtsschreibung zu den chinesisch-sowjetischen Beziehungen gewidmet ist.

Die Autoren repräsentieren also gewichtige Stimmen der russischen China-Forschung. Für die folgenden Gegenüberstellungen wurden in erster Linie zwei Beiträge

[1] Vgl. Andrej M. Ledovskij: http://www.biografija.ru/show_bio.aspx?id=75939; http://dic.academic.ru/dic.nsf/enc_biography/70374/Ledovskij; *Andrej M. Ledovskij*, SSSR i Stalin v sud'bach Kitaja: dokumenty i svidetel'stva učastnika sobytij, 1937–1952. Moskva 1999, S. 4.

[2] *Ders.* mit *Sergej L. Tichvinskij* (Hrsg.), Sovetsko-kitajskie otnošenija, dokumenty i materialy, 1946 – fevral' 1950. 2 Bde. Moskva 2005.

[3] Siehe *Jurij M. Galenovič*: http://www.humanities.edu.ru/db/msg/32918.

[4] Vgl. *Jurij M. Galenovič*, „Kul'turnaja revoljucija" v Kitae: bor'ba v kitajskom rukovodstve, maj 1966 g. – aprel' 1969 g. 4 Bde. Moskva 1974–1977; „Kul'turnaja revoljucija" v Kitae: bor'ba maoistskoj pravjaščej gruppirovki. Moskva 1974–1977; Bor'ba v rukovodstve KPK po voprosu ob otnošenii k SSSR vo vremja „Kul'turnoj revoljucii" v KNR. IDV AN SSSR, 1981.

beider Autoren herangezogen. Ein Teilkapitel einer Abhandlung Ledovskijs von 1990 zur „Rolle der Mandschurei in der Periode der amerikanischen Aggression in Korea“[5] und ein 2005 publizierter, in manchem bahnbrechender Aufsatz „Stalin, Mao Czedun i korejskaja vojna, 1950–1953“, in dem der Autor auch eine Anzahl unbekannter Archiv-Dokumente vorlegte.[6] Galenovič berührt das Thema in den historiographischen Reflexionen von „Rossija-Kitaj“ und widmet ihm ein eigenes Kapitel „Korejskaja vojna“ als Facette eines Doppelporträts „Liang dalingxiu: Sidalin yu Mao/Stalin i Mao: dva voždja“ (1999/2008).[7] Ergänzend einbezogen wird zudem ein 1993 publizierter Artikel von Grigorij Tumanov, der zur Zeit des Geschehens im sowjetischen Verteidigungsministerium tätig war.[8]

„Völlig anders verstanden und interpretiert“

In seinem nur für den Dienstgebrauch bestimmten Buch „Delo Gao Gana“ anerkannte Ledovskij 1990, dass sich in der Historiographie der Volksrepublik China (VRCh) neue, „positive“ Tendenzen abzeichneten; nach dem langen sino-sowjetischen Disput begännen chinesische Historiker und Publizisten nun auch die Geschichte der Beziehungen beziehungsweise die Außenpolitik der UdSSR wieder ausgewogener zu betrachten, doch seien Publikationen der VR auch weiterhin befrachtet mit „kritischen Einschätzungen der sowjetischen Politik und mit Ansprüchen an die UdSSR“.[9] Und Galenovič befindet in „Rossija-Kitaj“ kategorisch: „die Fakten der Geschichte unserer Beziehungen in der ersten Hälfte des 20. Jahrhunderts erhalten in unserem Land und in China ein jeweils völlig anderes Verständnis und völlig andere Interpretation. [...] Die Wissenschaftler der VRCh haben die Fakten von den Füßen auf den Kopf gestellt und waren bestrebt, die Leser und Zuhörer davon zu überzeugen, dass Russland über den Verlauf der gesamten ersten Hälfte des 20. Jahrhunderts hinweg anscheinend nur damit beschäftigt war, Aggression gegen China zu verüben.“[10]

Weiterhin kritisiert Galenovič, bedauerlicherweise herrsche im China des ausgehenden 20. Jahrhunderts (und implizit der Gegenwart) eine Tendenz vor, in der Geschichte der chinesisch-russischen Beziehungen das Trennende, Unterschiede und Widersprüche zu suchen und zu behaupten, ein Gegeneinander (protivopostavlenie) der beiden Nationen sei durch objektive Faktoren seit je vorgegeben. Im realen Leben hätten solche Unterschiede jedoch nicht existiert.[11]

Mittels geheimer diplomatischer Manöver, berichtet Ledovskij, hätten Mao Tse-tung und Tschou En-lai 1949 versucht, Washingtons Aufmerksamkeit und Gunst zu gewin-

[5] Vgl. *Andrej M. Ledovskij*, Rol' Dunbeja i dejatel'nost' Gao Gana v period amerikanskoj agressii v Koree, in: ders., Delo Gao Gana - Žao Šuši. Moskva 1990, S. 72–80.

[6] Vgl. *Andrej M. Ledovskij*, Stalin, Mao Czedun i korejskaja vojna 1950–1953 godov, in: Novaja i novešaja istorija (2005) H. 5, S. 79–113.

[7] Vgl. *Jurij M. Galenovič*, Korejskaja vojna, in: ders., Stalin i Mao: dva voždja. Moskva 2008 (elektronische Publikation), S. 485–546; Liang dalingxiu, Sidalin yu Mao Zedong. Chengdu 1999, S. 425–478.

[8] Vgl. *Grigorij Tumanov*, Štykovaja ataka Kim Ir Sena, in: Novoe vremja (1993) H. 23, S. 32–34.

[9] Vgl. *Ledovskij*, Delo Gao Gana, S. 3.

[10] *Jurji M. Galenovič*, Rossija-Kitaj: Šest' dogovorov. Moskva 2003, S. 119. Galenovič setzt sich unter anderem mit Beiträgen zu einer 1995 in Tongjiang (Heilongjiang) abgehaltenen Fachkonferenz auseinander. Diese sind abgedruckt in dem Sammelband: Zhanhou ZhongSu guanxi zouxiang (1945–1960): Zhong E(Su) guanxi xueshu lunwenxuan. Beijing 1997.

[11] Vgl. *Galenovič*, Rossija-Kitaj, S. 118 f., 251 f.

nen.[12] Auch Galenovič bezichtigt Mao, er habe damals eigentlich kein Zusammengehen mit der Sowjetunion angestrebt: „Es ist bekannt, dass Mao Tse-tung vor der Gründung der VR China schwankte und versuchte, ein Zusammenwirken mit Washington zu finden, dabei zum Schaden der Beziehungen mit unserem Land, und nur die Absage Washingtons zwang Mao Tse-tung, sich mit einem Bündnis mit unserem Land abzufinden [...]." Gleichwohl habe Stalin China nicht als Feind der Sowjetunion betrachtet, wohingegen Mao von anderen Vorstellungen geleitet war: „Er sah unser Land, historisch, als Feind Chinas."[13] Es sei charakteristisch, beklagt Galenovič, dass chinesische Historiker die Politik Mao Tse-tungs nicht als gegen die Sowjetunion beziehungsweise Russland gerichtete wahrhaben und thematisieren wollten.[14] Insgesamt entwickelten und verbreiteten sie das Bild vom furchtsamen Stalin und kühnen Mao: „Die zentrale Idee solcher Beurteilungen bestand darin, Mao habe sich Stalin als Politiker und als Militärstratege überlegen erwiesen."[15]

Im Zusammenhang mit der Darstellung und Erklärung des Koreakriegs betont Galenovič, die chinesischen Historiker müssten Aufgaben erfüllen, die ihnen von der politisch-ideologischen Führung (oder auch von sich selbst) gestellt würden: „Diese Aufgaben bestanden darin, vor allem das Handeln und die Politik unseres Landes anzuschwärzen und zu verleumden, Aufrichtigkeit in unserem Verhalten in jedem Fall auszuschließen."[16] Das Russland des 20. Jahrhunderts dürfe jedoch keiner anti-chinesischen Politik bezichtigt werden; solche Anklagen seien gänzlich unbegründet. Auch Ledovskij betont, „Russland und die Sowjetunion haben immer nach Freundschaft und enger Zusammenarbeit mit China gestrebt".[17] Den „bekannten Spezialisten für die Geschichte unserer bilateralen Beziehungen" Shen Zhihua kritisiert Galenovič scharf: „Kampf, Druck, Zugeständnisse wider Willen – das eben ist der Charakter von Beziehungen zwischen erzwungenen Verbündeten. Aus unserer Sicht verzerrt diese Behandlung die Fakten und die realen Wechselbeziehungen der [beiden] Seiten absichtlich." Jene These, wonach die Interessen der beiden Länder in Fernost seinerzeit unterschiedliche gewesen seien, beziehungsweise dass Stalin damals versucht habe, die Kommunistische Partei Chinas (KPCh) und die VR den Interessen der Sowjetunion zu unterwerfen, könne Shen Zhihua durch „keinerlei Beweise" untermauern.[18]

„Die Bedeutung von ‚Fyn Si'"

„Der von Kim Il-sung begonnene und von Mao Tse-tung aktiv unterstützte Koreakrieg" war, laut Galenovič, – nach Kims und Maos Verständnis – die Fortsetzung einer seit ältesten Zeiten währenden Sonderbeziehung zwischen den beiden ostasiatischen Nachbarn.[19]

[12] Vgl. *Ledovskij*, Delo Gao Gana, S. 28; ders., Kitajskaja politika SŠA, S. 167–172, 180–188; ders., Tajnye kontakty maoistov i amerikanskoj diplomatii v 1949 godu, in: Voprosy istorii (1980) H. 10, S. 75–89.

[13] *Galenovič*, Rossija-Kitaj, S. 252.

[14] Vgl. *Galenovič*, Rossija-Kitaj, S. 122.

[15] *Galenovič*, Dva voždja, S. 540; Liang dalingxiu, S. 474.

[16] *Galenovič*, Rossija-Kitaj, S. 121. Vgl. dazu auch *Vladimir Slapentokh*, China in the Russian mind today: ambivalence and defeatism, in: Europe-Asia studies vol. 59 (2007) H. 1, S. 1–21, hier S. 10.

[17] *Ledovskij*, SSSR i Stalin v sud'bach Kitaja, S. 4 f.

[18] Vgl. *Galenovič*, Rossija-Kitaj, S. 251, 120 f. Der Beitrag, auf den sich Galenovičs Kritik richtet, ist: *Shen Zhihua*, ZhongSu tiaoyue tanpan zhong de liyi chongtu ji qi jiejue, in: Lishi yanjiu (2001) H. 2, S. 39–55; ders, Interests conflicts and their solution during the talks on the Sino-Soviet treaty of 1950, in: Social sciences in China (2002) H. 2, S. 41–53.

[19] Vgl. *Galenovič*, Dva voždja, S. 543; Liang dalingxiu, S. 477.

Stalin habe sich das „rätselhafte chinesische Pseudonym“ Fyn Si/Feng Xi wohl auch deshalb zugelegt, weil sich darin seine Auffassung spiegelte, dass der Koreakrieg nicht sein Abenteuer war, sondern ein Strategem der ostasiatischen Führer.[20] Bei diesem „Strategem“, das heißt der Anbahnung von Kim Il-sungs Offensive, setzen die folgenden Analysen an, um sodann auf der Oktober-Krise 1950 und auf Chinas Eingreifen zu fokussieren.

„Ohne Mao kein Koreakrieg“

Ledovskijs und Galenovičs Versionen vom Koreakrieg fallen nicht identisch aus, besitzen aber insofern ein gemeinsames Grundmuster, als sie Mao eine verhängnisvolle Rolle zuschreiben und Stalin eher milde behandeln. Dies findet augenfälligen Ausdruck im Gesamturteil: „Folglich: Stalin wäre, wäre es dabei nur nach seinem Willen gegangen, kaum von sich aus zum Initiator des Koreakriegs geworden.“ Vielmehr wurde er in diesen Konflikt hineingezogen.[21] „Mao Tse-tung ermunterte sie [die Nordkoreaner] zu einem Befreiungskrieg.“[22] „Mao Tse-tung stürzte sich tatsächlich ganz von selbst in diesen Krieg [...] Mao Tse-tung folgte Kim Il-sung nicht einfach, sondern die aktive Rolle Mao Tse-tungs spielte eine höchst wichtige Rolle und übte den entscheidenden Einfluss auf Kim aus, indem er ihn zum Beginn der Kampfhandlungen auf der koreanischen Halbinsel antrieb, so dass es wohl auch ohne Mao Tse-tung den Krieg in Korea nicht gegeben hätte [...].“[23]

Mao sei mit Kim in wichtigen Überzeugungen verbunden gewesen: Jeder der beiden strebte danach, das gesamte Territorium seines Landes unter seiner Macht zu einen; auch gegen Stalin, der ihnen nicht gestatten wollte, „Revolution zu machen“ und ihre Länder geteilt halten wollte.

Der Große Vaterländische Krieg der Sowjetunion gegen Deutschland sei eine extrem schlimme Erfahrung gewesen, während Mao alles in Yan'an fernab vom Krieg aussitzen konnte. Mao und Kim hatten von Kampf und Krieg noch nicht genug, und Kim teilte Maos Meinung, „dass die Führer Chinas und Koreas kühner und klüger seien als Stalin“.[24] Gleichwohl bauten sie auf die Sowjetunion als festen Rückhalt, von der alle notwendige Hilfe käme: Waffen, Berater et cetera. Insgeheim, so Galenovič, hätten Mao und Kim stets Spannung und Schärfe in den Beziehungen zwischen Moskau und Washington schüren wollen, um im Schatten davon zu profitieren. Worauf sie am stärksten hofften war, dass Moskau und Washington sich in einer Art ständigem Kriegszustand befänden, oder in einem kräftezehrenden Dauerkonflikt.

Aus solchen Gemeinsamkeiten heraus unterstützte und bekräftigte Mao Kim in seinem Plan, das Marionettenregime Südkorea zu vernichten und seine Macht über das ganze Land auszudehnen: „Großen Einfluss auf das Vorgehen von Kim Il-sung und seinen Genossen in der Frage der Einung Koreas übte Mao Tse-tung aus.“[25] Dabei war er unter anderem auch von heimlichen und unlauteren Zielen geleitet. Laut Ledovskij verfolgte Mao eine „Asien-Doktrin“. Diese verlangte die politische Umgestaltung Asiens nach dem Vorbild Chinas, das heißt den gewaltsamen Sturz aller nicht-kommunistischen Regimes, die als Marionetten der imperialistischen Mächte galten: „Mao Tse-tung hielt es für notwendig, in den Ländern Asiens ‚revolutionäre Kriege‘ nach dem Vorbild Chinas zu entfesseln, mit dem Ziel, volksdemokratische Regimes unter der Führung der Kommunisten zu er-

[20] Vgl. *Galenovič*, Dva voždja, S. 494; Liang dalingxiu, S. 433 f.
[21] Vgl. *Galenovič*, Dva voždja, S. 541 f.; Liang dalingxiu, S. 475.
[22] *Ledovskij*, Stalin, Mao, hier S. 92.
[23] *Galenovič*, Dva voždja, S. 540; Liang dalingxiu, S. 474.
[24] *Galenovič*, Dva voždja, S. 501 f.; Liang dalingxiu, S. 441.
[25] *Ledovskij*, Stalin, Mao, hier S. 93.

richten."[26] Kim sei von dieser Doktrin fasziniert gewesen und habe sich durch sie in seinem Vorhaben bestärkt gefühlt.[27] Bei Galenovič hingegen sah Mao in Korea, zumindest für die Zukunft, eine Einflusssphäre der KPCh beziehungsweise VRCh. Daher wollte er bewerkstelligen, dass das neue Korea, unter Kim oder einem anderen koreanischen Führer, allmählich in seinen Orbit eingehen würde. Was ihm dabei auch vorschwebte, war ein Bündnis, oder die Schaffung einer Föderation oder sogar eines geeinten Staates.[28] Ähnlich befindet der Zeitzeuge Tumanov:

„Und was wollte Beijing in diesem Krieg? Der Vorsitzende des ZK der KPCh Mao Tse-tung wollte, indem er in den Krieg eintrat, zwei Fliegen mit einer Klappe schlagen: faktisch Herr über Korea werden und zudem die Stärke seiner und zugleich auch der amerikanischen Armee testen, für den Fall einer Invasion in Taiwan."[29]

Mindestens ebenso aber habe Mao darauf gesonnen, Korea im Machtspiel gegen Stalin zu nutzen. Wie besonders Galenovič unterstreicht, sei durch den Abschluss des sowjetisch-chinesischen Bündnisvertrages vom 14. Februar 1950 in Wahrheit keine neue Etappe eingeleitet worden. Viele hätten damals geglaubt, die historische erste Begegnung (Dezember 1949 – Februar 1950) habe Stalin und Mao zu Freunden gemacht, denen es um gute Zusammenarbeit ging. Nur die engsten Vertrauten hätten verstanden, dass Stalin und Mao einander eigentlich als rivalisierende Genossen gegenüberstanden, mit Zusammenarbeit und Kampf, oder eher Kampf und Zusammenarbeit.[30] Sie gingen, wie bereits erwähnt, in unterschiedlichem Argwohn miteinander um: Stalin sei nicht gegenüber China insgesamt, als Nation und Volk, feindlich eingestellt gewesen, sondern sein Misstrauen habe sich lediglich auf die „persönlichen Qualitäten" beziehungsweise Zuverlässigkeit Mao Tse-tungs gerichtet, wohingegen „der Argwohn Mao Tse-tungs ein Argwohn gegen die ganze [russische] Nation war [...]".[31] Folglich habe Maos Argwohn das Bündnis besonders schwer belastet. Für seinen Schattenkampf wollte er das Projekt Korea nutzen: „Auf eine Beteiligung an dem Krieg auf der koreanischen Halbinsel eingestellt, und in jedem Fall darauf, ein festes Hinterland für Kim Il-sung zu sein, kalkulierte Mao Tse-tung auch, Stalin faktisch in eine passive Position zu setzen, letztlich Stalin zu zwingen, ihn, Mao, vorbeiziehen zu lassen, seine führende Position anzuerkennen – als den kühneren und kämpferischeren Politiker."[32] Taktisch habe Mao ein Doppelspiel betrieben: die Nordkoreaner spornte er in ihrem Vorhaben an, während er Stalin berichtete, er versuche, sie davon abzubringen.[33]

Stalin, darin stimmen beide Autoren überein, sei nicht Initiator des Koreakriegs gewesen.[34] Die Operation Korea sei auf die ostasiatischen Führer zurückgegangen (und auch Südkorea und Amerika hätten ihrerseits einen Krieg vorbereitet). Anders als Mao und Kim habe Stalin in Asien seinerzeit aus mehreren Gründen eigentlich eine friedliche Politik betrieben. Grundsätzlich wollte er mit allen Ländern des Ostens, ungeachtet der klassenmäßigen Zusammensetzung ihrer Regierungen beziehungsweise ihrer ideologischen Ausrichtung, freundschaftliche Beziehungen unterhalten. Vorrangiges Ziel dabei war, die asiatischen Regierungen eine Politik der Unabhängigkeit vom Westen beziehungsweise eine freundliche Haltung gegenüber der Sowjetunion einnehmen zu lassen.

[26] Ebenda, S. 81.
[27] Vgl. ebenda, S. 92.
[28] Vgl. *Galenovič*, Dva voždja, S. 500, 543; Liang dalingxiu, S. 440, 476 f.
[29] *Tumanov*, Štykovaja ataka S. 33.
[30] Vgl. *Galenovič*, Dva voždja, S. 485; Liang dalingxiu, S. 425.
[31] *Galenovič*, Rossija-Kitaj, S. 252 f.
[32] *Galenovič*, Dva voždja, S. 500; Liang dalingxiu, S. 440.
[33] Vgl. *Ledovskij*, Stalin, Mao, hier S. 92 f.
[34] Vgl. *Galenovič*, Dva voždja, S. 512; Liang dalingxiu, S. 449.

Die Sowjetunion „war bestrebt, auf die Länder des Ostens und ihre Regierungen durch freundschaftliches Verhalten einzuwirken, indem sie finanziell-ökonomische, wissenschaftlich-technische, militärtechnische und andere Hilfe erwies, die für die Entwicklung der Wirtschaft und der Kultur dieser Länder und für ihre Verteidigung gegen äußere Aggression notwendig war".[35] Auch weil er sich auf die Stimmungen und Gegebenheiten in seinem eigenen Land einstellen musste, das unter katastrophalen Kriegsfolgen litt, habe er nicht geplant, seine Einflusssphäre durch militärische Abenteuer auszuweiten, umso mehr, als er im Kalten Krieg eine Kollision mit den USA fürchtete. Folglich sei Stalins Politik in Fernost als friedliche einzustufen, ohne provokative Elemente, aus denen eine Bedrohung für die Aufbauentwicklung der UdSSR hätte erwachsen können.[36]

Stalin sei in das Vorhaben hineingezogen beziehungsweise es sei ihm aufgezwungen worden. Weshalb er sich darauf einließ, wird verschieden begründet:

Kim Il-sung warnte eindringlich vor der Gefahr einer Offensive des Südens und führte überzeugend aus, der Sieg seines Befreiungskriegs sei sicher (Ledovskij).[37]

Indem er in eine begrenzte Beteiligung einwilligte, konnte Stalin noch am ehesten gewährleisten, dass seine eigene Armee und Flotte nicht direkt und unmittelbar in den Krieg verwickelt würde, das heißt er konnte verhindern, dass die Sowjetunion in einen großen Krieg hineingezogen würde (Galenovič).[38]

Hätte Stalin sich dem Ansinnen Kims/Maos verweigert, hätte er als zögerlicher und furchtsamer Politiker dagestanden, der vor Amerika Angst hatte und Mao beziehungsweise Kim nicht gestattete, ihre Revolution mit Waffengewalt zu vollenden. So wäre er auch als nationaler Egoist erschienen, der Kim und Mao schadete – und diese hätten eines ihrer Ziele, nämlich ihn als Zauderer zu entlarven, erreicht (Galenovič). Seinerseits habe Stalin zudem auf Versicherungen Maos und anderer chinesischer Führer gebaut, China werde notfalls militärische Hilfe leisten. Von diesen Versicherungen hatte er über verschiedene Kanäle erfahren.[39]

„Ein unnötiges Abenteuer"

Da der angekündigte glatte Sieg ausbleibt, gerät der Krieg zu einem scharfen Schattenkampf. Ledovskij präsentiert ein Dokument, in dem Stalin beansprucht, der Konflikt in Fernost sei eigentlich von ihm inszeniert. In dieser geheimen Botschaft erklärt er am 27. August 1950 dem tschechischen Präsidenten Klement Gottwald, er habe Ende Juni im UNO-Sicherheitsrat unter anderem deshalb kein Veto eingelegt, um die Amerikaner zu blenden. Und sein Strategem verspreche aufzugehen, hätten die Amerikaner sich doch zu einer militärischen Intervention verleiten lassen. Wenn sie sich noch tiefer verstrickten und auch China hineinzogen, wären sie in einem Krieg gefangen, den sie nicht gewinnen konnten und in dem sie sich verausgaben mussten. Ledovskij lobt dieses Strategem als legitim und meisterlich. Stalin habe das komplizierte Kräftespiel Fernost richtig erkannt und genutzt: um einen neuen Weltkrieg aufzuschieben, das Sozialistische Lager zu festigen, und am wichtigsten: für Wiederaufbau und Entwicklung der kriegsgeschwächten UdSSR.[40]

[35] *Ledovskij*, Stalin, Mao, S. 82.
[36] Vgl. *Galenovič*, Dva voždja, S. 500 f., 513; Liang dalingxiu, S. 440 f., 450.
[37] Vgl. *Ledvoskij*, Stalin, Mao, S. 92 f.
[38] Vgl. *Galenovič*, Dva voždja, S. 501 f., 543; Liang dalingxiu, S. 440 f., 477.
[39] Vgl. *Ledovskij*, Stalin, Mao, S. 94, 98.
[40] Vgl. *Ledovskij*, Stalin, Mao, S. 97 f. Stalins Botschaft an Gottwald ist bereits erwähnt in: *Vojtech Mastny*, The Cold War and Soviet insecurity. New York 1996, S. 103.

All das wurde jedoch bedroht durch Mao, der sich nun am 2./3. Oktober 1950 plötzlich weigerte, in Korea einzugreifen. Zur Begründung führte er an, seine Truppen seien derart schwach, dass sie einen gefährlichen Risikofaktor darstellten. Wenn sie in Korea versagten, würde sich daraus ein offener Krieg zwischen den USA und China entzünden, in den auch die Sowjetunion hineingezogen werden könnte. Insgeheim, kommentiert Ledovskij, habe Mao aber auf das abgezielt, was er vorgeblich vermeiden wollte. Er habe gewusst, die Sowjetunion könne nicht zulassen, dass die Amerikaner ganz Korea besetzten und es, wie zuvor die Japaner, zu einem Sprungbrett der Aggression auch gegen die Sowjetunion machten. Während er gegenüber Sowjetbotschafter Nikolaj V. Roščin betonte, die Sowjetunion, Kernmacht des Weltsozialismus, dürfe nicht direkt in den Krieg verwickelt werden, verschleppte er die interne Entscheidungsfindung in Beijing, mit dem Kalkül, dass wenn China stillhalte, Stalin über kurz oder lang gezwungen wäre, „dem Vordringen der US-Armeen auf die sowjetische Grenze bewaffneten Widerstand entgegenzusetzen".[41] So habe er es darauf angelegt, die Sowjetunion mit den USA zusammenprallen zu lassen, habe heimtückisch Gefahren für den friedlichen Aufbau der Sowjetunion schaffen wollen.[42] (Dies war nicht das erste Mal, denn schon 1949 habe Mao „mit dem Feuer gespielt".[43])

Auf dem Höhepunkt der Krise, im Oktober 1950, enthüllt Ledovskij, hätten sich in der chinesischen Führungsspitze zwei Gruppierungen gestritten. Eine Gruppe sei dafür eingetreten, „sozialistischen Internationalismus" walten zu lassen; die andere habe das Prinzip Internationalismus im Munde geführt, um es für ihre „engen nationalistischen Ziele" zu missbrauchen. Unverkennbar schwingt darin mit, für einen Moment habe Mao sich als der negative Nationalist erwiesen, den Stalin seit längerem in ihm witterte. Mao sei bereit gewesen, Kim Il-sung zu opfern; Mao habe ein Eintreten in den Koreakrieg auch vermeiden wollen, weil er fürchtete, dass das für den Aufbau einer „Freundschaft mit Amerika" schädlich sei, und überdies habe er das Wohl der Sowjetunion gefährdet. Ob Mao von der (geheimen) Botschaft wusste, in der Stalin Ende August 1950 bekundete, er habe die Amerikaner in eine Falle Fernost, in eine Auseinandersetzung mit China gelockt, muss dahingestellt bleiben. Anfang Oktober war es dann, in der Version von Ledovskij, aber eben Mao, der seinerseits versuchte, eine Falle zu stellen, um die Sowjetunion in einen Konflikt mit den Amerikanern zu treiben.

Weshalb Mao von dieser List abgegangen sei, wird unterschiedlich geschildert. Laut Ledovskij geschah es unter Stalins moralischem Druck und in einem sich zuspitzenden Dilemma. Die Mehrheit der chinesischen Führung habe begriffen: Falls den Amerikanern kein Einhalt geboten werde, besäßen sie an Chinas Grenzen zwei Sprungbretter, Korea und Taiwan; folglich würden sie für China eine größere Gefahr darstellen als für die UdSSR, zumal letztere auch über Atomwaffen verfügte. Und: Würde Mao der Demokratischen Volksrepublik Korea (DVRK) die Hilfe verweigern, musste das eine Zerreißprobe für Chinas Beziehungen mit der Sowjetunion bedeuten, von der in vieler Hinsicht die Existenz des eben erst gegründeten kommunistischen Regimes abhing.[44]

Bei Galenovič übt Stalin zweifachen Druck aus. Zum einen habe er Kim in eine Exilregierung in die Mandschurei abberufen wollen, damit Mao und Kim die Folgen des militä-

[41] *Ledovskij*, Stalin, Mao, S. 105; *ders.*, Delo Gao Gana, S. 72 f. Auch: *Sergei N. Goncharov, John W. Lewis, Xue Litai*, Uncertain partners: Stalin, Mao, and the Korean War. Stanford 1993, S. 191. In Kitajskaja politika, S. 222, hebt Ledovskij darauf ab, dass durch Maos Verschleppung der Entscheidung „unersetzliche Verluste" verursacht worden seien, da die Freiwilligen nicht mehr entsprechend ausgerüstet werden konnten und viele der Kälte in Korea zum Opfer fielen.

[42] Vgl. *Galenovič*, Dva voždja, S. 545 f.

[43] Vgl. *Ledovskij*, Delo Gao Gana, S. 28.

[44] Vgl. *Ledovskij*, Stalin, Mao, S. 106.

rischen Abenteuers ausbaden mussten, für das sie verantwortlich waren. Damit machte er Mao ein gewisses Zugeständnis, doch sollte es zu Spannungen zwischen den beiden ostasiatischen Führern kommen, konnte er das nutzten.[45] Zum anderen hob Stalin in seiner Antwortbotschaft vom 5. Oktober unausgesprochen darauf ab, dass, was Mao und Kim durch eigensinnigen Ehrgeiz angezettelt hatten, nun sogar in einen Weltkrieg zu führen drohte, unter dem die Sowjetunion und ganz China leiden mochten.

Mao sei, so Galenovič, in ein entgegengesetztes Extrem verfallen, denn nun sei er auf eine Operation Korea geradezu versessen gewesen, allerdings nicht eigentlich um Koreas willen, sondern aus Sorge um sein Prestige und seine Machtposition, und auch wegen eines weltpolitischen Ziels: Er habe der US-Regierung unmissverständlich zeigen wollen, dass er nicht zu Kreuze kriechen werde, dass sie es mit einem unabhängigen und selbständigen China unter kommunistischer Führung zu tun hatte. Folglich sei er zu scharfen Militäraktionen gegen die USA, das heißt einem begrenzten Krieg in Korea bereit gewesen; auch um ihnen die Hoffnung zu nehmen, man könne Beijing durch militärischen Druck zwingen, seine innere Politik zu ändern, und gleichzeitig auch als Demonstration der Selbstständigkeit gegenüber Moskau.[46]

Davon habe er sich nicht abbringen lassen. Als ihm auf der Krisensitzung vom 4. Oktober das mögliche Szenario eines Krieges mit riesigen Menschenopfern vorgehalten wurde, soll er gekontert haben: Keinerlei Verluste dürfen/können China aufhalten;[47] als ihm aufging, dass eine ablehnende Haltung überwog, soll Mao, laut Galenovič, dem inneren Kreis offenbar angedroht haben, er werde eine neue Partei und eine neue Armee schaffen. Erst durch dieses Ultimatum (überdies gestützt von Peng Dehuai) habe er die Zustimmung des Politbüros erlangt und sich endlich durchgesetzt.[48]

Allerdings konnte er aus der Grube, in die er sich selbst gestürzt hatte, aus eigener Kraft nicht mehr heraus gelangen, das heißt er musste Stalin um Waffen und Unterstützung ersuchen, was einem Hilferuf gleichkam. „So drehte sich der Krieg, an dem Stalin nicht hatte teilnehmen wollen, derart, dass jene Akteure, die sich selbst vordrängen und Stalin in den Hintergrund hatten drängen wollen, d.h. Mao Tse-tung und Kim Il-sung, nun gezwungen waren, ‚ihren Platz wieder zu kennen' und die UdSSR/Stalin um Hilfe dafür zu bitten, zumindest den Status quo zu erhalten."[49]

In beiden Varianten sucht Stalin die Operation dann aber in letzter Minute doch noch zu stoppen. Galenovič wiederholt hier die bekannte Version: Unverhofft habe Stalin eröffnet, die sowjetische Luftwaffe sei nicht einsatzbereit, weshalb die Entsendung chinesischer Truppen aufgeschoben werden solle.[50] Ledovskijs Aufsatz hingegen enthält ein mit den Namen Filippov/Stalin und Tschou En-lai unterzeichnetes Telegramm (11. Oktober 1950), in dem – wie ein Echo auf Maos Verweigerung vom 2./3. Oktober – festgestellt wird, die für den Einsatz in Korea vorgesehenen chinesischen Truppen seien schwach und nicht einsatzbereit, weshalb empfohlen werde, dass sie nicht nach Korea einrücken sollten, „damit sie nicht in eine ungünstige Lage geraten".[51]

Während Ledovskij die Empfehlung unkommentiert lässt, rechtfertigt Galenovič auch dieses Verhalten Stalins. Der habe, angesichts der internen Kämpfe, an der Zuverlässig-

[45] Vgl. *Galenovič*, Dva voždja, S. 519 f.; Liang dalingxiu, S. 455 f.
[46] Vgl. *Galenovič*, Dva voždja, S. 502, 521; Liang dalingxiu, S. 442, 456 f.
[47] Vgl. *G. I. Korotkov*, I.V. Stalin i korejskaja vojna, in: Vojna v Koree, 1950–1953 gg. Moskva 2001, S. 67–89, hier S. 82.
[48] Vgl. *Galenovič*, Dva voždja, S. 507; Liang dalingxiu, S. 445.
[49] *Galenovič*, Dva voždja, S. 503, 507 f.; Liang dalingxiu, S. 442 f.
[50] Vgl. *Galenovič*, Dva voždja, S. 518 ff.; Liang dalingxiu, S. 454 ff.
[51] *Ledovskij*, Stalin, Mao, S. 108 f.

keit der chinesischen Führung gezweifelt und habe folglich Vorsicht walten lassen.[52] Wie Beijing die Operation nun gleichwohl vorantrieb, wird wiederum unterschiedlich dargestellt. Bei Ledovskij sind es zwei Gründe, die den Ausschlag geben. Zum einen erkennt Mao immer mehr, welch immense Bedrohung ein ungehindertes Vorrücken der Amerikaner für die Sicherheit der UdSSR, besonders aber Chinas bedeutet; zum anderen weiß er, dass der Koreakrieg auch durch seine Versprechungen ausgelöst worden war, was ihm, wie zudem auch die Asien-Doktrin, Verantwortung aufbürdete. „All das bewog die Führung der KPCh, ihre Truppen unter der Flagge von ‚Volksfreiwilligen' an die Koreafront zu entsenden."[53]

Bei Galenovič betrachtete Beijing die Auskunft Stalins, seine Luftwaffe sei noch nicht einsatzbereit, als durchsichtigen Vorwand. In Wahrheit zaudere Stalin, weil er bezweifle, dass Maos Truppen gegen die US-Armeen bestehen könnten, und den Ausbruch eines großen Krieges fürchte. Das habe Mao aber eher in seiner Laune bestärkt, den Amerikanern eine Kraftprobe zu liefern. Um den inneren Kreis darauf einzustimmen, setzte er Stalin herab: Der begegne Mao mit Misstrauen, habe nun im kritischen Moment sein Wort gebrochen, weil er, im Unterschied zum „kühnen" Mao, Angst vor Amerika habe.[54] Jenseits solcher propagandistischen Behauptungen, urteilt Galenovič, müsse die Wahrheit allerdings lauten,

„dass Stalin sich wider Willen in den Krieg auf der koreanischen Halbinsel hineingezogen fand, Kim Il-sung und Mao Tse-tung aber praktisch nach ihrem eigenen Willen die Initiatoren dieses Krieges waren. Was man in Beijing als ‚Angst Stalins' bezeichnete war eigentlich, dass er die UdSSR nur fünf Jahre nach Beendigung des Großen Vaterländischen Krieges nicht in einen neuen Krieg hineingezogen sehen wollte. Was man in Beijing als Kühnheit und Entschlossenheit Mao Tse-tungs ausgab, war ein unnötiges militärisches Abenteuer, welches das chinesische Volk viele, viele Leben kostete".[55]

Dieses Abenteuer sei als „Maos eigene Initiative und gegen Stalins Wunsch" gestartet worden.[56] Letztlich sei Stalin über diese Entwicklung dennoch erleichtert gewesen, habe sie ihm doch eine schmähliche Niederlage (= Gesichtsverlust) erspart. Zudem konnte er das Spannungsfeld zwischen China und den USA im eigenen Interesse nutzen; vielleicht habe Stalin sogar einen dauernden, an einen Krieg grenzenden chinesisch-amerikanischen Gegensatz erhofft, doch so, dass er die UdSSR nicht auf Seiten Chinas involvieren würde.[57] Als die Chinesen dann im Oktober/November 1950 ihre mächtige Großoffensive führten, habe Stalin erkannt, dass zumindest ein ehrenvolles „Unentschieden" in diesem Krieg gesichert sei.[58] Zwar habe er umfangreiche Unterstützung gewährt, dann aber allmählich das Interesse verloren, da er wusste, dass dies eine „Schlacht ohne Sieger" sei. Einen Gesamtsieg werde es für keine Seite geben.[59]

Fasst man zusammen, so waren für Ledovskij und Galenovič Kim Il-sung und Mao Tsetung die Hauptinitiatoren des Krieges in Korea, und zwar auch in einer Rivalität mit Stalin; dazu handelte Mao im Oktober 1950 „zum Schaden der Interessen" seines Volkes, indem er ein weiteres unnötiges militärisches Abenteuer begann, nicht zuletzt, um sich als großer Militärstratege hervorzutun. „Mao der Tyrann" sei einerseits bereit gewesen, Menschenle-

[52] Vgl. *Galenovič*, Dva voždja, S. 517 f.; Liang dalingxiu, S. 453 f.
[53] *Ledovskij*, Stalin, Mao, S. 111, 98.
[54] Vgl. *Galenovič*, Dva voždja, S. 518 f.; Liang dalingxiu, S. 454 f.
[55] *Galenovič*, Dva voždja, S. 520; Liang dalingxiu, S. 456.
[56] Vgl. *Galenovič*, Dva voždja, S. 521; Liang dalingxiu, S. 457.
[57] Vgl. *Galenovič*, Dva voždja, S. 520 f.; Liang dalingxiu, S. 456.
[58] Vgl. *Galenovič*, Dva voždja, S. 527; Liang dalingxiu, S. 462.
[59] Vgl. *Galenovič*, Dva voždja, S. 530; Liang dalingxiu, S. 465.

ben nicht nur seines eigenen Landes, sondern sogar auch die der Sowjetunion zu opfern,[60] wobei er aber andererseits stets mit deren Beistand und Unterstützung rechnete.

„Die richtige Entscheidung": die „chinesische Version"

Der für die chinesische Seite herangezogene Autor Shen Zhihua veröffentlichte 2007 den Aufsatz „Sidalin, Mao Zedong yu Chaoxian zhanzheng zaiyi: genju Eguo dang'an wenxian de zuixin zhengju" (Stalin, Mao Zedong and the Korean War reconsidered: based on newest evidence from the Russian archives).[61] Wie bereits die Überschrift signalisiert, handelt es sich um eine Anschlusspublikation zu Ledovskijs Aufsatz von 2005 „Stalin, Mao Czedun i korejskaja vojna". An Shens Text lassen sich bestimmte Grundmuster der „chinesischen Version" zeigen. Sie ist ebenfalls nicht die einzige Sicht des Geschehens in China, kann aber einen besonderen Status für sich beanspruchen.

„Der legendäre Gelehrte": Shen Zhihua

Westsprachige Websites, wie die des U.S.-Korea Institute an der Johns Hopkins University, geben Shen Zhihua ein fast irreführend konventionelles Profil: „Shen Zhihua is currently the director of the Cold War International History Research Center and a history professor at East China Normal University. He is also a guest professor at Peking University. He attended the graduate school of the Chinese Academy of Social Sciences and joined an M.A. program of World History from 1979 to 1982. Professor Shen's main research includes Soviet History and Cold War International History, with an emphasis on Sino-Soviet relations and the Korean War. He has published more than 80 academic articles and numerous books."[62] Ein Beitrag im „Cold War International History Project Bulletin" (CWHIPB) bezeichnet Shen Zhihua eher beiläufig als „entrepreneur-turned-historian".[63]

In chinesischen Horizonten dagegen ist Shen Zhihua eine „legendäre Figur", ein „Exzentriker", „Historiker, der verrückt ist nach Archiven", „foremost expert on this issue", et cetera. In einem langen Interview bestätigt er, dass ihm eine höchst unkonventionelle Karriere beschieden gewesen sei. Shen wurde am 20. April 1950 geboren – just in jenem Monat, in dem Stalin sich von Kim Il-sung überzeugen ließ. Aus widrigen Gründen blieb Shen Zhihua ein reguläres Studium verwehrt. Gleichwohl wurde er 1979 als Aspirant (yanjiusheng) am Institut für Weltgeschichte der Akademie für Gesellschaftswissenschaften in Beijing aufgenommen. Dort begann er auch Russisch zu lernen und spezialisierte sich auf die Geschichte der Sowjetunion. Kurz vor der Abschlussprüfung jedoch geriet er 1982 wegen politischer Verwicklungen ins Gefängnis, für die „Enthüllung wichtiger Staatsgeheimnisse", beziehungsweise als vermeintlicher CIA-Agent. Nach seiner Entlassung 1984 avancierte Shen, der im Gefängnis auch das „Kapital" las, vom Obstverkäufer zu „Chinas Goldhändler No. 1". Nachdem er, inzwischen wohlhabend, die Geschäftswelt

[60] Vgl. *Galenovič*, Dva voždja, S. 546.
[61] In: Shixue jikan (2007) H. 5, S. 51–65; auch: http://www.coldwarchina.com/wjyj/cxzz/002360.html.
[62] Zit. nach http://uskoreainstitute.org/research/publications/wps/bios. Weiterhin: http://www.history.ucsb.edu/projects/ccws/events/; http://www.mefeedia.com/tags/korean_war.
[63] *Christian F. Ostermann*, Archival thaw in China, in: Cold War International History Project Bulletin (2008) No. 16, S. 1–3, hier S. 2.

verlassen hatte und in die Wissenschaft zurückgekehrt war, verwirklichte er, in Kooperation mit der Akademie, einen Lebenstraum: Er reist nach Moskau und in die USA und lässt, zwischen 1996 und 2002, auf eigene Kosten tausende Archivdokumente kopieren und später übersetzen.[64] Auf dieser Grundlage entstehen eine 34-bändige Edition „Sulian lishi dang'an xuanbian/Archiv istorii SSSR" (2002/03) und eine dreibändige Sammlung übersetzter russischer Archivdokumente zum Koreakrieg,[65] sowie eine Studie über den Koreakrieg, die 1998 zunächst in Hongkong erschien[66] und 2003/2007 mit verändertem Titel in Guangzhou: „Mao Zedong, Sidalin yu Chaoxian zhanzheng". 2007 gab er „ZhongSu guanxi shigang, 1917-1991" (Geschichte der chinesisch-sowjetischen Beziehungen) heraus, 2009 das dreibändige Werk „Yi ge daguo de jueqi yu bengkui" (Aufstieg und Fall der Supermacht Sowjetunion), und zudem ist Shen Mitherausgeber einer Sammlung übersetzter amerikanischer intelligence-Dokumente zu China.[67] Seit 2005 ist der „berühmte Privatgelehrte" Shen Zhihua Professor an der East China Normal University/Shanghai.

„Internationale Vielfalt"

Auch wenn der Titel „Rossija-Kitaj" im Literaturverzeichnis von Shens Büchern „Chaoxian zhanzheng" und „ZhongSu guanxi shigang" beziehungsweise in dem Aufsatz „Sidalin, Mao" fehlt, kann ihm kaum entgangen sein, dass Galenovič massive Kritik an der Historiographie der VR China allgemein und speziell an seinen, Shens, Thesen übt. Shen Zhihua jedoch enthält sich einer offenen Entgegnung: weder in der Geschichte der chinesisch-sowjetischen Beziehungen, noch seinem Koreakriegsbuch, trägt er Kritik an der russischen Historiographie vor, noch weist er die namentlich gegen ihn gerichtete Kritik Galenovičs zurück, noch attackiert er seinerseits Galenovič und/oder Ledovskij für deren Koreakriegsversion. Vielmehr schließt Shen „Generalkonsul Ledovskij" in die Reihe derer ein, die – etwa durch wertvolle Zeitzeugenmaterialien und Dokumente – zu seiner Studie

[64] Chinesische Artikel zu Shen Zhihua: *Yong Yan*, Shen Zhihua: gaosu shiren lishi zhenxiang – yi ge yanjiu lengzhanshi laozhuanjia de chuanqi rensheng, in: Laotongzhi zhi you (2009) H. 8, S. 13; *Wu Hongfei*, Shen Zhihua: zhongjin souji Sulian dang'an, in: Nanfang renwu zhoukan (2008) H. 18, S. 70–73; *Ye Shuzong*, Xuelin qishi Shen Zhihua, in: Tansuo yu zhengming (2008) H. 2, S. 25–30; *Jiang Fei*, „Zifei" shixuejia: Shen Zhihua, in: Shidai jiaoyu (2007) H. 18, S. 80–82; *Zhang Jingjing*, Youzou zai Zhong E Mei san daguo de dang'an „mishizhe": ji xuezhe Shen Zhihua, in: Dang'an chunqiu (2007) H. 5, S. 4–9; *Luo Xuehui*, Dang'an rensheng, in: Xinwen zhoukan 33 (2004), S. 56 f.; *Jiang He*, Yi ge chimi dang'an de shixuejia de suantiankula, in: Beijing dang'an (2004) H. 9, S. 12 f.; *Zhang Shengbo*, Bense shi shusheng: zhuming minjian xuezhe Shen Zhihua xiansheng fangtanlu, in: Lishi jiaoxue 489 (2004), S. 5–9; 490 (2004), S. 5–11; *Luo Xuepeng*, Jie wo yishuang huiyan: Shen Zhihua jiaoshou yu ta yanzhong de zhongda lishi shijian: http://sq.k12.com.cn/discuz/viewthread.php?tid=294237&highlight=; Zhongguo lishi xuejie de „sanwu renyuan" Shen Zhihua: http://news.ifeng.com/history/zhuanjialunshi/shenzhihua/200908/0823_7324_1315647_2.shtml; Zhuanfang Shen Zhihua: lishi yanjiu de weida jiu zaiyu zhuiqiu zhenxiang: http://news.ifeng.com/history/special/shenzhihua/; http://baike.baidu.com/view/1197614.htm; Huadong shifan daxue lishixi: Shen Zhihua: http://history.ecnu.edu.cn/jszy/sjs/000006.html.

[65] *Shen Zhihua* (Hrsg.), Chaoxian zhanzheng: Eguo dang'anguan de jiemi wenjian. 3 Bde. Taipei 2003.

[66] *Shen Zhihua*, Chaoxian zhanzheng jiemi. Hongkong 1995; Mao Zedong, Sidalin yu Hanzhan: ZhongSu zuigao jimi dang'an. Hongkong 1998. Dazu auch: *Xia Yafeng*, The study of Cold War international history in China: a review of the last twenty years, in: Journal of Cold War studies 10 (2007/2008) H. 1, S. 81–115, hier S. 106. Weiterhin: *Shen Zhihua*, ZhongSu tongmeng yu Chaoxian zhanzheng yanjiu. Guilin 1999.

[67] *Shen Zhihua, Yang Kuisong* (Hrsg.), Meiguo duiHua qingbao jiemi dang'an, 1948–1976. 8 Bde. Shanghai 2009. Dazu auch: *Robert L. Hutchings* (Hrsg.), Tracking the dragon: national intelligence estimates on China during the era of Mao, 1948–1976. Washington, D.C. 2004.

beigetragen haben und widmet russischen Beiträgen einen eigenen Abschnitt des Literaturverzeichnisses, das durch internationale Vielfalt besticht.[68] Auch keine der neueren chinesischen Forschungsübersichten verweist auf Kritik an Galenovič oder Ledovskij.[69] Doch können jene Artikel, die Shen Zhihua als eigenwilligen Gelehrten herausstellen, auch im Zusammenhang mit der Kritik von Ledovskij und Galenovič verstanden werden.

Eine Gefühlsreaktion, die Shen Zhihua in der chinesischen Fachwelt auslöse, sei Neid: darüber, dass es ihm gelang, solche Archivschätze nach China zu holen und eine umfassende Sammlung aufzubauen. Shen selbst sagt, viele hassten ihn, verweigerten ihm auch die Zusammenarbeit, da seine Forschungsergebnisse eine Art Schockwirkung hätten, indem sie das überkommene Schwarz-Weiß-Bild vom amerikanisch-chinesischen Konflikt um die bisher verborgene chinesisch-sowjetische Dimension erweitern. Gegen alle Ressentiments beharrt Shen, er wolle die zu Propaganda erstarrte Geschichte zu neuem Leben erwecken, ihr soweit möglich ihr wahres Gesicht zurückgeben. Anstatt die überkommenen Klischees zu verfestigen, wolle er, durch geduldige Sisyphusarbeit, die weit verstreuten Puzzlestücke zu einer detailreichen, objektiven Geschichte zusammenfügen. Die „Wahrheit der Geschichte" ans Licht zu bringen sei die Mission, der er sich verschrieben habe, auch als Dienst am Volke. „Was ich gebe", sagt er, „sind die Fakten. [...] Ich liefere nur Tatsachen-Beschreibungen." Wenn Shen also als freier Geist und unabhängiger Gelehrter gepriesen wird, der seine Forschungen außerhalb des Systems betreibe, wenn manche ihn als innovativen Historiker loben, da er die Geschichte des Koreakriegs aus ihrer Verkrustung als Politikum befreie und sie wiederbelebe, zum Maßstab für Toleranz und Freiheit wissenschaftlicher Forschung, wenn Shen selbst die Geschichte mit einem Puzzle vergleicht, so lässt sich das auch als Antwort an Galenovič lesen: Shen Zhihua sei eben keinen politischen Rastern und Vorgaben verpflichtet. Wo Galenovič klagt, chinesische Historiker stellten die Fakten von den Füßen auf den Kopf, beansprucht Shen dagegen, die Geschichte auf die Füße zu stellen; nicht zuletzt auch, um die chinesische Forschung in die internationalen Diskurse zu vernetzen.

„Moralische Verpflichtung"

Eben um diesem Anspruch auf seine Weise zu genügen, bezieht sich Shen Zhihua intensiv auf den Aufsatz Ledovskijs – aber ausschließlich als Fundgrube für Dokumente, mit denen er Lücken in seiner Version schließen und diese abrunden will. Von den Kommentaren und Thesen Ledovskijs erfährt der chinesische Leser dagegen fast nichts, weil Shen sie weder eingehend referiert, noch sich explizit damit auseinandersetzt – mit einer Ausnahme, wie zu zeigen sein wird. Die Muster, die Shen seinerseits entwickelt, können jedoch nicht als „undeklarierte" Zurückweisung der Thesen von Ledovskij (und auch Galenovič) betrachtet werden.

„No political, military, or mental preparations"

Erster Schlüsselpunkt ist, dass Mao den ungeduldigen Kim nicht angestachelt habe. Sich auf ein bei Ledovskij enthaltenes Telegramm berufend, konstatiert Shen, bis mindestens

68 Vgl. *Shen Zhihua*, Mao Zedong, Sidalin, S. 429, 423–425.

69 Vgl, *Qi Dexue, Guo Zhigang*, KangMei yuanChao zhanzheng yanjiu shuping, in: Dangdai Zhongguoshi yanjiu 14 (2007) H. 6, S. 23–32, hier S. 25 f.; *Xia Yafeng*, The study of Cold War international history; *Deng Feng*, Korean War studies in China: a review of the last decade, in: Social sciences in China 27 (2006) H. 4, S. 136–151.

November 1949 hätten Mao und Stalin übereinstimmend eine sofortige Offensive abgelehnt, hätten Kim kein grünes Licht erteilt.[70] Dies ist ein zentraler Topos der chinesischen Version: dass Mao nicht initiativ an der Anbahnung von Kims Operation mitgewirkt, sondern sich einbezogen gefunden habe, bzw. zur Beteiligung gezwungen worden sei. Dieser Topos hat viele Ausdrucksformen:

Die „klassische" Version, wie sie sich bereits in dem Mobilisierungs- und Propagandamotto von 1950 „KangMei yuanChao" (Widerstand gegen die USA und Hilfe für Korea) manifestierte, lautet: China beziehungsweise Mao werden durch das Vordringen des Feindes US-Imperialismus im Oktober 1950 zu militärischem Widerstand gezwungen, um Amerika abzuwehren und dem bedrohten Korea zu helfen. Dieses Grundmuster erweist sich als dauerhaft: Es prägt den Artikel „KangMei yuanChao" in der Großen Enzyklopädie von 1989[71] ebenso wie die Gesamtdarstellung „KangMei yuanChao zhanzhengshi" (2000),[72] auch noch die Schilderung des Geschehens in einer Mao-Biographie (2003).[73] Eine Rückblende von 2008 enthüllt, Mao habe am 27. Oktober 1950 besorgten Besuchern erklärt, der US-Imperialismus wolle China drei Messer auf den Körper setzen: in Korea, Taiwan, Vietnam – Kopf, Lende, Füße – weshalb man gezwungen sei, ihm in Korea entgegenzutreten;[74] ein Lehrer schildert seinen Schülern den „Abwehrschlag gegen den US-Aggressor".[75] Dieser Kern bleibt auch in jenen neueren Beiträgen erhalten, die den Koreakrieg in komplexeren Großmacht- bzw. Cold War-Weltmustern erfassen.[76]

Liu Guoxin (2004) bietet die chinesische Fassung der „Cambridge history of China" als Beleg auf: „‚Es gibt keinen Hinweis darauf, dass der Koreakrieg von China angezettelt worden wäre', und ‚es gibt auch keinen klaren Beweis dafür, dass die Chinesen an den Planungen und Vorbereitungen für den Koreakrieg beteiligt gewesen wären'".[77] Die Theorie von einer Dreier-Verschwörung UdSSR-VRCh-Nordkorea wies 2006 der koreanische Historiker Kim Donggil in einer chinesischen Fachzeitschrift zurück: „Based on the latest available Chinese and Soviet data this paper refutes the ‚theory of conspiracy among the three states' and draws the conclusion that China did not join hands in plotting the Korean War [...]."[78]

Gegen frühere sowjetische/russische Vorwürfe wurde Mao stets verteidigt. Als Nikita S. Chruščev 1960 in Bukarest behauptete, Stalin und Mao hätten vorab zugestimmt, widersprach die chinesische Seite: „Wir haben nicht zugestimmt. [...] Genosse Mao Tse-

70 Vgl. *Shen Zhihua*, Sidalin, Mao, S. 52 f.; Mao Zedong, Sidalin, S. 1.

71 Vgl. KangMei yuanChao zhanzheng (War to resist U.S. aggression and aid Korea), in: Zhongguo da baike quanshu: junshi. Bd 1. Beijing 1989, S. 629–638; Chaoxian zhanzheng (Korean War), in: Zhongguo da baike quanshu: waiguo lishi. Bd 1. Beijing 1990, S. 172 f.

72 Vgl. *Qi Dexue* (Hrsg.), KangMei yuanChao zhanzhengshi. 3 Bde. Beijing 2000.

73 Vgl. *Pang Xianzhi, Jin Chongji* (Hrsg.), Mao Zedong zhuan. Bd 1. Beijing 2003, Kapitel 4 und 5. Vgl. auch *Pang Xianzhi*, „Mao Zedong zhuan" dui jianguo yilai ji ge zhongda lishi wenti de yanjiu, in: Dang de wenxian (2006) H. 2, S. 27–38, hier S. 27 f.

74 Vgl. *Wang Yuqing*, Mao Zedong tan KangMei yuanChao, in: Baokan huicui (2009) H. 3, S. 56.

75 Vgl. *Deng Xingpu, Tan He*, KangMei yuanChao zhanzheng shifou hefa?, in: Lishi jiaoxue 512 (2006), S. 39.

76 Vgl. *Qi Dexue, Guo Zhigang*, KangMei yuanChao zhanzheng yanjiu shuping, S. 25–27; *Deng Feng*, Korean War studies, S. 138 f.; *Zhang Baijia u. a.*, KangMei yuanChao: zhenxiang jiujing ruhe - bianzhe yu xuezhe de duihua, in: Shijie zhishi (2000) H. 20, S. 8–13, hier S. 9 f.

77 *Liu Guoxin*, Zhongguo KangMei yuanChao yanjiu ruogan wenti bianxi, in: Jiangxi shehui kexue (2004), H. 10, S. 13–19, hier S. 13; *Roderick MacFarquhar, John K. Fairbank* (Hrsg.), The Cambridge history of China. Bd. 14, Teil 1 The People's Republic: The emergence of revolutionary China, 1949–1965. Cambridge 1987, S. 272.

78 Vgl. *Kim Donggil*, „Sanguo tongmoulan" fenxi: Chaoxian zhanzheng qiyuan de zaisikao, in: Dangdai Zhongguoshi yanjiu 13 (2006) H. 2, S. 128.

tung war dagegen, diesen Krieg zu führen."[79] Maos einstiger politischer Sekretär Hu Qiaomu (1912–1992) empörte sich 1991, angeblich seien sowjetische Archivmaterialien aufgetaucht, die bezeugten, China habe hinter dem Koreakrieg gesteckt: „Das ist lauter Unsinn! Bei allen ZK-Sitzungen war ich dabei, das hat es einfach nicht gegeben. Dass wir Truppen entsandten, geschah notgedrungen, war überhaupt nicht gewollt."[80] In Auseinandersetzung unter anderem mit den Beiträgen der russischen Historiker Dmitrij A. Volkogonov (1993) und Aleksandr Y. Mansurov (1995) bekräftigte Shen Zhihua: „The fact that China had made no political, military, or mental preparations for the Korean War shows that before the war broke out, China really had no intention of participating in the Korean conflict."[81]

Die Darstellungsvariante in „Mao Zedong zhuan" oder einem jüngst erschienenen Aufsatz zu Maos kühner Entscheidung eröffnet mit der Feststellung, am 25. Juni 1950 sei etwas geschehen, was Mao nicht gewollt hatte: in Korea brach ein Krieg aus; das heißt weder wird die innere Vorgeschichte geschildert noch erwähnt, Nordkorea habe den Krieg begonnen.[82] Auch Shen Zhihua schreibt „Am 25. Juni 1950 brach auf der koreanischen Halbinsel ein Krieg aus": allerdings vor dem Hintergrund, dass er die innere, geheime Vorgeschichte ausgeleuchtet, „Kim Il-sungs Offensiv-Plan" geschildert hat und, in einer Ankündigung für seine „Geschichte der chinesisch-sowjetischen Beziehungen", den Koreakrieg als von Stalin betriebenes militärisches Abenteuer bezeichnet, das von Kim ausging.[83] 2001 war diese Version in einem chinesischen Beitrag kritisiert worden: „Anhand einiger, aus dem Zusammenhang gerissener Archiv-Materialien, erheben manche den Vorwurf, der Koreakrieg sei durch eine Verschwörung von Stalin und Kim Il-sung entfesselt worden", was den Tatsachen jedoch nicht entspreche.[84] Umso bedeutsamer ist, dass Shens Urteil sich in anderen Aspekten mit dem überkommenen Bild deckt beziehungsweise es bestätigt.

Wenn chinesische Autoren ihrerseits Stalin die Verantwortung aufbürden, kann dies auch als Methode zur Entlastung Mao Tse-tungs verstanden werden. So etwa schreibt Huang Chuanrong 2009: „Dass Stalins Haltung zu Kim Il-sungs Plan für eine militärische Einung der koreanischen Halbinsel sich von negativ zu positiv wandelte, war mithin der

[79] *Yang Kuisong*, Sidalin weishenme zhichi Chaoxian zhanzheng: http://www.xschina.org/show.php?id=5386. Dazu auch: *Boris T. Kulik*, Sovetsko-kitajskij raskol: pričiny i posledstvija. Moskva 2000, S. 80.

[80] *Hu Qiaomu*, Hu Qiaomu huiyi Mao Zedong. Beijing 1994/2003, S. 87.

[81] *Shen Zhihua*, China sends troops to Korea: Beijing's policy-making process: http://www.shenzhihua.net/cxzz/000114.htm; *Dmitrij A. Volkogonov*, „Sleduet li etogo bojat'sja?": za kulisami korejskoj vojny, in: Ogonek 26 (1993), S. 28 f.; *Alexandre Y. Mansourov*, Stalin, Mao, Kim, and China's decision to enter the Korean War: new evidence from the Russian archives, in: CWIHPB Issues 6–7, S. 94–119; *Chen Yu*, KangMei yuanChao zhanzheng ruogan wenti yanjiu zongshu, in: Nanjing shehui kexue (2001) H. 2, S. 56 f.; *Cui Guocai*, Guowai guanyu Chaoxian zhanzheng yanjiu qingkuang pingshu, in: Nanjing zhengzhi xueyuan xuebao (2000) H. 6, S. 114; *Xia Yafeng*, The study of Cold War international history, S. 107 f.; *Deng Feng*, Korean War studies, S. 140 f.

[82] Vgl. *Shi Zhong*, Feifan de qipo yu danlüe: Mao Zedong juece KangMei yuanChao, in: Fujian dangshi yuekan (2009) H. 7, S. 6.

[83] Vgl. *Shen Zhihua*, Mao Zedong, Sidalin, S. 161; *Shen Zhihua* (Hrsg.), ZhongSu guanxi shigang, 1917–1991. Beijing 2007, S. 113; *Shen Zhihua*, Reyan kan lengzhan: Shen Zhihua tan jiemi dang'an yu guoji lengzhan tiemu, in: Dang'an chunqiu (2008) H. 2, S. 11 f.; Sidalin, Mao; Cong jiemi dang'an kan ZhongSu guanxi: Chaoxian zhanzheng shi Sidalin de maoxian: http://www.winbbs.net/archiver/?tid-72332.html.

[84] *Chen Lin*, KangMei yuanChao yu 20 shiji houbanye de Zhongguo he shijie: zhuanjia xuezhe dui yixie fanchang dongxiang he cuowu yanlun de pouxi, in: Dangdai shijie yu shehuizhuyi (2001) H. 1, S. 41. Dazu auch: *Won Myong Uk*, *Kim Hak Chol*, Distortion of US provocation of Korean War. Pyongyang 2003, S. 28 f.; *Andrej N. Lan'kov*, Avgust, 1956 god: krizis v Severnoj Koree. Moskva 2009, S. 33.

Schlüsselfaktor dafür, dass Kim Il-sung aktiv damit begann."[85] Und ein unveröffentlichter, handschriftlicher Text aus dem Umfeld von Shi Zhe (1905–1998), Maos Dolmetscher und wichtiger Zeitzeuge, argwöhnt, Sowjetbotschafter Štykov habe Kim Il-sung zu seinem „Abenteuer-Plan" (maoxian jihua) ermuntert, möglicherweise sogar auf Stalins heimliches Geheiß.[86]

„Vorsicht vor der Falle der Archive!"

Es ist hervorzuheben, dass manche chinesische Autoren der Allianz ein ungetrübt positives Image verleihen. Bei Yang Lei (2009) etwa ist keine Rede von einem Misstrauen Stalins oder einer Korea-Intrige. Yang schreibt vielmehr, im Rahmen des Allianzvertrags vom Februar 1950 habe die Sowjetunion dem Bündnispartner China umfassende „selbstlose Hilfe" gewährt, die chinesisch-sowjetischen Beziehungen seien damals von „begeistertem Idealismus" geprägt gewesen, und im Koreakrieg habe die Allianz sich als wichtige Kraft gegen Amerika bewährt.[87] Andererseits aber erschien jene Theorie, wonach Stalin eine Falle stellte, 2007 gleich zweifach in der chinesischen Literatur. Zum einen erhob ein einstiger chinesischer UNO-Vertreter in der wichtigen Zeitschrift Shijie zhishi/World Affairs die Frage „Hat Stalin China absichtlich in den Koreakrieg gestürzt?"[88]; er bezieht sich auf den sowjetischen Zeitzeugen Tumanov. Zum anderen erscheint die bei Ledovskij abgedruckte Botschaft Stalins an Gottwald vom 27. August 1950, vollständig oder teilweise übersetzt, in mehreren chinesischen Publikationen.[89] In der ersten Variante zielt Stalins Schachzug direkt auf Mao: Stalin habe den Koreakrieg zwischen China und Amerika inszeniert, um zu verhindern, dass Mao zu den Amerikanern überlaufe. Daher habe er Mao bereits am 7. Januar 1950 dazu um Zustimmung gebeten, dass die Sowjetdelegation aus dem Sicherheitsrat ausziehen solle.[90] In der zweiten Variante erläutert Stalin, sein Strategem sei gegen die USA gerichtet, die tatsächlich darauf hereingefallen seien und sich demnächst in einem Korea-Krieg mit China verausgaben und erschöpfen würden. In der ersten Variante stimmt Mao nichtsahnend zu. Beide Varianten können ebenfalls als Entlastung für Mao gelesen werden: Er war Opfer von Stalins Ranküne. Eben dies schwingt auch mit, wenn Kim Donggil die Botschaft Stalins zu einem singulären Schlüsseldokument erklärt:

[85] *Huang Chuanrong*, Chaoxian zhanzheng baofa zhong de Sulian yinsu, in: Daqing shifan xueyuan xuebao 29 (2009) H. 4, S. 122.

[86] Vgl. Chaoxian zhanzheng yu ZhongSu guanxi he ZhongChao guanxi, S. 10 f.; dazu auch bereits: *Yuri A. Rastvorov*, Red fraud and intrigue in Far East, in: Life magazine 37 (1954) December 6, S. 175.

[87] Vgl. *Yang Lei*, XinZhongguo chengli yilai de ZhongE guanxi, in: Nankai xuebao (2009) H. 4, S. 29. Dazu auch: *Liu Zhiqing*, KangMei yuanChao shiqi de ZhongSu guanxi, in: Sheke zongheng (1991) H. 1, S. 29–34.

[88] *Ye Chengba*, Sidalin: guyi ba Zhongguo paoru Chaoxian zhanzheng?, in: Shijie zhishi (2006) Nr. 23, S. 65.

[89] Vgl. *Shen Zhihua*, Sidalin, Mao, S. 55 f.; Anlihui shang „fangshui": Sidalin xiang rang Chaoxian zhanzheng zaida ji nian, in: Baokan huicui (2009) H. 2, S. 78 f.; *Liu Shengren*, Eluosi Duli junshi pinglun zaiwen pilu neimu qingkuang: Sidalin xiang rang Chaoxian zhanzheng zaida ji nian, in: Quanqiu junshi 186 (2008), S. 23. Liu Shengren gründet seinen Artikel auf einen Aufsatz des russischen, in den USA lehrenden Historikers Aleksandr V. Pancov, der die Botschaft Stalins ebenfalls enthält: vgl. *Aleksandr V. Pancov*, Bol'šaja igra kremlevskogo „otca narodov": Stalin prednamerenno zatjagival vojnu na Korejskom poluostrove: http://nvo.ng.ru/history/2008-07-18/10_stalin.html. Dazu auch: *Ders.*, Rasskazy o Mao Czedune: revoljucija bez ljubvi, ili bunt – delo pravoe! Rostov-na-Donu 2009, S. 31–47. Weiterhin: *Wang Chen*, Sulian weihe quexi Chaoxian zhanzheng baofa hou de Lianheguo Anlihui, in: Shixue yuekan (2008) H. 12, S. 131.

[90] Vgl. *Ye Chengba*, Qinli Lianheguo gaoceng. Beijing 2006, S. 39–46; *Tumanov*, Štykovaja ataka, S. 33. Dazu auch bereits: *MacFarquhar, Fairbank*, Cambridge history, S. 278 f.

„Stalin not only predicted but actually wanted U.S. intervention in the Korean War. [...] China's intervention in the Korean conflict was not a matter of its own volition but ultimately rested on Stalin's decisions. [...] This strongly hints that China's intervention had already been decided by Stalin, not by Mao."[91]

Shen Zhihua hingegen zerreißt dieses Dokument förmlich: Es sei eine dreiste Fälschung, mit der Stalin blenden wolle. Und hier attackiert Shen auch Ledovskij offen: Der sei Stalin auf den Leim gegangen und mache sich zu dessen Instrument, indem er die „Botschaft an Gottwald" für authentisch erklärte. So biete sie, verstärkt durch Ledovskijs Kommentare, geradezu ein Paradebeispiel dafür, dass mitunter hochwichtige Dokumente fabriziert würden, um zu täuschen. Archiv-Dokumente als solche, betont Shen Zhihua, seien keineswegs bereits die Geschichte: „Viele meinen, wenn die lange Jahre weggeschlossenen Geheimdokumente geöffnet werden, offenbarten sich der Welt damit sogleich viele historische Wahrheiten, so als ob schon allein die Öffnung der Archive die Geheimnisse der Geschichte lösen könnten. Darin liegt ein frommer Wunsch der Menschen, und auch ein immenses Missverständnis. [...] Wenn der Forscher den Aussagen der Verfasser der Akten in den Archiven (dang'an zuozhe) bzw. der Beteiligten ganz unkritisch glaubt, so tappt er in die Falle, die die Verfasser der Dokumente bewusst oder unbewusst gestellt haben."[92] Ein anderer Sekretär Maos, Chen Boda (1905–1989), hat das 1980 auf einen knappen Punkt gebracht: Wären die Archive und Dossiers alles, so wäre die Geschichtswissenschaft überflüssig.[93]

Zunächst kann es verwundern, dass Shen Zhihua das Dokument verreißt. Doch bleibt ihm, wie seine Beweisführung zeigt, keine andere Wahl. Schon vor langem nämlich hat Shen eine eigene Version entwickelt; soll diese Bestand haben, muss er Stalin der „Täuschung" überführen. Stalin frohlockt in der Botschaft für Gottwald, sein Plan gehe doch trefflich auf. Diesen Plan zerlegt Shen in drei Komponenten: 1. Stalin impliziere, dass – als der Sowjetdelegierte am 13. Januar 1950 aus dem Sicherheitsrat auszog – er schon geplant habe, einen Koreakrieg zu entfesseln; 2. bereits als er dem Angriffsplan von Kim Il-sung zustimmte, habe er vorausberechnet und gar gehofft, die USA würden in diesen Krieg eintreten; 3. er habe fest eingebaut, dass schließlich China Truppen zum Abwehrkampf gegen die Amerikaner nach Korea entsenden würde. Aus den verfügbaren „historischen Fakten", insistiert Shen, seien diese drei Kernthesen, mithin Stalins Plan in toto, aber unhaltbar.[94]

Die auf den „historischen Fakten" beruhende Version, die er – Shen Zhihua – selbst, in mehreren, nicht ganz identischen Varianten herausgearbeitet hat, lautet im Kern etwa so: Als Stalin am 7./8. Januar 1950 mit Mao den Auszug der Sowjetdelegation aus dem Sicherheitsrat vereinbarte, sei er noch von der aufrichtigen Absicht geleitet gewesen, ostentativ die Beziehungen mit dem Neuen China zu stärken. Dann aber habe Mao ihn im späten Januar mit einem Entwurf für den Bündnis- und Freundschaftsvertrag konfrontiert, der die Sowjetunion ihrer Privilegien von 1945, insbesondere ihrer Besitzungen in der Mandschurei beraubte: Lüshun (Port Arthur) und die Eisenbahn. So fand Stalin sich durch diesen Vertrag zu einem Zugeständnis gezwungen: Mao habe ihm hier, insistiert Shen Zhihua, ein großes Opfer abgetrotzt. Dies habe vielleicht einen Strategiewechsel mitausgelöst: „[...] Stalin might have had deeper considerations and a well-conceived plan by

[91] Stalin wanted US to intervene in Korean War: http://theseoultimes.com/ST/db/read/php?idx=6802. Veränderter Text: NKIDP e-Dossier 1: http://www.wilsoncenter.org/index.cfm?topic_id=230972&fuseaction=topics.publications&group_id=449315.

[92] *Shen Zhihua*, Reyan kan lengzhan, S. 9; Sidalin, Mao, S. 58. Dazu auch bereits: *Shen Zhihua*, Eguo dang'an wenxian: baoguan, jiemi he liyong, in: Lishi yanjiu (1998) H. 5, S. 136–149, hier S. 148.

[93] Vgl. *Chen Boda*, Chen Boda yigao. Hongkong 1998, S. 80.

[94] Vgl. *Shen Zhihua*, Sidalin, Mao, S. 58, 57.

which he could abandon the Soviet interests in northeast China but maintain the Soviet strategic objective in the Far East intact. The core of the plan was to change the Soviet policy towards the Korean Peninsula from a defensive strategy north of the 38th parallel to an offensive strategy. If Stalin was forced to accept Mao Zedong's conditions for the treaty while at the same time not losing the Soviet access to the sea and ice-free ports along the shore of the Pacific, the Soviet Union must control the Korean Peninsula."[95] Wenn die Nordkoreaner Südkorea besetzten, hätte die Sowjetunion Kontrolle über die gesamte Halbinsel gewonnen, und die Häfen Incheon und Busan würden Lüshun ersetzen. Sollte Kims Unterfangen aber misslingen, würden die Chinesen die Sowjetunion bitten, ihre Truppen in Lüshun und Dalian (Dairen) stationiert zu lassen: „In either case, Stalin would be the victor."[96] Und er hatte ein weiteres Motiv:

„Stalin decided to provoke a crisis to preserve Soviet strategic interests in the Far East and to thwart U.S. influence in the region. [...] Stalin also feared that China's emergence as a Communist power could challenge the Soviet Union's dominant position in the international Communist movement. Stalin's new policy toward Korea not only served Soviet strategic interests in the Far East, but also limited the growing power of the PRC."[97]

Unter solchen Vorzeichen erteilte Stalin Kim Il-sung am 30. Januar 1950 grünes Licht für eine Offensive gegen den Süden. Das war Wortbruch, denn mit Mao war eigentlich vereinbart, die Befreiung Taiwans solle Vorrang besitzen. Möglicherweise habe Stalin Mao hier heimgezahlt, dass er ihm Zugeständnisse abgetrotzt hatte wie im Sozialistischen Lager noch niemand zuvor.[98] Dem widerspricht Galenovič: „Der Autor des Papers [Shen Zhihua] versucht nachzuweisen, dass ‚Druck' von seiten Mao Tse-tungs I.V. Stalin ‚zwang', seine Position zu ändern. In Wahrheit aber war Mao Tse-tung nicht fähig, ‚Druck' auf I.V. Stalin auszuüben [...], noch übte Stalin Druck auf Mao Tse-tung aus."[99] „Ledovskij et Galenovič [...] soulignent que Mao avait démontré une attitude de peur et de gene dans ses discussions avec Staline."[100]

In Shens Version setzte Stalin unter Kims Einflüsterungen auf einen Blitzsieg der Nordkoreaner, bevor die Amerikaner überhaupt eingreifen könnten.[101] Geleitet von solch blindem Optimismus habe er das Veto im Sicherheitsrat unterlassen, denn wenn Kims und sein Plan aufgegangen wäre, so wäre die Operation siegreich abgeschlossen gewesen, bevor überhaupt eine großangelegte Intervention stattfinden konnte. Zudem wusste Stalin sich in einem prekären Dilemma: Hätte der Sowjetdelegierte im Sicherheitsrat kein Veto eingelegt, wäre dies als Verrat an Nordkorea und dem ganzen Sozialistischen Lager ausgelegt worden; hätte er ein Veto eingelegt, wäre das dem Eingeständnis gleichgekommen, dass hinter Pjöngjang Moskau stehe. Das hätte einen direkten Gegensatz mit Amerika und der Weltöffentlichkeit herbeigeführt. Nichts von alledem wollte Stalin heraufbeschwören. Diesem Dilemma entzog er sich, indem er Malik aus der Krisensitzung des Sicherheits-

95 *Shen Zhihua*, Interests conflicts, S. 50; Liyi chongtu, S. 53 f.; Sidalin, Mao, S. 57. Auch: *Shen Zhihua*, Mao Zedong, Sidalin, S. 127 ff.; ZhongSu guanxi shigang, S. 110; *Deng Feng*, Korean War studies, S. 139 f.

96 *Shen Zhihua*, Sino-Soviet relations and the origins of the Korean War: Stalin's strategic goals in the Far East, in: Journal of Cold War studies, vol. 2 (2000) H. 2, S. 60.

97 *Shen Zhihua*, Stalin's strategic goals, S. 68.

98 Vgl. *Shen Zhihua*, ZhongSu guanxi shigang, S. 111 f.

99 *Galenovič*, Rossija-Kitaj, S. 236.

100 *Iliyas Sarsembaev*, La question territoriale: enjeu géopolitque et idéologique dans les relations sino-russes. Paris 2005, S. 168: http://ecoledoctorale.sciences-po.fr/theses/theses_en_ligne_sarsembaev_scpo_2005/sarsembaev_scpo_2005.htm.

101 Vgl. *Shen Zhihua*, Sidalin, Mao, S. 57; *ders.*, Stalin's Strategic goals, S. 63.

rats fernhielt.[102] Unter dem Eindruck dessen, was dann aber tatsächlich geschah – die Amerikaner griffen ein und Kims Offensive fuhr sich fest – keimten im Sozialistischen Lager Verwirrung und Zweifel auf, die Stalin um seinen Nimbus fürchten ließen und ihn unter Rechtfertigungsdruck brachten. Daher ersann er nachträglich jene Darstellung, die kaschieren sollte, dass so vieles fehlgelaufen war, indem sie indirekt behauptete, er habe keinen Blitzsieg Kims erwartet, sondern von Anfang an sei sein Ziel gewesen, die Amerikaner in die Falle Fernost zu locken.

Shen Zhihua erklärt Stalins „Falle“ also zu einer Fälschung, da sie seine – Shens Version – auswischt. Stalin beansprucht, den Amerikanern eine Falle gestellt zu haben; Shen insistiert, zunächst habe Stalin Mao „vergelten“ wollen, dass der ihm die Privilegien Fernost genommen hatte. Stalin impliziert, sein Ziel sei von Anfang an gewesen, den US-Imperialismus in eine langwierige Auseinandersetzung in Fernost, dass heißt auch mit China zu verstricken. Shen Zhihua argumentiert, in Wahrheit habe Stalin auf den Blitzsieg gesetzt, den Kim Il-sung versprochen hatte. Daraus ergibt sich eine entscheidende Konsequenz: China wurde, nach Shens Auslegung, später nicht deshalb aktiv, weil Stalin so kalkuliert hatte, dass heißt Chinas Eingreifen ließ nicht Stalins Plan erfolgreich aufgehen, sondern vielmehr griff es ein, als das Vorhaben von Kim/Stalin gescheitert war – die chinesischen Freiwilligen verhinderten, dass Stalins Fehler schlimmste Folgen zeitigen würde, und sie banden die USA in Fernost.[103] Unausgesprochen weist Shen Zhihua damit auch Kim Donggils (oben gezeigte) These zurück: „China's intervention in the Korean conflict was not a matter of its own volition but ultimately rested on Stalin's decisions. [...] This strongly hints that China's intervention had already been decided by Stalin, not by Mao.“ Chinas Eingreifen, so dagegen Shen, war Maos eigene, riskante Entscheidung.

Diese seine Version der Geschichte sowie der Befund, Stalins Botschaft an Gottwald sei ein Dokument der Täuschung, und die Warnung vor möglicherweise „fabrizierten Archivdokumenten“ finden systematische Verbreitung, auch im Internet.[104] Und eine russische Fassung von Shens Aufsatz „Stolknovenie i uregulirovanie interesov“ wurde auch in der Fachzeitschrift Problemy Dal'nego Vostoka veröffentlicht – ohne jedweden Kommentar.[105]

„Meister des Geschehens“

Für die Oktober-Krise 1950 wird Mao in der chinesischen Version als Schlüsselfigur geschildert. Während Ledovskij den Vorwurf erhebt, durch Verzögerungstaktik habe Mao die Sowjetunion in einen direkten Konflikt mit den USA ziehen wollen, führt Shen Zhihua folgendes aus: Ursprünglich habe Stalin wohl geargwöhnt, Mao wolle Soldaten auch entsenden, um seinen Einfluss über Korea zu verstärken. Auch weil ihm das klar war, habe Kim Il-sung sich am 21. September – kurz nach Incheon – gegen das Drängen seines

[102] Vgl. *Shen Zhihua*, Sidalin, Mao, S. 58. *Aleksandr S. Orlov* und *Viktor A. Gavrilov* vertreten eine entgegengesetzte Meinung: „Wäre Malik zugegen gewesen, hätte er zweifellos das Vetorecht ausgeübt, und die Resolution [des Sicherheitsrats] wäre blockiert gewesen.“ In: Tajny korejskoj vojny. Moskva 2003, S. 64.

[103] Vgl. *Shen Zhihua*, ZhongSu guanxishi: wudu yu zhenxiang, in: Bolan qunshu (2008) H. 2, S. 28.

[104] Vgl. http://www.coldwarchina.com/wjyj/cxzz/002360.html; *Zhang Bosheng*, Bense shi shusheng. Teil 2, S. 7–10; *Shen Zhihua*, Sulian weishenme bucanjia Anlihui zuzhi Lianheguo chubing Chaoxian, in: Lishi jiaoxue (2009) H. 3, S. 52, 55; Reyan kan lengzhan, S. 11–14; Mao Zedong, Sidalin; *Zhang Baijia u. a.*, Duihua, S. 10.

[105] Vgl. *Šen' Čžichua*, Stolknovenie i uregolirovanie interesov v processe peregovorov o kitajsko-sovetskom Dogovore 1950 goda, in: Problemy Dal'nego Vostoka (2002) H. 4, S. 120–134; Übersetzung der russischen Fassung: Clashes of interests and their settlement during negotiations on the Chinese-Soviet treaty of 1950, in: Far Eastern affairs 30 (2002) H. 3, S. 97–112.

inneren Kreises gesperrt, chinesische Hilfe zu erbitten. Da er Moskau nicht „beleidigen" beziehungsweise zunächst Stalin konsultieren wollte, habe er das schnelle Eingreifen vereitelt, zu dem Mao eigentlich bereit gewesen wäre. Als Stalin dann am 1. Oktober 1950 endlich grünes Licht gab, seien in Maos Führungskreis unerwartet derart massive Zweifel und Widerstände aufgetaucht, dass er Stalin entsprechend unterrichten musste.[106]

Ledovskij unterstellt, Mao sei bereit gewesen, Nordkorea preiszugeben. Shen Zhihua kontert, als Stalin seine Luftwaffen-Zusage widerrief und folglich chinesische und sowjetische Führer Nordkorea aufgeben wollten, habe Mao Tse-tung höchstpersönlich die Entscheidung durchgesetzt, man müsse den Koreanern unbedingt helfen und dürfe Kämpfe mit „isolierten Verbänden der Amerikaner" nicht scheuen.[107] Mao selbst sagte 1970 in einem Gespräch mit Kim Il-sung, die chinesische Führung habe seinerzeit tatsächlich „ein wenig geschwankt", was Stalin bewogen habe, alles abbrechen zu wollen, woraufhin man sich zu einer eigenen Entscheidung durchrang.[108] Letztendlich, so Shen Zhihua, hätten Mao beziehungsweise die chinesische Führung richtig die gebotene Entscheidung getroffen. So habe sie ihre moralische Verpflichtung gegenüber dem Nachbarn und sozialistischen Partner Nordkorea erfüllt, sei der heraufziehenden Bedrohung durch den US-Imperialismus entgegengetreten und habe auf diese Weise sogar auch verhindert, dass Stalin sich, unter Vorwänden, die Mandschurei wieder einverleiben würde.[109] Das Eingreifen, schreiben viele, wurde China aufgezwungen. Das ist auch eine Erwiderung an Galenovič, der Shen attackiert:

„Es ist auch notwendig zu ergänzen, dass der Autor des Referats [Shen Zhihua] die Entscheidung der VR China, sich am Krieg auf der koreanischen Halbinsel zu beteiligen, als erzwungene, für Mao Tse-tung schwierige Entscheidung zur Entsendung von Soldaten zum Kampfeinsatz nach Korea charakterisiert. In Wirklichkeit schlug das von unserer Seite niemand vor, und niemand drängte Mao Tse-tung, das zu tun. Vielmehr war I.V. Stalin gezwungen, die Initiativ-Vorschläge und dann die Operationen von Kim Il-sung zu berücksichtigen, dem Mao Tse-tung sich anschloss. In erster Linie tragen Kim Il-sung und Mao Tse-tung vor ihren und den anderen Völkern die Verantwortung für den Koreakrieg."[110]

Wo Galenovič in „Dva voždja" beklagt, Mao habe China im Oktober 1950 aus Ruhmsucht und egoistischen Motiven in ein „unnötiges Abeneuer" gestürzt, lautet der Grundtenor auf chinesischer Seite, das Eingreifen sei unumgänglich gewesen.[111] Vielleicht ist es auch eine Erwiderung auf Galenovič, wenn ein Beitrag klarstellt, manche meinten zwar, Mao habe einen ganz persönlichen Heroismus betrieben und sei, wider die Gegenmeinungen in der Partei, ein immenses Risiko eingegangen, tatsächlich aber habe er sich als der wahre Meister der Situation erwiesen: „Der Koreakrieg war eigentlich ein von Stalin heimlich angezetteltes militärisches Abenteuer, doch nachdem die US-Truppen in den

[106] Vgl. http://vip.book.sina.com.cn/book/chapter_100419_61962.html, _61966.html - _61968.html; *Shen Zhihua*, Sidalin, Mao, S. 59.

[107] Vgl. *Shen Zhihua*, Sidalin, Mao, S. 62.

[108] Vgl. Mao Zedong tan Zhongguo guanyu KangMei yuanChao, baojia weiguo de jueding, in: Dang de wenxian 77 (2000), S. 14.

[109] Vgl. *Shen Zhihua*, China sends troops; *Cui Guocai*, Pingshu, S. 114; *Xia Yafeng*, The study of Cold War international history, S. 108. Dazu auch: *Liu Dejun, Wang Hongmou*, Zhongguo chubing Chaoxian wenti de zaisikao, in: Ha'erbin xueyuan xuebao 28 (2007) H. 10, S. 109–113.

[110] *Galenovič*, Rossija–Kitaj, S. 253 f.

[111] Vgl. *Shen Zhihua*, ZhongSu guanxishi, S. 28; *Chen Ping*, Scholars take stock of Korean War: http://www.china.org.cn/e-America/features/scholar.htm; *Zhang Baijia u. a.*, Duihua, S. 9 f. Dazu auch: *Lin Lin u. a.*: Whose history?: an analysis of the Korean War in history textbooks from the United States, South Korea, Japan, and China, in: Social studies 100 (2009), S. 222–232.

Krieg eingetreten waren und Nordkorea geschlagen war, hielt Stalin sich aus lauter Furcht vor einem direkten Zusammenprall mit den USA aus allem heraus. In diesem kritischen Moment trat Mao Tse-tung beherzt auf den Plan, entsandte entschlossen chinesische Freiwillige für den Kampf mit den US-Truppen nach Korea und errang glänzende Siege. Dass China in diesem Krieg kämpfte, zerstreute Stalins Zweifel an Mao, und die Sowjetunion begann umfassende Hilfe für China."[112]

Dementsprechend hat auch das Thema, Mao könne von irgendwelchen eigensüchtigen oder unlauteren Motiven geleitet gewesen sein, in der offiziellen chinesischen Version keinen Platz und kommt auch dort nicht vor, wo in chinesischen Texten Widerspruch und Zweifel offen vorgetragen und diskutiert werden: Ein Schüler etwa protestiert 2006, das Eingreifen der chinesischen Volksfreiwilligen in Korea sei eine Einmischung in die inneren Angelegenheiten der koreanischen Nation gewesen, „nicht rechtens" auch, da es, anders als das Eingreifen der USA, ohne ein Mandat der UNO erfolgte;[113] doch wird nicht der Vorwurf erhoben, Mao Tse-tung habe auf Kims Plan heimlich hingewirkt, weil er Korea in seine Einflusssphäre einschließen wollte (Galenovič). Und Yuan Xi, ein Reporter, stellte 1999 öffentlich die Frage „Hätte China eine bessere Wahl gehabt?" und glaubt, Mao sei bei seiner Entscheidung, in Korea einzugreifen, auch von sowjetischen Versprechungen beeinflusst gewesen, enthält sich jedoch der offenen Kritik, Mao habe bewusst gegen die Interessen der eigenen Nation gehandelt (Galenovič).[114]

Dafür brandmarkt ein chinesischer Autor in schlechtem Englisch Stalin als nationalegoistischen Politiker: „What the Soviet Union took, this policy was very selfish and extremely realism. So it had huge negative influence and caused serious result. Korea war was the disaster in the evolving of international relationship, but the Soviet Union was the biggest favoured nation in the war."[115] Eigentlich hätte Stalin selbst Truppen in Korea zum Einsatz bringen müssen, anstatt sich nur auf moralische und materielle, obendrein kostenpflichtige Hilfe zu beschränken; dass die Sowjetführung keine Truppen entsandte, entsprang ihrem Nationalinteresse: Der sowjetische Nationalegoismus (minzu lijizhuyi) ging über alle ideologischen Prinzipien.[116]

Vier Verfahren

Von den Verfahren, mit denen die chinesische Seite bzw. Shen Zhihua operiert, sollen hier vier vorgestellt werden.

Redigierung

Galenovičs Buch kam zunächst in einer chinesischen Fassung heraus: „Liang dalingxiu" (Zwei große Führer/Chengdu 1999). Geht man davon aus, dass die bisher nur als E-Book

[112] *Yao Yu*, Dangji guanxi yu guojia guanxi de bianzhengfa: du ZhongSu guanxi shigang, in: Eluosi yanjiu 152 (2008), S. 87; *Chen Lin*, KangMei yuanChao, S. 41 f.

[113] Vgl. *Deng Xingpu, Tan He*, Shifou hefa?, S. 38.

[114] Vgl. *Yuan Xi*, Chaoxian zhanzheng zhenxiang: http://www.junshijia.com/ziliao/2005-12/20051226222911.htm. Dazu auch: *John Pomfret*, Chinese question role in Korean War, in: Washington Post Foreign Service, 29.10.2000: http://www.tomcoyner.com/chinese_question_role_in_korea_.htm; *Zhang Baijia u. a.*, Duihua, S. 13.

[115] Vgl. *Liu Zijing*, Sulian yu Chaoxian zhanzheng, in: Henan shifan daxue xuebao 30 (2003) H. 3, S. 110.[116] Vgl. *Xu Gangyan*, Cong jujue chubing kan Chaoxian zhanzheng zhong de Sulian, in: Liaoning jiaoyu xingzheng xueyuan xuebao (2006) H. 7, S. 4.

[116] Vgl. *Xu Gangyan*, Cong jujue chubing kan Chaoxian zhanzheng zhong de Sulian, in: Liaoning jiaoyu xingzheng xueyuan xuebao (2006) H. 7, S. 4.

vorliegende russische Fassung (2008) den Ausgangstext bildet, wird die chinesische als redigiert erkennbar, wie folgende Beispiele zeigen: Wo es im russischen Text heißt „Der Koreakrieg wurde Stalin von Kim Il-sung und Mao Tse-tung aufgezwungen", löscht die chinesische Fassung Maos Namen und schreibt: „Der Koreakrieg wurde Stalin von Kim Il-sung aufgezwungen"; aus der chinesischen Fassung ist der Vorwurf getilgt, Mao habe den Anti-Japanischen Widerstandskrieg fernab in Yan'an ausgesessen; gestrichen ist das Urteil, er habe 1950 gegen die Interessen seines Volkes gehandelt; in der russischen Fassung steht, das große nationale Motto „KangMei yuanChao" sei eigentlich eine Täuschung gewesen, was aus der chinesischen verschwindet; eliminiert ist auch jener Passus, wonach Mao die Koreaner im Grunde nicht als eigenständige Nation, sondern als Bestandteil einer chinesischen Großnation betrachtet habe. Schließlich fehlt in der chinesischen Fassung der Schlussakzent, eigentlich habe Mao die Sowjetunion in einen Krieg mit den USA, einen neuen Weltkrieg, manövrieren wollen.[117] Unerklärte Eingriffe finden sich auch in Dokumenten. So sandte Stalin am 1. Dezember 1950 ein Telegramm, in dem er Mao zu den Siegen der „Volksbefreiungs-Armee" gegen die US-Truppen in Korea beglückwünschte; die chinesische Fassung aber gibt „Chinesische Volksfreiwilligen-Armee" an.[118] Und aus der chinesischen Übersetzung eines sowjetischen Hintergrundberichtes ist bei der Schilderung der Lage Anfang 1951 die Anmerkung gestrichen „(one may suppose that Mao Zedong was afraid of the consequences of a further advance to the south)".[119]

Ausblendung

Alle vier Titel werden in verschiedenen chinesischen Monographien beziehungsweise Artikeln zitiert. In den Literaturverzeichnissen chinesischer Studien zum Koreakrieg fehlen sie jedoch,[120] besonders augenfällig in den Arbeiten von Shen Zhihua, und auch in Yang Kuisongs Geschichte der „Hassliebe" zwischen Mao und Moskau.[121] Shen Zhihua würdigt Ledovskij als Zeitzeugen und Herausgeber wichtiger Dokumentenbände, fügt aber hinzu, dass Ledovskij mit einem früheren Beitrag in China gewisse Irritationen ausgelöst habe.[122] Galenovič wird mehrfach erwähnt und ebenfalls kritisiert. Die hier entscheidenden Bereiche bleiben jedoch ausgeblendet. Zwar nimmt Li Fenglin, 1995–1998 Botschafter in Russland, die sowjetisch-chinesischen Freundschaftsverträge von 1945 und 1950 (!) provozierend in die Kategorie der Ungleichen Verträge auf,[123] doch wird Galenovičs fundamentale Kritik am chinesischen Geschichtsbild weder referiert, noch findet sie offene Erwiderung. Gleiches gilt für Ledovskijs und Galenovičs Szenarios zum Koreakrieg: Sie sind im – zugänglichen – chinesischen Schrifttum unsichtbar, das heißt sie werden weder wiedergegeben, noch diskutiert oder zurückgewiesen.

[117] Vgl. *Galenovič*, Dva voždja, S. 501, 507, 543 und 545 f.; Liang dalingxiu, S. 440 f., 445 f., 476 f. und 478 f.

[118] Vgl. CWIHPB Issues 6/7, S. 51; *Anatolij V. Torkunov*, Zagadočnaja vojna: korejskij konflikt 1950–1953 godov. Moskva 2000, S. 124; *Shen Zhihua*, Jiemi wenjian. Bd. 2, S. 633.

[119] Background report on the Korean War, 9.8.1966, in: *Kathryn Weathersby*, The Soviet role in the early phase of the Korean War: new documentary evidence, in: Journal of American-East Asian relations 2 (1993) H. 4, S. 443; *Shen Zhihua*, Jiemi wenjian. Bd. 3, S. 1347.

[120] Eine Ausnahme: *Zou Rongchu*, Sidalin yu Chaoxian zhanzheng, in: Shanxi shifan daxue xuebao 31 (2002) H. 1, S. 50–58, hier S. 51. Auch: *Sui Shuying*, Lun yibiandao zhengce de lishi juxianxing, in: Qilu xuekan 183 (2004), S. 48–54, hier S. 52.

[121] Vgl. *Yang Kuisong*, Mao Zedong yu Mosike de en'en yuanyuan. Nanchang 1999/2005.

[122] Vgl. *Shen Zhihua*, Qiuzhibuyi de huimian, in: Huadong shifan daxue xuebao (2009) H. 1, S. 2 Anm. 4.

[123] Vgl. *Li Fenglin*, Xin shiqi ZhongE guanxi, in: Eluosi yanjiu 142 (2006), S. 3. Dazu als Erwiderung: *Sergej L. Tichvinskij*, Vosprijatie obraza Rossii v Kitae, in: Problemy Dal'nego Vostoka (2007) H. 4, S. 93 f. Weiterhin: *Galenovič*, Rossija-Kitaj, S. 255.

„Lücken"

Den Beitrag von Ledovskij nutzt Shen Zhihua, wie bereits festgestellt, erklärtermaßen als Fundgrube für ergänzende Archiv-Dokumente. Indem er unter anderem mit diesen Materialien verbliebene Lücken in der Darstellung seines Buches „Mao Zedong, Sidalin yu Chaoxian zhanzheng" schließe, biete sein Aufsatz nun „a relatively consistent and complete picture of this historical event".[124]

Bestätigung

In einem Korea-Kapitel seiner Abhandlung über die Supermacht Sowjetunion betont Shen 2009 erneut, bereits Mitte Juli 1950 habe Stalin versprochen, sowjetische Jets würden für nach Korea einrückende chinesische Truppen einen Luftschirm bilden. Russische Wissenschaftler teilten diese These, versichert Shen, und verweist dafür auf den Aufsatz von Ledovskij.[125]

„Das Osttor behauptet"

Es gelingt Shen Zhihua, den Aufsatz von Ledovskij, dessen Aussagen eigentlich einen Angriff in die „chinesische Version" bilden und diese unterminieren, in einen Beitrag zu verwandeln, durch den er das bereits „relativ vollständige Bild", das heißt die von ihm selbst geschaffene Version bestätigen und vervollständigen kann.[126] Insgesamt gelangt man zu folgender Schlussfolgerung: Das Bild, das Shen Zhihua aus sowjetischen Archiv-Dokumenten komponiert hat, fällt zwar bewegend und spannend aus, da es eine Geschichte geheimer Verwicklungen zwischen Stalin und Mao erzählt; für die Ereignisjahre 1949 und 1950 aber fügt sich dieses Bild in zentralen Aspekten mit der überkommenen Geschichtsversion zusammen und bestätigt sie. Shen verwendet die sowjetischen Dokumente, um eine erweiterte „chinesische Version" zu schaffen. Durch seinen Aufsatz und sein Buch wird ein Grundmuster erkennbar, von dem die „chinesische Version" geprägt ist: Stalin kann offen kritisiert und als zweifelhaft dargestellt werden; Mao wird zu bestimmten Punkten gegen äußere, insbesondere auch sowjetische/russische Vorwürfe in Schutz genommen, wird als ernsthaft und integer dargestellt und erhält grundsätzlich Bestätigung und Lob. Insofern lässt sich die chinesische Version als – unerklärte – Antwort auf Gegenentwürfe, wie die Galenovičs und Ledovskijs, lesen (wobei wir nicht wissen, wie viele chinesische Autoren diese Gegenentwürfe tatsächlich im Wortlaut kennen). Die „chinesische Version" gipfelt in dem triumphalen Bild, Mao habe gewissermaßen Stalins Gesicht gerettet. Mao selbst eröffnete seinem inneren Kreis am 24. März 1956, vor dem Hintergrund von Chruščevs Geheimrede:

"Er [Stalin] hatte kein Vertrauen in die chinesische Partei. [...] Wir von der KPCh betrachteten die Sowjetunion reinen Herzens als engsten Kampfgefährten, wir wollten mit

[124] *Shen Zhihua*, Sidalin, Mao, S. 65, 51.

[125] Vgl. *Shen Zhihua*, Yi ge daguo de jueqi yu bengkui: http://vip.book.sina.com.cn/book/chapter_100419_61960.html.

[126] Ob, analog zu Galenovičs Buch, auch eine Übersetzung von Ledovskijs Aufsatz als internes Referenzmaterial vorliegt, war bisher nicht herauszufinden; auch deshalb, weil die Suche im Internet sich als schwierig erweist. Der chinesische Titel von Ledovskijs Aufsatz müsste lauten „Sidalin, Mao Zedong yu Chaoxian zhanzheng". Gibt man diesen Titel in eine Suchmaschine ein, landet man stets bei Shen Zhihuas Aufsatz. Ein neibu -Band enthält andere übersetzte Aufsätze von Ledovskij und weiteren sowjetischen/russischen Autoren: Mao Zedong yu Sidalin, Heluxiaofu jiaowanglu. Beijing 2004.

ihnen zusammenstehen. [...] Nachdem unsere Partei [1949] den Sieg in der Neudemokratischen Revolution errungen hatte, hat Stalin uns nicht als Kommunisten angesehen, sondern der Sorte Tito zugerechnet; sagte, ich sei ein halber Tito. [...] Wann war es, dass Stalin uns einigermaßen vertraute? Das war, nachdem unsere Freiwilligen den Jalu überquert und den Krieg ‚Widerstand gegen die USA und Hilfe für Korea' begonnen hatten. Kaum hatten unsere Truppen jenseits des Jalu losgeschlagen, da entspannte er sich, fand, dass wir keine Titoisten seien, sondern doch Internationalisten, eine wahre kommunistische Partei."[127]

Dieser von Mao häufig wiederholten Version verleiht die chinesische Historiographie noch markantere Akzente: „Dass China unter widrigsten Umständen Truppen nach Korea entsandte, rettete nicht nur Pjöngjang, sondern schloss auch die Bresche, die durch Moskaus Fehlentscheidung entstanden war; für das Sozialistische Lager behauptete China das Osttor."[128] Stalin habe erkannt, dass sie wahre Internationalisten seien; auf dem Schlachtfeld Korea konnten die Freiwilligen Stalins Vertrauen und Anerkennung erkämpfen, damit er auch seine Hilfsversprechungen tatsächlich einlösen möge.[129] Und Shen Zhihua stellt fest: „Stalin ... changed his view of Mao when China decided to help North Korea despite facing a disadvantageous situation. Moscow and Beijing started their real cooperation after China's entry into the war."[130] Diese Darstellung ist auch eine Absage an Galenovič, der – wohl auf Mao und auch Shen Zhihua gezielt – insistiert: „Der prinzipielle Charakter des Vertrages und der Bündnisbeziehungen zwischen der UdSSR und der VR China veränderte sich in keiner Weise nach dem Einsatz der Truppen Mao Tse-tungs auf der koreanischen Halbinsel."[131]

Materialien

Auf diese Pointe der chinesischen Version geht Ledovskij nicht ein; er führt vielmehr grundsätzlich an, der größte Teil der Dokumente zum Komplex Korea liege noch weggeschlossen in Geheimarchiven der beteiligten Länder. Jedoch finden sich auch in bereits vorliegenden russischen und chinesischen Publikationen Dokumente und Materialien, die verstärkte Beachtung verdienen. Dazu sieben Beispiele aus dem Ereignisjahr 1950.

„Für eine neue Welt"

April 1950: „Stalin demonstrierte seine klare Überlegenheit über den koreanischen Gesprächspartner [Kim Il-sung], indem er an die Weisheit der großen Feldherren Ostasiens appellierte: ... ‚Der große Heerführer und Militärtheoretiker der Antike Sun Zi – sagte Stalin – hat es vollkommen zu Recht als notwendig erachtet, sich streng an folgende Regeln zu halten. [...] Viertens: Wenn es gelungen ist, eine zehnfache Überlegenheit über den Feind zu gewährleisten, attackiert ihn, und ihr könnt auf einen Sieg im Krieg rechnen. [...] Die koreanische Armee hat auch eine Überlegenheit über den Feind – eure Soldaten

127 *Wu Lengxi*, Shinian lunzhan: 1956–1966 ZhongSu guanxi huiyilu. Bd. 1. Beijing 1999, S. 13, 18.

128 *Shen Zhihua*, ZhongSu guanxi shigang, S. 113.

129 Vgl. *Yao Xu*, KangMei yuanChao de yingming juece, in: Dangshi yanjiu (1980) H. 5, S. 10; *Zhang Qizhen*, Shilun Chaoxian zhanzheng zhong Sulian yuanHua taidu de zhuanbian, in: Zhejiang haiyang xueyuan xuebao 17 (2000) H. 2, S. 65–69.

130 *Shen Zhihua*, Stalin's strategic goals, S. 68, Anm. 81; Mao Zedong, Sidalin, S. 207.

131 Vgl. *Galenovič*, Rossija–Kitaj, S. 254.

werden für eine neue Welt kämpfen, für die Freiheit und Unabhängigkeit eines geeinten Korea.'"[132]

In dem üblicherweise herangezogenen Bericht zu seiner Unterredung mit Kim Il-sung im April 1950 erklärt Stalin, weshalb eine neue, veränderte internationale Lage gestatte, dass Kim Il-sung seinen Plan nun verwirkliche.[133] Der russische Zeitzeuge Korotkov dagegen berichtet obenstehende Szene, in der Stalin auch den altchinesischen Militärtheoretiker Sun Zi zitiert und zudem die Erfahrungen der Sowjetunion im Krieg gegen Deutschland anführt, um Kim Il-sung auf einen gerechten Krieg einzustimmen. Diese Szene setzt das „Mastermind Stalin" in ein anderes Licht; wie authentisch sie ist, muss offen bleiben.

„Wer zu schnell rennt"

Unter dem Eindruck der Landungsoperation von Incheon soll es am 16. September 1950 aus Mao herausgeplatzt sein: „Wenn einer zu schnell rennt und obendrein nicht aufpasst, ob er Steine unter den Füßen hat, dann muss er über kurz oder lang auf die Nase fallen! Und jetzt schaut euch das an! Ist er nun nicht auf die Nase gefallen? Nachdem die US-Truppen jetzt in Incheon gelandet sind, werden die tief in den Süden Koreas vorgedrungenen Hauptkräfte der Koreanischen Volksarmee rasch vom Feind aufgespalten, umzingelt und eine um die andere zerschlagen werden. Wenn man zurückdenkt, wie überheblich Kim doch damals war, als er [im Mai 1950 zu einem Geheimbesuch] nach Beijing kam, wie er die Nase in den Himmel gestreckt hat, unsere Meinung an seinen Ohren hat vorbeirauschen lassen, nichts davon hat wissen wollen!"[134]

„Wie hat Genosse Stalin geantwortet?"

Am Abend des 1. Oktober empfangen Mao Tse-tung und Tschou En-lai den nordkoreanischen Außenminister Pak Hon-yong, der in Kim Il-sungs Namen um chinesische Hilfe bittet. Mao entgegnet mit der Frage: „Habt Ihr euch mit der Bitte um direkte Hilfe an den Genossen Stalin gewandt?" Pak Hon-yong: „Am 29. September hat Genosse Kim Il-sung ihn schriftlich um direkte sowjetische Militärhilfe ersucht, sobald der Feind den 38. Breitengrad überschreitet." Tschou En-lai fragt: „Wie hat Genosse Stalin euch geantwortet?" Pak Hon-yong: „Genosse Stalin wünscht, diese Frage sei mit China zu beraten."[135]

Stalin hat bekanntlich am 1. Oktober um 3 Uhr morgens ein Blitztelegramm nach Beijing gesandt, Mao möge unverzüglich fünf-sechs Divisionen an den 38. Breitengrad schicken.[136] Dieses Telegramm hatte Mao um die Mittagszeit erhalten. In der Unterredung mit Pak bleibt es anscheinend aber unerwähnt. Mao und Tschou sind sich einig, Stalin habe den Ball an die chinesische Regierung weitergespielt. Wichtig zu wissen wäre, ob Mao/Tschou und Pak hier auch bereits über die Frage sowjetischer Rüstungs- und Waffenlieferungen sprachen. Dieser Punkt nämlich fehlte in Stalins Telegramm für Mao, wohingegen Stalin

[132] *G.I. Korotkov*, Stalin i korejskaja vojna, S. 77 f.
[133] Vgl. *Torkunov*, Zagadočnaja vojna, S. 58 f.; *Kathryn Weathersby*, „Should we fear this?": Stalin and the danger of war with America. Washington, D.C. 2002, S. 9–11; *Jussi M. Hanhimäki, Odd Arne Westad* (Hrsg.), The Cold War: a history in documents and eyewitness accounts. Oxford 2003, S. 185 f.
[134] Chaoxian zhanzheng yu ZhongSu guanxi he ZhongChao guanxi, S. 20 f.
[135] *Li Qingshan*, KangMei yuanChao: jiannan de jueze, in: Dushu wenzhai (2009) H. 8, S. 5.
[136] Vgl. CWIHPB Issues 6/7, S. 114.

am selben Tag an Kim kabelte, er werde die koreanischen Truppen ausstatten; Waffen und Ausrüstung seien bereits unterwegs.[137]

„So gut ich kann"

Aus Pjöngjang informierte der sowjetische Berater Matveev[138] am 6./7. Oktober 1950 die Zentrale, ein Abgesandter Kim Il-sungs sei mit dieser Botschaft Maos aus Beijing zurückgekehrt: „„Ich werde helfen, womit ich kann, aber Truppen kann ich keine senden". Er begründete das damit, dass falls China Korea Hilfe erweise, es dadurch faktisch die UdSSR in den Krieg hineinziehe. Die allgemeine politische Situation entspreche einer solchen Entscheidung derzeit nicht, da sie einen Dritten Weltkrieg auslöse, außerdem sei die chinesische Armee zwar groß, habe aber keine moderne Bewaffnung und Ausrüstung, Luftwaffe und Flotte. Er empfahl den Koreanern, den Kampf an der Front und im rückwärtigen Raum fortzusetzen. Besonders betonte er die Wichtigkeit, einen Partisanenkrieg zu organisieren. Er sagte, dass Kim Il-sung über die Mandschurei verfügen könne, als wäre sie sein eigenes Territorium."[139]

Dieses in einer russischen Studie abgedruckte Telegramm wirft u. a. die Frage auf, ob Maos Offerte für Kim Il-sung mit der sowjetischen Seite abgestimmt war. Mao selbst erwähnt sie in seinem über Roščin übermittelten Telegramm vom 2./3. Oktober an Stalin nicht, sondern teilt nur mit, die koreanischen Genossen würden sich nun verstärkt auf einen Partisanenkrieg konzentrieren.

„Zwei Begründungen"

10./11. Oktober 1950: Krisengipfel Stalin – Tschou En-lai: „Stalin war der Auffassung, China könne aus zwei Gründen in diesen Krieg eintreten: 1. Chinesen und Koreaner seien einander derart ähnlich, dass man sie kaum auseinanderhalten könne; überdies habe China 2. keine diplomatischen Beziehungen mit den USA und besitze Handlungsfreiheit. Natürlich werde die Sowjetunion bei einem Einsatz chinesischer Truppen ihre Verpflichtung auch erfüllen, nämlich uns mit Waffen und Ausrüstung ausstatten."[140]

Diese Passage stammt aus einem unter Shi Zhes Namen publizierten Aufsatz. Shi Zhe war der chinesische Dolmetscher bei Tschou En-lais Krisengipfel mit Stalin auf der Krim (vermutlich am 10./11. Oktober 1950). Was er nicht anmerkt, vielleicht weil er es nicht weiß: Hier „zitiert" Stalin Aussagen von Mao. Der hatte Kims Abgesandtem erklärt, China könne Truppen einsetzen, denn auch sie seien schwarzhaarig, das heißt Chinesen und Koreaner seien für den Feind nicht zu unterscheiden; und zu Kim hatte er gesagt, China könne Nordkorea gut Hilfe leisten, weil es anders als die Sowjetunion nicht durch ein offizielles Abkommen mit den USA gebunden sei.[141] Über diese Zusagen, und andere Ver-

137 *Xia Fei*, Bingfa Yalujiang: KangMei yuanChao juece de taiqian muhou, in: Dangshi bocai (2007) H. 10, S. 4 f.; *Shen Zhihua*, Mao Zedong, Sidalin, S. 178 f.; CWIHPB Issues 14/15, S. 374 f.; Rekomendacii Fyn Si, in: Rodina (1993) H. 4, S. 80 f.

138 Pseudonym des Chefmilitärberaters beim Oberkommandierenden der Koreanischen Volksarmee Generalleutnant Vladimir Nikolaevič Razuvaev.

139 *Igor' M. Popov u. a.*, Koreja v ogne vojny. Moskva-Žukovskij 2005, S. 169 f. *Shen Zhihua* lässt den Mandschurei-Aspekt aus: http://vip.book.sina.com.cn/book/chapter_100419_61968.html.

140 *Shi Zhe*, KangMei yuanChao shiqi de ZhongSuChao, in: Wenshi jinghua (2002) H. 2, S. 6.

141 Vgl. *Torkunov*, Zagadočnaja vojna, S. 62, 70; *Shen Zhihua*, Jiemi wenjian. Bd. 1, S. 187 f.; *ders.*, China sends troops.

sicherungen chinesischer Führer, war Stalin im Bilde. Wenn er nun darauf anspielte, legte er die chinesische Führung auf ihre eigenen Versprechungen, ihre Selbstverpflichtungen fest. Im Entwurf eines Telegramms für Mao hatte er kurz zuvor geschrieben, nur weil ihm „solche Erklärungen der chinesischen Genossen" gut bekannt seien, habe er es für möglich befunden, Mao um die Entsendung von Truppen nach Korea zu bitten; dieser Zusatz wurde aber offenbar gestrichen.[142]

„Besser nicht"

11. Oktober 1950: Auszüge aus einem mit den beiden Namen Filippov und Tschou En-lai unterzeichneten Telegramm an Mao: „In Anbetracht des Ausgeführten und in Rücksicht auf die ungünstigen Bedingungen in der inneren Lage Chinas, die, nach Darstellung von Genosse Tschou En-lai, auf Chinas Eintritt in den Krieg folgen würden, sind wir einhellig zu folgenden Schlussfolgerungen gelangt: 1. Trotz der günstigen internationalen Bedingungen sollten die chinesischen Truppen, wegen derzeit mangelnder Einsatzbereitschaft, die Grenze nach Korea nicht überschreiten, damit sie nicht in eine ungünstige Lage geraten. [...] 4. Der beste Teil der mobilisierten Koreaner ist mit den Kommando-Kadern heimlich und in kleinen Gruppen in die Mandschurei zu überführen, wo aus ihnen koreanische Divisionen gebildet werden sollen."[143]

Die Tatsache, dass Mao am 12. Oktober ein Telegramm mit der Doppelunterschrift Filippov/Tschou En-lai erhielt, war aus chinesischen Materialien seit längerem bekannt;[144] der Text wurde jedoch erst bei Ledovskij publiziert (2005). Dieses Telegramm wirft zahlreiche schwierige Fragen auf, die weder bei Ledovskij noch bei Shen Zhihua gestellt sind, darunter:

- Welche Rolle besaß Tschou En-lai? Tschou selbst bleibt eine klare Auskunft schuldig.[145] Auch ist kein Zeugnis bekannt, in dem Mao ihn über das Zustandekommen dieser Empfehlung befragt.
- War Stalins Order, Kim Il-sung müsse Nordkorea verlassen, tatsächlich auch eine momentane „Vergeltung" dafür, wie Galenovič glaubt, dass Mao und Kim alles angezettelt hatten? Und: In welchem Zusammenhang stand sie mit der oben gezeigten Offerte Maos an Kim?

„Getragen von Moral und Kampfeswillen"

Stalin hat bekanntlich am 1. Dezember 1950 ein geheimes Glückwunsch-Telegramm an Mao gesandt. Darin bezieht er sich auf „Ihr 3153". Möglicherweise handelt es sich bei dem folgenden Text um ein Stück aus 3153:

30. November 1950, Auszug aus einem Telegramm von Mao/Tschou an Stalin: „Die größte Schwierigkeit unserer Armee besteht darin, dass es keine Luftwaffe und Panzer gibt, und nur sehr wenig Artillerie. Bei Tage können die Truppen sich nicht bewegen, deshalb

142 Vgl. CWIHPB Issues 14/15, S. 375; *Shen Zhihua*, Jiemi wenjian. Bd. 2, S. 581, 583; *Torkunov*, Zagadočnaja vojna, S. 116.

143 *Ledovskij*, Stalin, Mao, S. 108 f.

144 *Shi Zhe*, Zai lishi juren shenbian. Beijing 1991, S. 498; Guanyu Zhongguo Renmin Zhiyuanjun chudong Chaoxian zuozhan de yi zu wendian, in: Dang de wenxian 77 (2000), S. 6.

145 Vgl. *Jin Chongji* (Hrsg.), Zhou Enlai zhuan. Bd. 3, Beijing 1998, S. 1019.

sind Transport und Kochen unmöglich; alles muss nachts gemacht werden, auch das Essen. Die Zahl der verwundeten und gefallenen Fußsoldaten ist beträchtlich. Viele Transportmittel werden zerstört (durchschnittlich 30 LKW pro Tag). Trotz alledem dringen unsere Truppen, getragen von begeisterter Moral und Kampfeswillen, im allgemeinen nur mit leichten Waffen und Sprengkörpern, tapfer hinter den Rücken des Feindes und in seine beiden Flügel ein und umzingeln und attackieren ihn Stück um Stück. Die Operationen unserer Truppen finden ausschließlich nachts statt, und überdies als Kampf Mann gegen Mann. So können wir in diesem Bewegungskrieg allmählich den Feind aufreiben, der Luftwaffe besitzt und überlegene Artillerie."[146]

Dieses Telegramm ist bemerkenswerterweise nicht in den Materialien Maos enthalten, sondern in einer Biographie von Tschou En-lai abgedruckt. Seine Botschaft lautet: Wiewohl rückständig und schlecht ausgerüstet, und in der Auftaktphase ohne Luftschirm, sind die chinesischen Volksfreiwilligen nicht in eine „ungünstige Lage" geraten, das heißt zurückgeschlagen worden oder zurückgewichen, sondern treiben vielmehr, beseelt von Kampfeswillen und Moral, den scheinbar überlegenen Feind in den Rückzug; beweisen sich mit „ernsthaftem Kampf" und einer „beeindruckenden Demonstration" ihrer Kräfte. Das kann zum einen als Signal gelesen werden, Stalin möge beginnen zu vertrauen; zum anderen als Bitte, er möge jene Hilfszusagen einlösen, die er Tschou En-lai erteilt hatte. Bei einer Unterredung zwischen Mao und Kim Il-sung in Beijing am 3. Dezember 1950 bekundet Mao, hier kämpften die Truppen von Chinas „fortschrittlichen Klassen"; Kim Il-sung zeigte sich tief davon beeindruckt, was diesen schlecht bewaffneten Verbänden dank revolutionärem Geist und Unerschrockenheit gelinge; und Tschou En-lai berichtet, Stalin sei von den tragischen Heldentaten zu Tränen gerührt gewesen und habe die Freiwilligen als „großartige Armee" gewürdigt.[147]

„Jedoch die wahren Fakten und Motive": politische Historiographie

In der Einleitung zu seinem Buch hebt Shen Zhihua darauf ab, dass die verfügbaren Dokumente und Materialien eine neuralgische Leerstelle aufweisen, da weder Mao noch Stalin „persönliche Memoiren" hinterlassen hätten. Nicht zuletzt deshalb sei der Forscher für das Studium dieser beiden Hauptfiguren in vielen Aspekten auf eigene Analyse und Auslegung beziehungsweise „subjektive Schlussfolgerungen" angewiesen. Daraus ergebe sich, dass viele gelehrte Meinungen miteinander stritten.[148] Es ist jedoch derselbe Shen Zhihua, der – wie oben gezeigt – eine in sich geschlossene Geschichtsversion entwickelt hat, die er als „wahre Geschichte" vertritt, schon fast eine „definitive Geschichte des Koreakriegs", die in einigen Punkten zu komplettieren bleibe.

Dagegen schreibt Ledovskij, die „historische Wahrheit" zum Koreakrieg sei noch fern: nicht nur, weil die meisten Dokumente weiterhin in Geheimtresoren der Archive unter Verschluss gehalten würden, sondern auch, weil viele Forscher ihre „ideologischen Sichtweisen" noch nicht hätten überwinden, sich aus den verfestigten Versionen noch

146 *Jin Chongji*, Zhou Enlai zhuan, S. 1027 f.

147 Vgl. Mao Zedong Jin Richeng tan Chaoxian zhanzheng: Sidalin wei zhanyi canlie liulei: http://www.chin.com.cn/military/txt/2009-06/17/content_17965339.htm. Dazu auch: *Zhao Yihong* u. a., Ling Sidalin liulei de Songgufeng zhi zhan, in: Huanqiu junshi 155 (2007), S. 14 f.

148 Vgl. *Shen Zhihua*, Mao Zedong, Sidalin, S. 11.

nicht hätten lösen können: „Dieser ideologische ‚Bann' hindert daran, objektive Schlussfolgerungen sogar aus jenen Dokumenten zu ziehen, die viele Jahre in den geheimen Archivbeständen aufbewahrt waren und erst jetzt zugänglich wurden"[149], womit er sicher auch auf die chinesische Version anspielt. Doch Ledovskij wartet seinerseits ebenfalls mit einer in sich geschlossenen Geschichtsversion auf, die allerdings – wiederum wie demonstriert – entgegengesetzt zu der von Shen Zhihua beziehungsweise zur „chinesischen Version" ausfällt. Das erscheint umso bemerkenswerter, als Ledovskij/Galenovič auf der einen und Shen Zhihua auf der anderen Seite ihre Versionen aus wesentlich ein- und derselben Materialienbasis herleiten: freigegebene sowjetische Archivdokumente. Dass dies möglich ist, das heißt dass aus ein und derselben Materialienbasis konträre Geschichtsversionen komponiert werden können, begründet sich auch aus der Sprache, in der diese Dokumente vorwiegend abgefasst sind. Was damit gemeint ist, sei an vier Beispielen illustriert:

Im sino-sowjetischen Disput der 60er-80er Jahre wurde die sowjetische Historiographie von der chinesischen Seite einer raffinierten Doppelsprache bezichtigt: Beispielsweise habe Sergej L. Tichvinskij in seiner „Novaja istorija Kitaja" (1972) die Alten Zaren zu „barmherzigen Bodhisattvas" verwandelt und ihre Eroberungen in „Nachbarfreundschaft" und „friedliches Miteinander"; alles nur, um der Fortsetzung dieser Aggressionspolitik durch die Neuen Zaren ein historisches Fundament zu geben.[150] Den Vorwurf der Doppelsprache erneuern zwei chinesische Historiker 2007: Zwar beteuere die russische Seite, der russisch-chinesische Geheimvertrag von 1896 sei wahrhaft und uneingeschränkt darauf angelegt gewesen, die Sicherheit der beiden Freundesländer in Fernost zu schützen, aber für die chinesische Seite sei das nur eine leicht durchschaubare Schutzbehauptung. Unter dem Deckmantel von Freundschaft und Sicherheit habe die Zarenregierung damals doch ihren Plan betrieben, die Mandschurei zu monopolisieren und „Gelb-Russland" zu schaffen.[151]

Auf seinen Besuch in Moskau rückblickend schildert Mao, einmal habe Stalin einen Zornesausbruch gehabt und sei, zusammen mit Vjačeslav M. Molotov und Lavrentij P. Berija, mit einer Kritiksalve schlimm auf die chinesische Delegation losgegangen; Aleksandr V. Pancov dagegen schreibt, Stalin habe Mao „scherzhaft-ernsthaft" provozieren wollen, als er erklärte, der Kommunismus in China sei ein nationalistischer.[152] Shi Zhe berichtet, „die Großen" hätten sich seinerzeit oft auf Anspielungen und Andeutungen beschränkt;[153] Pancov glaubt, Mao sei bei seinem Besuch in Moskau von Stalins Verhalten überfordert gewesen: eine durch halbverdeckten Humor geprägte Sprache, „nicht ungefährlich für den Gesprächspartner".[154]

Chruščev aber erinnert sich, Mao Tse-tung habe Stalin in seiner „heuchlerischen Höflichkeit" („maskenhaft und unergründlich") durchaus erkannt und sei seinerseits, mittels

[149] *Ledovskij*, Stalin, Mao, S. 80.

[150] Vgl. *Shi Zukang*, Shi youhao mulin, haishi qinlüe lüeduo?, in: Guoji maoyi wenti (1976) H. 1, S. 37–43, hier S. 37.

[151] Vgl. *Huang Dingtian, Peng Chuanyong*, Lun E(Su) de Zhongguo Dongbeishi yanjiu, in: Shixue jikan (2007) H. 3, S. 42.

[152] Vgl. *Wu Lengxi*, Shinian lunzhan, S. 146 f.; *B. Kulik*, Kitajskaja Narodnaja Respublika v period stanovlenija (1949–1952), in: Problemy Dal'nego Vostoka (1994) H. 6, S. 77; *Aleksandr V. Pancov*, Mao Czedun. Moskva 2007, S. 528.

[153] Vgl. *Xu Zerong*, Youguan Chaoxian zhanzheng de mianfang jilu, in: Zhuanji wenxue 461 (2000), S. 60.

[154] *Pancov*, Mao Czedun, S. 528.

berechneter Gesten und Worte, darauf aus gewesen, bei Stalin „Illusionen" zu erzeugen.[155] Ähnlich urteilt auch ein anderer Zeitzeuge: „On the surface Stalin and Mao were cordial, but each knew that the other stood in the way of winning higher stakes."[156]

Mao wird von Ledovskij angeklagt: Als er im Gespräch mit Roščin darauf abhob, die Sowjetunion als Hauptbasis des Sozialismus dürfe nicht in den Koreakrieg verwickelt werden, habe er sie heimlich in einen großen Krieg ziehen wollen.[157]

Solche Beispiele erhellen, von welcher Doppelbödigkeit und gar Vieldeutigkeit der Austausch zwischen Moskau und Beijing, das heißt zwischen Stalin und Mao geprägt war – soweit er in den offengelegten Materialien zu verfolgen ist. Bei den oben dargelegten, konträren Geschichtsversionen, die aus diesen Materialien hergeleitet sind, handelt es sich um „politische Historiographie", in mehrfachem Sinne:

1993 berichtete Li Yuzhen von einem einzigartigen „Weltkrieg in den russischen Archiven". Nach dem Zusammenbruch der Sowjetunion würden nun diese Archive, die lange im Tiefschlaf gelegen hatten, erweckt, allmählich geöffnet, und alle möglichen brisanten Wahrheiten kämen ans Licht. Von überall her strömten Forscher, Gelehrte, Professoren nach Russland und in den Archiven tobe ein „Weltkrieg" um die besten Funde.[158] Ohne diesen Weltkrieg zu erwähnen, erinnert Shen Zhihua, in ihm sei damals die Neugier des Wissenschaftlers erwacht; er habe einige Spezialisten zusammengetrommelt, und alle hätten seine Idee begrüßt, in die russischen Archive zu gehen; hier biete sich eine eminente Chance im Kontext internationaler Forschung. Mit welchen Gefühlen die chinesische Staats- und Parteiführung die Entwicklungen in Moskau verfolgte, wird dagegen nicht berichtet. Zu Korea hatte man über Jahrzehnte hinweg das Bild vom bilateralen Konflikt USA-China gepflegt, wie etwa Peng Dehuai ihn beschwor: „The U.S. could find a pretext at any time to launch a war of aggression against China."[159] Doch was schlummerte alles in den russischen Archiven, das dieses Geschichtsbild fragwürdig machen und durchlöchern konnte? Wie war dem chinesischen Volk beizubringen, dass Chruščevs Memoiren[160] und die sowjetischen Archiv-Dokumente nicht eigentlich jenes Bild stützten, wonach der Koreakrieg durch eine Verschwörung des US-Imperialismus entzündet worden war,[161] sondern Kriegspläne und –vorbereitungen auch innerhalb des sozialistischen Lagers enthüllten? Was mochte nun alles offenbar werden, das auch Mao belasten und für Erklärungsnot sorgen konnte?

1994 erschien die chinesische Übersetzung eines Artikels aus *US news and world report*: „Secrets of the Korean War." Darin findet sich eine bemerkenswerte Diskrepanz. In der englischen Fassung sagt der Autor, Kim habe Stalin bei einem Geheimbesuch im Februar 1950 eröffnet, „that he was not ready to invade, because China's Mao Zedong had not returned two Korean divisions that he held for a planned … attack on Taiwan.

[155] Vgl. *Nikita S. Chruščev*, Vremja, ljudi, vlast'. Bd. 3. Moskva 1999, S. 35 f.; *Nikolaj Fedorenko*, The Stalin-Mao summit in Moscow, in: Far Eastern affairs (1989) H. 2, S. 140.

[156] *Peter S. Deriabin*, Inside Stalin's Kremlin: an eyewitness account of brutality, duplicity, and intrigue. Washington, D.C. 1998, S. 110.

[157] Vgl. *Ledovskij*, Delo Gao Gana, S. 72 f.

[158] Vgl. *Li Yuzhen*, Eguo dang'anguan li de „shijie dazhan", in: Shanghai dang'an (1993) H. 6, S. 61 f. Auch: Guanyu KangMei yuanChao zhanzheng qijian ZhongSu guanxi de Eguo dang'an wenxian, in: Dangdai Zhongguoshi yanjiu (1997) H. 6, S. 126 f.

[159] *Peng Dehuai*, Memoirs of a Chinese marshal. Beijing 1984, S. 473.

[160] Eine erste neibu-Übersetzung ist bereits für 1973/1975 nachgewiesen; weitere Ausgaben folgten 1988 und 2005/2006.

[161] Vgl. *Yao Xu*, Yingming juece, S. 5; *Ning Wen*, Fensui Meidi kuoda qinlüe Chaoxian zhanzheng de yinmou, in: Shijie zhishi (1950) H. 5, S. 5 f.; *Liao Gailong*, KangMei yuanChao de weida shengli, in: Shijie zhishi (1951), H. 37, S. 6–8.

The Soviet premier was furious at the delay." Und die Operation Korea habe von Mai auf den 25. Juni 1950 verschoben werden müssen, „because Mao was slow to return the two borrowed Korean divisions".[162] Im chinesischen Text hingegen heißt es, Kim habe eingestehen müssen, die Vorbereitungen seien noch nicht abgeschlossen, da Mao noch nicht geantwortet habe, und Stalin sei über Kims „Ausflüchte" äußerst unzufrieden gewesen; die koreanischen Divisionen aber sind ebenso gestrichen wie der Passus zur Verschiebung der Operation.[163] Kurz darauf präsentierte der russische Forscher Aleksandr Mansurov jenes im Präsidentenarchiv entdeckte Telegramm, mit dem Mao am 2./3. Oktober 1950 Stalin mitteilt, er werde doch nicht eingreifen.[164] Obwohl die Enthüllung dieses Dokuments für die chinesische Seite kaum als Blitz aus heiterem Himmel gekommen sein kann, muss sie dennoch wie ein Schock gewirkt haben, denn dieses Telegramm kollidierte mit einer chinesischen Kernquelle für die These, Mao habe Stalin am 2. Oktober unverzüglich und begeistert den Einsatz in Korea zugesagt.[165] Nicht nur kritisierte Mansurov, Mao habe im kritischen Moment schmählich gezaudert, sondern stellte überdies die betreffende chinesische Quelle infrage und warnte: „[...] the evidence cited here should induce additional caution in treating the Chinese version of Mao's decision to enter the Korean War."[166] Das löste unter chinesischen Historikern Verunsicherung und Empörung aus. Zum einen protestierten manche, hier werde Mao beleidigt; zum anderen wurden nun auf chinesischer Seite Zweifel an der Authentizität der sowjetischen Materialien laut.[167] Zugleich erstellten Qi Dexue, Professor an der Militärakademie, und Shen Zhihua bereits 1996 (!) eine interne Sammlung übersetzter russischer Archiv-Dokumente zum Koreakrieg.[168] Obzwar über die Hintergründe von Shen Zhihuas Arbeiten in Moskau, die 1996 begannen, nichts genaueres bekannt ist, so ist doch davon auszugehen, dass sie über eine rein wissenschaftliche Dimension hinaus auch eine geschichtspolitische besaßen. Bereits damals muss seine Mission gelautet haben, eine Materialienbasis für eine umfassende Geschichte der Sowjetunion zu schaffen. Schon 1993 hatte Shen Zhihua gemeinsam mit Yu Pei (Chinesische Akademie für Gesellschaftswissenschaften) ein tausend Seiten starkes Werk „Sulian Gongchandang jiushisan nian: 1898 zhi 1991 nian SuGong lishi dashi shilu" (93 Jahre KPdSU: Hauptereignisse in der Geschichte der KPdSU, 1898–1991) erstellt. 2009 nun ist die dreibändige Geschichte „Aufstieg und Fall der Supermacht Sowjetunion" erschienen, die offenbar historisch beweisen soll: Eine Reformierung der Sowjetunion konnte nicht gelingen, die Reformen des sozialistischen China dagegen könnten gelingen. Den Ankündigungstexten nach zu urteilen, handelt es sich bei „Aufstieg und Fall der Supermacht Sowjetunion" auch um ein eminent geschichtspolitisches, weil system-

162 *Douglas Stanglin*, Secrets of the Korean War, in: U.S. news & world report 115 (1993) H. 6.

163 Vgl. *Yan Shijun*, Sidalin chubing Chaoxian miwen, in: Beijing gongren (1994) H. 4, S. 42–44. Auch: Sidalin shenshen juanru Chaoxian zhanzheng, in: Shijie keji yanjiu yu fazhan (1993) H. 5, S. 43.

164 Vgl. *Mansourov*, Stalin, Mao, Kim, S. 100, 114–116.

165 Maos Telegramm war bereits enthalten in: Mao Zedong junshi wenxuan: neibuben. Beijing 1981, S. 345–347. Auch: Jianguo yilai Mao Zedong wengao. Bd. 1. Beijing 1987 (neibu faxing), S. 539–541; *Mansourov*, Stalin, Mao, Kim, S. 106 f.

166 *Mansourov*, Stalin, Mao, Kim, hier S. 107, 100.

167 Vgl. *Yang Xiaohong*, Haiwai dang'an de xin faxian yu Mao Zedong yanjiu, in: Dang'anxue tongxun (2006) H. 6, S. 5 f.; *Feng Dongshu*, E jiemi dang'an zhong youguan ZhongSu liang dang guanxi de shiliao buke qingxin, in: Dangshi wenhui (2001) H. 3, S. 44–46; *Qi Dexue*, Guanyu KangMei yuanChao zhanzheng de ji ge wenti, jiantan ruhe kandai he yunyong Eluosi yi jiemie de Chaoxian zhanzheng dang'an wenti, in: ZhongGong dangshi yanjiu 74 (1998), S. 88.

168 167 Vgl. *Qi Duexue, Shen Zhihua* (Hrsg.), Guanyu Chaoxian zhanzheng de Eguo dang'an wenjian. 1996. Neibu bianyin.

legitimierendes Werk.[169] Die Korea-Verwicklungen bilden eine Facette des Großthemas sowjetisch-chinesische Beziehungen, und u. a. aus Archivmaterialien hat Shen Zhihua dafür eine Version geschaffen, in der wichtige Grundzüge des traditionellen chinesischen Bildes aufgehen.

Bis zu einem gewissen Grad hat Galenovič sicher recht, wenn er beklagt, die chinesischen Historiker müssten nach wie vor „politische Vorgaben" ihrer Führung erfüllen. Dies ist auch gemeint, wenn Xia Yafeng 2007 schreibt: „Because of China's authoritarian system, the study of Sino-Soviet relations is still a sensitive topic in the PRC. [...] The main obstacle in China to the further study of the Korean War is the ideological constraints rather than lack of access to archival sources. Many controversial issues remain [...] Fuller discussions about these issues cannot be published in mainland China because of ideological and diplomatic constraints."[170] Im Klartext: Forschungen und Geschichtsbild zum Koreakrieg bleiben in der VR China weiterhin ein heikles Politikum; alle Beiträge und Auseinandersetzungen zu diesem Themenfeld sind in China „politische Historiographie". Ein Kernpunkt, den es zu behaupten gilt, ist, dass das Eintreten in Korea die einzig mögliche Option war, bzw. dass Mao und Kim Ostasien nicht verblendet in ein fatales Abenteuer stürzten.

Die Version von Ledovskij/Galenovič ist schon deshalb als „politische Historiographie" zu werten, weil sie Stalin – soweit möglich – verteidigen, ihm ein günstigeres Image verleihen wollen: auch als Mann von Aufrichtigkeit und dem eigentlich rechten Blick fürs große Ganze, wenngleich nicht frei von Schuld. Solche Rechtfertigungs-Geschichtsschreibung ist nicht neu. So veröffentlichte Viktor A. Gavrilov 2001 in *Voenno-istoričeskij žurnal* einen Artikel, der beweisen sollte, dass die vielen Mythen, die „in den Interessen dieser oder jener politischen Kraft" kreiert wurden, unzutreffend seien und die Sowjetunion nicht der Hauptschuldige am Koreakrieg war.[171] Zur Entlastung der Sowjetführung beziehungsweise Stalins zitiert Gavrilov einen Punkt aus Henry Kissingers „Diplomacy": „The real fanatics on the issue were in Beijing and Pyongyang; the Korean War was not a Kremlin plot to draw America into Asia so that it could then attack Europe."[172] Kissingers Urteil zur Haltung der Sowjetführung stützt die Grundaussage von Gavrilovs Artikel, wonach die Sowjetführung stets und zu Recht darauf bedacht gewesen sei, eine direkte Verwicklung in den militärischen Konflikt zu vermeiden. Den Angriff auf die „real fanatics" parierte Gavrilov damals mit der Erklärung, nach Meinung der chinesischen militärisch-politischen Führung sei das Eingreifen in Korea kein Fanatismus gewesen, sondern ein aufgezwungener, notwendiger Schritt, um der wachsenden Bedrohung durch den US-Imperialismus zu begegnen. Ledovskij und Galenovič aber teilen nun, in gewisser Weise ohne es offen zu erklären, Kissingers Verdikt und betreiben, zweitens, auch insofern „politische Historiographie", als sie ihre Version gegen das Geschichtsbild der VR China richten, das sie als politisches Konstrukt erkennbar machen wollen. Darauf zielt auch der von Galenovič erhobene Vorwurf, „que Shen Zhihua passe volontairement sous silence des faits connus des sinologues russes, de facon à ne mettre en lumière que les moments montrant le dirigeant chinois sous un angle avantageux".[173]

[169] Vgl. http://news.ifeng.com/history/special/shenzhihua/. Auch: *Shen Zhihua*, Cong "yi E wei shi" dao "yi E wei jian", in: Zhongguo touzi (2009) H. 10, S. 116.

[170] *Xia Yafeng*, The study of Cold War international history, S. 102, 108.

[171] *Viktor A. Gavrilov*, G. Kissindzer, „Korejskaja vojna vovse ne byla kremlevskim zagovorom...", in: Voenno-istoriceskij zurnal (2001) H. 2, S. 36.

[172] *Henry Kissinger*, Diplomacy. New York 1994, S. 483; *Gavrilov*, Kissindzer, Korejskaja vojna, S. 41.

[173] *Sarsembaev*, La question territoriale, S. 166.

In den 60er-80er Jahren erhielten derartige „Attacken" bekanntlich Erwiderungen ähnlicher Art. 1977 beispielsweise erschien „Suxiu de huangyan he lishi de zhenxiang" (Die Lügen des Sowjetrevisionismus und die Wahrheit der Geschichte); dann folgten Abhandlungen zur Geschichte der Aggression Zarenrusslands gegen China und allgemein.[174] Darauf antwortete die sowjetische Seite mit einem speziellen Sammelband „Dokumenty oprovergajut: protiv fal'sifikacii istorii russko-kitajskich otnošenij" (Dokumente widerlegen: gegen die Verfälschung der Geschichte der russisch-chinesischen Beziehungen), herausgegeben von Tichvinskij, Zeitzeuge und Zentralfigur der sowjetischen/russischen Chinaforschung. Dieses Buch ist dezidiert gerichtet gegen chinesische Publikationen, die von unverhüllter Feindseligkeit durchdrungen seien, die Geschichte Russlands und der russisch-chinesischen Beziehungen verzerrten, Russland als „Gefahr aus dem Norden" behandelten und bei aller wissenschaftlichen Form eigentlich anti-sowjetische Schriften darstellten. Die Verbreitung solcher „Arbeiten" in der VR China verlange, so Tichvinskij, den „chinesischen Nationalisten" mit einer auf eine breite Dokumentenbasis gegründeten Entlarvung und Widerlegung ihrer Lügen zu antworten.[175] Darauf wiederum erwiderte die chinesische Seite mit Fachartikeln und namentlichen Attacken gegen Tichvinskij.[176] (Inzwischen wird der hochbetagte Tichvinskij [*1918] aber wieder als „berühmter Chinawissenschaftler" und „Freund des chinesischen Volkes" geehrt und als Zeitzeuge anerkannt.[177])

Im sino-sowjetischen Disput war auch der Koreakrieg ein Thema, allerdings ein kleineres, mit dem Brennpunkt „sowjetische Hilfe für China".[178] Nicht im Zusammenhang mit dem Koreakrieg, sondern der Mandschurei-Frage, hat Shi Zhe 1992 Ivan V. Kovalev, einst „Stalins Mann in China", offen der Lüge bezichtigt.[179] Ob von chinesischer Seite auf Ledovskijs Artikel „Stalin, Mao" und/oder Galenovičs Schriften demnächst empörte Antworten publiziert werden, ob Galenovič seinerseits möglicherweise den Vorwurf erhebt, Shen Zhihua werde in China durch eine Publicitykampagne zum unabhängigen Forscher stilisiert, damit seine Publikationen unpolitischer und glaubhafter wirkten; ob es gar zu einer offenen polit-historiographischen Koreakontroverse kommt, bleibt abzuwarten. Wahrscheinlicher erscheint, dass die chinesische Seite in einer Großatmosphäre, die von erklärtem Streben nach Freundschaft und Zusammenarbeit bestimmt ist, die oben gezeigten Austragungsformen beibehält. Zu dieser Dimension politischer Historiographie gesellt sich möglicherweise eine weitere: dass man die Anti-Mao-Version von Ledovskij

174 Vgl. ShaE qinHua shi. Bd. 1. Beijing 1978; Shahuang Eguo qinlüe kuozhangshi. Bd. 1. Beijing 1979. Dazu auch: *Kong Hanbing*, ZhongSu guanxishi de tedian jiqi yanjiu xianzhuang pingxi, in: Eluosi yanjiu 132 (2004), S. 66–73.

175 Vgl. *Sergej L. Tichvinskij* (Hrsg.): Dokumenty oprovergajut: protiv fal'sifikacii istorii russko-kitajskich otnosenij. Moskva 1982, S. 5.

176 Vgl. *Xue Xiantian, Li Jiagu*, Guanyu jindai ZhongE guanxi de xingzhi wenti: da Naluoqiniciji yu Qihewensiji, in: Jindaishi yanjiu (1984) H. 4, S. 281–293; *Huang Tianying*, Sulian yi fanHua zhucheng de si ge hanxuejia, in: Eluosi ZhongYa DongOu yanjiu (1982) H. 3, S. 48–50; *Hong Sheng, Qing Lan*, Lishi burong cuangai, shishi buxu diandao: bo Qihewensiji wei laoshahuang qinHua zuixing kaituo zuize de miulun, in: Shandong shifan daxue xuebao (1975) H. 6, S. 61–67; ZhongE guanxishi lunwenji. Lanzhou 1979.

177 *Huang Dingtian, Bai Yunfei*, Eluosi zhuming Zhongguo xuejia S.L. Qihewensiji, in: Heilongjiang shehui kexue 115 (2009), S. 20–23; *Li Mingbin*, Qihewen: Zhongguo renmin de pengyou, in: Eluosi wenyi (2008) H. 4, S. 98 f.; *Shen Zhihua*, Mao Zedong, Sidalin, S. 429.

178 Vgl. *John Gittings*, Survey of the Sino-Soviet dispute: a commentary and extracts from the recent polemics, 1963–1967. London 1968, S. 53–55.

179 Vgl. *Shi Zhe*, Gao Gang ceng jianyi jiang Dongbei huagui Sulian ma?: jiechuan Kewaliaofu de huangyan, in: Yanhuang chunqiu (1993) H. 4, S. 84 f. Auch: *Li Haiwen*, A distortion of history: an interview with Shi Zhe about Kovalev's recollections, in: Chinese historians 5 (1992) H. 2, S. 59–64.

und Galenovič mit Schweigen bedeckt, auch damit sich daran nicht ähnliche, latente Stimmungen innerhalb Chinas entfachen.

Über früheren sowjetisch-chinesischen/russisch-chinesischen Streit erfuhr der Westen etwa durch das kurze Koreakriegs-Kapitel in John Gittings' Buch „Survey of the Sino-Soviet dispute" oder durch Beiträge in CWIHPB,[180] wo übrigens auch diese, bisher kaum beachtete Passage aus einer chinesisch-sowjetischen Unterredung von 1960 aufblitzt:

„Peng Zhen: And now concerning the question of the Korean War. Then the entire conversation with Khrushchev on June 22 was repeated and the attempt was made to whitewash Mao Zedong of any guilt. [...] Following further discussion of the topic Deng [Xiaoping] declared: in explaining all of these facts we would like to ask the Soviet comrades to rethink whether all that they have done with respect to their enemies and with respect to their friends was appropriate."[181]

Von der polit-historiographischen Kontroverse, wie sie im vorliegenden Beitrag umrissen wurde, war in die Wahrnehmung westlicher Forschung bisher offenbar kaum etwas durchgedrungen: Die betreffenden Schriften von Ledovskij und Galenovič sind weithin unbeachtet geblieben.[182] Das hat sicher auch damit zu tun, dass, ebenso wie die chinesischsprachigen, auch die westsprachigen Publikationen chinesischer Autoren keine offenen Erwähnungen der Auseinandersetzung mit der Version von Ledovskij/Galenovič aufweisen. Diese verdeckte Kontroverse ist nicht als „exotisches Randthema" abzutun. Sie ins Licht zu setzen war schon deshalb geboten, weil sie auch wichtige Impulse für die künftige internationale Erforschung des Korea-Komplexes birgt. Ledovskijs Erkenntnis darf nicht unbeachtet bleiben:

„Doch diese historische Wahrheit bleibt bis auf den heutigen Tag aus einer ganzen Reihe von Gründen nur unvollständig enthüllt. ... viele Forscher richteten und richten ihre Aufmerksamkeit weiterhin auf einzelne, relativ enge Fragen, wobei sie tiefere Probleme, die zum Koreakrieg führten, beiseite lassen. [...] Insbesondere möchte ich bemerken, dass dieser Krieg durch einen breiteren und vielschichtigeren Komplex von Gründen hervorgerufen wurde als jene, auf die viele Autoren von einschlägigen Arbeiten all das, was sich zugetragen hat, zurückführen."[183]

[180] Vgl. *Mansourov*, Stalin, Mao, Kim; *Shen Zhihua*, The discrepancy between the Russian and Chinese versions of Mao's 2 October 1950 message to Stalin on Chinese entry into the Korean war: a Chinese scholar's reply, in: CWIHPB 8/9 (1996/1997), S. 237–242; *Chen Jian*, In the name of revolution: China's road to the Korean War revisited, in: William Stueck (Hrsg.), The Korean War in world history. Lexington 2004, S. 93–125, hier S. 109, 122 f. Anm. 63; *Kathryn Weathersby*, The Soviet role in the Korean War, in: *Stueck*, The Korean War in world history, S. 61–92, hier S. 75. Dazu auch: *A. V. Voroncov*, Kak prinimalos' rešenie o vvode „kitajskich dobrovol'cev" v Koreju v 1950 g., in: Novaja i novejšaja istorija (1998) H. 2, S. 13–21.

[181] CWIHPB 10 (1998), S. 172.

[182] Die Titel von Ledovskij, Galenovič und Tumanov sind beispielsweise nicht erfasst in: *Allan R. Millett*, The Korean War: the essential bibliography. Washington, D.C. 2007, S. 204 f.: Russian sources on the Korean War. Unklar ist auch, wie die Version von Ledovskij und Galenovič in der russischen Fachwelt beurteilt wird. Eine neue Forschungsübersicht geht zum Thema Koreakrieg nur auf Thesen von Pancov ein. Galenovičs Buch „Rossija-Kitaj: Šest' dogovorov" wird als Überblick über die Geschichte der Verträge 1896-2001 präsentiert, ohne dass die extensive Auseinandersetzung mit der chinesischen Historiographie erwähnt würde. Unerwähnt bleibt Galenovičs E-book „Dva voždja", ebenso wie der Beitrag von Ledovskij. Vgl. *Viktor N. Usov*, Izucenie istorii KNR v Rossii za poslednie desjat' let (1999–2009 gg.), in: Problemy Dal'nego Vostoka (2009) H. 5, S. 130–140. Sarsembaev bemerkt zu Galenovič: „Certaines analyses de Youri Galenovič sont contestées: cet auteur est considéré comme alarmiste et relativement radical" (La question territoriale, S. 376, Anm. 761).

[183] *Ledovskij*, Stalin, Mao, S. 79 f.

Daraus folgt, dass der Korea-Komplex neu und umfassender aufzurollen sei. Ledovskijs Plädoyer ernst zu nehmen gebietet auch seine besondere Zeitzeugenrolle: Ledovskij „participa à tous les grands moments de la politique orientale de Staline en Extreme-Orient".[184] Ledovskij selbst schildert seine Motivation so: Als Insider wisse er, dass bezüglich vieler Ereignisse im inneren Leben der KPCh die „wahren Fakten und Motive" vor der chinesischen und der Weltöffentlichkeit systematisch verborgen wurden. Jene Versionen, die die Führung der KPCh schuf, habe die Führung der KPdSU angenommen, weshalb, infolge des völligen Fehlens von Transparenz in der VR China und der UdSSR, viele Ereignisse entweder totgeschwiegen oder nur in verzerrter Form beleuchtet wurden. Die chinesische Führung bleibe ihrer Verschleierungspolitik weiterhin verhaftet. Daher habe Ledovskij sich, als unmittelbarer Augenzeuge und Beteiligter an vielen Ereignissen der 40er-50er Jahren, entschlossen, die „wahren Fakten" und seine persönliche Meinung und Beurteilung mitzuteilen. Anders als die meisten anderen Autoren könne er „von innen her" berichten und habe zudem zahlreiche Dokumente studiert.[185] Wiewohl Ledovskijs Version des Geschehens einseitig ist, hat man doch davon auszugehen, dass sich darin Denk- und Betrachtungsweisen und Atmosphären spiegeln, wie sie seinerzeit auf sowjetischer Seite möglicherweise existierten, jedoch – auch um die Allianz mit China nicht zu gefährden – nicht publik werden durften. Vielleicht verstand Ledovskij sich sogar als letzten Zeugen seiner Art.

Alles in allem erscheint Ledovskijs These, die „historische Wahrheit" zum Korea-Komplex sei noch nicht wirklich in Sicht, plausibler als Shen Zhihuas Versicherung, er habe ein „relativ komplettes Bild" bereits geschaffen. Den „Fall Korea" neu aufzurollen, wie aus Ledovskijs Reflexionen folgt, kann selbstverständlich nicht bedeuten, dass man schlicht seine beziehungsweise Galenovičs Version übernähme. Ziel muss vielmehr sein, aus erweiterten Perspektiven eine umfassendere Geschichte mit komplexeren Mustern zu entwickeln, in die beide Versionen – die von Ledovskij/Galenovič und die Shen Zhihuas – eingehen: Denn sie schließen einander nur vordergründig aus.[186]

Fraglos wäre es besonders wünschenswert, wenn eine neue Auseinandersetzung mit der Geschichte des Koreakonflikts auf einer noch breiteren Grundlage von Archivdokumenten aufbauen könnte, unter Einbeziehung von neu freigegebenem Material aus den Geheimarchiven, insbesondere auch chinesischen.[187] Womöglich tauchen dann tatsächlich spezielle Spuren eines Strategems zwischen Mao und Kim auf;[188] oder Abhörprotokolle aus Maos Büro- und Wohnräumen, die – das soll Tichvinskij (!) enthüllt haben – angeblich vom sowjetischen Geheimdienst verwanzt waren: „Transcripts of Mao's conversations landed on the Big Chief's desk every week, and he couldn't have been happier. [...] We knew - the Big Chief [Stalin] knew Mao's plans and hopes and peculiarities, and he directed our policies in the Far East accordingly."[189] Vielleicht stellt sich auch heraus, dass Mao Tse-tung nicht

184 *Sarsembaev*, La question territoriale, S. 154.

185 Vgl. *Ledovskij*, Delo Gao Gana, S. 4 f.; SSSR i Stalin v sud'bach Kitaja, S. 4 f.

186 Kritisch einzubeziehen sind dabei u. a. auch: *Richard C. Thornton*, Odd man out: Truman, Stalin, Mao, and the origins of the Korean War. Washington, D.C. 2000; *Jung Chang, Jon Halliday*, Mao: the unknown story. London 2005.

187 Vgl. *Ge Jun*, Zhongguo waijiao dang'an jiemi shimo, in: Shijie zhishi (2004) H. 17, S. 54–56, hier S. 55; *Zhang Aiping*, Lingjuli muji waijiao dang'an kaifang, in: Dang'an yu shixue (2004) H. 2, S. 2–7, hier S. 3.

188 Vgl. *Galenovič*, Dva voždja, S. 545; Liang dalingxiu, S. 478.

189 *Deriabin*, Inside Stalin's Kremlin, S. 113. Möglicherweise befinden sich Teile dieses Materials auch in der großen Personalakte Maos (15 Bde.), die Pancov Anfang der 1990er Jahre in den Archiven entdeckte und kopieren konnte: http://www.echo.msk.ru/programs/netak/532041-echo/.

geblufft hat, als er mehrfach erklärte, er selbst werde einen erst in zehntausend Jahren zu veröffentlichenden Bericht „Stalin und China“ schreiben;[190] vielleicht kommen auch umfassendere Berichte von Ledovskij und/oder Shi Zhe ans Licht. Wie groß – wenn denn neue Geheimdokumente zugänglich gemacht werden – der Anteil solcher Texte ausfallen könnte, in denen Szenarios, Rivalitäten, Strategeme und Absichten (auch verfänglich-illegitime) im Klartext ausgeführt beziehungsweise unterstellt sind, kann niemand wissen.[191] Es steht allerdings zu erwarten, dass auch der überwiegende Anteil künftig geöffneter Archiv-Dokumente in einer „vieldeutigen“ Sprache gehalten ist. Mithin kann eine Neubefassung mit dem Komplex Korea durchaus schon jetzt beginnen: indem *alle* verfügbaren Materialien miteinander vernetzt und neu gelesen und erschlossen werden.

Abschließend bleibt zu vermerken, dass Shen Zhihua im chinesischen Internet auch offen angefeindet wird. Den einen ist er ein Demagoge, der die Massen für sich zu gewinnen trachte, wobei es ihm eigentlich um das Geld gehe und nicht um die Geschichte. Andere stempeln ihn zum Verräter und Vaterlandsverräter (hanjian, maiguozei), u. a. wegen seiner Meinung, Mao Tse-tung habe einen „riesigen Fehler“ begangen, da er auf die Verhandlungsofferten des Westens im Januar 1951 nicht einging. Dafür habe China einen horrenden Preis entrichten müssen: Menschenleben, Kriegskosten, internationale Isolation et cetera.[192] Mao selbst hat bekanntlich bereits 1953 von einem Sieg gesprochen, und 1956 eröffnete er seinem inneren Kreis, nicht nur habe Stalin, nachdem die Freiwilligen in Korea den Kampf aufgenommen hatten, die KPCh als echte Internationalisten anerkannt, sondern auch dann erst die letzte Entscheidung über 141 Hilfsprojekte für China getroffen.[193] Laut Deriabin aber hatte Stalin kurz nach den Unterredungen mit Mao 1949/1950 dem Politbüro erklärt, der „Kampf um China“ sei nicht vorüber, sondern habe gerade erst begonnen. Chruščev behauptet rückschauend: „Hätte Stalin noch etwas länger gelebt, dann wäre der gleiche Konflikt früher ausgebrochen, und es wäre zu einem vollständigen Bruch zwischen der UdSSR und China gekommen.“[194] Solche Widersprüche gehören zu den Fragen, die künftig zu erforschen sind.[195]

[190] Vgl. *Wu Yuenong*, Mao Zedong yu Sulian dashi Youjin de jiaowang, in: Wenshi jinghua 229 (2009), S. 13; *Dieter Heinzig*, Die Sowjetunion und das kommunistische China. Baden-Baden 1998; CWIHPB 6/7 (1995/1996), S. 159.

[191] Ein Persönlichkeitsprofil, das Stalin 1949 schreiben ließ, lobte Mao als Freund der Sowjetunion, andere verliehen ihm negative Züge: krankhaftes Mißtrauen, Größenwahn, usw. Vgl. *Pancov*, Mao Czedun, S. 521, 508. Dazu auch: *Pancov*, Rasskazy, S. 11–16. Weiterhin: *Yuri Vlasov*, The story of my father, in: Far Eastern affairs (1991) H. 1, S. 197 f.

[192] Vgl. http.//news.ifeng.com/history/special/shenzhihua/; Shen Zhihua jiaoshou: Chaoxian zhanzheng shi Mao Zedong zuida de baibi: http://bbs.tiexue.net/post_2677813_1.html; Zhongguo "hanjian" jiaoshou fenxi: „Chaoxian zhanzheng shi zuida baibi“: http://www.jmgjhy.cn/viewthread.php?tid=1039; *Wu Hongfei*, Shen Zhihua, S. 70; *Shen Zhihua*, Lun Zhongguo chubing Chaoxian juece de shifei he deshi: http://www.shenzhihua.net/cxzz/000015.htm; *Shen Zhihua*, Mao Zedong, Sidalin, S. 278–300; Sanwu renyuan; Jiang Fei, „Zifei“ shixuejia, S. 81. Dazu auch: *Wang Jianfeng, Du Weiwei*, Shixi Chaoxian zhanzheng zhengshi tingzhan tanpan qian de liang ci tingzhan tiyi, in: Junshi lishi 4.2009, S. 25–28.

[193] Vgl. *Wu Lengxi*, Shinian lunzhan. S. 18. Auch: CWIHPB 6/7 (1995/1996), S. 156, 159.

[194] *Chruščev*, Vremja, ljudi, vlasť, S. 22; *Deriabin*, Inside Stalin's Kremlin, S. 109.

[195] Aus den derzeit vorliegenden deutschsprachigen Arbeiten zum Thema sind gesondert zu nennen: *Rolf Steininger*, Der vergessene Krieg: Korea 1950–1953, 2. Aufl., München 2009; *Jörg Friedrich*, Yalu: an den Ufern des Dritten Weltkriegs. Berlin 2007; *Jeh-Seung Yoo*, Der Koreakrieg 1950–1951 und der sowjetische Einfluss auf die Kriegsführung der Koreanischen Volksrepublik. Bochum 2003.

Nachsatz Juni/Juli 2012

„Mythen und Fakten"

Eine „versteckte" chinesische Übersetzung von Ledovskijs Aufsatz existiert tatsächlich.[196] Sie stammt nicht von Shen Zhihua.[197] Shen verweist auf die einzelnen russischen Archivdokumente bzw. die russische Fassung des Aufsatzes, hat aber, wie ein Textvergleich zeigt, wichtige Quellen aus der chinesischen Übersetzung entnommen: die Botschaft Stalins an Gottwald (27. August 1950)[198] und die telegrafische Korrespondenz zwischen Stalin und Mao (9.–13. Oktober 1950).[199]

Ein russischer Historiker, der sich mit Person, Werk und Wirken von Shen Zhihua befasst hat, bezeichnet ihn als „höchst vieldeutige" (ves'ma neodnoznačnaja) Figur: „Auf internationalen Konferenzen tritt Shen Zhihua als unabhängiger Gelehrter auf, der einen nicht-offiziellen Standpunkt vertritt."[200] 2010 konnte Shen eine Art Sensationserfolg erzielen, als die „Global times", ein englischsprachiger Ableger des Zentralorgans „Renmin ribao"/Volkszeitung, zum 60. Jahrestag des Kriegsausbruchs ein zweiteiliges Interview mit ihm brachte und sogar titelte „Soviet machinations at root of Korean War" und „Soviet interests drew China into Korean War".[201] Unter diesem Vorzeichen präsentierte Shen hier seine in Fachkreisen längst bekannte Version des Geschehens, die nun aber speziell auch deshalb für großes Aufsehen sorgte, weil sie erstmals in den „staatlichen Massenmedien" erschien. So schrieb Chosun Ilbo (Seoul): „Frank views from China about Korean War. The Korean War was started by Stalin, who wished to establish pro-Soviet government in the Korean Peninsula, and Kim Il-sung, who wanted a unified Korea, a leading Chinese academic told the state-run media [...]."[202] Russische Medien meldeten, in China gebe man nun Stalin die Schuld am Koreakrieg.[203] Und viele Meldungen enden mit dieser Pointe: „It

[196] Siehe dazu oben Anm. 126. *Andeie M. Lieduofusiji, Andrej M. Ledovskij*, Sidalin, Mao Zedong yu 1950–1953 nian de Chaoxian zhanzheng, in: Makesi Engesi Liening Sidalin yanjiu (2006) H. 1, S. 1–26. Es handelt sich um eine „interne Theorie-Zeitschrift" (neibu lilun kanwu) beim Übersetzungsbüro des ZK KPCh; sie wurde 2007 eingestellt.

[197] Die Namen der Übersetzer lauten: Peng Xiaoyu und Li Hongmei; als verantwortlicher Redakteur zeichnet Liu Yanming.

[198] *Ledovskij*, Sidalin, Mao, S. 13 f.; *Shen Zhihua*, Sidalin, Mao, S. 55 f.

[199] *Ledovskij*, Sidalin, Mao, S. 21–24; *Shen Zhihua*, Sidalin, Mao, S. 59–62.

[200] *A.L. Verčenko*: Sovremennyj kitajskij istorik Sen' Czichua, in: Vostokovedenie i Afrikanistika v dialoge civilizacij: tezisy dokladov. Sankt-Peterburg 2009, S. 209.

[201] Soviet machinations at root of Korean War, in: Global times 16. Juni 2010: http://www.globaltimes.cn/opinion/commentary/2010-06/542512.html; Soviet interests drew China into Korean War, in: Global times, 17. Juni 2010: http://www.globaltimes.cn/opinion/commentary/2010-06/542920.html. Dazu auch: *Shen Zhihua*, Mao, Stalin and the Korean War: trilateral communist relations in the 1950s. London 2012.

[202] Frank views from China about Korean War. 2010: http://english.chosun.com/site/data/html_dir/2010/06/18/2010061801127.html

[203] V Kitae obvinili Stalina v razvjazyvanii korejskoj vojny. 2010: http://news.rambler.ru/6717862/. Auch: http://news.funtan.ru/world/2050-page-3015.html; Kitajskij istorik obvinil Stalina v razvjazyvanii vojny v Koree. 2010: http://vlasti.net/news/92922; Otkrovennyj vzgljad iz Kitaja na korejskuju vojnu. 2010: http://www.inosmi.ru/fareast/20100618/160693547.html. Für eine russische These, wonach Stalin auf der koreanischen Halbinsel einen militärischen Konflikt zwischen den USA und der VR China herbeiführte, siehe: *Andrej V. Samochin*, Voenno-političeskie plany I.V. Stalina v korejskoj vojne, in: Vlast' i upravlenie na Vostoke Rossii (2010) H. 3, S. 102–107: www.dvags.ru/downLoad/rio/j2010-3/17.doc. Dazu auch: *ders.*, Dal'nevostočnaja politika I.V. Stalina: Kitaj v voenno-političeskom protivostojanii SSSR i SŠA, 1945–1953 gg. Chabarovsk 2007.

is rare for China's state-run media to be so frank about such delicate historical matters. In China, the prevalent view is that the Korean War was started by South Korea in reliance on the U.S."[204]

Doch ein Kontrapunkt folgte sofort. Unter der Überschrift „Clear the mist over the Korean War history" erklärte ein Kommentar in „Global times": „Shen's words may represent only his own perspective"; die Suche nach der historischen Wahrheit, nach einer „more reliable history of the war" müsse verstärkt weitergehen: „We have to present history as earnestly as possible, for that is owed to the country as well as succeeding generations."[205] Auch um Chinas internationales Image zu verbessern, müsse mehr Archivmaterial offengelegt werden: „the relevant archival literature should be declassified and made accessible and available to inter-ested researchers, not just to a handful of 'official' scholars."[206]

Für Galenovič und Ledovskij dagegen stehen die Schuldigen unverrückbar fest. In einer Geschichte der russisch-chinesischen Beziehungen wiederholt Galenovič 2011, „dass die Hauptverantwortung für den Koreakrieg, für das Verderben von Millionen Menschen Kim und Mao tragen müssen".[207] Und der 2007 verstorbene Ledovskij hat ein bisher noch unveröffentlichtes Buchmanuskript hinterlassen: „SSSR, SŠA, Kitaj i korejskij vopros. Kto razvjazal korejskuju vojnu?: mify i fakty" (UdSSR, USA, China und die Koreafrage. Wer hat den Koreakrieg entfesselt?: Mythen und Fakten). Darin soll Mao Zedong endgültig des Doppelspiels überführt werden.[208]

204 Frank views from China about Korean War. 2010: http://english.chosun.com/site/data/html_dir/2010/06/18/2010061801127.html

205 *Chen Chenchen*, Clear the mist over the Korean War history, in: Global times 18. Juni 2010: http://www.globaltimes.cn/opinion/observer/2010-06/542994.html. Eine historiographische Bestandsaufnahme aus amerikanischer Sicht ist: *Steven M. Goldstein*: Chinese perspectives on the origins of the Korean War: an assessment at sixty, in: International journal of Korean studies Bd. XIV (2010) H. 2, S. 45–70.

206 *Chen Ping*: Closed archives still hinder quest for truth of Korean War. 2010: http://opinion.globaltimes.cn/commentary/2010-06/545265.html. Mit dem Plädoyer für eine weitere Öffnung von Dokumenten schließt auch: *G.Ch. Min*: Proischozdenie Korejskoj vojny 1950–1953 gg. v novejsich issledovanijach, in: Voprosy istorii (2010) H. 12, S. 157–162.

207 *Jurij M. Galenovič*, Četyresta let sosedstva Rossii s Kitaem. Moskau 2011, S. 153. Soeben auch erschienen: *Jurij M. Galenovič*, „Vojny Novogo Kitaja" i ego diplomatičeskaja sluzba. Moskva 2012. Scharfe Kritik an Galenovič übt: *Austin Jersild*, The great betrayal: Russian memories of the ‚great friendship', in: Cold War history, Bd. 12 (2012), H. 1, S. 159–169. Weiterhin: Juriju Michajloviču Galenoviču – 75 let, in: Problemy Dal'nego Vostoka (2007) H. 2, S. 188 f.

208 Siehe dazu oben S. 72. Prodolžaem iskat' vinovnikov Korejskoj vojny. Na sej raz – razbiraem Mao. http://makkawity.livejournal.com/834547.html. Dazu auch: *K. Asmolov*, Sovremennaja rossijskaja istoriografija Korejskoj vojny 1950–1953 godov. 2009: http://forum.net.ru//index.php?showtopic=110252; Obeščannoe po Koree-2 (ili Ledovskij-1). 2005: http://makkawity.livejournal.com/215335.html; *K. Asmolov*, On the „responsibility of external forces" for the outbreak of the Korean War, in: Far Eastern affairs Bd. 38 (2010), H. 3, S. 110–141.

Natal'ja I. Egorova (Moskau)

Die UdSSR und der Krieg in Korea: neue Dokumente, neue Ansichten

Für die moderne Historiographie des Koreakrieges erwies sich die Freigabe einer großen Anzahl von Dokumenten Anfang der 1990er Jahre zu dieser Frage aus dem Archiv des Präsidenten der Russischen Föderation als wichtige Scheidelinie. Die Übergabe eines Teils dieses Aktenbestandes durch Boris N. El'cin an den Präsidenten der Republik Korea Kim Young-sam während dessen Besuch in Moskau im Juni 1994 markierte den Beginn des Zugriffes von Historikern auf eine ganze Reihe von Dokumenten, deren Geheimhaltung aufgehoben worden war. Die besten Zugangsmöglichkeiten gewährte die Realisierung einer Übereinkunft zwischen dem Center for Korean Research der University of Columbia, dem Cold War International History Project des Woodrow Wilson Center und der Diplomatischen Akademie des Außenministeriums der Russischen Föderation. Im Ergebnis wurden dem National Security Archive der George-Washington-Universität Kopien der freigegebenen Unterlagen zur Nutzung übergeben.

Was die russischen Spezialisten unmittelbar betrifft, so erhielten einige von ihnen 1995 die Möglichkeit, mit einem Teil der freigegebenen Akten im Archiv des Präsidenten zu arbeiten. Dies ermöglichte es, viele traditionelle Ansichten zu revidieren. Gleichwohl ist die Forschung durch die beschränkten Zugangsmöglichkeiten des Archivs und die erneute Sperrung von Akten zum Koreakrieg, die sich im persönlichen Bestand Stalins befinden und an das Russische Staatliche Archiv für sozialpolitische Geschichte übergeben wurden, erheblich erschwert. Seit kurzem haben Historiker allerdings Zugriff auf die unlängst freigegebenen „Sondermappen des Politbüros des Zentralkomitees der VPK(b)", die es möglich machen, Schlüsselentscheidungen der sowjetischen Führung zu untersuchen: Die „Sondermappen" enthalten Informationen zur Situation in Korea, Direktiven an die sowjetischen Vertreter bei der UNO (Andrej Ja. Vyšinskij und Jakov A. Malik), Vorschläge der UdSSR zur friedlichen Regulierung des Konfliktes, zumindest teilweise den Schriftwechsel Stalins mit den sowjetischen Botschaften in Pjöngjang und Peking – und durch ihn mit Kim Il-sung, Mao Tse-tung sowie Tschou En-lai – sowie Informationen zu Lieferungen von sowjetischen Waffen, Munition und Technik nach Nordkorea und China. Freigegebene Materialien des Archivs für Außenpolitik der Russischen Föderation, die in einigen Fällen die Dokumente aus dem Archiv des Präsidenten doublieren, stellen der Forschung jetzt zugängliches diplomatisches Material der Referate und Abteilungen des Ministeriums für Auswärtige Angelegenheiten der UdSSR für den Fernen Osten, Berichte zur politischen Situation der sowjetischen Botschaft in der Koreanischen Demokratischen Volksrepublik, Dokumente der Sekretariate von Vyšinskij und Andrej A. Gromyko sowie eine Reihe von Unterlagen zur Erörterung der Koreafrage in der UNO zur Verfügung. Leider sind die vom Zentralarchiv des Verteidigungsministeriums der Russischen Föderation frei gegebenen Akten nicht besonders zahlreich, ganz zu schweigen von der Unzugänglichkeit der Archive des Föderalen Sicherheitsdienstes und des Auslandsnachrichtendienstes (SVR), die neues Licht auf noch wenig bekannte Seiten des Krieges in Korea, insbesondere auf die Rolle der Nachrichtendienste, werfen könnten. Die Geheimdienste waren ein wichtiger Teil der Kampfhandlungen beider Seiten während des Koreakrieges. Entsprechend dem „Gesetz des Nullsummenspiels", dem die Logik des Kalten Krieges folgte, rief jede Aktion eine entsprechende Gegenreaktion hervor. Deshalb gibt es keine Zweifel daran, dass die militärpolitische Führung der Sowjetunion – im Besitz von Aufklärungsinformationen des Marinenachrichtendienstes der Seefliegerkräfte der US Navy und der Seestreitkräfte Großbritanniens, der nicht nur die Stationierungsgebiete und Aktivitäten von Schiffen der Seestreitkräfte der KDVR, „sondern auch den Bestand und die Basierungsräume der Seestreitkräfte der Sowjetunion in Fernost aufklärte"[1] – adäquate Maßnahmen im Interesse der eigenen nationalen Sicherheit und zur Hilfe ihrer Verbündeten im Koreakrieg unternehmen konnte.[2]

Die Bestände der Sekretariate des Ministerrats im Staatsarchiv der Russischen Föderation und die Sammlungen des Staatsarchivs für Wirtschaft (Staatliches Planungskomitee, Ministerium der Finanzen der UdSSR u. a.) können sich für die Untersuchung folgender Fragen als außerordentlich nützlich erweisen: Die sowjetischen Waffenlieferungen an die nordkoreanischen und chinesischen Verbündeten, der Einfluss des Koreakrieges auf den militärisch-industriellen Komplex und die Militarisierung des Kalten Krieges.

Dies ist insgesamt der Kreis jener Dokumente, auf denen die Arbeiten russischer Forscher zum Koreakrieg während der letzten zehn Jahre basierten. Natürlich muss man dabei auch im Auge haben, dass russische Spezialisten erste publizierte Dokumentationen freigegebener Dokumente nutzen konnten, die zwischen 1995 und 1998 in Russland[3], aber auch im Ausland publiziert wurden. Eine größere Auswahl von Dokumenten wurde im Bulletin des Cold War International History Projects veröffentlicht. Auch zahlreiche Aufsätze und Monographien ausländischer Kollegen zum Koreakrieg werteten die russischen Historiker in ihren Arbeiten aus.

An dieser Stelle soll weitgehend auf eine detaillierte Analyse der neuen russischen Historiographie zum Koreakrieg verzichtet werden, vielmehr sind die konzeptionellen Ansätze zu diskutieren, die sich unter Berücksichtigung der neu zugänglichen Dokumente und wissenschaftlichen Werke ergeben. Es bleibt festzuhalten, dass bis heute in Russland kaum neue monographische Forschungen zum Koreakrieg veröffentlicht wurden. Aber diese tragische Episode der Geschichte des Kalten Krieges ist nicht vergessen. Verschiedene Aspekte des Problems, seine Folgen und Lehren werden in Aufsätzen, Sammelbänden und kollektiven Arbeiten beleuchtet. Eine weitgehende Verbreitung hat die Klassifizierung des Koreakrieges als „großer begrenzter Krieg" erhalten.[4] Ausgehend von dem hohen Preis, den die Teilnehmer des Krieges zahlten, wird betont, dass die Zahl seiner Opfer nur durch die beiden Weltkriege übertroffen wird.

Komplexere neue Ansätze russischer Historiker sind in dem renommierten Buch Anatolij V. Torkunovs „Rätselhafter Krieg: Der Koreakonflikt 1950–1953", erschienen im Jahr 2000, zu finden. Die Arbeit selbst stellt eine dokumentarische Geschichte des Koreakrieges dar – geschrieben auf der Grundlage der oben erwähnten freigegebenen Dokumente aus

[1] *Tomas Nigel*, Vojna v Koree. 1950–1953, St. Petersburg 2000, S. 502.

[2] Hierzu zählte u. a. die Verlegung von 16 U-Booten der Nordmeer- und Baltischen Flotte zwischen 1951 und 1952 auf dem Schienenweg der Transsibirischen Eisenbahn in den Fernen Osten sowie die Einberufung von Reservisten. Vgl. Rossijskij gosudarstvennyj archiv ėkonomiki – Russisches Staatsarchiv für Wirtschaft (künftig: RGAĖ), 7733/36/3822, Bl. 8, Schreiben von Admiral Jumašev an das Büro des Präsidiums des Ministerrates der UdSSR, 25.1.1951; ebenda, Bl. 108, Erläuterungsschreiben des Chefs der Finanzverwaltung des Ministeriums für die Seestreitkräfte Generalmajor Maslov zum Kostenplan für 1951, 13.10.1951.

[3] Vestnik (sbornik archivnych dokumentov). Moskva 1996; Vnešnjaja politika i diplomatija stran ATR. Otv. red. V. F. Li, Moskva 1998.

[4] *M.N. Pak*, Velikaja ograničennaja vojna, in: Argumenty i fakty, 1988, Nr. 50, S. 5; *A.S. Orlov/V.A. Gavrilov*, Tajny Korejskoj vojny. Moskva 2003, S. 7.

dem Präsidentenarchiv – und entwickelt Ansichten weiter, die in dem vom Autor 1995 herausgegebenen Buch zum Koreakrieg nur kurz sichtbar wurden.[5] Die Tatsachen sprechen für sich. Torkunov lehnt fundiert das in der sowjetischen Historiographie entstandene Bild ab, dass der Angriff am 25. Juni 1950 durch den Süden erfolgte. Er verfolgt ausführlich die Evolution der Position Iosif V. Stalins (von seiner negativen Reaktion im Jahr 1949 bis hin zu seinem Interesse und seiner Unterstützung Ende Januar 1950) hinsichtlich der Idee Kim Il-sungs, Nord- und Südkorea durch einen gewaltsamen militärischen Akt zu vereinigen. Es ist allerdings notwendig zu betonen, dass neben dieser Sichtweise, die mit der Konzeption der ausländischen Forschung übereinstimmt und gegenwärtig von der Mehrzahl der russischen Spezialisten für Korea und von Historikern des Kalten Krieges geteilt wird, noch eine andere Interpretation existiert. Alle dokumentarischen Zeugnisse bezüglich der Situation in Südkorea heranziehend, fokussieren sich ihre Anhänger auf die aktiven militärischen Vorbereitungen des Südens zur gewaltsamen Lösung der koreanischen Frage. Sie betonen dabei die Bedeutung alarmierender Aussagen Syng-man Rhees kurz vor Beginn des Krieges sowie bewaffneter Zusammenstöße beider Seiten im Bereich des 38. Breitengrades, die sich im Sommer und Herbst 1949 (besonders im Raum Ongjin) zu regelrechten Schlachten ausweiteten. Vertreter dieser Forschungsrichtung (die in der amerikanischen Historiographie vor allem von Bruce Cumings vertreten wird[6]) kritisieren die These des für Südkorea „unerwarteten" Überfalls durch den Norden. Sie verweisen dabei auf Maßnahmen zur Erhöhung der Verteidigungsfähigkeit der südkoreanischen Armee und andere Tatsachen, insbesondere auf die Berichte des sowjetischen Botschafters in Pjöngjang, Generaloberst Terentij F. Štykov, vom 20. Juni 1950 (über einen aus dem Süden abgefangenen Befehl zum Beginn des Angriffs gegen den Norden um 23.00 Uhr) und vom 21. Juni 1950 (über Informationen in Besitz Seouls, dass sich die Koreanische Volksarmee zum Angriff vorbereite). Insgesamt argumentieren sie, dass jede der Seiten danach gestrebt habe, die andere zum Beginn des Krieges zu bewegen, um sich selbst so der Verantwortung zu entziehen. Einer der aktivsten Vertreter dieser Position, der bekannte Koreahistoriker Jurij V. Vanin, über dessen neues Buch weiter unten noch zu sprechen sein wird, hält nach wie vor an diesem Standpunkt fest, den er bereits im Jahr 2000 vertreten hat. Er geht von der These aus, dass es, da der Krieg unvermeidlich war, gar nicht darauf ankomme, wer ihn begonnen habe, sondern es stattdessen sehr wichtig sei, den Faktor der massiven äußeren Einmischung zu berücksichtigen. Gerade die Internationalisierung des Konfliktes sei ein Grund dafür gewesen, dass der Koreakrieg mehrere Jahre andauerte[7]. Mit anderen Worten, der Koreakrieg habe, nach Vanins Ansicht, eigentlich aus zwei Kriegen bestanden. Den ersten hätten die „zwei führenden Eliten" des geteilten Koreas begonnen, der zweite „lag in den Händen ausländischer Kräfte"[8]. Die strittigen Ansätze dieser Konzeption beiseitelassend, ist in jedem Fall mit dem Autor darin übereinzustimmen, dass beim Zusammenstoß der beiden Supermächte auf der koreanischen Halbinsel die eigentlichen koreanischen Interessen in den Hintergrund gerieten. Im – in den letzten Jahren mehrfach veröffentlichten – Gespräch Stalins mit Tschou En-lai vom 20. August 1952 bemerkte der sowjetische Führer, der auf eine Fortsetzung des Krieges zugunsten der Schwächung des Prestiges der USA,

[5] *V.A. Torkunov, E.P. Ufimcev*, Korejskaja problema: novyj vzgljad. Moskva 1995, S. 11–34.

[6] Vgl. *Bruce Cumings*, The Origins oft he Korean War. Vol. II. The Roaring of the Cataract. 1947–1950. Princeton 1990.

[7] *Ju. V. Vanin*, Nekotorye voprosy predystorii i načala Korejskoj vojny, in: Vojna v Koree 1950–1953 gg.: Vzgljad čerez 50 let. Materialy meždunarodnoj naučno-teoretičeskoj konferencii. Moskva 2001, S. 21; 23 f.; 26–29.

[8] *R.V. Savel'ev*, Issledovanija sovetskich i rossijskich učenych o Korejskoj vojne, in: ebenda, S. 220.

ihre immer tiefere Verstrickung im Fernen Osten und damit auf die Entfernung von einem weltweiten Konflikt, vor dem er sich während des ganzen Nachkriegsjahrzehnts gefürchtet hatte, setzte: „Die Nordkoreaner haben nichts verloren, außer den Opfern, die sie in diesem Krieg zu beklagen haben". Und weiter: „Natürlich muss man die Nordkoreaner verstehen - sie haben viele Tote. Aber wir müssen ihnen erklären, dass dies eine große Sache ist"[9].

Im Licht der neuen Dokumente klärt sich immer mehr die Frage der Geschichte der Friedensgespräche zu Korea, die offiziell am 10. Juli 1951 in Kaesong begannen. Obwohl die vorhandenen Dokumente nicht ausreichen, um im vollen Umfang die Vorgeschichte der Friedensinitiativen (darunter geheime Gespräche von Vertretern der UdSSR, Großbritanniens und der USA unter der Teilnahme von George F. Kennan) zu beleuchten, deren Beginn auf den Juli 1950 zu datieren ist und die sich durch die mehrdeutigen Positionen und Initiativen der chinesischen Führung auszeichnen, besteht in dieser Frage weitgehender Konsens. Es wird das Interesse Stalins betont, der aufgrund der Situation in Europa bemüht gewesen sei, die USA so lange wie möglich in den Konflikt in Fernost hineinzuziehen. Zugleich richtet sich die Aufmerksamkeit darauf, dass weder die UdSSR noch die USA Ambitionen zeigten, als erste einen Waffenstillstand vorzuschlagen. Ebenso werden die entscheidende Wende der sowjetischen Außenpolitik nach dem Tod Stalins und der Einfluss der weltweiten Protestbewegung gegen den Koreakrieg betont.

Bei der Beleuchtung der militärischen Aspekte des Krieges in Korea werden von der Forschung vor allem die Handlungen der Luftstreitkräfte beider Seiten in den Vordergrund gerückt. Besondere Aufmerksamkeit genießen dabei die sowjetischen Jagdfliegerkräfte, deren Hauptschlagkraft auf dem Einsatz der Flugzeuge vom Typ MiG-15 und MiG-15bis beruhte. Am Koreakrieg nahmen ca. 70 000 Mann der sowjetischen Luftstreitkräfte teil.[10] Einen gewichtigen Betrag zur Untersuchung dieser Frage leistete die Arbeit der Militärhistoriker Aleksandr S. Orlov und Viktor A. Gavrilov[11], wobei Orlov Beteiligter der Geschehnisse ist. Außer der Untersuchung der Frage der Beteiligung sowjetischer Piloten an der Luftverteidigung über Nordkorea, wofür nicht nur neue Dokumente sondern auch Zeugnisse der Memoirenliteratur herangezogen werden, belegen die russischen Spezialisten mit Zahlen den großen Umfang der sonstigen militärtechnischen Hilfe der Sowjetunion für Nordkorea und die Volksrepublik China. So wurde die kleine Flotte Nordkoreas (sie zählte zu Beginn des Krieges 19 Kampfschiffe) durch die Lieferung von Seeminen unterstützt[12], deren Einsatz zur Versenkung von dreizehn Schiffen der US Navy führte.[13] Empfindliche Verluste mussten die amerikanischen Schiffe auch durch den Einsatz der nordkoreanischen Küstenverteidigungsartillerie aus sowjetischer Produktion hinnehmen, u. a. wurden eine Fregatte und ein Landungsschiff versenkt.[14] Diese Hilfe war eine schwere Last für die vom Zweiten Weltkrieg zerstörte Volkswirtschaft der UdSSR. Die Dokumente bestätigen auch, dass sich Stalin davor scheute, andere Waffengattungen der sowjetischen Streitkräfte im Koreakrieg einzusetzen, um den Beginn eines großen Krieges mit den USA zu verhindern. Den sowjetischen Militärberatern war lediglich der Einsatz in den Stäben der nordkoreanischen Armee und der chinesischen Freiwilligenverbände erlaubt. Nichtsdestoweniger

[9] *A.M. Ledovskij*, SSSR i Stalin v sud'bach Kitaja. Dokumenty i svidetel'stva učastnika sobytij: 1937–1952. Moskva 1999, S. 160–161.

[10] Vgl. *V.F. Li*, Politika superderžav (SŠA, SSSR i KNR) v Korejskoj vojne, in: Vojna v Koree 1950–1953 gg.: Vzgljad čerez 50 let. S. 56.

[11] Vgl. *A.S. Orlov*, Tajnaja bitva sverchderžav. Moskva 2001, S. 174–249; *Orlov/Gavrilov*, Tajny Korejskoj vojny.

[12] Vgl. *A.V. Torkunov*, Zagadočnaja vojna: korejskij konflikt 1950–1953 godov. Moskva 2000, S. 131.

[13] Vgl. *Nigel*, Vojna v Koree. 1950–1953, S. 496.

[14] Vgl. *I.V. Kastanov*, Flot vyšel v okean. Moskva 1996, S. 354 f.

befanden sich wegen der Befürchtung, dass sich der Konflikt zu einem Weltkrieg ausweiten könnte, an den Grenzen zur KVDR fünf sowjetische Divisionen sowie Teile der 5. und 7. Pazifischen Flotte im Hafen von Port Arthur in ständiger Gefechtsbereitschaft. Gleichwohl weigerte sich Stalin, die sowjetische Flotte zur Unterstützung der nordkoreanischen Armee und der chinesischen Freiwilligen zu entsenden, um die Beziehungen zu den USA nicht zu verschlechtern und keinen großen Krieg zu provozieren. Er verbot sogar, Marineoffiziere als Militärberater nach Korea zu entsenden. Während bei den Kampfhandlungen auf dem nordkoreanischen Kriegsschauplatz und zu deren Absicherung 575 Schiffe der USA (darunter acht Flugzeugträger), bis zu 50 Schiffe Großbritanniens (einschließlich vier Flugzeugträgern) zum Einsatz kamen und 32 Schiffe (davon ein Flugzeugträger) von Kanada, Frankreich, den Niederlanden, Australien und Neuseeland[15] gestellt wurden, so war die Teilnahme der sowjetischen Seekriegsflotte am Koreakrieg nur eine indirekte.

Neu bewertet die Forschung auch die Rolle der UNO im Krieg um Korea. Diesem Problem ist die Monographie von Vanin „Der Koreakrieg (1950–1953) und die UNO" gewidmet, die 2006 erschienen ist. Auf der Grundlage von freigegebenen Dokumenten aus dem Archiv des Außenministeriums, Akten der Parteiarchive und von bereits publizierten Dokumenten beleuchtet der Autor die Rolle der UNO als Hauptinstrument der Transformation eines lokalen Konfliktes in einen internationalen. Mit anderen Worten: Trotz der eigentlich friedensschaffenden Funktionen der UNO erscheinen die Vereinten Nationen im Koreakrieg wie eine kriegsführende Partei.[16] In Verbindung damit wird der Politik der USA in der Koreafrage und ihrer Initiative zur Einmischung in den innerkoreanischen Konflikt unter Berücksichtigung des proamerikanischen Kräfteverhältnisses in der UNO zu dieser Zeit besondere Aufmerksamkeit geschenkt. Doch zur immer noch aktuellen Streitfrage, betreffend die Nichtteilnahme des sowjetischen Vertreters Jakov A. Malik im Sicherheitsrat, als die Sicherheitsratsresolutionen vom 25. und 27. Juni verabschiedet wurden, mit denen die direkte Einmischung der UNO in den innerkoreanischen Konflikt begann, kann Vanin wenig Erhellendes beitragen. Er bemerkt lediglich, dass Moskau die weiteren Entwicklungen der Ereignisse in Korea und der UNO abgewartet habe.[17]

In diesem Zusammenhang und um zu zeigen, wie wichtig die neuen Dokumente für die Rekonstruktion des Gesamtbildes des Kriegs in Korea sind, sollen einige konkrete Beispiele dargestellt werden. Hier sei auf ein überaus wichtiges Dokument verwiesen, dass 2005 von Andrej M. Ledovskij, der in jener Zeit in der sowjetischen diplomatischen Vertretung in Nordkorea gearbeitet hatte und danach seinen Beitrag zum Studium des Krieges in Korea leistete, in der Zeitschrift „Novaja i Novejšaja Istorija" veröffentlicht wurde. Es handelt sich dabei um eine Erwiderung Stalins an den tschechoslowakischen Präsidenten Klement Gottwald, der in einem Gespräch mit dem sowjetischen Botschafter in Prag, Valerian A. Zorin, seine Zweifel an der Nichtteilnahme eines Vertreters des „Lagers der Demokratie" bei der Sitzung des UN-Sicherheitsrates am 27. Juni 1950 geäußert hatte. Stalin antwortete Gottwald am 27. August 1950, als sich der Angriff der Streitkräfte Nordkoreas überaus erfolgreich entwickelte und sich beim Kremlherrn endgültig die Grundlagen der Politik der UdSSR im Koreakrieg herauskristallisierten. Als eines der zwei gleichwertigen Ziele der Nichtteilnahme des sowjetischen Vertreters an der Arbeit des Sicherheitsrates nannte Stalin die Fortsetzung der Obstruktionspolitik, die der Solidarität der UdSSR mit der Volksrepublik China geschuldet war, da die USA im Sicherheitsrat den rechtswidrigen Vertreter der Guomindang unterstützten. Eine weitere Rechtfertigung des Kremls war

[15] Vgl. ebenda, S. 353.
[16] Vgl. *Ju. V. Vanin*, Korejskaja vojna (1950–1953) i OON. Moskva 2006, S. 6.
[17] Vgl. ebenda, S. 87.

das Bestreben, eine „illegale" Resolution des Sicherheitsrates dadurch zu bewirken, dass die beiden Großmächte UdSSR und Volksrepublik China bei ihrer Beschlussfassung fehlten. Und schließlich, so Stalin, habe es der Auszug des sowjetischen Vertreters aus dem Sicherheitsrat ermöglicht, dass die USA ihre Intervention in Korea begannen, womit sie ihr moralisches Potential verschwenden würden, da sie jetzt in der Rolle eines Aggressors seien und zugleich ihre Schwäche in militärischer Hinsicht demonstriert würde. Natürlich ist in diesen Worten propagandistische Rhetorik enthalten. Gleichwohl hat Stalin eine Einschätzung der amerikanischen Teilnahme am Koreakrieg ausgehend vom „weltweiten Kräftegewicht" gegeben, wobei er auf die nachfolgenden Vorteile für den sozialistischen Block zielte. Wichtig war vor allem, dass die Intervention in Fernost die USA von Europa ablenkte. Weil er die Möglichkeit nicht ausschloss, China in den Krieg in Korea hineinzuziehen, prognostizierte Stalin, dass sich Amerika im Kampf mit einem so starken Gegner überanstrenge und „damit in nächster Zeit nicht fähig sein wird, einen dritten Weltkrieg zu führen".[18] Da dieser Krieg zudem für eine unbestimmte Zeit verschoben würde, wäre zusätzliche Zeit für die Festigung des Sozialismus in Europa und die „Revolutionierung" ganz Fernostasiens vorhanden. Nicht übereinzustimmen ist dagegen mit dem in einem russischen Artikel vertretenen Standpunkt, dass der Koreakrieg eigentlich ein „Test der Absichten des strategischen Gegners"[19] gewesen sei, was man dahingehend deuten könnte, dass Stalin die gesamte Initiative an seinem Ausbruch zuzuschreiben sei. Stattdessen ist anzuerkennen, dass der sowjetische Führer nach der Internationalisierung des regionalen Konfliktes hoffte, hieraus eine politische Dividende im entstehenden globalen Kalten Krieg zu ziehen. Die von Stalin im August 1950 genannten „Vorteile" der Verwicklung der USA in den Krieg in Korea wiederholte er fast wortwörtlich während des oben erwähnten Gesprächs mit Tschou En-lai am 20. August 1952.

Ein weiteres Beispiel für die Wichtigkeit der dokumentarischen Rekonstruktion ist die Frage nach dem Eintritt Chinas in den Krieg. Hierbei führt der schwierige Archivzugang in der Volksrepublik China zu gegensätzlichen Interpretationen. Dies demonstriert anschaulich die im Bulletin des Cold War International History Project zwischen 1995 und 1997 veröffentlichte Polemik zwischen Aleksandr Ja. Mansurov, der sich auf Dokumente aus dem Archiv des Präsidenten der Russischen Föderation stützte und Shen Zhihua, der mit chinesischen Akten arbeitete. Mansurov schrieb, dass Mitte Oktober 1950 die chinesische Führung den Beschluss über die Entsendung von Freiwilligen nach Korea nur halbherzig gefasst habe. Der chinesische Wissenschaftler hingegen brachte überzeugende Beweise dafür, dass es Maos Wunsch war, positiv auf den Brief Stalins vom 1. Oktober 1950 zu reagieren, indem er die Bitte Kim Il-sungs weitergab, der Koreanischen Volksrepublik militärische Hilfe zu leisten. Zugleich zeigte er, dass es zu dieser Frage Anfang Oktober 1950 im Politbüro des Kommunistischen Partei Chinas keinen Konsens gab.[20]

In der Arbeit Anatolij V. Torkunovs werden Beweise dafür angeführt, dass Mao bereits 1949 sowie im Mai 1950 die Entscheidung Kim Il-sungs billigte, den Süden anzugreifen und ihm hierfür Unterstützung versprach. Nach Beginn des Krieges verband der chinesi-

[18] *A. M. Ledovskij*, Stalin, Mao Czėdun i Korejskaja vojna 1950–1953 gg., in: Novaja i novejšaja istorija, 2005, Nr. 5, S. 97.

[19] *A. M. Filitov*, SSSR i germanskij vopros: Povorotnye punkty (1941–1961 gg.), in: Cholodnaja vojna. 1945–1963 gg. Istoričeskaja retrospektiva, Otv. red. I. N. Egorova, A.O. Čubarjan, Moskva 2003, S. 238.

[20] Vgl. *A. Y. Mansourov*, Stalin, Mao, Kim and China's Decision to Enter the Korean War, September 16–October 15, 1950: New Evidence from the Russian Archives, in: CWIHP Bulletin. Issues 6–7. Winter 1995/1996, S. 94–107; *Zhihua Shen*, The Discrepancy Between the Russian and Chinese Versions of Mao's 2 October 1950 Message to Stalin on Chinese Entry into the Korean War: A Chinese Scholar's Reply, in: CWIHP Bulletin. Issues 8–9. Winter 1996/1997, S. 237–242.

sche Parteichef seine Zusicherung mit der Bedingung, dass der Gegner den 38. Breitengrad überschreiten werde, was Anfang Oktober 1950 geschah. Allerdings gibt es in dieser komplexen dokumentarischen Studie einige Lücken und Unstimmigkeiten, die es erschweren, die Position der Volksrepublik China zu verstehen. Insbesonders gilt dies für den Zeitraum nach der erfolgreichen Landung der UN-Kräfte bei Inchon am 15. September 1950, den nachfolgenden Vorstoß auf Pjöngjang sowie der am 12./13. Oktober getroffenen Entscheidung Stalins, die koreanischen Streitkräfte nach Norden zu evakuieren (das heißt, den Widerstand faktisch einzustellen). Diese hob er allerdings sofort auf, als das Zentralkomitee der Kommunistischen Partei Chinas Nordkorea sein Einverständnis gab, Militärhilfe zu gewähren. Die oben bereits besprochenen, 2005 von Ledovskij veröffentlichten Dokumente helfen, ebenso wie seine Erinnerungen als Diplomat und seine Interpretationen, den Gang der Ereignisse zu rekonstruieren. Aus der erstmals veröffentlichten Korrespondenz zwischen Mao, Stalin und Kim Il-sung im Zeitraum vom 7. bis 9. Oktober 1950 wird deutlich, dass in diesen Tagen die chinesische Führung den lang erwarteten Beschluss über die Entsendung von Freiwilligen nach Nordkorea fällte, wobei diese Entscheidung durch die Zusicherung der sowjetischen Seite bezüglich Luftdeckung und weiterer Militärhilfe für die Volksrepublik China begünstigt wurde. In Maos Telegramm an Stalin vom 8. Oktober teilte dieser ihm mit, dass Kim Il-sung bereits über die Entsendung der chinesischen Freiwilligenarmee nach Korea informiert sei. Wie allerdings aus dem gemeinsamen Telegramm an Mao von Stalin und Tschou En-lai, der zu Gesprächen in der UdSSR eingetroffen war, vom 11. Oktober hervorgeht, hatte der Meinungsaustausch zur „einhelligen Schlussfolgerung" geführt, dass „die chinesischen Streitkräfte nicht die Grenze Chinas überschreiten sollten"[21]. Begründet war dieser Beschluss mit dem schlechten Ausbildungsstand der chinesischen Truppen. Mao billigte die getroffenen Entscheidungen, einschließlich der Empfehlung, Pjöngjang und andere wichtige Punkte südlich der Bergregion Nordkoreas zu räumen. Ein Teil der koreanischen Streitkräfte sollte zum Partisanenkrieg übergehen. Wie aus einem weiteren Telegramm Maos an Stalin hervorgeht, befahl letzterer den chinesischen Streitkräften, „die Umsetzung des Planes zum Übertritt nach Korea einzustellen"[22].

Das Telegramm Stalins an Botschafter Terentij F. Štykov und Chefmilitärberater Nikolaj A. Vasil'ev vom 12. Oktober 1950 enthielt die Anweisung, Kim Il-sung über die Entscheidung der Sitzung der Vertreter des Politbüros des ZK der VKP(b) und des chinesischen ZK sowie über den Beginn der Evakuierung zu informieren. Aus diesem Dokument geht auch hervor, dass die Empfehlung zur Räumung nach dem unerfreulichen Bericht Tschou En-lais über den Zustand der chinesischen Armee und der einmütigen Schlussfolgerung, dass China nur nach Ablauf von sechs Monaten Hilfe leisten könnte (was in jedem Fall zu spät sei), erfolgte. Allerdings informierte Mao in der Nacht zum 13. Oktober den sowjetischen Botschafter Nikolaj V. Roščin darüber, dass die chinesische Führung ihre Entscheidung überdacht habe und teilte den Wunsch mit, den Koreanern zu helfen. In erster Linie wurde dies mit der erhöhten Bedrohung für die nationale Sicherheit sowie mit dem zuvor gemachten Versprechen Maos hinsichtlich einer militärischen Unterstützung erklärt, ohne die sich möglicherweise Kim Il-sung nicht entschlossen hätte, Korea gewaltsam wiederzuvereinigen. An dieser Stelle ist es notwendig darauf hinzuweisen, dass Kim Il-sung wahrscheinlich am 12. Oktober 1950 ein weiteres Telegramm von Stalin erhielt, in dem der verärgerte Sowjetführer mitteilte, dass sich die Chinesen „erneut weigerten ihre Truppen zu entsenden" und die Notwendigkeit der Evakuierung aus Nordkorea feststellte. Dies ist

[21] *Lendovskij*, Stalin, Mao Czėdun i Korejskaja vojna 1950–1953 gg., S. 108 f.
[22] Ebenda.

aus der Kopie des von Stalin handgeschriebenen Dokumentes aus dem Präsidentenarchiv sowie aus den Anmerkungen Torkunovs ersichtlich. Der Telegrammaustausch zwischen Stalin und Kim Il-sung vom 13. und 14. Oktober über die endgültige Entscheidung Chinas, Korea militärisch zu helfen und die Evakuierung einzustellen, zeigt ebenfalls, dass zwei Telegramme existierten. Eines enthielt die Anweisung Stalins zur Räumung, das andere die gleichen Empfehlungen, diesmal allerdings von Teilnehmern der „Beratung der chinesischen und sowjetischen Genossen".

Nach den vorliegenden Archivunterlagen lässt sich auch der Einfluss des Koreakrieges auf die weitere Entwicklung der Ost-West-Konfrontation untersuchen. Der Krieg in Korea trug zur weiteren Herausbildung der Blockpolitik bei. Die Beschlüsse des Politbüros des ZK der VKP(b), die im Herbst 1950 und 1951 verabschiedet wurden, bezeugen die verstärkte Lieferung von Beutewaffen, anderer Militärtechnik sowie Munition an die Land- und Seepolizeiformationen der DDR ebenso wie die Ausbildung von Kadern für die „Volkspolizei-Luft"[23]. Auf diese Art und Weise wurden die Grundlagen für eine Armee der DDR geschaffen. 1951 genehmigte das Politbüro zudem den sehr wichtigen Beschluss des Ministerrats der UdSSR „Über die Organisation der Luftverteidigung der Staatsgrenzen der UdSSR". Diese Anordnung sollte nicht nur die Verteidigungsfähigkeit und Sicherheit der Sowjetunion, sondern auch Polens, der Tschechoslowakei, Ungarns, Rumäniens und Bulgariens verstärken. In den „Ländern der Volksdemokratien" waren danach Beobachtungs- und Übermittlungsdienste zu schaffen, die eng mit den grenznahen Luftverteidigungsräumen an der Staatsgrenze der UdSSR zusammenzuarbeiten hatten.[24]

Auf der zwischen dem 9. und 12. Januar 1951 im Kreml abgehaltenen Beratung der militärpolitischen Führung der Sowjetunion mit den Generalsekretären und Verteidigungsministern der „Volksdemokratien" wurde ein Militärisches Koordinationskomitee geschaffen, das sich als Vorläufer des Warschauer Paktes erweisen sollte. Die Initiativen zur Abstimmung der Handlungen der militärischen Strukturen der UdSSR mit den osteuropäischen Verbündeten betrafen nicht nur die Erhöhung des Produktionsausstoßes der Rüstungsindustrie sondern auch die Verstärkung der Seestreitkräfte. Am 10. Dezember 1952 übermittelte Admiral Arsenij G. Golovko, zu diesem Zeitpunkt Befehlshaber der 4. Flotte[25], eine Aktennotiz an Stalin, in der er die Notwendigkeit der Vorbereitung polnischer Häfen an der Ostsee zur ständigen Basierung sowjetischer Kampfschiffe sowie die Wichtigkeit der Instandsetzung der sowjetischen Marinebasis in Świnoujście (Swinemünde) betonte, die seit 1945 als Flottenstützpunkt diente[26]. Im besagten Dokument wurde weiterhin unterstrichen, dass die Sicherstellung der festgelegten gemeinsamen Handlungen der 4. Flotte mit den Seestreitkräften Polens in Kriegs- wie in Friedenszeiten zur Lösung der jeweiligen Gefechtsaufgaben nötig sei. An dieser Stelle bleibt festzuhalten, dass als Ergebnis der operativen Untersuchung der vorliegenden Fragen durch die sowje-

[23] Vgl. Rossijskij gosudarstvennyj archiv social'no-političeskoj istorii – Russisches Staatsarchiv für sozialpolitische Geschichte (künftig: RGASPI), 17/162/44, Bl. 42, Beschluss des Politbüros vom 6.9.1950; ebenda, 17/162/47, Bl. 16; 148 f., Beschluss des Politbüros vom 3.11.1951; Anhang zum TOP: 377 vom 15.11.1951 (Sondermappe) Projekte Politbüro Nr. 84.

[24] Vgl. RGASPI, 17/162/46, Bl. 160; 166, Anhang zum TOP: 456 vom 10.9.1951 (Sondermappe) Projekte Politbüro Nr. 83.

[25] Im Januar 1947 hatte die sowjetische Marineführung auf Anweisung Stalins die Baltische Flotte in einen westlichen und östlichen Bereich aufgeteilt und in 4. beziehungsweise 8. Flotte umbenannt. Am 27. Januar 1956 machte ein Ministerratsbeschluss diese Aufteilung wieder rückgängig. Vgl. Baltijskij flot. Tri veka na službe Otečestvu, Sankt-Peterburg 2002, S. 194–204; Tri veka Rossijskogo flota v trech tomach, pod. Redakciej I.V. Kastonova, Bd. 3, St. Peterburg 1996, S. 221.

[26] Vgl. RGASPI, 9/1/763, Bl. 63, 66, Schreiben von Golovko an Stalin vom 12.12.1952.

tische Militär- und Flottenführung, die auf Anweisung von Nikolaj A. Bulganin (der als stellvertretender Vorsitzender des Ministerrates für militärische Fragen verantwortlich zeichnete) erfolgte, die Vorschläge Golovkos nicht nur angenommen, sondern sogar noch darüber hinausgehende Maßnahmen beschlossen wurden. Wie aus dem Schreiben von Nikolaj G. Kuznecov und Vitalij A. Fokin an Bulganin vom 19. Januar 1953 hervorgeht, schlug die Marineführung hinsichtlich des gemeinsamen Vorgehens der sowjetischen und polnischen Flotte vor: „Admirale und Offiziere der polnischen Seestreitkräfte zur Teilnahme an einzelnen gemeinsamen Kriegsspielen und Manövern der 4. Flotte heranzuziehen“, sowie die Häfen von Gdynia (Gdingen) und Hel (Hela) zur Stationierung sowjetischer Kreuzer, Zerstörer, Minenleger, U-Jäger und zehn bis zwölf U-Booten zu nutzen. Gleichfalls wurde vorgeschlagen, „den Seekriegsschiffen der UdSSR laut Vereinbarung mit der polnischen Militärführung zu gestatten, die Häfen von Gdynia und Hel anzulaufen“[27].

Wie sorgfältig die sowjetische Militärelite die Erfahrungen und Lehren des Koreakrieges analysierte, wird u. a. an der Studie „Der Krieg in Korea. 1950–1953“ deutlich, die in den fünfziger Jahren als streng geheime Arbeit herausgegeben wurde und für die höchste Militärführung vorgesehen war.[28] Das Werk bestätigt das Faktum, dass die militärischen Operationen in Korea, der UdSSR und den USA die Möglichkeit gaben, die verfügbaren Informationen über die Bewaffnung des Gegners, Neuentwicklungen von Militärtechnik, die Organisation der Streitkräfte und über die Entwicklung der operativ-taktischen Ansichten in den Jahren nach dem Ende des Zweiten Weltkrieges wesentlich zu ergänzen.

Am Schluss dieses kurzen Überblicks über die Untersuchung des Koreakrieges durch russische Forscher und die hierfür vorhandene Quellenbasis, ist es notwendig, nochmals zu unterstreichen, dass nur durch gemeinsame Anstrengungen der Spezialisten, die nach freigegebenen Archivdokumenten aller beteiligten Konfliktparteien „schürfen“ und sich dabei auf die Ergebnisse der von den Kollegen bereits durchgeführten Forschungen stützen, die Historiker ein ausgewogenes und umfassendes Bild der Ereignisse in Korea erhalten können, in deren Folge zwei koreanische Staaten als Erbe der Epoche des Kalten Krieges existieren.

[27] Ebenda, Bl. 144 f., Schreiben von Kuznecov und Fokin an Bulganin vom 19.1.1953.
[28] Vgl. Vojna v Koree. 1950–1953, St. Peterburg 2000.

Bernd Schaefer (Washington)

„Die for a Tie" und Grenzerfahrungen – Die USA im Koreakrieg

Der „kälteste Winter"

In einem Buchladen in Washington D.C. wurde im September 2007 der ehemalige amerikanische Vizepräsident Richard B. Cheney gesichtet, einer der maßgeblichen Befürworter einer Invasion in den Irak unmittelbar nach den Terroranschlägen auf die USA vom 11. September 2001.[1] Dort kaufte er sich das jüngste Buch des kürzlich verstorbenen amerikanischen Bestseller-Journalisten David B. Halberstam mit dem Titel „The Coldest Winter"[2], das alle Chancen hat, zum populärsten und meistgelesenen amerikanischen Buch zum Koreakrieg zu werden. Diese Prognose ist nicht nur der Tatsache geschuldet, dass Bücher über den am meisten vergessenen aller amerikanischen Kriege des 20. Jahrhunderts rar und bisher kaum populär sind – und das unabhängig von ihrer akademischen Solidität.[3] Wie schon in seiner, mittlerweile 35 Jahre alten, klassischen Vietnam-Tragödie „The Best and the Brightest"[4], differenziert David Halberstam auch 2007 in seinem Koreabuch zwischen dem individuellen Heroismus und Opfer der einfachen Soldaten auf der einen und falschen Einschätzungen und Entscheidungen der politischen und militärischen Führung der USA auf der anderen Seite. Möglicherweise wird auch US-Vizepräsident Cheney noch zu seinen Lebzeiten ähnliche Bücher über den amerikanischen Krieg im Irak und seine eigene Rolle erwerben können.

Viele Jahre nach Ende des Krieges in Korea stellte der von 1949 bis 1953 amtierende Außenminister Dean G. Acheson fest: „Wenn die klügsten Köpfe der Welt versucht hätten, den am wenigsten geeigneten Ort zu finden, um diesen verdammten Krieg politisch und militärisch zu führen, wäre Korea die einstimmige Wahl geworden."[5] Damit spielte der amerikanische Politiker auf das kalte Klima und das fast durchgängig gebirgige Terrain der koreanischen Halbinsel an. Doch auch trotz dieser widrigen äußeren Umstände vermochte es der Koreakrieg, den sogar Präsident Harry S. Truman lange als „Polizeiaktion" statt als „Krieg" bezeichnete, nicht, in den USA nachhaltige Reaktionen hervorzurufen. Er führte weder im positiven Sinne zu einer Mobilisierung der Bevölkerung wie im Zweiten Weltkrieg, noch rief er eine negative Polarisierung hervor, wie es im späteren Vietnamkrieg der Fall war. Halberstam beschreibt es treffend: „Es war einfach ein verwirrender, grauer, weit entfernter Konflikt. Es war ein Krieg, der weiter und weiter ging, scheinbar ohne Hoffnung oder Ergebnis, von dem die meisten Amerikaner, außer den kämpfenden Soldaten und ihren Familien, so wenig wie möglich wissen wollten."[6] Spätestens nach der chinesischen In-

[1] Vgl. *The Washington Post*, 5. Oktober 2007, S. A19.

[2] *David Halberstam*, The Coldest Winter: America and the Korean War. New York 2007.

[3] Die definitiv besten Darstellungen und Sammelbände auf dem aktuellsten Forschungsstand, der auf früher erschienenen Werken aufbaut, stammen von dem Historiker William Stueck von der University of Georgia in Athens: *William Stueck*, The Korean War: An International History. Princeton, NJ, 1995; *Ders.*, Rethinking the Korean War: A New Diplomatic and Strategic History. Princeton, NJ 2002; *Ders.* (Hrsg.), The Korean War in World History. Lexington, KY 2004. Vgl. auch die bisher beste deutsche Darstellung: *Rolf Steininger*, Der vergessene Krieg: Korea 1950–1953. München 2006.

[4] *David Halberstam*, The Best and the Brightest. New York 1972.

[5] Ebenda, S. 1.

[6] Ebenda, S. 2.

tervention im November 1950 und dem Stillstand der Fronten unweit des 38. Breitengrades nur wenige Monate später, wurde eine Fortführung des Koreakrieges aus amerikanischer Sicht nicht mehr für sinnvoll erachtet. „Die for a Tie" – „Sterben für ein Unentschieden", wie es die amerikanischen Soldaten formulierten. Diese Entwicklungen wurden nicht zuletzt durch Stimmen aus der Regierung in Washington selbst hervorgerufen.

Schock, Überschwang und Frustration

Der militärische Einsatz der USA in Korea zwischen 1950 und 1953 war die erste direkte amerikanische Militärintervention auf dem asiatischen Kontinent, obwohl Washington, im Gegensatz zur Sowjetunion und der Volksrepublik China, scheinbar ein geringeres Sicherheitsinteresse mit der koreanischen Halbinsel verband. Grundsätzlich war nach 1945 Europa von zentraler Bedeutung im mehrheitlichen Bewusstsein amerikanischer Eliten – zum einen für ihr internationales Selbstverständnis und zum anderen aufgrund der kulturellen Prädispositionen, die in Europa jedenfalls in deutlich höherem Maße als in Ostasien oder gar auf der koreanischen Halbinsel gegeben waren. Südkorea war von den USA besetzt worden, um der japanischen Kolonialherrschaft ein Ende zu bereiten. Nachdem dieses erfolgreich bewerkstelligt war, wurde bis zum Jahre 1948 die Selbständigkeit der „Republik Korea" ausgehandelt, etabliert und ein Rückzug der eigenen Truppen vorgenommen.

In Washington übte die republikanische Kongressmehrheit in den Jahren unmittelbar nach Ende des Zweiten Weltkrieges im Einklang mit der öffentlichen Meinung in den USA starken innenpolitischen Druck aus, um die internationale amerikanische Truppenpräsenz deutlich zu reduzieren. Korea schien sich für einen solchen Schritt besonders zu eignen. Eine vorübergehende Ausnahme bildeten Initiativen des kurzzeitigen Unter-Staatssekretärs im US-Außenministerium, Dean G. Acheson, der 1947 Korea als Frontlinie gegen die Sowjetunion ausbauen und für das ostasiatische Land mehr Ausgaben vorsehen wollte als für die damals zentralen „Frontländer" Griechenland und Türkei. Die republikanische Mehrheit im Kongress folgte jedoch diesen Vorschlägen nicht und Acheson schied vorübergehend wieder aus seinem Amt aus. Im Jahre 1948 hatte es der Stab der Vereinten Vorsitzenden der amerikanische Streitkräfte wie folgt formuliert: „Die USA dürfen nicht so unwiderruflich in die koreanische Situation verwickelt werden, dass eine Aktion der Parteien in Korea oder irgendeiner anderen Macht in Korea als ein *casus belli* für die Vereinigten Staaten angesehen werden könnte."[7]

Diese Situation begann sich aufgrund spezieller und in Washington so nicht erwarteter Entwicklungen des Jahres 1949 zu ändern. Der erfolgreiche sowjetische Atomtest im September 1949 war ein schwerer Schock für die US-Regierung, die fest an den Fortbestand des amerikanischen Atommonopols geglaubt und öffentlich wiederholt und triumphierend damit argumentiert hatte. Außerdem schuf der kommunistische Sieg im bevölkerungsreichsten Land der Erde und die Gründung der Volksrepublik China auch auf der koreanischen Halbinsel eine neue Situation: Nach dem US-Abzug von 1948 und dem sowjetischen Rückzug von 1949 verfügte das kommunistische Nordkorea nunmehr über ein großes sympathisierendes Hinterland nördlich der eigenen Grenzen. In den USA selbst musste die Regierung Truman harte Kritik von konservativ-republikanischer Seite einstecken: Washington hätte China durch politische Fehler und eigene Unterlas-

[7] *Lloyd C. Gardner*, Korean Borderlands: Imaginary Frontiers of the Cold War, in: W. Stueck (Hrsg.), The Korean War in, S. 135.

sungen „verloren".[8] Fast schon einer Verschwörungstheorie ähnelnd lautete die Kritik, dass die amerikanische Regierung die Sowjetunion unterschätzt bis unterstützt hätte, und zwar aufgrund der Existenz kommunistischer Sympathisanten und Agenten im Regierungsapparat, insbesondere im State Department.[9] 1950 begannen die einschüchternden Anhörungen durch Senator Joseph McCarthy im Senat, die auf Jahre hinaus ganze Gruppen und politische Lager unter Kommunismusverdacht stellten.[10]

In Bezug auf das scheinbar marginale Südkorea war die US-Regierung ohne ein klares Bekenntnis zu dessen militärischem Schutz im Falle etwaiger nordkoreanischer Aktionen geblieben. Zum einen wurde es in Washington militärisch nicht für dringlich und erforderlich erachtet und zum anderen herrschte ein erhebliches Misstrauen gegenüber Südkoreas Regierungschef Syng-man Rhee, dass dieser eine militärische Aktion in Richtung Norden unternehmen und die USA in einen Konflikt hineinziehen könnte. Auch bestanden erhebliche Zweifel an der Demokratiefähigkeit von Syng-man Rhee und an seiner Unterstützung durch die Bevölkerung in Südkorea. Das deshalb so genannte bewusste Offenlassen eines potenziellen amerikanischen Militärschutzes erwies sich jedoch als völlig unzureichende Abschreckung und wurde sogar als angebliche „Einladung" an die Kommunisten gewertet, in die Offensive zu gehen.

Bereits vor dem Ausbruch des Krieges in Korea war klar, dass es für die Truman-Regierung keine zusätzlichen außenpolitischen amerikanischen „Ausverkäufe" nach dem „Verlust" Chinas geben durfte. Die innenpolitische Stimmung in den USA führte deshalb nach der nordkoreanischen Invasion vom 25. Juni 1950 zu deutlichen Schuldgefühlen in einer amerikanischen Regierung, die offenbar weder Pjöngjangs Angriff hatte voraussehen noch abschrecken können. Dieser Vorlauf und Hintergrund erklären die plötzliche amerikanische Entschlossenheit, im Juni 1950 dem kommunistischen Vormarsch in Korea entgegenzutreten und ihm sogar einen Rückschlag durch die Wiedervereinigung Koreas unter „westlichen" Prämissen zufügen zu wollen. Bereits im September 1950 wurde es nun plötzlich zur amerikanischen Initiative und Strategie, die Koreanische Demokratische Volksrepublik (KDVR) im Norden dauerhaft beseitigen zu wollen. Während diese Position eine neue Ortsbestimmung Washingtons repräsentierte, identifizierte sich Syngman Rhees Regierung in Seoul völlig mit diesem, selbst lang gehegten, Ziel. Noch heute wird im „War Memorial of Korea" in Seoul, dem monumentalen historischen Museum der südkoreanischen Streitkräfte, der Originalbecher ausgestellt, aus dem Syng-man Rhee Wasser des Yalu trank, nachdem amerikanische und koreanische Truppen den Fluss an der chinesischen Grenze im November 1950 erreicht und eine Probe seines Wassers nach Seoul gesandt hatten.

Nun wurde Korea für Präsident Truman und seinen Außenminister Acheson ein symbolischer Krieg zwischen USA und globalem Kommunismus. Truman verglich die Bedrohung des Kommunismus mit der des Nationalsozialismus durch Hitler. In der Rhetorik wurde der Koreakrieg zu einem „globalen Kreuzzug." Spätere Kritiker, zu denen vor allem revisionistische amerikanische Historiker gehören, betonen dagegen, erst die USA hätten einen lokalen Konflikt in Korea, den manche sogar als „Bürgerkrieg" bezeichnen[11], internationalisiert und letztlich globalisiert.

[8] Siehe eine der klassischen Anklagen: *Anthony Kubek*, How the Far East was Lost: American Policy and the Creation of Communist China, 1941–1949. Washington, D.C. 1963.

[9] Vgl. *Harvey Klehr, Ronald Radosh*, The Amerasia Spy Case: Prelude to McCarthyism. Chapel Hill, NC 1996.

[10] Vgl. *Ellen Schrecker*, Many are the Crimes: McCarthyism in America. Boston 1998.

[11] So vor allem: *Bruce Cumings*, The Origins of the Korean War. 2 Bde. Princeton, NJ 1981 und 1990.

Wie dem auch gewesen sein mag: Innenpolitisch erwies sich der fatale Krieg in Korea auch als unerwartete Chance, die Zustimmung der amerikanischen Bevölkerung und des Kongresses für eine vorher unvorstellbare militärische Aufrüstung zu gewinnen.[12] Die interne Direktive „National Security Council (NSC) 68", erarbeitet im State Department unter Paul H. Nitze im April 1950, hatte mit einem Hinweis auf die angeblich beträchtliche und wachsende Macht der Sowjetunion eine breite Aufrüstung amerikanischer Truppen in den USA selbst, sowie in Europa und Asien gefordert. Während im April 1950 ein solches Vorhaben schwer vermittelbar gewesen wäre, fiel es durch „Korea" Präsident Truman nun leicht, „NSC 68" im September 1950 zu offizialisieren. Oder wie es Außenminister Acheson formulierte: „Korea hat uns gerettet."[13] Wie man am Beispiel „NSC 68" sieht, stärkte der Krieg in Ostasien auch die Vollmachten des US-Präsidenten. Die Militärintervention in Korea begann ohne Kriegserklärung und Kongressbeschluss, weil sie als „Polizeiaktion" und nicht als Krieg definiert war. Auch wenn in diesem speziellen Fall ein Mandat der Vereinten Nationen eingeholt wurde, so agierten doch seit Truman US-Präsidenten immer wieder in dieser Grauzone, um ihre eigene Autorität in der Kriegsführung, soweit dies möglich war, nicht durch Entscheidungen anderer Gewalten einschränken zu lassen („Imperial Presidency"[14]), d.h. eine Entscheidung zur Kriegsführung von einer formellen Kriegserklärung des amerikanischen Kongresses abhängig zu machen.

Der Krieg in Korea zeitigte bekanntlich langfristige außenpolitische Folgen, wie beispielsweise die engere Zusammenführung des westlichen Verteidigungsbündnisses und die mittelfristige Wiederbewaffnung Westdeutschlands. Solche Entwicklungen erfolgten bald unabhängig von der Entwicklung der tatsächlichen militärischen Lage vor Ort in Korea. Dort war die amerikanische Sicherheit hinsichtlich einer „Vereinigung Koreas" unter westlichen Vorzeichen empfindlich beeinträchtigt worden durch die chinesische Intervention zugunsten Nordkoreas. Diese Reaktion hatte Washington nicht vorausgesehen. Chinesische Warnungen waren entweder ignoriert oder nicht ernst genommen worden. Ein Zurückweichen vor chinesischen Drohungen war als unakzeptables Zeichen von Schwäche definiert worden. In Kombination mit spärlichen nachrichtendienstlichen Erkenntnissen über chinesische Truppenbewegungen wurden deshalb die amerikanischen Einheiten mitten in der eigenen Offensive überrascht und bemerkten den Einmarsch chinesischer Truppen erst nach einigen Tagen.

Eine immer wieder vieldiskutierte Frage ist die, warum die USA den Krieg nicht über Korea hinaus ausdehnten, nachdem ihnen die Lage bewusst wurde und das chinesische Eingreifen den angestrebten Sieg verhinderte. Offensichtlich hatte die Regierung Truman, ähnlich wie die Führung in Moskau, Interesse an einer Eindämmung und Beschränkung des Konflikts auf Korea. Präsident Truman sah in Europa die wichtigste Front gegen die Sowjetunion und dies sollte nicht durch ein überzogenes Risiko in Ostasien aufs Spiel setzten. Zudem trafen amerikanische Sondierungen bezüglich einer möglichen militärischen Eskalation des Konflikts nach China auf große westeuropäische Zurückhaltung, da man mit Gegenaktionen der konventionell überlegenen UdSSR auf dem europäischen Kontinent rechnete. Es kann auch nicht deutlich genug betont werden, wie sehr das UN-Mandat für

[12] Vgl. *Melvyn P. Leffler*, A Preponderance of Power: National Security and the Truman Administration. Stanford, CA 1993.

[13] *Gardner*, Korean Borderlands, S. 142.

[14] Kritisch zur Truman-Regierung in dieser Beziehung: *Arnold Offner*, Another Such Victory: President Truman and the Cold War, 1945–1953. Stanford, CA 2002. Dagegen als Beispiel einer heroisierenden Biographie dieses Präsidenten, die mit dem Pulitzer-Preis ausgezeichnet wurde: *David McCullough*, Truman. New York 1993.

die amerikanische Führung des Krieges Washingtons europäischen Verbündeten, insbesondere dem einflussreichen Großbritannien, aber auch den wenigen Dritte-Welt-Ländern in der UN-Vollversammlung, ein überproportionales Gewicht gegenüber amerikanischen Eskalationsabsichten verschaffte.

Mit der spektakulären und, angesichts des öffentlichen Widerstands in den USA, mutigen Abberufung von General Douglas MacArthur durch Präsident Truman im April 1951 setzte sich das Konzept eines begrenzten Krieges gegen das eines globalen Krieges prinzipiell durch – auch wenn die Möglichkeit einer Eskalation noch nicht vollständig gebannt war und entsprechende Planspiele andauerten. Solche Aktionsoptionen, die erwogen und fast durchgängig verworfen wurden und trotzdem bis 1953 als Drohkulisse bestehen blieben, waren beispielsweise die Möglichkeit von Angriffen auf Militärbasen innerhalb Chinas in der Mandschurei, der Einsatz amerikanischer Bodentruppen in China, eine Seeblockade Chinas, eine Ausrüstung taiwanesischer Nationalisten in der Volksrepublik oder gar nukleare Waffeneinsätze gegen chinesische Truppenkonzentrationen in Korea. Im Mai 1951 sagte der Vorsitzende des Stabes der Chefs der Vereinten Streitkräfte, General Omar Bradley, im US-Kongress zur Abberufung MacArthurs aus und erklärte zu einer möglichen Eskalation gegen China: „The wrong war, at the wrong time, against the wrong enemy" („Der falsche Krieg, zur falschen Zeit, gegen den falschen Feind").[15] Das war eine späte Erkenntnis der USA. Ein halbes Jahr zuvor, zum Zeitpunkt der unerwarteten chinesischen Intervention, hatte die Maxime im Hinblick auf Ort und Zeit noch genau umgekehrt gelautet. Zwei Jahrzehnte später sollte sich jedoch die amerikanische militärische Zurückhaltung gegenüber China zwischen 1950 und 1953 als weise Entscheidung erweisen und eine Annäherung zwischen Peking und Washington ermöglichen, die durch den historischen Ballast von amerikanischen Militäraktionen gegen China im Koreakrieg gewiss nicht in dieser Gestalt erfolgt wäre.[16]

Letztlich erwies sich der Koreakrieg im engeren Sinne von zweitrangiger Bedeutung für den Fortgang des globalen amerikanisch-sowjetischen Konfliktes. Für die USA war der Krieg auf der Halbinsel mehr von symbolischer, als von strategischer Bedeutung. Aber die symbolische Bedeutung des Koreakrieges für die amerikanische Entschlossenheit der Regierung Truman und ihrer Nachfolger zur konsequenten Fortführung des Kalten Krieges mit dem „kommunistischen Block" kann nicht hoch genug eingeschätzt werden.

In Anbetracht der Tatsache, dass die USA dem nordkoreanischen Führer Kim Il-sung seine sicher geglaubte „südkoreanische Beute" entrissen und in der Folge seine „Koreanische Demokratische Volksrepublik" in dreijährigem Bombardement dem Erdboden gleich machten, ist es nicht weiter verwunderlich, dass die Bevölkerung in Nordkorea zu glühendem Hass auf die Vereinigten Staaten erzogen wurde. Bis heute wird propagiert, dass angeblich die USA im Juni 1950 Nordkorea überfielen und zerstörten und dann durch die heldenhaften Soldaten unter Kim Il-sungs genialer Führung zurückgeschlagen wurden. In Südkorea selbst blieben die USA durch militärische Dauerpräsenz gebunden, ohne aber einen nachhaltigen und beständigen Einfluss auf die südkoreanische Regierungspolitik zu gewinnen. Überzogene und sich oft ändernde Erwartungen führten immer wieder zu gegenseitigen Ressentiments, allerdings langfristig auch zur Herausbildung einer südkoreanischen Teilnation, die in einem komplexen Prozess von Adaption und Resistenz ihre Beziehungen zu den Vereinigten Staaten transformierte.[17] Die amerikanische Truppenprä-

[15] *Gardner*, Korean Borderlands, S. 141.

[16] Vgl. *Margaret MacMillan*, Nixon and Mao: The Week that Changed the World. New York 2007.

[17] Vgl. *Gregg Brazinsky*, Nation Building in South Korea: Koreans, Americans and the Making of a Democracy. Chapel Hill, NC 2007.

senz in der Republik Korea, insbesondere in Itaewon im Zentrum von Seoul nicht weit vom 38. Breitengrad, galt und gilt noch heute geradezu als Versicherung gegen ein Vorstoßen der nordkoreanischen Seite. Die nun gegen den Rat der Regierung in Seoul demnächst erfolgende Verlegung dieser amerikanischen Truppen aus dem Zentrum der Hauptstadt nach Süden, und damit aus der koreanischen Metropole hinaus, wurde dementsprechend zu einem Politikum in den bilateralen Beziehungen.

Resümee

Zusammenfassend können folgende amerikanische Grenzerfahrungen im Kontext des Koreakrieges als Ergebnisse seines speziellen Verlaufes, festgehalten werden:

- Den Vereinigten Staaten wurden von den kommunistischen Mächten China und Sowjetunion die Grenzen ihrer globalen Macht aufgezeigt. Weil eine militärische Eskalation über die koreanischen Grenzen hinaus für die USA keine Option darstellte, mussten sie endgültig die Realität einer nunmehr bipolaren Welt der gegenseitigen militärischen Abschreckung akzeptieren.
- Anders als zuvor in den beiden Weltkriegen, gab es an der amerikanischen Heimatfront nur eine sehr eingeschränkte Bereitschaft Opfer für das entfernte Korea zu bringen und hohe Verluste zu ertragen. Im Gegensatz zum amerikanischen Kriegseintritt von 1941 existierten nunmehr amerikanische Truppen- und Militärbasen in verschiedenen Teilen der Erde, die entsprechend verwundbar durch Aktionen gegnerischer Kräfte waren. Ein lokaler Krieg wie in Korea wurde unvermeidlich zu einem globalen Strategiespiel mit hohem Risiko, das seine regionale Beschränkung beinahe imperativ erforderlich machte.
- Für Teile der amerikanischen Militärführung war der daraus resultierende „begrenzte Krieg" mit seiner „eingeschränkten" Kriegsführung schwer zu ertragen. „Begrenzung" stellt in diesem Fall gleichwohl eine relative Größe dar, die nur anwendbar ist, wenn man die Intervention in Korea mit dem amerikanischen Großeinsatz im Ersten und Zweiten Weltkrieg vergleicht. Vorstellungen der Generäle Douglas MacArthur und Curtis LeMay, die das „Modell" des Krieges gegen Japan auf Korea zu übertragen versuchten, um den neuen Gegner China in seinen eigenen Grenzen zu treffen, wurden durch die Regierung in Washington weitgehend geblockt. Für Korea selbst war der Krieg auch unterhalb der nuklearen Schwelle quasi unbegrenzt: Es kam zu unübersehbarem „Kollateralschaden" unter der Zivilbevölkerung in Nord und Süd, wie unter anderem die 1999 entfachte Debatte um den Tod der unbeteiligten südkoreanischen Flüchtlinge im Juli 1950 unter einer Brücke nahe des Dorfes No Gun Ri zeigt.[18] Außerdem wurden in vielen nordkoreanischen Städten die Produktion und Infrastruktur beinahe vollkommen zerstört, da sich das amerikanische Bombardierungsmodell an der Brandbombenzerstörung der japanischen Städte im 2. Weltkrieg orientierte.[19]

[18] Kritisch mit Schuldzuweisungen an die amerikanischen Streitkräfte: *Charles J. Hanley/Sang Hun Choe/Martha Mendoza*, The Bridge at No Gun Ri: A Hidden Nightmare from the Korean War. New York 2001. Zur Verteidigung der US-Truppen: *Robert L. Bateman*, No Gun Ri: A Military History of the Korean War Incident. Mechanicsburg, PA 2002.

[19] Vgl. *Bruce Cumings*, Parallax Visions: Making Sense of American-East Asian Relations at the End of the Century. Durham, NC 1999, S. 35–69.

- Schließlich wurde dieses den USA aufgezwungene Konzept der „Begrenzung“ auch übertragen auf den späteren amerikanischen Krieg in Vietnam zwischen 1964 und 1973, in dessen Verlauf die USA zu keinem Zeitpunkt Bodentruppen nach Nordvietnam sandten, wie sie es 1950 im Falle Nordkoreas noch wie selbstverständlich getan hatten. Die amerikanische Regierung beschränkte sich auf die Bewahrung des Status quo des anti-kommunistischen verbündeten Vasallenstaates in Saigon – und scheiterte mit dieser Zielsetzung nach dem amerikanischen Truppenabzug. In Korea mussten die USA ihre Maximalziele begraben und sich auf einen Kompromiss einigen. In Vietnam dagegen forcierte man mit nur mäßigem Erfolg die Durchsetzung der eigenen Ziele.
- Insgesamt hatte mit 36 914 Opfern auf amerikanischer Seite der Koreakrieg zu einer nachhaltig starken Fixierung der USA auf Ostasien geführt. Die führte letztlich zur „Dominotheorie“ eines schrittweisen kommunistischen Vordringens in dieser Region, der man bereit war mit allen Mitteln unterhalb der nuklearen Eskalationsschwelle entgegenzuwirken. Die USA verbündeten sich mit den dortigen Kolonialmächten gegen die nationalen Befreiungsbewegungen in Indochina[20] und versuchten erfolglos, die zunehmend einflussreichere VR China zu isolieren. Zehn Jahre nach Ende des Koreakrieges führten die dort gemachten Erfahrungen zu einem amerikanischen Militäreinsatz in Indochina und, wiederum etwa zehn Jahre später, zur ersten indirekten militärischen Niederlage der USA. Wie in Vietnam, so hatte auch in Korea die jeweilige militärische Lage an den Fronten die schwankende Außen- und die fließende Innenpolitik Washingtons beeinflusst und letztendlich bestimmt.

[20] Vgl. *Mark A. Lawrence*, Assuming the Burden: Europe and the American Commitment to War in Vietnam. Berkeley, CA 2007.

2. Der Koreakrieg und die Blockkonfrontation in Europa

Bruno Thoß (Potsdam)

Der sicherheitspolitische Standort des Koreakrieges im Kontext der westlichen Bedrohungsperzeptionen 1948–1951

In der zeitgenössischen westlichen Wahrnehmung[1] wirkte der Ausbruch des Koreakrieges im Sommer 1950 wie ein Fanal für gestiegene östliche Risikobereitschaft im Kalten Krieg. Bis dahin hatte die Sowjetunion auf eine wahrgenommene Konfrontation im Ost-West-Konflikt im Regelfall mit weiterer defensiver Abriegelung des eigenen Einflussbereichs reagiert. Den Höhepunkt solcher Gegenstrategien hatte die im Herbst 1947, beim Treffen der osteuropäischen KP-Chefs im Riesengebirge, verkündete Wiederaufnahme von Stalins Zwei-Lager-Theorie aus der Zwischenkriegszeit, als Antwort auf Truman-Doktrin und Marshall-Plan, gebildet. [2] Und selbst wenn man in Moskau in vermeintlichen Randzonen des Kalten Krieges zeitweilig zu offensiverem Vorgehen tendierte, ließ es die Sowjetunion doch nie auf eine unmittelbare militärische Auseinandersetzung mit einer der westlichen Hauptmächte ankommen. Ob im griechischen Bürgerkrieg seit 1944 oder beim zeitweiligen Vorstoß in den Nordiran 1946[3], vor allem aber 1948/49 bei der Blockade West-Berlins[4] – die sowjetische Führung testete das Stehvermögen des Westens stets unterhalb eines offenen Krieges.

Nach dem erfolgreichen sowjetischen Atomwaffentest im August 1949 und dem Sieg der Kommunisten im chinesischen Bürgerkrieg im Herbst desselben Jahres kam Washington zu dem Schluss, dass ein solch defensives Risikokalkül überholt zu sein schien. [5] Anstelle dessen deutete sich in Moskau offenbar wachsende Bereitschaft an, den westlichen Eindämmungsring, der sich seit 1947 schrittweise um den kommunistischen Machtbereich zu legen begann, an seinen Schwachstellen offensiv aufzubrechen. So war zur Jahreswen-

[1] Belege für die amerikanische Öffentlichkeit bei *Rolf Steininger*, Der vergessene Krieg. Korea 1950-1953. München 2006, S. 41–55. Zum Zusammenhang von Korea-Schock in Westeuropa und Grundsatzentscheidung für eine Aufrüstung der Bundesrepublik Deutschland: *Gunther Mai*, Westliche Sicherheitspolitik im Kalten Krieg. Der Korea-Krieg und die deutsche Wiederbewaffnung (= Militärgeschichte seit 1945, Bd. 3). Boppard am Rhein 1977.

[2] Zu den sowjetischen Bedrohungsperzeptionen in der Frühphase des Kalten Krieges: *Vojtech Mastny*, The Cold War and Soviet Insecurity. The Stalin Years. Oxford 1996; zum „Umschalten" im Herbst 1947: *Bruno Thoß*, Die Sicherheitsproblematik im Kontext der sowjetischen West- und Deutschlandpolitik 1941–1952, in: „Volksarmee schaffen – ohne Geschrei!", hrsg. v. Bruno Thoß (= Beiträge zur Militärgeschichte, Bd. 51). München 1994, S. 23–89, hier S. 61 f.; eingehend analysiert auf der Grundlage neuerer Quellen bei *Wladislaw Subok, Konstantin Pleschakow*, Der Kreml im Kalten Krieg. Von 1945 bis zur Kubakrise. Hildesheim 1997, S. 163–199.

[3] Vgl. *Bruce R. Kuniholm*, The Origins of the Cold War in the Near East: Great Power Conflict and Diplomacy in Iran, Turkey and Greece. Princeton 1980.

[4] Vgl. *Thomas Parrish*, Berlin in the Balance, 1945–1949. The Blockade, the Airlift, the First Major Battle of the Cold War. Reading, Mass. 1998.

[5] Zum Wandel der amerikanischen Bedrohungsperzeption im Sommer/Herbst 1949: *John Lewis Gaddis*, Strategies of Containment: A Critical Reappraisal of Post-war American National Security Policy. New York and Oxford 1982, S. 79–88; *Steven L. Rearden*, The Formative Years, 1947–1950 (= History of the Office of the Secretary of Defense, vol. 1). Washington D.C. 1984, S. 335–360; *Robert A. Wampler*, Ambiguous Legacy: The United States, Great Britain and the Foundation of NATO Strategy, 1948–1957, 2 vols. Ann Arbor 1996, hier vol. I, S. 1–51. Zum ersten erfolgreichen Test einer sowjetischen Atombombe und seiner internationalen Wahrnehmung: *David Holloway*, Stalin and the Bomb: The Soviet Union and Atomic Energy, 1939–1956. New Haven 1994, S. 265–271.

de 1949/50 in den Leitartikeln führender sowjetischer Zeitungen selbstbewusst von einer 700 Millionen starken „Friedensfront" in Europa und Asien die Rede, die „von Sieg zu Sieg voranschreitet" und sogar bereits „die Klänge der indischen Marseillaise"[6] zu hören vermeinte. Wenn Stalin daher im Sommer 1950 seinen nordkoreanischen Verbündeten gegen ein Südkorea, in dem die US-Truppen ausgedünnt worden waren, „von der Leine ließ"[7], dann erklärt sich der „Korea-Schock" vom Krisensommer 1950 in der westlichen Öffentlichkeit beinahe von selbst.

Diese innerwestliche Wahrnehmung einer extrem gestiegenen, weil nunmehr auch militärischen, Bedrohung beeinflusste das Urteil von Historikern über Jahrzehnte. Die Öffnung der Archive zeigte jedoch, dass diese interne westliche Wahrnehmung differenziert zu betrachten sei. Der Schock des Kriegsausbruchs und die Länge der blutigen Auseinandersetzungen auf der koreanischen Halbinsel dürfen nicht darüber hinweg täuschen, dass man der Perspektive, dass 1950 das entscheidende Jahr gewesen sei, vorsichtig gegenüber stehen sollte. Wesentlicher für die Radikalisierung der Bedrohungswahrnehmungen erscheinen heute vielmehr drei andere Stichjahre, die den Sommer 1950 einrahmen:

- die Totalisierung wechselseitiger Bedrohungsannahmen seit dem Ausbruch des Kalten Krieges 1947;
- die Globalisierung der Bedrohungsszenarien seit der Herausbildung eines, vermeintlich monolithischen, sino-sowjetischen Blocks ab 1949;
- schließlich die definitive Militarisierung des Systemkonflikts mit der Umwandlung des westlichen Hauptbündnisses NATO zu einer durchorganisierten Militärallianz 1951.

Der seit 1917 schwelende Kalte Krieg war durch die gemeinsame faschistische Herausforderung im Zweiten Weltkrieg nur zeitweilig überlagert worden. Das ließen schon die halbherzigen Kompromisse erkennen, die im Sommer 1945 den Ergebnissen der Potsdamer Konferenz gerade noch einmal den Mantel öffentlich dokumentierter Einigkeit der Siegermächte umzuhängen vermocht hatten.[8] Für die Briten war das „seltsame Bündnis"[9] mit der Sowjetunion letztlich bereits 1944 an sein natürliches Ende gelangt – seit die Rote Armee auf ganzer Breite nach Ostmitteleuropa vorgestoßen war.[10] Und diese Sorgen um den Aufstieg einer neuen kontinentalen Vormacht sollten sich nach 1945 nachhaltig verstärken:

- Der schnelle Abzug von US-Truppen aus Europa war begleitet von einer zusätzlichen Truppenausdünnung der dort stationierten westeuropäischen Armeen bedingt durch die außereuropäischen Verwicklungen von Briten und Franzosen in Afrika und Asien.
- Dagegen hielt die Sowjetunion unverändert hohe Truppenkontingente in ihrem ostmitteleuropäischen Vorfeld unter Waffen, deren starke Panzerkomponente in Ostdeutschland und eine jederzeit aktivierbare Invasionsarmee auf Westeuropa gerichtet zu sein schienen.[11]

[6] So US-Botschafter Alan G. Clark aus Moskau in seiner Analyse sowjetischer Leitartikel zur Jahreswende, Foreign Relations of the United States. Diplomatic Papers. Edited by the Department of State (FRUS), 1950, vol. 4, Washington, D.C. 1980, S. 1076.

[7] Eingehend dazu jetzt *Steininger*, Der vergessene Krieg, S. 31–36; Literatur über neuere Aktenfunde dazu: Ebenda, S. 204, Anm. 11.

[8] Vgl. *Thoß*, Sicherheitsproblematik, S. 42–49.

[9] So die Qualifizierung schon unmittelbar nach Kriegsende in den Erinnerungen des ehemaligen US-Militärattachés *John R. Deane*, Das seltsame Bündnis. Wien 1946.

[10] Vgl. dazu *Donald C. Watt*, Die Sowjetunion im Urteil des britischen Foreign Office 1945–1949, in: Der Westen und die Sowjetunion, hrsg. von Gottfried Niedhart, Paderborn 1983, S. 235–252, hier S. 241.

[11] Einschätzung der militärischen Lage in Europa: *James F. Schnabel*, The Joint Chiefs of Staff and National

Seit 1946 versuchten die Briten daher, solche militärischen Ungleichgewichte durch ein Zurückholen der USA nach Europa auszugleichen, um einen westeuropäischen Sicherheitsverbund transatlantisch abzusichern. Der norwegische Konfliktforscher Geir Lundestad brachte diesen Prozess auf die plastische Formel der Herausbildung eines „empire by invitation“[12], also einer Einladung zur freiwillig akzeptierten US-Dominanz. Auf dem Weg dahin musste die wahrgenommene Bedrohung erst noch einen Grad erreichen, in dem die bis dahin zögerliche amerikanische Weltmacht bereit wäre, ihre, hinter zwei Ozeanen geostrategisch abgesicherte, Beobachterrolle aufzugeben. Selbst als der US-Botschafter in Moskau, George F. Kennan, 1945/46 warnend auf eine Kombination aus herkömmlichem großrussischem Expansionismus und neuer ideologischer Revolutionsrhetorik in der sowjetischen Führungselite verwies[13], gab dies aus Washingtoner Sicht noch nicht Anlass für ein direktes Engagement in Europa. Die Besetzung gut gewählter Stützpunkte mit der eigenen überlegenen See- und Luftmacht, in Verbindung mit dem US-Monopol auf Atomwaffen, mochte allemal ausreichen, um den neuen geostrategischen Rivalen auf Distanz halten zu können, ohne sich selbst dabei weltweit aktiv einbringen zu müssen.[14]

Wesentlich mehr Sorgen bereiteten die Wiederaufbauprobleme in Ostasien und Westeuropa, da man, wie schon in der Zwischenkriegszeit, andauernde sozioökonomische Destabilisierungen befürchtete. Die auf soziale Gerechtigkeit zielende kommunistische Ideologie konnte nämlich, wie die Wahlerfolge der Linksparteien 1947 in Frankreich und Italien signalisierten, durchaus Einbruchsstellen in den westlichen Gesellschaften verursachen. Für den inzwischen zum außenpolitischen Vordenker aufgestiegenen Kennan galt demnach auch im Frühjahr 1947: „not to combat communism as such, [...] but the economic maladjustment which makes European society vulnerable to exploitation by any and all totalitarian movements“.[15] Der Begriff totalitärer Bedrohung war das entscheidende Novum in der Wahrnehmung des kommunistischen Gegenmodells zur bürgerlich-kapitalistischen Lebenswelt seit 1946/47. Nicht zuletzt durch die Bedrohungsvorstellungen der westlichen Eliten zog man immer Vergleiche zwischen Faschismus und Kommunismus als den beiden totalitären Herausforderungen für offene Gesellschaften im 20. Jahrhundert.[16]

Jedoch erachtete man die Herausforderung durch den Kommunismus als wesentlich gefährlicher, weil sie sich sowohl gegen die internationale, wie auch die innerstaatliche Stabilität richtete. Daher durfte der Westen dem Kommunismus unter keinen Umständen durch eine Politik der Beschwichtigung begegnen, wie dies in den dreißiger Jahren gegenüber dem Faschismus geschehen war. Die Europa-Abteilung des State Department brachte es auf den Punkt: „Man kann ein mächtiges Land, das zur Aggression tendiert, nicht beschwichtigen, [...] dies würde schlicht seinen Appetit noch mehr anregen“.[17] Des-

Policy, 1945–1947 (= The History of the Joint Chiefs of Staff, vol. 1). Wilmington, Del. 1979, S. 85–95; *Roland G. Foerster, Christian Greiner, Georg Meyer, Hans-Jürgen Rautenberg, Norbert Wiggershaus*, Von der Kapitulation bis zum Pleven–Plan (= Anfänge westdeutscher Sicherheitspolitik 1945–1956, Bd. 1). München, Wien 1982, S. 136–141.

[12] *Geir Lundestad*, Empire by Invitation. The United States and Western Europe, in: Society for Historians of American Foreign Relations, Newsletter, 15 (1984), S. 1–21.

[13] Seine Berichte vom Mai 1945 und sein sogenanntes „long telegram“ vom 22.2.1946 sind abgedruckt in: *George F. Kennan*, Memoiren eines Diplomaten. München 1971, S. 535–568.

[14] Zur sogenannten „strong point strategy“ der USA 1947/48 vgl. *Gaddis*, Strategies of Containment, S. 59 f.

[15] Memorandum für Außenminister Dean Acheson, 23.5.1947, FRUS 1947, vol. 3, S. 225.

[16] Vgl. *Jacob L. Talmon*, The Rise of Totalitarian Democracy. Boston 1952; *Hannah Arendt*, Elemente und Ursprünge totaler Herrschaft. Frankfurt/M. 1955 sowie *Carl. J. Friedrich7Zbigniew K. Brzezinski*, Totalitarian Dictatorship and Autocracy. Cambridge, (Mass.) 1956.

[17] Memorandum des Deputy Director, Office of European Affairs, 17.2.1947, FRUS 1947, vol. I, S. 715 f.

halb beließen die USA es vorerst bei einer Gegenstrategie der politisch-ökonomischen Eindämmung. Das Hilfsversprechen der Truman-Doktrin vom Frühjahr 1947 richtete sich an bedrohte Staaten und war vorläufig mehr politisch-psychologischer als militärischer Natur. Das Schwergewicht lag auf der Finanzhilfe des Marshall-Plans, mit dem die ökonomische Krisenfestigkeit Westeuropas gestärkt werden sollte.[18]

Das amerikanische Beistandsversprechen wurde von den Westeuropäern freilich als unzureichend, weil zu indirekt wirkend, empfunden. Zwar gingen Sicherheitsexperten beiderseits des Atlantiks davon aus, dass die an strategischen Ressourcen deutlich unterlegene Sowjetunion mit ihren eklatanten Wiederaufbauproblemen derzeit keinen neuen globalen Krieg forcieren würde, trotzdem dürfe man sie, so ließen vor allem die besonders beunruhigten Briten verlauten, nicht durch eigene sicherheitspolitische Unterlassungen in Versuchung zu regional begrenzten militärischen Optionen führen.[19] Der britisch-französische Sicherheitspakt von Dünkirchen 1947 und seine Ausweitung um die Benelux-Staaten zum Brüsseler Pakt vom Frühjahr 1948 waren schon wegen der Entblößung Westeuropas von einsatzfähigen Truppen alles andere als überzeugende Gegengewichte zu der sich seit 1947/48 modernisierenden Sowjetarmee und der beginnenden Aufrüstung ihrer osteuropäischen Satelliten.[20] Nur durch dauerhafte sicherheitspolitische Verklammerung mit der Weltmacht USA lasse sich ein adäquates Gegenpotential auf dem europäischen Kontinent installieren, das den Ostblock konsequent von jeder militärischen Fehlperzeption westlicher regionaler Schwäche abschrecke.

Gegen eine solche militärische Verschärfung der westlichen Eindämmungspolitik machten amerikanische Sicherheitsexperten 1948 intern noch geltend, dass die Sowjetunion einen Krieg weder wünsche, noch erwarte. Ihre Belastung durch den Wiederaufbau und die Modernisierung der Rüstung setze dafür klare ökonomische Grenzen.[21] Mit der Gründung der Föderativen Volksrepublik Jugoslawien und der damit einhergehenden Etablierung eines jugoslawischen Kommunismus (Titoismus) wurden zudem erste Risse im kommunistischen Lager des Ostblocks sichtbar. Der Wahlsieg der westlich orientierten Parteien in Italien 1948 gab demgegenüber Anlass zu der Hoffnung, dass die wirtschaftliche und damit politische Stabilisierung Westeuropas durch den Marshallplan schnell voranschreiten würde. Als die sowjetische Führung daher im Frühjahr 1948 beim Prager Umsturz eine harte Blockdisziplin erzwang und dann im Sommer desselben Jahres den Zusammenschluss der westlichen Besatzungszonen in Deutschland mit der Blockade der Zugänge nach West-Berlin beantwortete, heizten sich die öffentlichen Gefühle einer zunehmenden Bedrohung deutlich auf. Im Pentagon war man aber auch jetzt noch bereit, ein „kalkuliertes Risiko" bei den militärischen Vorkehrungen einzugehen, um eingesparte Verteidigungsausgaben zweckmäßiger für wirtschaftliche Hilfen an Westeuropa anzulegen.[22]

[18] Vgl. dazu *Bruno Thoß*, Kollektive Verteidigung und ökonomische Sicherheit. Die Verteidigungsplanung der NATO zwischen militärischen Erfordernissen und finanziellen Begrenzungen 1949–1967, in: Von Truman bis Harmel. Die Bundesrepublik Deutschland im Spannungsfeld von NATO und europäischer Integration. Im Auftrag des Militärgeschichtlichen Forschungsamtes hrsg. von Hans-Joachim Harder (= Militärgeschichte seit 1945, Bd. 11). München 2000, S. 19–37, hier S. 20–22.

[19] Vgl. *John Baylis*, British Defense Policy: Striking the Right Balance. Houndmils, Basingstoke, New York 1989; *Ian Clark, Nicholas J. Wheeler*, The British Origins of Nuclear Strategy. 1945–1955, Oxford 1989.

[20] Einschätzung dazu bei *Nigel Hamilton*, Monty: the Field Marshal, 1944–1976. London 1985, S. 723–776.

[21] Bezeichnend für diese Annahme im State Department ist ein Bericht des Policy Planning Staff vom 6.11.1947, abgedruckt in: FRUS 1947, vol. 1, S. 776.

[22] Zu dieser Bereitschaft, ein „calculated risk" einzugehen: *Gaddis*, Strategies of Containment, S. 61 f.

Die Gründung der NATO, schon wenige Monate später im Frühjahr 1949, widerspricht diesen Entwicklungen nur scheinbar. Im Allianzvertrag dominierten zunächst noch ganz eindeutig politisch-ökonomische Stabilisierungsziele das gegenseitige militärische Beistandsversprechen. Weder waren Truppen für die proklamierte Vorneverteidigung Westeuropas verfügbar, noch bestand, mangels eines einheitlichen Oberkommandos, eine koordinierte militärische Einsatzführung. So verließ man sich auf folgende Arbeitsteilung: regionale Selbstverantwortung für die Verteidigung des europäischen Kontinents durch ökonomische und militärische Integration Westeuropas sowie deren Absicherung durch globale Abschreckung in der Verantwortung der See- und Atommacht USA. Verbunden mit ihrer Mitgliedschaft in der NATO war aber immerhin ein erster wesentlicher Schritt der westlichen Führungsmacht zur direkten Verklammerung des amerikanischen mit den regionalen Potentialen in einem Ring von Allianzen rund um den kommunistischen Einflussbereich erreicht.

Eine Wende brachte erst die zweite Jahreshälfte 1949, in der sich die Bedrohungsszenarien zunehmend globalisierten. Noch im Frühsommer konnte man die Rücknahme der Berlin-Blockade[23] als Indiz für ein sowjetisches Einlenken werten. Das Aufbrechen des US-Atommonopols durch den erfolgreichen Test einer ersten sowjetischen Atombombe im August versetzte der westlichen Abschreckungsdoktrin dagegen einen schweren Schlag.[24] Damit öffnete sich die Tür zu einem nuklearstrategischen Rüstungswettlauf, der schließlich Anfang der sechziger Jahre im atomaren Patt der beiden Supermächte enden würde. Mit der Besetzung der ostasiatischen Gegenküste durch die chinesischen Kommunisten zwei Monate später wurde zudem auch die trügerische Sicherheit einer geostrategisch unangreifbaren Position der USA hinter zwei Ozeanen zerstört.[25] Beide Gegenküsten in Ostasien wie auch Westeuropa schienen damit gleichermaßen durch einen global aktionsfähigen sino-sowjetischen Block bedroht. Anfang 1950 wies US-Präsident Truman deshalb seine Sicherheitsberater an, eine Generalüberprüfung der globalen Bedrohungslage vorzunehmen, mit dem Ziel eine weltweit wirksame Gesamtstrategie zu entwerfen.

Noch vor Kriegsausbruch in Korea wurde daraus das zentrale Sicherheitspapier NSC 68[26] entwickelt. Es basierte zwar immer noch auf der Annahme, dass die Sowjetunion keinen globalen Krieg anstrebe, nur ging man jetzt von einem langen Kalten Krieg aus, dessen militärische Risiken unterhalb der Kriegsschwelle lägen – der jedoch voraussichtlich bereits 1954 in einem Jahr extremer Gefährdung regionaler westlicher Positionen gipfeln würde. Für diesen Zeitpunkt nämlich wurde ein sowjetisches Aufholen in Bereich der atomaren Bewaffnung bei fortdauernder Überlegenheit an konventionell bewaffneten Verbänden prognostiziert. Als Hauptziel sowjetischer Expansion wurde Westeuropa mit seinen Atlantikhäfen und seinem entwickelten ökonomischen Potential betrachtet. Da sich die atomaren Potentiale in überschaubarer Zeit neutralisieren würden, forderte die Standing Group der NATO schon Anfang 1950[27] eine Schließung der eklatanten Streitkräftelücke in Westeuropa gegenüber dem Ostblock. Präsident Truman reagierte auf die

[23] Zum Abbruch der Berlin-Blockade: Thoß, Sicherheitsproblematik, S. 66–74.

[24] Vgl. *Charles A. Ziegler*, Intelligence Assessments of Soviet Atomic Capability, 1945–1949: Myths, Monopolies and Maskirovka, in: Intelligence and National Security 12 (1997) No. 4, S. 1–24, hier insbes. S. 18 f.

[25] Zum „Schock" in Washington über den Verlust des chinesischen Festlands 1949: *Gaddis*, Strategies of Containment, S. 83–90.

[26] Zu Auftrag und Ausarbeitung der NSC-68: ebenda, S. 90–126. Das Dokument vom 14.4.1950 ist abgedruckt in: FRUS 1950, vol. 1, S. 234–306.

[27] Erarbeitung einer strategischen Richtlinie in der Standing Group an der Jahreswende 1949/50: *Christian Greiner*, Die Entwicklung der Bündnisstrategie 1949 bis 1958, in: Ders., Klaus A. Maier, Heinz

NSC 68 mit einer immensen Steigerung des US-Verteidigungsetats innerhalb eines Jahres von 13,5 auf 49 Milliarden US-Dollar.[28] Das Schwergewicht lag dabei auf dem Ausbau des eigenen atomaren Potentials. Parallel dazu wurden umfangreiche Militärhilfeprogramme für Westeuropa aufgelegt und eine Debatte über die Verstärkung der dortigen US-Truppen angestoßen.[29] Hinter einem solchen „Schutzschild" sollten die Westeuropäer die umfassende Aufrüstung ihrer eigenen Verbände voranbringen.[30]

Der Kriegsausbruch in Korea im Sommer 1950 löste also die bereits bestehenden Annahmen einer langen und globalen Bedrohung im Westen nicht aus; er bestätigte sie aber in der amerikanischen wie westeuropäischen Öffentlichkeit nachdrücklich. Hatte nicht auch in Ostasien der Abzug von US-Truppen genau die Versuchung genährt, die einen Angriff Nordkoreas zur Realität werden ließ? Und wies die geheime militärische Aufrüstung in Ostdeutschland seit 1948 nicht in eine ähnliche Richtung, so dass man bei sich bietender Gelegenheit auch in Mitteleuropa mit so einem Stellvertreterkrieg rechnen müsste? Solche in der Öffentlichkeit breit diskutierten Parallelen des ostasiatischen mit dem westeuropäischen Vergleichsfall wichen schon bald einer nüchternen Bestandsaufnahme der professionellen Lageberichte aus den militärischen Stäben.[31] Ein alleiniger Vorstoß ostdeutscher Verbände, analog zu denen Nordkoreas war weder jetzt noch in der Zukunft ohne Unterstützung der unmittelbar auf DDR-Territorium stationierten sowjetischen Streitkräfte denkbar. Die extreme Alarmiertheit der westlichen Öffentlichkeit hatte somit zwar keine unmittelbaren militärischen Folgen, löste dagegen aber endgültig die „Bremsen", die eine volle Militarisierung der westlichen Gegenstrategien bislang verhinderten.

Über Monate hinweg hatte sich 1950/51 in der inneramerikanischen „Great Debate"[32] eine starke isolationistische Opposition zu Wort gemeldet. Ihre Vertreter bemängelten, dass die ökonomischen, sozialen und militärischen Kosten eines weltweiten US-Engagements nach wie vor bei weitem zu hoch seien. Ihre Wortführer, allen voran der ehemalige Präsident Herbert Hoover, sahen in Westeuropa ein neues „Gibraltar des Westens", das schnell zum „Friedhof für Millionen von US-Boys"[33] werden könne. Aus der Sicht der US-Regierung zeigte indes gerade der Fall Korea, dass nukleare Abschreckung aus der Festung Amerika heraus, allein nicht ausreichte, um ein militärisches Überrennen ihrer regionalen Partner zu verhindern. Deshalb setzte sich schließlich die Forderung nach einer Streitkräftestruktur der NATO durch, die auch unterhalb der atomaren Schwelle abwehrfähig sein sollte. Um diesen Prozess zu beschleunigen, verstärkten die USA im Frühjahr 1951 ihre

Rebhan, Die NATO als Militärallianz. Strategie, Organisation und nukleare Kontrolle 1949 bis 1959 (= Entstehung und Probleme des Atlantischen Bündnisses bis 1956, Bd. 4). München 2003, S. 50 f.

28 Detaillierte Aufschlüsselung für das Haushaltsjahr 1951: *Doris M. Condit*, The Test of War, 1950–1953 (= History of the Office of the Secretary of Defence, vol. 2). Washington, D.C. 1995, S. 233–260.

29 Die so genannte Great Debate in den USA über eine Verstärkung der Truppen in Europa von 1950 ist analysiert bei: *Bruno Thoß*, The Presence of American Troops in Germany and German-American Relations, 1949–1956, in: American Policy and the Reconstruction of West Germany, 1945–1955, Ed. by Jeffrey M. Diefenbach, Axel Frohn, Hermann-Josef Rupieper, Washington, D.C. 1993, S. 411–432, hier insbes. S. 412–415.

30 Aussagen des ersten NATO-Oberbefehlshabers Eisenhower dazu bei: *Thomas M. Sisk*, Forging the Weapon: Eisenhower as NATO's Supreme Allied Commander Europe, 1950–1952, in: Eisenhower: A Centenary assessment, ed. by Günter Bischof, Stephen E. Ambrose, London 1995, S. 64–83, hier S. 74.

31 Vgl. Norbert Wiggershaus, Nordatlantische Bedrohungsperzeptionen im „Kalten Krieg" 1948–1956, in: Das Nordatlantische Bündnis 1949 bis 1956, Auftrag des Militärgeschichtlichen Forschungsamtes hrsg. von Klaus A. Maier, Norbert Wiggershaus (= Beiträge zur Militärgeschichte, Bd. 37). München 1993, S. 17–54, hier S. 30–37.

32 *Thoß*, The Presence of American Troops, S. 412–415.

33 Zitate nach *Gaddis*, Strategies of Containment, S. 119.

Kräfte in Europa von 1½ auf 5½ Divisionen und übernahmen gleichzeitig den militärischen Oberbefehl in der NATO. Damit förderten sie den Aufbau einer durchorganisierten militärischen Struktur nachhaltig – diese sollte das Bündnis in die Lage versetzen, auf mittlerem konventionellem Streitkräfteniveau und gestützt auf das angelsächsische Atompotential, die Risikoschwellen für einen europäischen Krieg möglichst hoch zu setzen.[34]

Zur Entscheidungsreife gelangte jetzt aber auch die innereuropäische Debatte um die Erweiterung der westlichen Sicherheitsgemeinschaft. Der Vorrang des wirtschaftlichen Wiederaufbaus und starke Vorbehalte gegen eine Mitwirkung des ehemaligen deutschen Kriegsgegners hatten bisher einer integrierten Militärpolitik immer noch enge Grenzen gezogen. Der „Korea-Schock" des Sommers trug im Herbst 1950 erheblich dazu bei, eine skeptische bis ablehnende westeuropäische Öffentlichkeit mehrheitlich mit dem Gedanken an einen westdeutschen Bündnisbeitritt zu versöhnen.

Die Außenminister der Westmächte reagierten bei ihrem Treffen in New York auf das Sicherheitsmemorandum von Bundeskanzler Konrad Adenauer vom August 1950, das die Bundesrepublik und West-Berlin gegen einen öffentlichen Angriff abgesichert sehen wollte: Sie verständigten sich generell darauf, einen Gegenvorschlag in Form einer Wiederaufrüstung Westdeutschlands ins Auge zu fassen. Schon eine Woche später bestätigte der NATO-Ministerrat dies mit seiner Grundsatzentscheidung für eine Beteiligung der Bundesrepublik an der Verteidigung Westeuropas[35].

[34] Eingehend dazu *Greiner*, Die Entwicklung der Bündnisstrategie, S. 65–101.

[35] Zur Grundsatzentscheidung der Westmächte und der NATO vom September 1950 vgl. *Foerster u. a.*, Von der Kapitulation bis zum Pleven-Plan, S. 374–389.

Burghard Ciesla (Berlin)

Korea als Generalprobe? Wahrnehmungen und Wirkungen des Koreakrieges in der DDR

Einführung

An einem Sonntag, dem 25. Juni 1950, brach auf der fast 10 000 Kilometer entfernen Halbinsel Korea der erste *heiße* Krieg im *Kalten Krieg* aus. Die Meldungen der Nachrichtenagenturen über den Kriegsausbruch gingen erst am späten Abend bei den ost- und westdeutschen Zeitungsredaktionen ein. Die Ausgaben des nächsten Tages waren längst fertig und der Druck stand bevor, aber diese Meldung der Weltpolitik, das war den Zeitungsleuten deutschlandweit und quer durch alle politischen Lager mehr oder weniger klar, müsste unbedingt noch in der jeweiligen Montagsausgabe untergebracht werden. Die Frage war nur, wo sollte die Nachricht platziert werden? Wer heute einige der damals maßgeblichen ost- und westdeutschen Tageszeitungen vom 26. Juni 1950 durchblättert, stellt schnell fest, dass den Zeitungsleuten auf beiden Seiten des „Eisernen Vorhangs" diese Entscheidung nicht leicht gefallen war. Zumindest lässt das die unterschiedliche Platzierung der Meldung über den Kriegsausbruch in den verschiedenen Montagsausgaben erkennen.

Bei der SED-Parteizeitung „Neues Deutschland" (ND) rief der damals junge Redakteur vom Dienst, Harri Czepuck[1], am späten Abend des 25. Juni noch bei seinem Chefredakteur, Rudolf Herrnstadt[2], an und fragte, um sich abzusichern: Wie sollen wir verfahren? Hier ist anzumerken, dass 1950 das „ND" montags immer unter dem Namen „Vorwärts"[3] erschien. Diese ND-Montagsausgabe war populärer aufgemacht als die mit dem Schrift-

[1] Harri Czepuck war bei Beginn des Koreakrieges 23 Jahre alt. Nach seiner Rückkehr aus der Kriegsgefangenschaft im Jahre 1949 begann er beim ND als Volontär und arbeitete dann bis 1958 als Redakteur bei der Zeitung. Von 1958 bis 1961 war er als ND-Korrespondent in Bonn tätig, von 1961 bis 1971 fungierte er als stellvertretender Chefredakteur beim ND. Danach hatte er bis 1981 den Vorsitz beim Journalistenverband der DDR inne. Im Jahre 1984 wurde er Invalidenrentner und begann als freischaffender Publizist zu arbeiten. Er lebt heute in Berlin; *Harri Czepuck*, Meine Wendezeiten. Erinnerungen, Erwägungen, Erwartungen. Berlin 1999.

[2] Vgl. weiterführend zur Biographie und Zeitungsgeschichte zwischen 1949 und 1953 bei *Helmut Müller-Enbergs*, Erst Chefredakteur, dann „Unperson": Lex Ende und Rudolf Herrnstadt, in: Jahrbuch für Historische Kommunismusforschung 1996. Berlin 1995, S. 296–304; *Nadja Stulz-Herrnstadt*, Das Herrnstadt-Dokument. Das Politbüro der SED und die Geschichte des 17. Juni 1953. Reinbek bei Hamburg 1990; *Irina Liebmann*, „Wäre es schön? Es wäre schön!" Mein Vater Rudolf Herrnstadt. Berlin 2008.

[3] Im April 1946, bei der Vereinigung von Kommunisten (KPD) und Sozialdemokraten (SPD) zur Sozialistischen Einheitspartei (SED) in der Sowjetischen Besatzungszone (SBZ), wurde zunächst die Herstellung der Parität auf jeder SED-Parteiebene vereinbart. Das galt auch für die jeweiligen Parteizeitungen von KPD und SPD. Die „Deutsche Volkszeitung" der KPD sollte die Rolle der neuen gemeinsamen Parteizeitung der SED übernehmen. Damit auch deutlich wurde, dass es sich hierbei um etwas Neues handelte, erhielt das Zentralorgan der SED den Namen „Neues Deutschland". Das sozialdemokratische Zentralorgan „Das Volk" stellte sein Erscheinen ein und kam künftig unter dem traditionsreichen Namen „Vorwärts" als Organ des Bezirksvorstandes Groß-Berlin der SED – als Berliner Tageszeitung – heraus. Im Zuge der Stalinisierung der SED („Partei neuen Typus") wurde der „Vorwärts" als Tageszeitung zum 31. Dezember 1949 eingestellt und mit dem „Neuen Deutschland" vereinigt. Nur die Montagsausgabe des „Vorwärts" erschien vom 1. Januar 1950 bis zum 31. Dezember 1958 weiter in der alten Aufmachung als „Vorwärts" mit der Zeile „Montagsausgabe des Neuen Deutschland". Vgl. Neues Deutschland (ND) vom 15./16.6.1996, S. 6; *Czepuck*, Wendezeiten, S. 140–141; *Gerhard Dengler*, Zwei Leben in einem. Berlin 1989, S. 250–251.

zug „Neues Deutschland“ erscheinenden Ausgaben der anderen Wochentage und verfügte über einen beliebten großen Sportteil. Am Sonntag hatte man in der ND-Redaktion als Aufmachung für den „Vorwärts“ jedenfalls „eine schöne Seite ohne einen Kriegsbeginn geplant“. Durch die Koreameldung war aber das ganze durchdachte Konzept mit einem Mal dahin. Der Krieg in Korea sollte unbedingt in die Montagsausgabe hinein, darüber war sich der junge Redakteur Czepuck natürlich im Klaren, aber wohin? Eben deshalb fragte er bei seinem erfahrenen Chefredakteur nach. Der wiederum verblüffte seinen jungen Mitarbeiter mit folgender Antwort: „Ruf in Moskau bei der ‚Prawda‘ an, und frage den Chefredakteur, wie sie das behandeln.“ Czepuck bemerkte dazu später, dass im Westen sicher niemand auf die Idee gekommen wäre, in Washington oder im Bundeskanzleramt wegen der Koreameldung anzurufen. Wie auch immer, bei einer solchen Empfehlung des Chefs war guter Rat teuer, zumal es damals äußerst schwierig war – auch für das SED-Zentralorgan – einfach „mal kurz“ in Moskau anzurufen und das auch noch an einem späten Sonntagabend. Als der ND-Redakteur vom Dienst es geschafft hatte, war es in Berlin kurz vor Mitternacht und in Moskau zwei Stunden weiter. Bei der „Prawda“ meldete sich nur noch der Wachschutz und der war weder auskunftsfähig, noch bereit, zu dieser Nachtzeit jemanden an das Telefon zu holen. Harri Czepuck setzte die Meldung von sich aus schließlich auf die erste Seite der ND-Montagsausgabe „Vorwärts“. Eine richtige Entscheidung.[4]

Nach der Ausgabe des „Vorwärts“ vom Montag befasste sich am Dienstag das „ND“ auf der Titelseite ausgiebig mit dem Koreakrieg. Unter der Schlagzeile „Die koreanische Provokation der Amerikaner“ brachte die Parteizeitung der SED natürlich die Version Nordkoreas vom Kriegsbeginn. Danach hatten Sonntag früh nicht die nordkoreanischen Truppen in einer Stärke von etwa 90 000 Mann sowie 150 Panzern und 239 Flugzeugen an der 200 Kilometer langen Front des 38. Breitengrades einen überraschenden Angriff auf das Gebiet Südkoreas unternommen, sondern genau umgedreht, die Südkoreaner waren in Nordkorea eingefallen. Im ND wurde nach den Motiven gefragt und am Ende erklärt, dass den Amerikanern das geteilte Korea ganz offensichtlich „als Generalprobe für ihre Absichten in Europa“ dienen würde.[5]

Im vorliegenden Beitrag soll es darum gehen, am Beispiel der Berichterstattung der SED-Parteizeitung „Neues Deutschland“ einerseits die offiziellen Wahrnehmungen des Koreakrieges – die Varianten des vorherrschenden Propagandabildes – in der DDR zu fokussieren; zum anderen skizziert der Beitrag die Grundlinien der deutsch-nordkoreanischen Beziehungen in den fünfziger Jahren. Es wird der Frage nachgegangen, warum die Fernwirkungen des Koreakrieges in der DDR so höchst anders ausfielen als im Westen Deutschlands. Für die Bundesrepublik ist diese Frage unter der Chiffre „Koreaboom“ und „Wirtschaftswunder“ beinahe erschöpfend beantwortet worden; für die DDR ist diese Frage aber bislang weitgehend unbeantwortet geblieben.

Die Untersuchung dieses Themas ist ohne den Zusammenhang von Aufrüstung, Militär und Gesellschaft schwer erklärbar oder zumindest erheblich unvollständig. Damit setzt sich jedoch schon ein anderer Beitrag des hier vorliegenden Sammelbandes auseinander, so dass zur Vermeidung von Überschneidungen und Dopplungen dieser wichtige Kontext von mir weitgehend ausgeblendet wurde. Es muss aber unbedingt darauf hingewiesen werden, dass der militärische Aspekt für das hier interessierende Thema gleichfalls von grundlegender Bedeutung ist. Deshalb sei an dieser Stelle ausdrücklich auf den Beitrag von Rüdiger Wenzke im Sammelband verwiesen.

[4] *Czepuck*, Wendezeiten, S. 143–145.

[5] ND vom 27.6.1950, S. 1; vgl. zum Kriegsverlauf und den Zahlenangaben: *Carter Malkasian*, The Korean War 1950–1953. Oxford 2001; *Rolf Steininger*, Der vergessene Krieg. Korea 1950–1953. München 2006; *Igor' G. Drogovoz*, Neob'javlennye vojny SSSR. Minsk 2004, S. 17–100.

„Probefall für Deutschland"

Unter dieser Überschrift stellte das „ND" am 27. Juni 1950 Vergleiche zwischen Korea und Deutschland an. Verglichen wurde aber auch im Westen. Die Hamburger Wochenzeitung „Die Zeit" titelte beispielsweise in der Ausgabe vom 29. Juni 1950 einen ihrer Artikel mit der Überschrift „Probekrieg in Korea".[6] Die Presse übertrug im Osten und Westen Deutschlands den kriegerischen Konflikt in Asien gleichermaßen sofort auf die deutschen Verhältnisse. Für das „ND" war deshalb die Bundesrepublik gleichbedeutend mit Südkorea und der dort agierende „Li Syng Man" natürlich ein „koreanischer Adenauer".[7] Umgekehrt wurden die DDR und ihre Führung in ähnlicher Weise verglichen. Im ND-Leitartikel der Ausgabe vom 27. Juni 1950 hieß es hierzu:

„Korea ist gespalten - wie Deutschland. In Nordkorea sind die alten herrschenden Schichten, die mit dem japanischen Faschisten gemeinsame Sache machten, entmachtet. Das Land wurde den Bauern gegeben. Südkorea dagegen ist eine amerikanische Kolonie. Die Bodenreform wurde nicht durchgeführt - wie in Westdeutschland. Durch die Politik der USA-Imperialisten wurde die Wirtschaft des Landes in zwei Teile zerrissen, das Land leidet darunter - wie Deutschland. (...) Die Vorgänge in Korea sind eine Warnung für Westdeutschland, für ganz Deutschland. Korea ist der Probefall für den geplanten amerikanischen Angriff auf die Deutsche Demokratische Republik."[8]

Genau das war und blieb der zentrale Punkt der Berichterstattung bis zum Waffenstillstand im Juli 1953. Mit dem „Bruderkrieg" in Korea wurde die Gefahr des „Bruderkrieges" in Deutschland thematisiert und auf zum Teil dramatische Weise propagandistisch heraufbeschworen. In den Berichten und Artikeln fungierte die Front zwischen dem Norden und Süden Koreas als Spiegelbild einer künftigen „Front" quer durch Deutschland.

Zur Mobilisierung wurde von Anfang an auch immer wieder der Zweite Weltkrieg in Erinnerung gerufen. Am 2. Juli 1950 erschien die ND-Titelseite mit der Schlagzeile: „USA-Bomber morden wieder Frauen und Kinder". Darunter fanden sich zwei Meldungen über US-Bombenangriffe auf die nordkoreanische Hauptstadt Pjöngjang und auf die zu diesem Zeitpunkt von nordkoreanischen Truppen besetzte südkoreanische Hauptstadt Seoul. Damit wurde auf die von angloamerikanischen Bombern während des letzten Krieges zerstörten deutschen Städte verwiesen und erklärt:

„Diese beiden Meldungen, kaum fünfeinhalb Jahre nach den furchtbaren Angriffen amerikanischer Bomber auf Kassel, Dresden, Nürnberg, Hamburg und Berlin beweisen, daß die imperialistischen Angreifer in Washington die gleiche Taktik gegenüber dem koreanischen Volk anwenden, die sie gegenüber der deutschen Zivilbevölkerung im letzten Weltkrieg anwandten. Sie führen keinen Krieg gegen Soldaten, sie führen ihren Krieg gegen eine unbewaffnete, friedliche Zivilbevölkerung, und sie würden keinen Moment zögern, das gleiche wieder gegen Deutsche zu tun."[9]

An den Tagen zwischen dem 26. Juni und 2. Juli des Jahres 1950 fanden in vielen Städten und Gemeinden der DDR zudem organisierte Kundgebungen gegen den Krieg in Korea statt. Am 29. Juni 1950 versammelten sich im Berliner Lustgarten rund 350 000 Teilnehmer zu einer großen Kundgebung. Dort traten auch Otto Grotewohl und Walter Ulbricht

[6] DIE ZEIT vom 29.9.1950. Im Artikel von Richard Tüngel heiß es u. a.: „Es ist bezeichnend, dass auf der Londoner Börse auf Grund des koreanischen Konflikts in erster Linie deutsche und japanische Werte gefallen sind, denn Deutschland und Japan sind die nächsten Bürgerkriegsziele des Kreml."

[7] In verschiedenen ND-Artikeln wurde dieser Vergleich gezogen. Zuletzt im ND vom 25.6.1953, S. 1.

[8] ND vom 27.6.1950, S. 1.

[9] ND vom 2.7.1950, S. 1.

als Vertreter der SED-Führung auf und forderten überall im Land die Gründung von Friedenskomitees.[10]

Neben den Berichten über den Kriegsverlauf in Korea gelangten auch vermehrt Artikel über die amerikanischen Truppen in der Bundesrepublik und die dort laufenden militärischen Aktivitäten auf die ND-Titelseiten. Am 3. August 1950 wurde unter der Schlagzeile „USA-Kriegsbasis Rheinland-Pfalz" gemeldet:

„Durch sorgfältige Ermittlungen „westdeutscher Friedensfreunde" wurden „neue Einzelheiten über die amerikanischen Vorbereitungen eines Angriffs auf die Sowjetunion, die Deutsche Demokratische Republik und die Länder der Volksdemokratien bekannt. Der Schwerpunkt dieser amerikanischen Kriegsvorbereitungen liegt in der Rheinpfalz. Hier wird ein strategisches Netz von Flugplätzen (...), Munitionsdepots (...), Raketenabschussbasen (...) errichtet, das von Kaiserslautern bis zur Mosel reicht. Der Angriffscharakter dieser Anlagen geht aus der Massierung der Panzerwaffe und der Aufstapelung von Pioniermaterial, wie Pontons, zur Überquerung von Flußläufen hervor."[11]

Drei Tage später stellte das „ND" Auszüge des „Bundesanzeiger" der Bundesregierung vor, denen zu entnehmen war, welche Arten von Waffen und Rüstungsmaterialien die Bundesrepublik beabsichtigte zu importieren. Unter dem Titel „Händler mit dem Tode bedrohen das deutsche Volk" kommentierte das ND am 6. August 1950 das Rüstungsgeschäft wie folgt: „Mit Apfelsinen und Schokolade habe es im Marshall-Plan begonnen, mit Granaten und Giftgas geht es weiter, und mit dem Tode von Millionen Deutscher solle es enden, wenn es nach dem amerikanischen Monopolkapital ginge."[12]

Nachdem sich mit der Gegenoffensive der UN-Streitkräfte vom 15. September 1950 der Kriegsverlauf zuungunsten der nordkoreanischen Truppen wandelte, hörte zwangsläufig die meist auf den Titelseiten erscheinende Berichterstattung über den konkreten Verlauf der Kampfhandlungen schlagartig auf. Das änderte sich dann noch einmal zwischenzeitlich mit dem Eingreifen der chinesischen Freiwilligenverbände im Oktober 1950 und der Zurückdrängung der UN-Streitkräfte und Südkoreaner bis Anfang 1951.[13] Mit der Stabilisierung der Front nördlich des 38. Breitengrad im Frühjahr 1951 wurde dann zwar weiter über den Krieg berichtet, aber von nun an bestimmten Meldungen, Berichte, Reportagen und Kommentare über die „Fratze des Krieges", die damit verbundene Entmenschlichung und die Leiden der Zivilbevölkerung sowie den Partisanenkampf und Überläufergeschichten die ND-Berichterstattung. Damit wurde immer wieder zum Ausdruck gebracht: Korea ist ein Spiegelbild für Deutschland. Die Vorgänge dort zeigen, zu was die Amerikaner fähig sind und was auf Deutschland künftig zukommen würde.

In den Jahren 1951 bis 1953 wurde im „ND" vor allem im Juni – dem Monat des Kriegsbeginns – über Korea mit längeren Artikeln und Reportagen berichtet.[14] Am 14. Juni 1951 erschien dort beispielsweise in großer Aufmachung ein ganzseitiger Beitrag über die linksorientierte Korea-Kommission der Internationalen Demokratischen Frauenföderation, die zwölf Tage lang Nordkorea bereist hatte. Das „ND" druckte unter anderem das Bild eines nordkoreanischen Massengrabes ab und veröffentlichte Schilderungen der Kommissionsmitglieder über die verheerenden Wirkungen des US-Bombenkrieges. An der Reise nahmen auch je eine ost- und westdeutsche Vertreterin teil. In einem Inter-

[10] ND vom 30.6.1950, S. 1.

[11] ND vom 3.8.1950, S. 1.

[12] ND vom 6.8.1950, S. 1.

[13] Auf den Titelseiten setzte die Berichterstattung über den Vormarsch der nordkoreanisch-chinesischen Truppen im Dezember 1950 und Januar 1951 wieder zwischenzeitlich ein.

[14] Vgl. die ND-Ausgaben im Juni der Jahre 1951–1953.

view riefen die beiden Frauen zu Geld-, Sach-, Medikamenten- und Lebensmittelspenden auf. Es wurde zudem vorgeschlagen, dass einzelne Personen in Form einer Patenschaft („Einzelverpflichtung") für die Einkleidung eines koreanischen Kindes sorgen sollten. Das Interview hob erneut die Ähnlichkeiten zwischen Korea und Deutschland hervor. Einführend hieß es:

„Das koreanische Volk weiß erstaunlich gut über das deutsche Volk Bescheid. Es kennt seine Vergangenheit, es weiß, daß Deutschland ähnlich wie Korea geteilt ist, und daß ihm durch die amerikanischen Imperialisten dieselben Leiden drohen, die das koreanische Volk durchmacht."[15]

Zum 1. Jahrestag des Kriegsbeginns veröffentlichte das „Neues Deutschland" dann eine ganzseitige Reportage, die im oberen Teil des Zeitungsbeitrages Korea vor dem Krieg präsentierte und im unteren Teil das Land nach dem ersten Kriegsjahr darstellte. Die Überschriften lauteten: „Das war Korea / Als über dem befreiten Volk die Sonne schien" und „Was die USA-Barbaren aus Korea gemacht haben". Wenige Wochen später stand die asiatische Halbinsel durch die Artikel und Bilder über die nordkoreanischen Teilnehmer bei den III. Weltfestspielen der Jugend und Studenten in Ost-Berlin (5.–19.8.1951) erneut im Mittelpunkt der ND-Berichterstattung.[16]

Die Presseinformationen über Korea dienten auf beiden Seiten dem Schüren der Kriegsangst. Zugleich konnte damit natürlich die jeweilige Aufrüstung bzw. Militarisierung begründet werden. Zum 2. Jahrestag wurde in einem ND-Kommentar der Regierung in Bonn schließlich indirekt auch militärisch gedroht:

„So aber, wie das ganze koreanische Volk gegen die USA-Okkupanten und ihre Marionetten kämpft, so kämpft auch das deutsche Volk gegen sie. So, wie das koreanische Volk das Li-Syng-Man-Regime an den Rand des Abgrunds gebracht hat, wird auch das deutsche Volk schließlich Adenauer an den Rand des Abgrundes bringen und ihn hinwegfegen. Das werden die amerikanischen Imperialisten in Westdeutschland ebenso wenig verhindern können wie in Südkorea."[17]

Nach dem Volksaufstand vom 17. Juni 1953 erreichte die Argumentation noch einmal eine neue Qualität. Die SED-Führung nutzte die kurz vor dem Abschluss stehenden Waffenstillstandsverhandlungen in Korea dafür, um zu erklären, dass die „amerikanischen und deutschen Kriegstreiber" am 17. Juni 1953 versucht hatten, „den Kriegsbrand, den die Völker der Welt in Korea eben austreten, mit Hilfe des Brückenkopfes Westberlin nach Deutschland herüberzuwerfen".[18] Drei Tage später, wieder zum Jahrestag des Kriegsbeginns, wurde ein ND-Leitartikel unter der Überschrift „Der ‚Tag X' in Korea und in Deutschland" in diesem Zusammenhang dann noch deutlicher.[19]

Ende Juli 1953 reagierte das „ND" auf den Erfolg der langen Waffenstillstandsverhandlungen in Korea mit der Aufforderung nun ebenfalls Verhandlungen zwischen den Deutschen in Ost und West aufzunehmen. Im „ND" wurde unter anderem das Argument der westdeutschen KPD-Zeitung „Freies Volk" zitiert, wonach Verhandlungen, egal wie lange sie dauern mögen, nützlicher wären als heiße und kalte Kriege. Korea, so das „ND", würde lehren: Alles für Verhandlungen und die Einheit Deutschlands zu tun.[20]

[15] ND vom 14.6.1953, S. 3.
[16] ND vom 24.6.1951, S. 8 sowie die ND-Ausgaben zwischen dem 5.–19.8.1951; Neues Deutschland (Hrsg.), III. Weltfestspiele der Jugend und Studenten für den Frieden, Bilder und Berichte. Berlin 1951, S. 17–19, 22.
[17] ND vom 25.7.1952, S. 3.
[18] ND-Extraausgabe vom 22.6.1953, S. 1.
[19] ND vom 25.6.1953, S. 1.
[20] ND vom 29.7.1953, S. 1.

Diese Beispiele aus der ND-Berichterstattung repräsentieren einige der wesentlichen Wahrnehmungs- und Argumentationsmuster der frühen SED-Propaganda über den Koreakrieg. Sie zeigen, dass die ideologische Überzeugung vom imperialistischen Charakter der USA und vom faschistisch-revanchistischen Charakter der Bundesrepublik die Berichterstattung beherrschten. Die sachliche Wahrnehmung – das Erkenntnis- und Einsichtsvermögen – wurde aufgrund der Ideologie erheblich eingeschränkt, so dass vielfach Missverständnisse, Fehlurteile und Zerrbilder erzeugt wurden. Diese Feststellung gilt natürlich auch für den Westen. Ein systematischer Vergleich der Wahrnehmungen im Osten und im Westen dürfte diese Aussage erhärten. Stellvertretend sei für diesen thematischen Abschnitt als Zwischenresümee der Historiker Peter Bender zitiert. Er hat – auch mit Blick auf den Koreakrieg – folgende Antwort auf die Frage nach den Ursachen für das eingeschränkte Wahrnehmungsvermögen der beiden Seiten und den sich daraus ergebenden verschiedenen machtpolitischen Dilemmata gegeben:

„In lebensgefährlichen Situationen erwies sich später, daß die Verantwortlichen in Moskau wie in Washington nicht ideologisch, sondern politisch dachten und Kompromisse fanden, um nicht in einen Krieg, vielleicht Atomkrieg zu geraten. Aber wer konnte das vorher wissen? In der Welt, in die sich die Deutschen einordnen mussten, glaubte keine Seite der anderen. Beide boten auch hinreichend Stoff, um Misstrauen zu nähren. Die Kommunisten, das konnte man überall nachlesen, betrachteten es als ihre Aufgabe, die Weltrevolution zu betreiben, die Demokraten in Amerika sahen es als ihre Mission, der Welt die Freiheit zu bringen. Auch das war vielfach nachlesbar. Aber hier wie dort wurde mehr gelesen als gedacht. Was Theorie, Ideal, bestenfalls fernes Fernziel war, wurde als Handlungsanleitung für die praktische Politik genommen. Jede Maßnahme des Gegners wurde auf eine weiterreichende Absicht geprüft, Verschwörungstheorien wucherten und fanden leicht Anhänger. Selbst Pannen auf der anderen Seite wurden beargwöhnt, vielleicht steckte ein besonders raffiniertes Manöver dahinter.“[21]

Zu den ostdeutsch-nordkoreanischen Beziehungen (1950–1962)

Noch während des Koreakrieges leistete die DDR, trotz der eigenen angespannten Wirtschaftslage, direkte Hilfe für Nordkorea über ein 1952 abgeschlossenes Abkommen[22] und Spenden im Rahmen von Solidaritätsaktionen. Es handelte sich hierbei um einseitige Wirtschafts- und Wiederaufbauhilfe der DDR. Zudem wurde indirekt über die Sowjetunion materielle Hilfe an Nordkorea geleistet. Die indirekte Unterstützung vollzog sich während des Koreakrieges über die Reparationslieferungen in die Sowjetunion, die wiederum diese Lieferungen mit hoher Wahrscheinlichkeit auch für die aktive Unterstützung Nordkoreas einsetzte.[23] Die eigentliche materielle Hilfe begann nach dem Waffenstillstandsabkommen im Sommer 1953. Anfang Oktober 1953 weilte eine nordkoreanische Handelsdelegation in der DDR, der gegenüber zum Ausdruck gebracht wurde, dass die DDR ihre materielle Hilfe für den Wiederaufbau und die Entwicklung

[21] *Peter Bender*, Deutschlands Wiederkehr. Eine ungeteilte Nachkriegsgeschichte 1945–1990. Stuttgart 2007, S. 73–74.

[22] Am 25.7.1952, zum 2. Jahrestag des Kriegsbeginns, wurde in Ost-Berlin zwischen der DDR und Nordkorea ein Abkommen über Waren- und Zahlungsverkehr für das Jahr 1953 abgeschlossen.

[23] Eine genaue Untersuchung dieser Art der Hilfeleistung muss erst noch empirisch untermauert werden.

der nordkoreanischen Volkswirtschaft nicht nur als „Ehrenpflicht“, sondern auch als Gegenleistung der DDR für die Erlassung der Reparationsleistungen durch die UdSSR und durch Polen im August 1953 betrachtete. In diesem Zusammenhang wurde am 6. Oktober 1953 mit Nordkorea ein Handelsabkommen über Warenlieferungen für den Zeitraum 1954 bis 1956 abgeschlossen. Weitere dieser Abkommen folgten. Im Jahre 1955 wurden die ersten Lieferungen Nordkoreas in die DDR registriert. Danach konnte das Handelsdefizit im Außenhandel der DDR mit Nordkorea stetig verringert werden. So sank das Nordkoreadefizit von fast 50 Millionen Rubel im Jahre 1954 auf etwa 3,6 Millionen im Jahre 1961 ab. Insgesamt zeigt ein Vergleich der geleisteten materiellen Hilfe der sozialistischen Länder im Rahmen des Rates für Gegenseitige Wirtschaftshilfe (RGW), dass die DDR nach der Sowjetunion und China zwischen 1950 und 1962 zu jenen drei Ländern des RGW gehörte, die Nordkorea die größte materielle Hilfe gewährten.[24]

Als nächste Schritte erfolgten nach 1953 der nachholende[25] Austausch von Botschaftern auf diplomatischer Ebene und der Besuch des nordkoreanischen Außenministers Nam Il Mitte 1954. Auf dieser Grundlage wurden dann verschiedene Abkommen zur politisch-diplomatischen und wirtschaftlich-kulturellen Zusammenarbeit abgeschlossen. Von großer Bedeutung war in diesem Zusammenhang der am 27. Januar 1955 geschlossene Vertrag über technisch-wissenschaftliche Zusammenarbeit. Ähnlich wie in der DDR drei Jahre zuvor, wurde in Nordkorea 1955 zudem verkündet, die Grundlagen des Sozialismus zu errichten. Kern dieses Aufbaubeschusses war die Industrialisierung nach sowjetischem Vorbild mit der vorrangigen Entwicklung der Schwerindustrie. In diesem Zusammenhang erwartete Nordkorea von den „Bruderstaaten“ umfassende wirtschaftliche und technische Hilfe bei der erfolgreichen Umsetzung des ambitionierten Aufbau- und Entwicklungsprogramms. Doch die nordkoreanischen Bemühungen hatten – abgesehen von der Sowjetunion und Chinas – nur in der DDR größeren Erfolg.[26]

Wie sah nun im Wesentlichen das Spektrum der Hilfe der DDR für Nordkorea in den fünfziger Jahren aus? Ein Schwerpunkt war die Übernahme der Verpflichtung, die vom Krieg zerstörte Industriestadt Hamhung gemeinsam mit Nordkorea wiederaufzubauen sowie ein polygraphisches Kombinat in der nordkoreanischen Hauptstadt zu errichten. Als zweiter Schwerpunkt erwiesen sich die Koreahilfe und die Aufnahme von 600 nordkoreanischen Waisenkindern in die DDR. Durch die Koreahilfsaktionen wurden bis 1957 ca. 40 Millionen Mark gesammelt. Hinzu kam wiederum im Rahmen von umfangreichen Warenlieferungen[27] die Verpflichtung der DDR, dringend benötigte Produktions-

[24] ND vom 10.10.1953, S. 2; Statistisches Jahrbuch der DDR 1955 und 1962, Berlin 1956 und 1961, S. 246 und 548; *Wilhelm Pieck*, Reden und Aufsätze. Bd. 3. Berlin 1954, S. 673 f.; *Tuk Chu Chon*, Die Beziehungen zwischen der DDR und der Koreanischen Demokratischen Volksrepublik (1949–1978) unter besonderer Berücksichtigung der Teilungsproblematik in Deutschland und Korea sowie der Beziehungsstruktur zwischen einem sozialistischen Mitgliedsstaat des Rates für gegenseitige Wirtschaftshilfe sowie des Warschauer Paktes und einem sozialistischen Staat im Einflussbereich der Volksrepublik China. München 1982, S. 73–74.

[25] Die Aufnahme diplomatischer Beziehungen erfolgte am 7.11.1949. Aufgrund des Krieges hatte sich der Botschafteraustausch bis 1953 verzögert.

[26] Vgl. *Chu*, Beziehungen , S. 21–35 und 149–155.

[27] Von der DDR wurden nach Nordkorea im Zeitraum 1957 bis 1962 folgende Waren und Warengruppen geliefert: „Maschinen und Ausrüstungen für die chemische und Kunstfaserindustrie, Schiffsdieselmotoren, Ausrüstungen für Textilindustrie, Bagger, Planierraupen, Erzeugnisse der Feinmechanik/Optik, Chemikalien, Foto- und Filmmaterial und Erzeugnisse der Leichtindustrie.“ Im gleichen Zeitraum lieferte Nordkorea in die DDR folgende Waren und Rohstoffe: „verschiedene Buntmetalle, Graphit, Ferro-Silizium, Magnesitklinker, Zinkoxyd, Rohmagnesit und Talkum, Erzeugnisse der Leichtindustrie wie

ausrüstungen und Maschinen für den Wiederaufbau der Wirtschaft zur Verfügung zu stellen.[28]

Bis zum Abschluss der vertraglich geregelten wirtschaftlich-technischen Hilfeleistung der DDR für Nordkorea im September 1962 werden zwei Perioden der wirtschaftlichen Zusammenarbeit zwischen den beiden Staaten erkennbar: Die erste Periode reichte von 1953 bis 1956; sie kann als „formale wirtschaftliche Zusammenarbeit" charakterisiert werden. In dieser Zeit lieferte die DDR fast ohne Gegenleistungen Waren nach Nordkorea. Die zweite Periode begann mit dem Abkommen über wirtschaftliche und kulturelle Zusammenarbeit zwischen der DDR und Nordkorea am 12. Juni 1956. Danach erhöhte sich die nordkoreanische Ausfuhr in die DDR signifikant und Nordkorea erreicht das oben genannte Niveau in der Handelsbilanz der beiden Staaten. Die Zeit zwischen 1957 und 1962 kann als die Periode der „praktisch wirtschaftlichen Zusammenarbeit" bezeichnet werden. Am Ende des Jahres 1961 wurden politische und wirtschaftliche Beziehungen vereinbart, die zugleich als Abschluss der mit dem Koreakrieg zusammenhängenden Wirtschaftsbeziehungen zu sehen sind. Der sich Anfang der sechziger Jahre zeigende ideologische Streit zwischen der Sowjetunion und China wirkte sich in abgeschwächter Form zeitweise auch auf die gesamtwirtschaftlichen Beziehungen zwischen der DDR und Nordkoreas aus. Es kam in diesem Zusammenhang deshalb nicht zum Abschluss eines langfristigen Handelsabkommens, so dass bis 1970 lediglich jährliche Abkommen über Warenlieferungen und Zahlungen abgeschlossen wurden. Erst 1971 erfolgte ein bis 1975 laufendes Handelsabkommen zwischen der DDR und Nordkorea.[29]

Zu den wirtschaftlichen Fernwirkungen

Durch den Krieg in Korea kam es auf dem Weltmarkt innerhalb kurzer Zeit zu einer Verknappung von Rohstoffen und Investitionsgütern. Dadurch schnellten vor allem die Preise für Kohle und Stahl in die Höhe. Generell ergab sich damit überall erst einmal eine ungünstige Lage bei der Einfuhr von Rohstoffen und anderen Gütern. Die durch den Koreakrieg in den Industrieländern entstandenen schwerindustriellen Kapazitätsengpässe bewirkten zugleich die verschiedensten Produktionslücken und Lieferschwierigkeiten: Angebot und Nachfrage gerieten aus dem Ruder. Wer in diese „Lücken" springen und liefern konnte, dem bot sich die Chance, die durch den Koreakrieg ausgelösten Störungen auf dem Weltmarkt positiv auszunutzen, das heißt es konnten erhebliche exportwirtschaftliche Vorteile daraus gezogen werden.[30] Bekanntlich tat das die Bundesrepublik auf äußerst erfolgreiche Art und Weise, aber sie konnte es erst in dem Augenblick wirksam

Tabak, Hopfen, Zigaretten, Reis, Seidengewebe, Bienenhonig, Entenfedern, Fischkonserven und Fischmehl usw." Ebenda, S. 78.

28 Ebenda, S. 72.

29 ND vom 12.9.1962, S. 1; ND vom 17.9.1962, S. 2; ND vom 14.9.1962, S. 6; ND vom 15.8.1965, S. 5; ND vom 24.12.1969, S. 2; ND vom 10.3.1971, S. 4; ND vom 11.3.1971, S. 2; *Chu*, Beziehungen, S. 74–83.

30 Wirtschaftsminister Ludwig Erhard wies im September 1950 in einer Rundfunkansprache auf diese Chance ausdrücklich hin. Zugleich warnte er aber davor, dass die wirtschaftlichen Wirkungen des Koreakrieges zu einer Änderung der gerade erst etablierten marktwirtschaftlichen Verhältnisse führen könnten. Immerhin stand inzwischen die Frage nach der Rüstungstauglichkeit der jungen Bundesrepublik auf der Tagesordnung. Erhard sah die reale Gefahr, dass die rüstungswirtschaftlichen Bestrebungen erneut zu einer massiven Bewirtschaftung und staatlichen Lenkungswirtschaft führen könnten. Ludwig Erhard, Korea, Rundfunkansprache v. 15.9.1950, in: *Ludwig Erhard*, Deutsche Wirtschaftspolitik. Der Weg zur sozialen Marktwirtschaft. Düsseldorf u. a. 1992, S. 128–133.

und zum eigenen Nutzen tun, als die westlichen Besatzungsmächte die seit 1945 verhängten schwerindustriellen und maschinenbaulichen Produktionsbeschränkungen aufhoben und so erhebliche deutsche Produktionskapazitäten für den Weltmarkt freigaben. Der Koreakrieg fungierte als eine Art „Katalysator“, „Starthilfe“ oder „Initialzündung“: ab Frühjahr 1951 setzte eine Entwicklung („Koreaboom“) ein, aus der sich ein dauerhaftes und selbst tragendes Wachstum für den Westen Deutschlands ergab. Die Bundesrepublik wurde dadurch zu einem der größten Exporteure von Industrieerzeugnissen in der Welt. An dieser Stelle muss aber noch einmal betont werden, dass der Koreakrieg „nur“ etwas in Bewegung gebrachte hatte. Die grundlegenden ordnungspolitischen Entscheidungen für die dann erfolgte enorme Wachstumsentwicklung waren vorher gefallen und sie hatten mit dem Koreakonflikt nichts zu tun. Insofern stellt sich die Frage, ob der Koreakrieg für den wirtschaftlichen Aufschwung der Bundesrepublik in der Tat so entscheidend gewesen war, wie die Forschung bis heute darstellt.[31]

Für die DDR waren die Auswirkungen des Koreakrieges demgegenüber diametral entgegengesetzt: Während die Bundesrepublik einen nicht geahnten wirtschaftlichen Aufschwung erlebte, steuerte die DDR in ihre erste existenzielle Krise. Zuerst einmal reagierte das östliche Wirtschaftsbündnis - der im Januar 1949 gegründete Rat für gegenseitige Wirtschaftshilfe - auf die sich verschlechternden Weltmarktverhältnisse. Die buchstäbliche Explosion vor allem der Rohstoffpreise ab Sommer 1950 führte im RGW zu der Entscheidung, die Preise einzufrieren und die Schaffung einer autarken „sozialistischen Wirtschaftswelt“ voranzutreiben. Hierbei sorgte das funktional und ideologisch motivierte Außenhandelsmonopol der planwirtschaftlich organisierten Volkswirtschaften mittel- und langfristig dafür, dass der erforderliche Rückzug des Staates bei den Handels- und Wirtschaftsbeziehungen nicht stattfinden konnte. Ein funktionierender Preis- und Währungsmechanismus mit Leistungsanreizen war schon deshalb in diesem System nicht angelegt. Es blieb dadurch dauerhaft bei einem weitgehend zweiseitigen Waren- und Verrechnungsverkehr. In ein solches Bündnis wurde die DDR Ende September 1950 als Mitglied aufgenommen.[32]

Der Preisstopp führte in der Folgezeit zu einem Preischaos, und insgesamt verharrte der RGW-Handel, wie schon oben angedeutet, auf der Stufe einer „Zollunion“. Im Vergleich zum Anspruch spielte der RGW bis zum Ende des Koreakrieges nur eine untergeordnete Rolle. Der wesentliche Hintergrund hierfür war, dass in der Stalin-Ära die maßgeblichen wirtschaftlichen Entscheidungen auf Partei- und Regierungsebene getroffen wurden. Das östliche Wirtschaftsbündnis fungierte als wirtschaftliche Hilfsorganisation. Erst nach Stalins Tod (5. März 1953) änderte sich die Situation. In der Gesamtsicht koppelte sich die DDR mit der RGW-Mitgliedschaft - machtpolitisch und ideologisch bedingt - zwangsläufig von den Weltmarktbeziehungen ab, von denen die Bundesrepublik ab 1951 wiederum so erfolgreich profitieren konnte.[33]

Die negativen Auswirkungen des Koreakrieges für die Wirtschaft der DDR hingen von Anfang an auch mit den kriegs- und teilungsbedingten Ungleichgewichten in der Wirt-

[31] Vgl. im Überblick zuletzt *Werner Abelshauser*, Deutsche Wirtschaftsgeschichte seit 1945. München 2004, S. 120–181; *Michael v. Prollius*, Deutsche Wirtschaftsgeschichte nach 1945. Göttingen 2006, S. 83–86. Zur These der Relativierung des Koreakrieges für die bundesdeutsche Wirtschaft zuletzt der Wirtschaftshistoriker André Steiner auf der internationalen Potsdamer Konferenz zum Thema „Folgen des Koreakrieges: Wahrnehmungen, Wirkungen und Erinnerungskultur in Europa und Korea“ vom 13.–15. Oktober 2005: Potsdamer Bulletin für Zeithistorische Studien 2005, Nr. 34/35, Potsdam 2005, S. 77.

[32] Vgl. *Christoph Buchheim* (Hrsg.), Wirtschaftliche Folgelasten des Krieges in der SBZ/DDR. Baden-Baden 1995, S. 354–361 und 364–367.

[33] Vgl. ebenda, S. 354, 363–366.

schaftsstruktur zusammen. Es fehlte an Rohstoffen und an einer schwerindustriellen Basis. Deshalb mussten erhebliche Anstrengungen zum Neuaufbau einer Schwerindustrie unternommen werden. Schon deshalb war es in der DDR nicht möglich, solche freien Kapazitäten zu mobilisieren, wie dies in der Bundesrepublik bei Ausbruch des Koreakrieges geschehen war. Besonders war es der von Moskau intendierte rüstungswirtschaftliche Kurs, der dazu führte, dass die Wirkungen des Koreakrieges in der DDR entgegengesetzt zur Bundesrepublik verliefen.[34]

Die Weichenstellungen für die Aufrüstung fanden Anfang April 1952 in Moskau statt. Stalin gab am 1. und 7. April der SED-Führung einige grundlegende und in ihren Wirkungen fatale „brüderliche Empfehlungen". Danach sollte die DDR neben dem Aufbau des Sozialismus vor allem einen eigenen Beitrag zur Aufrüstung leisten. Es wurde darauf orientiert, dass der Aufbau der Streitkräfte und der rüstungsindustriellen Strukturen möglichst noch vor der Umsetzung der westdeutschen Wiederbewaffnungsbestrebungen erfolgen sollten. Es galt, die DDR zu einem starken „Vorposten des Sozialismus" auszubauen. Die im April 1952 vorgegeben Ziele lauteten konkret: Streitkräfte, Rüstungsindustrie, Sicherung der innerdeutschen Grenze, Durchsetzung der zentralen Planwirtschaft, Ausbau des Staates und die Kollektivierung der Landwirtschaft. In den folgenden Monaten setzte die DDR die in Moskau beschlossenen Maßnahmen um. Dadurch manövrierte sich die DDR innerhalb von 14 Monaten in ihre erste Existenzkrise, die ihren Ausdruck im Aufstand vom 17. Juni 1953 fand.[35]

Der Beschluss, eine 300 000-Mann-Armee und eine gewaltige Rüstungsindustrie aufzubauen, führte dazu, dass sich der Anteil der unmittelbaren Militärausgaben von 1951 bis 1952 nahezu verdoppelte. Insgesamt betrugen diese bis Mitte 1953 insgesamt zwei Milliarden Mark. Nur zum Vergleich, allein für den Wiederaufbau und die Neugestaltung der kriegszerstörten Städte hatte die DDR-Führung Anfang der fünfziger Jahre mehr als vier Milliarden Mark vorgesehen. In der Konsequenz wurden nun enorme Investitionsmittelpakete umverteilt bzw. Mittel abgezogen, was wiederum zur Reduzierung und Streichung von wichtigen Vorhaben führte. Der Aufbau der Armee bedeutete außerdem die massenhafte Rekrutierung von jungen und qualifizierten Arbeitskräften, die aus der Wirtschaft abgezogen wurden und so die schwierige Arbeitskräftelage zusätzlich verschärften. Im Herbst 1952 zeigten sich deutliche Krisensignale. Es gab massive Engpässe in der Bevölkerungsversorgung und die Wirtschaft kam im Hinblick auf die rüstungsbedingten „außerplanmäßigen" Aufträge und Bedarfsanforderungen in große Produktions- und Lieferschwierigkeiten. Insgesamt blieb die Produktion von Rohstoffen und industriellen Vorleistungen 1952/53 zurück, was sich wiederum auf den Export und die Investitionen auswirkte. Dadurch entstand eine Art „Teufelskreis", da sich diese Entwicklungen wiederum auf die Industrieproduktion auswirkten und weitere Produktionsdefizite und Rückstände die Folge waren. Es fehlte neben den Rohstoffen, Materialien und Gütern vor allem auch am Geld. Ein sich gefährlich aufschaukelnder Prozess. Anfang 1953 musste die SED-Führung Moskau davon in Kenntnis setzen, dass die DDR-Wirtschaft durch die Gleichzeitigkeit von Reparationsleistungen, Reservebildungen, Exportverpflichtungen, Aufrüstung, Aufbau der Grundlagen des Sozialismus und Bevölkerungsversorgung überfordert sei.[36]

[34] Vgl. *Jörg Roesler*, Momente deutsch-deutscher Wirtschafts- und Sozialgeschichte 1945 bis 1990. Eine Analyse auf gleicher Augenhöhe. Leipzig 2006, S. 64–65.

[35] Vgl. hierzu zuletzt *Bernd Bonwetsch/ Sergej Kudrjašov*, Stalin und die II. Parteikonferenz der SED. Ein Besuch der SED-Führung in Moskau, 31. März–8. April 1952 und seine Folgen (Dokumentation), in: J. Zarusky (Hrsg.), Stalin und die Deutschen. Neue Beiträge der Forschung. München 2006, S. 173–205.

[36] Vgl. ND vom 24.8. 1950, S. 1; *Torsten Diedrich*, Aufrüstungsvorbereitung und -finanzierung in der SBZ/ DDR in den Jahren 1948 bis 1953 und deren Rückwirkungen auf die Wirtschaft, in: Bruno Thoß (Hrsg.),

Die Führungsspitze der DDR bat um Hilfe: einerseits sollten vor allem die sowjetischen Reparationszahlungen reduziert werden; andererseits wurde die Sowjetunion darum gebeten, dass sie auf die Entschädigungszahlungen für die an die DDR zurückgegebenen deutschen Betriebe[37] verzichtete. Doch erst nach dem Tod Stalins erfolgte eine deutschlandpolitische Kehrtwendung und die Sowjetunion begann einzulenken. Allerdings fand dieses Einlenken zu spät statt, wie der Volksaufstand am 17. Juni 1953 verdeutlichte. Nach dem Juni 1953 verkündete die Sowjetunion am 22. August 1953, dass sie ab 1954 auf weitere Reparationsleistungen aus der DDR verzichten würde. Ohne den Koreakrieg und den damit im Zusammenhang stehenden 17. Juni 1953 hätte die DDR – so war es ursprünglich vorgesehen – noch bis 1965 Reparationen zahlen müssen. Alle noch im sowjetischen Besitz befindlichen Unternehmen wurden nun wieder an die DDR zurückgegeben. Eine Ausnahme stellte der sowjetisch kontrollierte Uranbergbau – die Wismut AG – dar, die weiterhin unter direkter sowjetischer Kontrolle blieb und am Ende sogar die DDR bis Anfang der neunziger Jahre überlebte. Ein bis heute wirkende wirtschaftliche Folgelast des Zweiten Weltkrieges.[38]

Resümee

Nach dem Beginn des Koreakrieges zeichnete sich für beide deutsche Staaten ab, dass hierdurch die Einbindung in den jeweiligen Machtblock nicht mehr aufzuhalten war. Dieser Prozess erreichte sowohl in der Bundesrepublik als auch in der DDR eine neue Qualität. Im Verlauf des Koreakrieges kam es im geteilten Deutschland zu einer Reihe von Entscheidungen, die die weitere deutsch-deutsche Geschichte nachhaltig prägten.

In der propagandistischen Auseinandersetzung zwischen den beiden deutschen Staaten spielte Korea zudem eine herausragende Rolle. Die SED-Führung versuchte intensiv den ideologischen Kampf aller „demokratischen Kräfte" in Deutschland für die Wiedervereinigung anzukurbeln und die „Selbstbefreiung" von der Adenauerregierung durch die Arbeiterklasse der Bundesrepublik zu befördern. Es wurde mit Korea ein klar definiertes Feindbild propagiert, das davon ausging, dass der Westen alles tun würde, um den „ersten Arbeiter- und Bauernstaat auf deutschem Boden" und damit den Sozialismus als Gesellschaftssystem zu beseitigen. Die großen Ähnlichkeiten und offensichtlichen Parallelen mit dem gesellschaftlich und staatlich geteilten Korea führten einerseits dazu, dass die Vorgänge in Korea als „Alarmsignal für das deutsche Volk" popularisiert und herausgestellt wurden; andererseits instrumentalisierte die SED-Führung den Koreakrieg in hohem Maße für die eigene staatliche Integrität und die Herrschaftssicherung.[39]

Volksarmee schaffen – ohne Geschrei! Studien zu den Anfängen einer „verdeckten Aufrüstung" in der SBZ/DDR 1947–1952. München 1994, S. 306–336; *Ders./Rüdiger Wenzke*, Die getarnte Armee. Geschichte der Kasernierten Volkspolizei der DDR 1952–1956. Berlin 2001, S. 264–315; *André Steiner*, Von Plan zu Plan. Eine Wirtschaftsgeschichte der DDR. München 2004, S. 75–76; weiterführend zur die ersten Gesellschaftskrise der DDR 1952/53 die Vielzahl von Veröffentlichungen zum 50. Jahrestag des 17. Juni 2003. Einen informativen Überblick bietet die Sammelrezension von Jan C. Behrends auf der Internetplattform „hsozkult": http://hsozkult.geschichte.hu-berlin.de/rezensionen/2004-2-172.

[37] Gemeint sind die SAG-Betriebe: SAG = Sowjetische Aktiengesellschaften.

[38] *Steiner*, Plan zu Plan, S. 76, 80–81; *Rainer Karlsch*, Allein bezahlt? Die Reparationsleistungen der SBZ/DDR 1945–1953. Berlin 1993, S. 197–199; *Ders.*, Uran für Moskau. Die Wismut – Eine populäre Geschichte. Berlin 2007, S. 110.

[39] *Diedrich/Wenzke*, Die getarnte Armee, S. 51–53.

Im deutsch-deutschen Vergleich zeigt sich, dass die beiden deutschen Staaten über eine unterschiedliche industrielle Basis bei Ausbruch des Koreakrieges verfügten. Ein gravierender Nachteil ergab sich aus den Ungleichgewichten in der Wirtschaftsstruktur, die sich für die SBZ/DDR durch die sowjetischen Demontagen und Reparationen noch ungünstiger gestalteten. Der DDR fehlte es an Rohstoffen und vor allem an einer Schwerindustrie. In den Neuaufbau der schwerindustriellen Basis mussten deshalb erhebliche Mittel investiert werden. Dadurch fehlten ganz einfach solche freien Kapazitäten, über die wiederum die Bundesrepublik Anfang der fünfziger Jahre verfügen konnten. Zugleich schottete sich das östliche Wirtschaftsbündnis aufgrund des Kalten Krieges zwangsläufig ab, wodurch wiederum die DDR vom Weltmarkt abgekoppelt wurde, während für die Bundesrepublik das Gegenteil zutraf. Das Rüstungsprogramm von 1952 engte die Spielräume dann noch weiter ein und bremste die wirtschaftliche Entwicklung der DDR deutlich ab. Indem der ostdeutsche Staat die sowjetisch intendierte Rüstung durch den Abzug von Investitionsmitteln aus anderen Industriebereichen wie etwa dem Konsumgüterbereich finanzierte, wurde das gesamte Wirtschaftssystem in eine gefährliche Schieflage gebracht und wichtige Industrien geschwächt. Zudem hatte die DDR eine unverhältnismäßig größeren „Verteidigungsbeitrag" zu leisten als die Bundesrepublik. Das hing auch mit der relativen wirtschaftlichen Schwäche der Sowjetunion im Vergleich zu den USA zusammen. Der gleiche Krieg in Korea hatte damit ganz unterschiedliche Wirkungen im Osten und Westen Deutschlands.[40]

Bemerkenswert ist, dass nach der Beilegung des Koreakonfliktes beide deutsche Staaten mit ihrem jeweiligen koreanischen „Pendant" relativ enge Wirtschaftsbeziehungen aufbauten und pflegten. Für die zeithistorische Forschung sind dabei sowohl die Parallelen als auch die Differenzen von großem Interesse. Inzwischen haben deutsch-koreanische Konferenzen gezeigt, dass sich der vergleichende Austausch über unterschiedliche Wahrnehmungen, Wirkungen und Erinnerungskulturen für die Forschung lohnt und so wiederum ein produktiver Blick mit neuen Sichtweisen entsteht.[41]

[40] *Steiner*, Plan zu Plan, S. 19–35; *Buchheim*, Folgelasten, S. 354; *Roesler*, Momente, S. 65.

[41] Vgl. die internationalen Konferenzen in Südkorea und Deutschland im Herbst 2004 und 2005. Potsdamer Bulletin, 2004, Nr. 32/33, Potsdam 2004; S. 82–85; Potsdamer Bulletin 2005, S. 75–77.

Thomas Wegener Friis/Kristine Midtgaard (Odense)
Dänemark und der Koreakrieg

Dänemark war während des Kalten Krieges keine wirklich wichtige Macht. So musste auch der Einfluss des Königreiches auf den Koreakrieg äußerst gering sein. Das Land hatte auch nicht die Absicht, eine aktive Rolle in der Weltpolitik und der großen Systemauseinandersetzung zu spielen. Eher das Gegenteil war der Fall – so versuchte Dänemark in diesen Jahren, seinen designierten Platz im UNO-Sicherheitsrat erst an Norwegen und dann an Holland abzutreten. Der dänische Beitrag zur Kriegsführung entsprach dieser Linie und war, wie bei vielen anderen Staaten auch, eher von symbolischem Charakter.

Anderseits bekam der Krieg, der in einem für die meisten Dänen unvorstellbar fernen Land ausgetragen wurde, auf unterschiedliche Weise eine unmittelbare Bedeutung für das kleine NATO-Land. Der Koreakrieg gilt als eine der bedeutendsten Krisen seiner Zeit – er veränderte das Gesicht der NATO und stellte neue Anforderungen an ihre Mitglieder.

Dänemark und die NATO

Die Wahl des Bündnispartners war ausschlaggebend für die damalige dänische Beurteilung des Konfliktes auf der koreanischen Halbinsel. Die Hinwendung zum Nordatlantikpakt war eine entscheidende Neuorientierung der dänischen Sicherheits- und Außenpolitik. Spätestens nach der Niederlage im Deutsch-Dänischen Krieg 1864 befand sich Dänemark in einer Position, in der seine staatliche Fortexistenz keineswegs garantiert war. Die der Regentschaft König Christians IX. folgenden dänischen Regierungen waren bemüht, die Stellung Dänemarks zu stärken und zu sichern, indem sie den Kurs einer strengen Neutralitätspolitik einschlugen, bei der Dänemark zwischen der bedrohlichen Großmacht Deutschland im Süden und der Weltmacht Großbritannien im Westen lavierte. Diese Strategie brachte das Land zwar heil durch die Wirren des Ersten Weltkrieges, scheiterte aber dann 1940 mit der fast widerstandslosen Eroberung Dänemarks durch die deutsche Wehrmacht. Erst mit dem Ende des Zweiten Weltkrieges erlangte Dänemark seine Souveränität zurück.[1]

Diese bittere historische Erfahrung prägte nicht nur Politiker, Militärs und Diplomaten, auch das dänische Volk empfand die Besatzung als große nationale Katastrophe. Mit der Losung „Nie wieder ein 9. April" – der 9. April 1940 war der Tag des Einmarsches der deutschen Truppen – beschwor man, dass Dänemark nie wieder seine Souveränität abgesprochen werden solle. Aber obwohl der Erzfeind des dänischen Staates, das „Deutsche Reich", als solches nicht mehr existent war, sah sich das Land bald nach Kriegsende einem ebenso mächtigen Gegner gegenüber: der Sowjetunion. Im Hinblick auf die Annexion der Baltischen Staaten, die Kontrolle über Polen und die SBZ fürchtete Dänemark eine Bedrohung seiner eigenen Grenzen. Ein Jahr nach dem Krieg waren auf der dänischen Insel Bornholm noch immer sowjetische Truppen stationiert, was zur Bezeichnung „zweite Besatzung" führte.[2]

[1] Hierzu siehe: *Bo Lidegaard*, Overleveren. 1914–1945. Dansk Udenrigspolitiks Historie. Bd. 4. København 2004.

[2] Zu Bornholm siehe: *Bent Jensen*, Den lange befrielse. Bornholm besat og befriet 1945–1946. Odense 1996; *Ders.*, Bjørnen og Haren. Sovjetunionen og Danmark 1945–1965. Odense 1999, S. 171–173.

Auf militärischem Gebiet stellte die Sowjetunion eine ernsthafte Bedrohung dar. Zu Beginn des Koreakrieges rechnete der dänische Nachrichtendienst mit einer starken sowjetischen Kampfgruppe gegenüber Dänemark, da allein auf dem Territorium der DDR 22 Divisionen mit insgesamt rund 350 000 Soldaten stationiert waren.[3] Hinzu kamen im weiteren Bereich noch 17 bis 18 polnische Divisionen, deren Kampfkraft jedoch aufgrund ihrer schlechten Ausrüstung und mangelnden Kampfmoral als gering eingeschätzt wurde. Der dänische Nachrichtendienst warnte auch schon 1949 vor den paramilitärischen Polizeikräften in der DDR: Aus dieser „roten Reichswehr“ würden sich zukünftig „schlagkräftige deutsche Streitkräfte“ entwickeln.[4]

Die dänischen Politiker erkannten den Ernst dieser Situation und waren auf der Suche nach Auswegen durchaus dazu bereit, neue Wege zu beschreiten. Zunächst aber beschlossen sie eine Fortsetzung der gewohnten Politik des Lavierens zwischen den Großmächten. Das Prinzip der Neutralitätspolitik allerdings stand nach der deutschen Besatzung nicht mehr zur Debatte und war nur noch als Politik des „Brückenbauens“ verschrien. Auch Norwegen und Schweden zogen einen „Dritten Weg“ zwischen Ost und West in Erwägung.[5]

Doch für Dänemark erschien der oben genannte Kurs schon 1948 nur schwer praktizierbar, da es zu schwach und zu klein war und seine strategische Lage am Ein- und Ausgang aus der Ostsee gewisse Sicherheitsrisiken in sich barg. Als Lösung dieser Probleme sah man die Teilnahme an einer Allianz. Als mögliche Bündnispartner erschienen Großbritannien, die USA und Schweden. Mit letztgenannter Möglichkeit sympathisierten viele, da ein Nordischer Verteidigungsbund, basierend auf der relativen Stärke der schwedischen Streitkräfte, sowohl einem ideologischen „Pan-Nordismus“ als auch der Vorstellung eines dritten Weges entsprochen hätte. Da diese Möglichkeit aufgrund des Widerstandes Norwegens und der Skepsis von russischer und amerikanischer Seite verworfen werden musste, wandte sich die dänische Regierung an die USA und die NATO.[6]

Diesen Schritt ging sie nicht aus Sympathie gegenüber den westlichen Alliierten oder aus dem Wunsch heraus, sich auf dem „Altar“ der Demokratie oder gar des Antikommunismus „zu opfern“. Dänemark hatte eine klare Prioritätensetzung in seiner Außenpolitik – die nationale Sicherheit müsse gewährleistet sein und in diesem sicheren Rahmen dürfe nichts den nationalen Zusammenhalt und das wirtschaftliche Wachstum gefährden. Erst wenn diese Voraussetzungen gegeben seien, könne man über „ideologische“ Ziele, wie etwa Verteidigung oder Etablierung von Demokratie, nachdenken. Dänemark formulierte in den ersten Jahren seiner UNO-Mitgliedschaft 1945 bis 1949 auch keine idealistischen Sicherheitsvisionen. Sowohl Dänemarks Eintritt in die UNO, als auch der politische Kurs in dieser Zeit waren von kurzfristigen, pragmatischen und realpolitischen Überlegungen bestimmt. Erst nach 1949 begannen dänische Politiker damit, in der UNO idealistische

[3] Danmark under den Kolde Krig. Bd. 1. København 2005, S. 580.

[4] Ebenda, S. 535–538.

[5] Hierzu siehe: *Knut E.Eriksen/Helge Pharo*, Norsk Utenrikspolitikks Historie. Bd. 5: Kald krig og internasjonalisering, 1949–54. Oslo 1997. Sowohl für Dänemark, als auch für Norwegen liegen umfassende Darstellungen der Geschichte der Außenpolitik beider Staaten vor. Dies gilt nicht im selben Ausmaß für Schweden. Dafür gibt es zu diesem Thema eine Reihe von wissenschaftlichen Publikationen im Rahmen des Forschungsprogramms ‚Sverige under kalla kriget‘ (Schweden im Kalten Krieg). Für eine historiografische Darstellung der Kalte-Kriegs-Forschung der skandinavischen Länder siehe: *Thorsten Borring Olesen* (Hrsg.), The Cold War – and the Nordic Countries. Historiography at a Crossroads. Odense 2004; *Nils Abraham/Thomas Wegener Friis/Ulrich Mählert* (Hrsg.), Vademecum for contemporary and Cold War history in Scandinavia. Berlin 2007.

[6] Vgl. *Poul Villaume*, Allieret med forbehold. Danmark, NATO og den kolde krig. En studie i dansk sikkerhedspolitik 1949–196. København 1995.

Visionen darzulegen – wahrscheinlich um eine Art „Gegengewicht" zur Mitgliedschaft in der NATO und der internationalen Machtpolitik zu schaffen.[7]

Von welchen Prioritäten das Handeln der dänischen Regierung bestimmt war, zeichnete sich bereits in den anfänglichen Verhandlungen mit den Amerikanern deutlich ab. Als der dänische Außenminister Gustav Rasmussen im März 1949 seinen Kollegen Dean Acheson in Washington besuchte, trug er einen Forderungskatalog bei sich. In diesem war festgehalten, dass Dänemark ein Maximum an Sicherheit und militärischer Unterstützung von den Amerikanern einfordere, aber selbst nur bereit sei, nicht mehr als ein Minimum an Selbstständigkeit aufzugeben.[8] Das Ziel Dänemarks war es, sich der amerikanischen Hilfe im Falle eines sowjetischen Angriffs zu versichern und überdies der Möglichkeit vorzubeugen, dass etwaige Konflikte oder Vorfälle zwischen den Großmächten das Land in einen Krieg hineinziehen würden. Der Preis für den Atlantikpakt und die damit verbundene Sicherheitsgarantie, die sich zu diesem Zeitpunkt hauptsächlich auf die amerikanischen Nuklearwaffen stützte, war, dass kleine Länder wie Dänemark im Falle eines Krieges Stellung beziehen mussten. Da Dänemarks Beitritt zur NATO sich aus diesen Überlegungen entwickelte, ist das Land von Historikern als „Alliierter unter Vorbehalt" bezeichnet worden.[9] In den frühen Jahren der NATO-Mitgliedschaft empfanden vor allem die USA und Großbritannien Dänemark als einen unsicheren Bündnispartner.[10] Auch der Osten sah Dänemark als „schwaches Glied in der NATO-Kette".[11]

Eine wichtige Ursache für Dänemarks zögerliche Hinwendung zur NATO war die geographische Lage des Landes. Ein Krieg zwischen Ost und West hätte für das Land verheerende Folgen gehabt. Die westlichen Streitkräfte waren bei Weitem nicht stark genug, um Dänemark gegen eine sowjetische Invasion zu schützen. Dieses Faktum war den führenden Politikern natürlich bekannt, jedoch befanden sie es für besser, diese Information zurückzuhalten, um die Haltung der dänischen Bevölkerung zur NATO-Mitgliedschaft nicht negativ zu beeinflussen.[12] Erst die Stationierung von amerikanischen Atomwaffen in der Bundesrepublik 1954 sollte überhaupt eine Verteidigungslinie entlang des Rheins ermöglichen[13], obgleich damit immer noch das dänische Territorium zur Disposition stand.

Dieses ohnehin schon düstere Kriegsszenario wurde durch das Wissen um die Existenz von Atomwaffen, deren Einsatz in einem kleinen und dicht besiedelten Land wie Dänemark katastrophal gewesen wäre, noch verstärkt.

Der Anfang des Krieges

Dänemarks Mitgliedschaft im westlichen Bündnis war noch jung, als die nordkoreanischen Truppen am 25. Juni 1950 die Demarkationslinie, den 38. Breitengrad, in Richtung

[7] Vgl. *Norbert Götz*, Prestige and Lack of Alternative: Denmark and the United Nations in the Making, in: Scandinavian Journal of History 29 (2004), H. 2, S. 73–96; *Ders.*, Danish participation in the United Nations and in the Security Council, in: Militært Tidsskrift 134 (2005), H. 3, S. 311–333; *Kristine Midtgaard*, Småstat, magt og sikkerhed. Danmark og FN 1949–65. Odense 2005.

[8] *Thorsten Borring Olesen/ Poul Villaume*, I blokopdelingens tegn. 1945–1972. København 2005, S. 114–116.

[9] *Poul Villaume*, Allieret med forbehold. Jahr?

[10] Vgl. Danmark under den kolde krig, S. 658.

[11] *Thomas Wegener Friis*, Den nye nabo. DDR's forhold til Danmark 1949–1960. København 2001, S. 115 ff.

[12] Vgl. *Christmas Møller/Hartvig Frisch*, RFF, 1945, 6.9.1945, S. 1178 und 1184 f.

[13] Vgl. Danmark under den kolde krig, S. 524.

Süden überschritten. Der Konflikt und seine Auswirkungen warfen für Dänemark eine Reihe von Fragen auf. Dieser Krieg verdeutlichte die zunehmende Bedeutung, die weit entfernte und „fremde" Teile der Welt plötzlich für die dänische Sicherheit hatten und nährte auch kurzzeitig die bereits erwähnten Befürchtungen, dass die Dänen durch die Interessen der Großmächte in einen Krieg verwickelt werden sollten. Deshalb stellte sich schon bald die Frage einer möglichen dänischen Kriegsteilnahme. Zudem beschleunigte der Krieg Prozesse in der NATO, die ambivalent zu bewerten waren: Einerseits entstand eine engere Zusammenarbeit der Mitgliedsstaaten, andererseits musste sich mit der Wiederbewaffnung der Bundesrepublik und der Erhöhung der Rüstungsausgaben auseinandergesetzt werden. Für Dänemark stellte sich mit dem Krieg auch die Frage, was für das Land von größerer Bedeutung sei: Handelsbeziehungen oder Allianzloyalität – ein Dilemma, in dem sich Dänemark in der NATO-Zusammenarbeit wiederholt befand. Weiterhin galt es, andere wichtige Entscheidungen in diesen Jahren zu treffen, wie beispielsweise in den Verhandlungen über amerikanische Rechte auf Grönland oder über die Errichtung von ausländischen Militärbasen im dänischen Kernland.

Die Frage nach einer dänischen Teilnahme am Koreakrieg stellte sich unmittelbar nach Kriegsausbruch im Juni 1950; zuerst in Form einer generellen Aufforderung der UNO zur Teilnahme und später dann, im Winter 1950/51 nach der Intervention der Chinesen, als direkte Aufforderung zur Beteiligung mit eigenen Truppen. Die dänische Reaktion auf dieses Ansuchen war symptomatisch für das Engagement Dänemarks und seine generelle Haltung zum Krieg.

Zum einen waren die dänische sozialdemokratische Regierung und die bürgerlichen Pro-NATO-Parteien sehr zufrieden damit, dass die Amerikaner konsequent für die Republik Korea (Südkorea) Partei ergriffen, einen kleinen Staat in einer exponierten Lage an der Frontlinie der Systeme, der von der Demokratischen Volksrepublik Korea und deren kommunistischen Verbündeten angegriffen wurde. Die dänischen Politiker sahen hier viele Parallelen zu der Lage ihres eigenen Landes. Und die Initiative der USA zeigte nicht nur, dass bedrohte Bündnisgenossen in der Stunde der Not auf die Loyalität der Amerikaner vertrauen konnten, sondern auch, dass der Westen bereit war, in den Krieg zu ziehen. Dies war keine Selbstverständlichkeit. Der Nordatlantikvertrag war gerade erst unterzeichnet worden und die gemeinsamen Kommandowege und militärischen Vorbereitungen sollten erst in den kommenden Jahren geschaffen werden. Außerdem waren die USA infolge der Demobilisierung des Militärs nach dem Zweiten Weltkrieg relativ schwach und viele US-Politiker befürworteten noch immer eine isolationistisch orientierte Politik. Der Nordatlantikvertrag bestand daher im Wesentlichen aus der amerikanischen Zusage, Europa nicht im Stich zu lassen und der Zusicherung von ökonomischer und militärischer Hilfe.[14]

Da die amerikanische Unterstützung den Hoffnungen der Dänen entsprach, befand es die sozialdemokratische Regierung unter Ministerpräsident Hans Hedtoft, die 1950 zu der Frage einer dänischen Kriegsteilnahme Stellung beziehen sollte, für nötig, positive Signale an die Amerikaner zu senden. Deshalb reagierte sie auf die ersten Aufforderungen nach Kriegsausbruch, indem sie den UN-Truppen medizinische Ausrüstung anbot. Nach erneuter Nachfrage fügte die Regierung dem Angebot noch einen Krankenwagen des dänischen Roten Kreuzes hinzu. Da dies der amerikanischen Regierung noch immer nicht ausreichend erschien, willigte die dänische Regierung schließlich ein, den Oberarzt Karl Lehmann und ein komplett ausgestattetes und bemanntes Hospitalschiff zum Kriegsschauplatz zu entsenden.[15]

[14] Vgl. *Olesen/Villaume*, I blokopdelingens tegn, S. 153 ff.

[15] Vgl. *Kristine Midtgaard*, Jutlandia-ekspeditionen. Tilblivelse og virke 1950–53, København 2001, S. 33–41; *Kristine Midtgaard*, „National Security and the Choice of International Humanitarian Aid. Denmark

Das Hospitalsschiff „Jutlandia" war ursprünglich ein Transportschiff gewesen und musste deshalb für den bevorstehenden Einsatz erst noch umgebaut werden. Es war schon sehr schwierig gewesen, überhaupt ein geeignetes Schiff zu finden. Hinzu kam, dass man in Dänemark nur wenig Erfahrung in der Einrichtung von Hospitalschiffen hatte. Der Umbau dauerte deshalb entsprechend lange. Die „Jutlandia" begab sich erst im Januar 1951 auf ihre Reise nach Korea und kam über ein halbes Jahr später am Kriegsschauplatz an. Die Mission unterstand dem dänischen Roten Kreuz und nicht der dänischen Flottenleitung. Weiterhin wurde die Expedition vom Außenministerium und nicht vom Verteidigungsministerium koordiniert.[16]

Wie bereits die Verhandlungen mit den Amerikanern gezeigt hatten, war die dänische Regierung bemüht ihren Beitrag zum Krieg zu leisten, allerdings ohne sich militärisch beteiligen zu müssen. Deswegen bestand sie auf dieser symbolischen humanitären Geste und ergriff nicht offen Partei, wie es etwa bei der Entsendung von Frachtschiffen oder gar Truppen – die seitens der UNO/USA angefragt worden waren – gewesen wäre. Mit ihrer Haltung standen die Sozialdemokraten nicht allein. Die dänischen Parteien waren sich mehrheitlich darin einig, dass Dänemark keinen militärischen Beitrag leisten könne. Allerdings war die traditionell anti-militaristisch eingestellte sozial-liberale Partei „Radikale Venstre" eine der wenigen Parteien, die einem militärischen Beitrag Dänemarks positiv gegenüberstanden. Sie hielt eine solche Entsendung für eine gute Vorgehensweise, wenn der UNO-Sicherheitsrat geschlossen hinter dem UNO-Engagement stehen würde. Die positive Einstellung der Partei war nicht weiter überraschend, da sie, neben ihrer anti-militaristischen Grundhaltung, stark für internationales Recht und kollektive Sicherheit eintrat. Sie nahm deshalb zwar Abstand von nationalen militärischen Schritten, trat jedoch als Fürsprecher von UNO-Initiativen auf.[17]

Während sich die meisten dänischen Politiker zwar darüber einig waren, keine Truppen zu entsenden, kam es in anderen Punkten zu Differenzen. So meinte die damalige konservative Oppositionspartei, dass es zulässig sei, den Amerikanern Seetransportkapazitäten zur Verfügung zu stellen. Diese Position unterstützte auch der Sozialdemokrat und ehemalige Widerstandskämpfer Frode Jacobsen, der in solchen Fragen oft einer Meinung mit der parlamentarischen Opposition war. Weiterhin meinte die Konservative Partei, dass man Freiwilligen – allerdings keinen aktiven Angehörigen der Streitkräfte – die Möglichkeit offerieren sollte, sich am Koreakrieg zu beteiligen. Die Georgianistische Partei „Retsforbundet" („Rechtsbund") setzte sich sogar dafür ein, dass sich dänische Soldaten aller Ränge freiwillig für einen Einsatz in Korea melden dürften. Der Parteivorsitzende betonte, die dänischen Truppen könnten dadurch wichtige Kampferfahrung sammeln. Der Vorsitzende der liberalen Bauernpartei „Venstre" äußerte sich in dieser Hinsicht skeptisch. Er gab zu bedenken, dass man diese Möglichkeit gegenüber der UNO nicht erwähnen dürfe, da das Risiko bestünde, dass sich eventuell keine Freiwilligen melden würden.

Die bürgerlichen Parteien, gestützt durch die Sozialdemokraten, waren also tendenziell positiver gegenüber einer militärischen Beteiligung am Koreakrieg gestimmt und hätten auch einen freundlicheren Ton gegenüber der UNO bevorzugt. So wäre es in ihrem Sinne gewesen, wenn Dänemark erklärt hätte, dass es als ein kleines Land nicht über genügend Streitkräfte verfüge, jedoch alles täte, was in seiner Macht stände. Damit hätte die Möglichkeit offen gestanden, den bisherigen Beitrag zu einem späteren Zeitpunkt zu erweitern.

and the Korea War, 1950–53 – A Small Sate in a Military Context with a Civilian Orientation", pp 148–174 in Journal of Cold War Studies, vol. 13, no. 2 2011.

[16] Vgl. ebenda, S. 43–68.

[17] Vgl. Udenrigsministeriets Arkiv, Referater af møder i Udenrigspolitisk Nævn, mik. 02.2., 19.7.1950.

Der sozialdemokratische Außenminister und die Sozialliberalen jedoch waren dagegen. Sie sahen in einem solchen Akt eine verfrühte Präjudizierung der Position Dänemarks und befürchteten dadurch, spätere Hilfsersuchen nicht ablehnen zu können.

Anderseits galten besonders die Sozialliberalen als Befürworter einer gemeinsamen skandinavischen Friedensinitiative, die jedoch bei den Amerikanern nicht auf besondere Zustimmung traf. Die Sozialdemokraten lehnten eine solche Initiative zwar nicht grundsätzlich ab, meinten aber, dass die Zeit dafür verfrüht sei. Die bürgerlichen Parteien hingegen sprachen sich strikt dagegen aus, da ihrer Meinung nach eine Friedensinitiative ein falsches Signal aussenden würde, nämlich dass Dänemark neutral sei.[18]

Die Zurückhaltung der dänischen Parteien gegenüber einem militärischen Engagement im fernen Osten beruhte hauptsächlich auf zwei Überlegungen. Zum einen mussten sie in erster Linie an die eigene Verteidigung des Landes denken. Die exponierte Lage Dänemarks und die begrenzte Fähigkeit der westlichen Alliierten, einen konventionellen Krieg im westeuropäischen Raum zu führen, machte den dänischen Politikern peinlich bewusst, dass sie im Kriegsfall weitgehend auf sich gestellt waren. Unter diesen Umständen hielt die dänische Regierung es nicht für ratsam, die eigenen Kräfte durch die Entsendung von Truppen nach Korea zu schwächen.[19] Zum anderen wollte die dänische Regierung Rücksicht auf die Sowjetunion nehmen. In der Öffentlichkeit und vor allem gegenüber den Amerikanern nutzte man aber zumeist erstere Erklärung.

Die Argumentation, dass die dänischen Streitkräfte eher an den Ostseeausgängen als in Korea für die Verteidigung gegen die UdSSR nötig waren, stieß in führenden Kreisen der NATO durchaus auf Unterstützung. Als die Amerikaner 1951 ihre Aufforderung gegenüber der mittlerweile konservativ-liberalen dänischen Regierung unter Ministerpräsident Erik Eriksen erneuerten, unterstützten der SACEUR Dwight D. Eisenhower und sein Vize Bernard L. Montgomery die dänischen Bündnisgenossen, indem sie gleichfalls die Meinung vertraten, dass eine Schwächung der NATO in Nordeuropa nicht ratsam erscheine. Diese Position wurde offiziell, nachdem sich der neue konservative Außenminister Dänemarks, Ole Bjørn Kraft, einige Male positiv zu einer möglichen Entsendung von Truppen geäußert hatte.

Kraft sah sich nach erneutem amerikanischem Drängen zu diesem Schritt gedrungen. Es ist aber eher unwahrscheinlich, dass Kraft tatsächlich eine andere Einstellung als seine Vorgänger gehabt haben soll, da er zu einem früheren Zeitpunkt der Meinung gewesen war, dass die eigenen Streitkräfte in Dänemark bleiben sollten. Als die Waffenstillstandsverhandlungen in Korea begannen, ergriff Kraft auch sogleich die Möglichkeit zu erklären, dass jetzt eine neue Situation herrsche, weshalb die Entsendung von Truppen nicht länger zur Debatte stünde. Als die Gespräche dann wieder abgebrochen wurden, führte dies nicht automatisch zu einem erneuten dänischen Angebot, Truppen zur Verfügung zu stellen. Stattdessen unternahm Kraft den Versuch einer weiteren skandinavischen Friedensinitiative in der Korea-Frage, die jedoch keine Aussicht auf Erfolg hatte. Stattdessen bekam der Vorstoß eine nicht intendierte Wende, als Norwegen bekannt gab, seinen bisher geleisteten zivilen Beitrag in einen militärischen umwandeln zu wollen. Die norwegische Regierung bot der UNO an, speziell ausgebildete norwegische Winterkampftruppen zum Kriegsschauplatz zu entsenden. Erst in dieser Situation, als die UNO zum dritten Mal nachdrücklich um militärische Unterstützung ersuchte, die USA Druck ausübten und eine gemeinsame skandinavische Position unmöglich erschien, zog der dänische Außenminis-

[18] Vgl. Udenrigsministeriets Arkiv, Mik. 02.2: Referater af møder i Udenrigspolitisk Nævn, 29.6.1950 & 19.7.1950; *Midtgaard*, Småstat, S. 115–119.

[19] Vgl. ebenda, S. 118–120.

Tabelle 1: Dänische Verteidigungskosten 1949–1954

	1949/50	1950/51	1951/52	1952/53	1953/54
Verteidigungsbudget in Millionen Kronen	309,6	333,9	546,6	670,5	831,1

ter die Entsendung von Truppen erneut in Erwägung. Zu diesem Zeitpunkt aber kam der SACEUR Dänemark mit seiner Verlautbarung zu Hilfe, weshalb es das einzige NATO-Land blieb, das nie ein konkretes Angebot machte, militärische Unterstützung nach Korea zu entsenden.[20]

Bei der dritten UNO-Anfrage hielt die Regierung zwar offiziell die Entsendung von überwiegend freiwilligen Offizieren und Soldaten der dänischen Streitkräfte für möglich und seitens des Dänischen Verteidigungsministeriums wurden auch Maßnahmen eingeleitet, die einen Militärbeitrag praktisch ermöglicht hätten, jedoch hatten diese Aktivitäten hauptsächlich die Funktion, der amerikanischen Botschaft und dem State Department zu beweisen, dass Dänemark guten Willens war und das US-Engagement in Korea begrüßte.[21]

Die taktischen Überlegungen der dänischen Politiker waren von dem Wissen um die Schwäche der eigenen Streitkräfte beeinflusst. Diese mussten nach dem Zweiten Weltkrieg erst wieder neu aufgebaut werden und das mittels teurer und knapper – harter Devisen. Eine umfassende Aufrüstung gab es bis dahin nicht. Hinzu kam, dass das Geld für den Aufbau der Streitkräfte dringend anderswo benötigt wurde, wie beispielsweise beim Aufbau des Wohlfahrtsstaates. Dabei handelte es sich um das große Nachkriegsprojekt der dänischen Sozialdemokraten, die darin die Antwort auf die kommunistische Herausforderung und ein Mittel des nationalen Zusammenhalts sahen. Diese so genannte „Innere Verteidigung" hoben die dänischen Sozialdemokraten gern gegenüber den NATO-Partnern hervor, da ihrer Meinung nach die militärische Verteidigung der westlichen Demokratien praktisch wertlos sei, wenn die Macht aufgrund sozialer Unzufriedenheit den Kommunisten in die Hände fiele.[22]

Nicht zuletzt wegen des wirtschaftlichen und sozialen Aufbaus wirkte sich einer der spürbarsten Effekte des Koreakrieges negativ auf die dänische Politik aus. Der generelle Verlauf des Koreakrieges geriet in unmittelbaren Konflikt mit der innenpolitischen Tagesordnung in Ost und West. Der Kriegsausbruch führte überall zu einer dramatischen Erhöhung der Verteidigungskosten. Damit ergab sich eine Reibungsfläche zwischen Dänemark und der NATO, da diese und insbesondere die Amerikaner forderten, dass die dänische Regierung mehr Geld für Verteidigungszwecke bereitstellen solle. Als Gegenargument berief sich Dänemark wiederholt auf den Erhalt des inneren sozialen Friedens.[23] Während des Koreakrieges konnte sich die dänische Politik dem amerikanischen Druck nicht entziehen und das Parlament beschloss eine Verteidigungsreform, die eine Verdreifachung der Verteidigungskosten im Laufe der folgenden Jahre vorsah (s. Tabelle 1).

Aber selbst mit dieser Investition, die Hand in Hand mit amerikanischer Waffenhilfe ging, blieben die Fähigkeiten der dänischen Streitkräfte begrenzt. So beschrieb der mili-

[20] Vgl. ebenda, S. 129. Siehe hierzu auch: *Villaume*, Allieret med forbehold, S. 648. Das NATO-Mitglied Portugal entsandte gleichfalls keine Truppen nach Korea. Der Grund dafür war allerdings, dass Portugal nicht Mitglied der UNO war.

[21] Vgl. *Midtgaard*, Småstat, S. 119.

[22] Vgl. *Olesen/Villaume*, I blokopdelingens tegn, S. 179.

[23] Vgl. *Villaume*, Allieret med forbehold, S. 314–318, 343–348.

tärische Nachrichtendienst der DDR Mitte der fünfziger Jahre Dänemark als immer noch „nicht in der Lage einen modernen Krieg zu führen".[24]

Kriegsfurcht

Wie das Bedürfnis der dänischen Politiker, die eigenen Truppen im Land zu behalten zeigt, gab es in den führenden Kreisen der Gesellschaft durchaus die Befürchtung, dass sich der Konflikt in Korea zu einem Krieg in Europa ausweiten könnte. Nicht zuletzt die Konfrontation zwischen Amerikanern und Chinesen, nachdem letztere den Yalu überquert hatten, beinhaltete globalen Sprengstoff. Dies betraf vor allem das Risiko amerikanischer Luftbombardements in China.

In weiten Teilen der Bevölkerung Dänemarks herrschte deshalb eine große Kriegsfurcht. Das wird deutlich, wenn man sich Umfragen aus dem Jahre 1950 anschaut (s. Abb. 1–3).

Um einer möglichen Ausweitung des Konflikts zuvorzukommen, beobachtete der dänische militärische Nachrichtendienst die Entwicklung im Ostseeraum sehr aufmerksam. Seine Aufgabe bestand hauptsächlich darin, Veränderungen im „Normalbild" festzustellen. Machten die Sowjets unübliche Manöver oder änderten sie, entgegen ihrer Routine, die Zusammensetzung der Streitkräfte an der sowjetischen Westgrenze, könnte dies Anzeichen für eine Spannungssituation und Verschärfung der Lage sein.

Zu Beginn des Jahres 1951 veröffentlichte der Militärische Nachrichtendienst seine erste Gesamtanalyse über die Entwicklung der sowjetischen Streitkräfte auf dem Territorium der DDR seit dem Ausbruch des Koreakrieges. Darin wurde festgestellt, dass sich die Anzahl der Divisionen zwar nicht verändert hatte, diese aber zum Teil neu disloziert und auf vol-

[24] *Wegener Friis*, Den nye Nabo, S. 126.

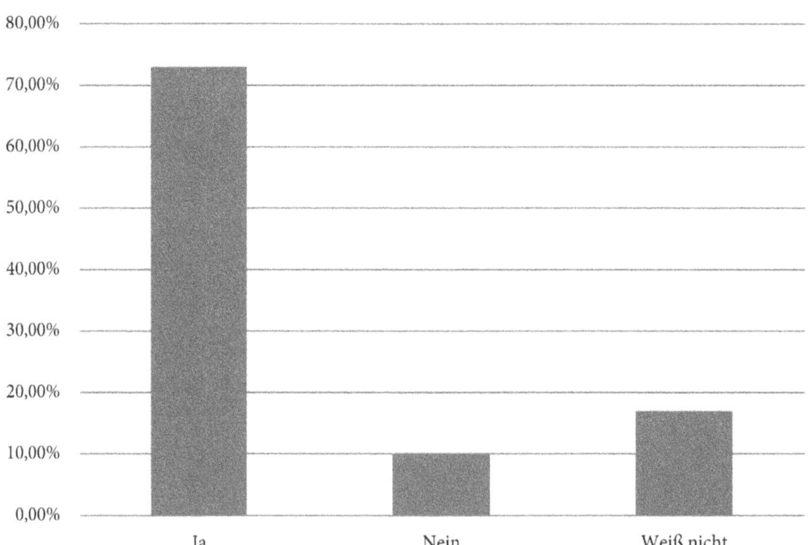

Abbildung 1: Finden Sie, es gibt die Gefahr eines neuen Weltkrieges?

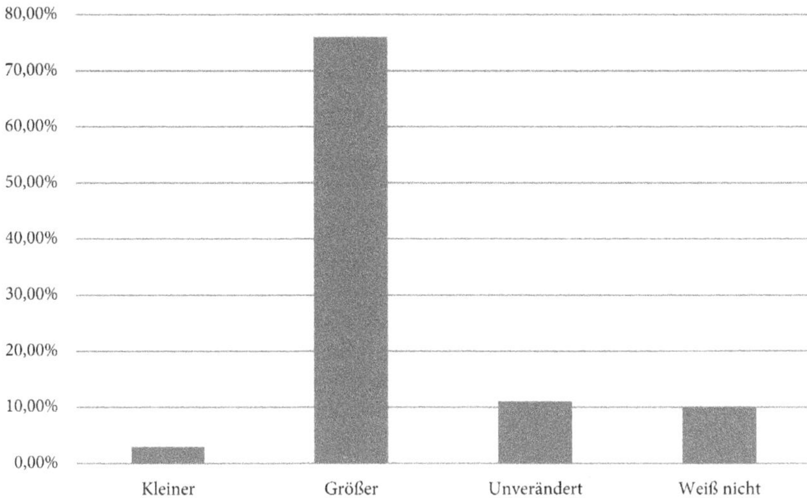

Abbildung 2: Glauben Sie, dass das Risiko eines Krieges heute größer oder kleiner als im letzten Jahr ist?

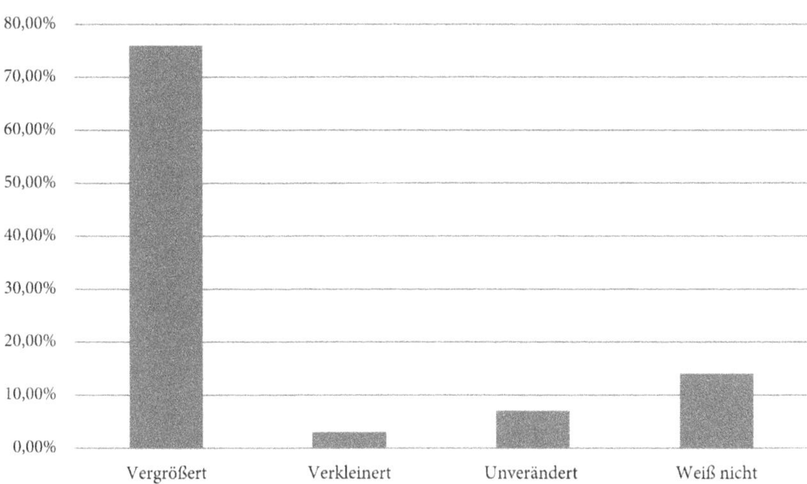

Abbildung 3: Glauben Sie, dass der Koreakrieg die Gefahr eines Weltkrieges vergrößert oder verkleinert?

le Gefechtsbereitschaft gebracht worden waren. Dieser letztgenannte besorgniserregende Tatbestand änderte sich jedoch bereits im Sommer 1951, als der Nachrichtendienst entgegen den früheren Annahmen einschätzte, dass die sowjetischen Divisionen in der DDR nur etwa über 75 % ihrer Kampfkraft verfügten. Dies ließ die einigermaßen beruhigende Vermutung zu, dass ein Krieg vermutlich nicht unmittelbar bevorstand. In der folgenden Zeit konnte der Nachrichtendienst keine Erkenntnisse gewinnen, die auf eine Erhöhung der Kriegsgefahr hätten schließen lassen. Auch den sowjetischen diplomatischen Druck auf Dänemark und Norwegen bezeichnete die Militäraufklärung als „rein routinemäßige Aktionen gegen den Westen“.[25]

[25] Danmark under den kolde krig, S. 580–581.

Zudem wollte die dänische Regierung nur ungern den „sowjetischen Bären" stören. Sie begrüßte deshalb auch die Initiativen Indiens und später der Sowjetunion, den Koreakrieg zu beenden. Die dänische Regierung überlegte 1950 ebenfalls in Zusammenarbeit mit den anderen nordischen Staaten, eine Initiative zur Beendigung des Krieges zu ergreifen. Diese Überlegungen fanden ungefähr zeitgleich mit der Veröffentlichung des „Offenen Briefes" des weltberühmten Atomforschers Niels Bohr an die UNO statt, in dem sich dieser für die Eindämmung des atomaren Wettrüstens einsetzte.[26]

Eine Anfrage der amerikanischen Botschaft betreffs der möglichen Ausstrahlung von Radiosendungen der „Voice of Amerika" und der BBC über Korea in den Ost-Block von Dänemark aus lehnte die dänische Regierung aus Rücksicht auf die Sowjetunion ab. In der offiziellen Antwort begründete man die Ablehnung mit technischen Problemen und dem Risiko einer sowjetischen Störung der Sender.[27]

Die dänischen Diplomaten in Moskau schienen zu diesem Zeitpunkt sehr beeindruckt vom „sowjetischen Riesen" zu sein. Zwar waren ihnen die Engpässe und Mängel in der Sowjetunion bewusst, dafür beeindruckten sie „die Vorteile des totalitären Systems der Sowjetunion in den Bereichen der Außen- sowie Verteidigungs- und Sicherheitspolitik" umso mehr.[28] Die sowjetischen Diplomaten fassten die Zurückhaltung der dänischen Seite als Schwäche auf und bezeichneten das Land „als das schwache Glied des Atlantikblockes", was gleichfalls zu einer aktiveren Politik der UdSSR gegenüber Dänemark führte.[29]

Das dänische Außenministerium seinerseits war bestrebt, der Sowjetunion ihren guten Willen und den defensiven Charakter der NATO deutlich zu machen. Typisch für die Haltung der Dänen ist die Antwort auf die direkte Frage von Vizeaußenminister Valerian A. Zorin an den dänischen Botschafter in Moskau im Herbst 1950, gegen wen denn Dänemark aufrüste. Hierauf „verlor" sich der Däne, sowjetischen Quellen zufolge, „in langen Erklärungen".[30]

Die Dänen waren in der Tradition des Brückenbauens immer noch bestrebt, sowohl die westlichen Alliierten, als auch die Sowjetunion bei Laune zu halten. Doch in manchen Fällen gelang dies nicht. So stellte sich Dänemark, nach der Überquerung des 38. Breitengrades durch chinesische Truppen, hinter die amerikanische Bezeichnung der Volksrepublik China als Aggressor.[31]

Diese Entscheidung traf Dänemark nicht leichten Herzens – es sicherte sich nur wie üblich darin ab, mit seinen Standpunkten nicht alleine dazustehen. Die Entscheidung China als Aggressor anzuprangern, stellte die Dänen vor schwierige Überlegungen, da sie mit der Volksrepublik regen Handel trieben und, wie Großbritannien, das Land nicht zuletzt aus diesem Grund völkerrechtlich anerkannt hatten.[32]

Hier zeigt sich noch ein Dilemma dieser Jahre: Das Abwägen von NATO-Interessen mit Wirtschaftsinteressen. Das gleiche Problem stellte sich gegenüber der Sowjetunion, da die Amerikaner, aufgrund des Krieges in Korea, ein Exportverbot strategischer Waren an die Sowjetunion durchsetzen wollten und zwar zur selben Zeit, als Dänemark die Sowjetunion mit Tankschiffen belieferte.[33]

[26] Vgl. *Wilhelm Christmas-Møller*, Niels Bohr og atomvåbnet, København, 1985, S. 154–197.
[27] Vgl. *Villaume*, Allieret med forbehold, S. 633; *Midtgaard*, Småstat, S. 104.
[28] *Jensen*, Bjørnen og haren, S. 363.
[29] Danmark under den kolde krig, S. 699.
[30] *Jensen*, Bjørnen og haren, S. 365.
[31] Vgl. *Villaume*, Allieret med forbehold, S. 636–645; *Midtgaard*, Småstat, S. 105–115.
[32] Vgl. *Olesen/Villaume*, I blokopdelingens tegn, S. 230.
[33] Per Boje, Marianne Rostgaard, Mogens Rüdiger: Handelspolitiken som kampplads under den Kolde Krig. Aalborg 2012.

Dänemarks Koreabeitrag: Zwischen militärischer und ziviler Orientierung

Die Berührungsängste der dänischen Politiker mit militärischen Optionen machten sich bei der Ausführung der „Jutlandia“-Expedition deutlich bemerkbar. Neben dem Unwillen, Truppen zu entsenden, waren die Politiker auch der Meinung, dass die eigene Marine ein Hospitalsschiff nur schwerlich entbehren könne. An dieser Stelle wird die dänische Kriegsfurcht wieder deutlich sichtbar, da die Regierung wünschte, dass in der Militärchirurgie erfahrene Ärzte und Krankenschwestern ihr Heimatland nicht verließen. Deshalb kam das medizinische Personal an Bord der „Jutlandia“ vorzugsweise aus dem zivilen Sektor.[34]

Zu Zeiten, in denen es nur wenige verwundete und kranke UNO-Soldaten gab, hatte die „Jutlandia“ kaum Aufgaben. Dieses Auslastungsproblem wurde noch dadurch verstärkt, dass die USA selbst über zwei große Lazarettschiffe mit der doppelten Kapazität der „Jutlandia“ in Korea verfügten. Die höhere Kapazität der US-Lazarettschiffe ergab sich vor allem daraus, dass sie auch als solche von Anfang an eingerichtet waren, während die Raumverhältnisse an Bord der „Jutlandia“ von den Standards des zivilen Gesundheitswesens bestimmt worden waren.

Der Hospitalchef berichtete dem dänischen Außenministerium wiederholt, dass sich vor allem in Zeiten begrenzten Patientenzugangs an Bord Langeweile und Missstimmung breit machten. Das zivile Personal verstand selbstverständlich, dass der Umstand weniger Patienten aus militärischer Perspektive ein guter war, da dies bedeutete, dass es wenig kranke und verwundete Soldaten gab. Aber es fiel ihnen trotzdem schwer zu akzeptieren, dass sie auch ohne Patienten weiterhin ihre Bereitschaft aufrechterhalten mussten. Sie gingen deshalb „von Bord“ und begannen mit der Behandlung von koreanischen Soldaten und der Zivilbevölkerung. Dies widersprach allerdings dem Missionsbefehl der „Jutlandia“, demzufolge nur Angehörige der UNO-Streitkräfte behandelt werden durften. Das dänische Personal hingegen argumentierte, dass es sich von der Arbeit hätte freistellen lassen und freiwillig nach Korea gegangen war, um medizinische Hilfe zu leisten. Der Expeditionschef der „Jutlandia“ sah sich deshalb gezwungen, mit dem *UNO medical system* zu verhandeln, um die Genehmigung zu erhalten, koreanische Patienten, vor allem Kinder, an Bord zu nehmen, um sie zu behandeln. Die Gespräche waren schwierig und die UNO/USA stimmten letztendlich nur deshalb zu, weil die Dänen versprachen, das Schiff sofort zu räumen, wenn sich die Kriegssituation ändern sollte und die UNO die Kapazität anfordere.

Durch diese Übereinkunft mit der UNO bekam der Einsatz der „Jutlandia“ eine etwas andere Bedeutung als ihr ursprünglich zugedacht worden war. Im Laufe ihres Einsatzes in Korea behandelten die Dänen 4981 UNO-Soldaten. Das war die einzige Patientenkategorie, die automatisch erfasst wurde. Der Expeditionschef schätzte, dass zusätzlich mindestens 6000 Zivilpersonen medizinisch versorgt worden waren – und das stellte noch eine konservative Schätzung dar. Das humanitäre Engagement der „Jutlandia“-Crew muss zudem in dem Kontext betrachtet werden, dass die UNO und das Rote Kreuz über eigene Organisationen verfügten, die für die Zivilbevölkerung zuständig waren. In der Organisation der UNO gab es eine klare Trennung von zivilen und militärischen Einsätzen, was die Dänen jedoch nicht anerkannten.

Dies war möglich aufgrund der gemeinsamen Zuständigkeit von dänischem Außenministerium und dänischem Roten Kreuz und auch dadurch, dass das Personal keine militärische Anbindung hatte. Symbolisch zeigte sich die unklare Zuschreibung auch darin,

[34] Vgl. *Midtgaard*, Jutlandia-ekspeditionen, S. 93–98.

dass die „Jutlandia“ unter drei Flaggen fuhr: dem Dannebrog – der dänischen Nationalflagge, der Flagge der UNO und der des Roten Kreuzes. Nach der späteren Einschätzung des Expeditionschefs war die „Vermischung“ beider Tätigkeitsbereiche in der Praxis äußerst unpraktisch, weil Arbeitsaufgaben und Kommandowege stets unklar blieben.[35]

Dänemark bekam nicht die Möglichkeit, aus dieser Erfahrung zu lernen. Die „Korea-Aktion“ war die erste militärische Aktion, die die UNO durchführte. Wegen des Kalten Krieges und der Ost-West-Konfrontationen folgte aber viele Jahre kein weiterer gemeinsamer Einsatz. Spätere UNO-Aktionen, wie die Suez-Operation 1956, hatten immer den Hintergrund der Friedenssicherung. Daher waren die Mandate begrenzt und, was noch wichtiger war, die Kräfte wurden nur eingesetzt, wenn die Konfliktparteien dies akzeptierten. Diese Prinzipien waren für Dänemark ideal, weil das Land seinen Beitrag leisten konnte, ohne sich zu positionieren. Die Grundsätze für die United Nations Emergency Force in Suez in 1956 wurden daher auch zur Richtlinie für die gemeinsame UNO-Einheit der skandinavischen Länder in der Zeit 1958 bis 1965, die diese in Kooperation mit der UNO aufstellten.[36]

Korea und NATO-Integration

Das Handelsdilemma und Brückenbau-Problem zeigen die Schwierigkeiten, mit denen das kleine NATO-Land in den ersten Jahren des Kalten Krieges und vor allem unter Einfluss des Koreakrieges konfrontiert war. Die Amerikaner sahen zwar, dass die Dänen oft nur zögerlich mitzogen und auch nur bedingt bereit waren, finanziell ihren Teil zu leisten, letztlich schien dies aber nicht Grund genug zu sein, die dänische NATO-Mitgliedschaft in Frage zu stellen.[37]

Dafür ergab sich eine ganz andere Entwicklung im Kontext des Koreakrieges, die für Dänemark sowohl einen großen Gewinn als auch eine ernste Herausforderung darstellte: die Wiederbewaffnung der Bundesrepublik und deren Integration in der NATO.

Die „westdeutsche Frage“ war für ein so kleines Nachbarland wie Dänemark, wo die Erinnerung an die Besatzungszeit 1940–45 sowie an den Deutsch-Dänischen Krieg 1864 noch immer sehr lebendig war, besonders heikel. Der Weg zu einer verstärkten deutsch-dänischen Zusammenarbeit gestaltete sich deshalb steinig. Die anti-deutsche Stimmung in der dänischen Bevölkerung ließ nicht nur NATO-Gegner und -Skeptiker aktiv werden. Die Bundeswehr wurde nicht selten als Hort des Revanchismus dargestellt und die Erblast der Bundesrepublik aus dem Dritten Reich hervorgehoben und überbetont. Die „negative Aura“ der Deutschen wurde auf die NATO übertragen und Feindbilder von einer schleichenden Annexion unter dem Deckmantel des Bündnisses verbreitet.

Militärisch bedeutete die Wiederbewaffnung Westdeutschlands allerdings eine Stärkung der militärischen Kräfte im Raum Jütland und in der westlichen Ostsee. Erst dadurch wurde im Grunde eine ernstzunehmende Verteidigung dieses Raumes, in dem Ende 1961 das NATO-Kommando BALTAP errichtet wurde, überhaupt möglich. Damit endete auch die Zeit, in der sich Dänemark in einer extrem exponierten Position befand.

[35] Vgl. ebenda, S. 93–98, 127.
[36] Vgl. *Midtgaard*, Småstat, kap. 6.
[37] Vgl. Danmark under den Kolde Krig, S. 30.

Dariusz Jarosz (Warsaw)

The Korean War, Poland and the Poles

The Korean War affected the history of Stalinist Poland in a number of ways which should be viewed from at least three perspectives. The first comprises the decisions taken at the highest levels of government in Warsaw, of which the most important followed the recommendations issued by the leadership in Moscow. The second were the consequences impacting on various areas of social, economic and cultural life. The third was the societal reaction to the outbreak of armed conflict in the Far East. Thanks to the documentary records of the Polish political police, which was under the Ministry of Public Safety, and of the Polish United Workers' Party (PZPR, Poland's communist party), we now know more about the modes of conduct that this eruption brought with it. We can also answer, at least partially, the question as to what Poles thought about the issue and what opinions they expressed.

Above all, the Korean conflict significantly influenced the expansion of the Polish army. In October 1950, not long after the conflict broke out, the Military Commission of the Politburo of the Central Committee of the PZPR (CC PZPR) undertook key decisions regarding the development of the Polish armed forces during the period from 1950 to 1955. They decided, among other things, that the numerical strength of the Polish armed forces, which as of January 1, 1949 amounted to 131,000 officers, non-commissioned officers and soldiers, was to be expanded to a standing army of 230,000 by January 1, 1956.[1] At a Politburo meeting of December 29, 1950, it was decided to modify the targets of the economic plan for 1951 to accommodate "special tasks" primarily connected with the increased national defense spending that had to be taken into account[2].

However, the planned scale of expansion of the armed forces had to be adjusted as soon as it began to be implemented. The decisions in this case were taken in the Kremlin. A conference, held there from January 9 through 12, 1951, arguably had the most momentous and dramatic effects on the living conditions of the citizens of the eastern bloc countries during the Stalinist period. Invited to attend were the leaders of the communist parties and the ministers of national defense of the countries in the Soviet sphere of influence, except that in the case of Poland, Deputy Defense Minister Edward Ochab, a deputy member of the Politburo, took part in place of Party Secretary Bolesław Bierut. The Soviet leadership was represented by Iosif V. Stalin, Vyacheslav M. Molotov, Georgy M. Malenkov, Lavrentiy P. Berija, Aleksandr M. Vasilevskij and Sergei M. Shtemenko. The time of the meeting was probably no accident: it was a period of success for the communist forces in the Korean War, thanks to the help provided to the Kim Il-sung regime by the Chinese "volunteers" and the Soviet air force. In light of this situation, Stalin stated the thesis that the USA was preparing for a third world war, but that in his opinion, the American military was not strong enough, due to its difficulties in Korea. He anticipated that they would "get stuck" in Asia for two to three years. That, he believed, was a period which should be exploited to create modern and strong armies in the "peoples' democracies." For this purpose, Stalin ordered

1 Cf. Resolution of the Military Commission of the Political Bureau of the Central Committee of the PZPR of October 30, 1950, on the matter of the Polish forces' development plan for 1950–1955, in: *Kierownictwo PPR i PZPR wobec wojska 1944–1956* (The attitude of the PPR and PZPR leadership towards the army 1944–56), by Jerzy Poksiński, Aleksander Kochański, Krzysztof Persak, Warsaw 2003, pp. 216–225.

2 Cf. Archiwum Akt Nowych (hereinafter: AAN), Komitet Centralny Polskiej Zjednoczonej Partii Robotniczej (Committee of the CC PZPR), 1636 (micr. 2819), Protokół nr 47 z posiedzenia Biura Politycznego 29 grudnia 1950 r., k. 6 (Minutes no. 47 of the Poliburo meeting of December 19, 1950).

the mobilization of all "economic and human resources," which was to be accompanied by accelerated Soviet military assistance. At the conference, numerous concrete issues, such as new equipment for the army, the development of an arms industry, and a two to threefold increase in the numerical strength of the forces, were discussed.[3] The resulting planned target strength of the armed forces of the Soviet bloc countries excluding the USSR, which was in fact later realized, amounted to 1,140,000 in peacetime and to 3,000,000 in wartime; Poland's share was 350,000 and 900,000 soldiers, respectively.[4]

Shortly thereafter, on February 12, 1951, the Soviet marshal in Poland and Poland's minister of national defense (as of November 1949) Konstanty K. Rokossowski, ratified the Plan for the Accelerated Organizational Goals for 1951–1952, designed to implement the decisions taken in Moscow. As a result of these decisions, the number of full-time soldiers in the Polish Army during the period from 1950 to 1951 was increased by 208 %, and, as of January 1, 1952, amounted to 356,000 soldiers. But the resulting burden on the state budget due was so great that in 1952, the decision was made to cut short the army development plan. Nonetheless, at the turn of 1952-1953 troop strength continued to grow, increasing by 30,000 soldiers during the years 1952 through 1955.[5]

Poland's defense-related burdens during the period under review did not stem solely from the need to increase the army's troop strength. At the same time, rearmament was moving ahead expeditiously. In practical terms, this meant that the purchase of military equipment was undertaken almost entirely in the Soviet Union, under an agreement signed, probably not accidentally, soon after the outbreak of war in Korea on June 29, 1950. In February 1951, a secret protocol was signed, which took account of the need to provide these supplies on more favorable terms than the original conditions.[6]

To complete the work of the army, which progressed at record speed, it was not sufficient only to export Soviet equipment. Poland was also forced to expand his own arms industry. In 1951, decisions were taken to commence production of a number of weapons systems, including first-generation fighter jet planes (MIG-15s), tanks (T-34s), guns, military clothing, etc., in quantities which considerably exceeded the needs even of the planned future, radically expanded, Polish Army. In 1949, nine new defense-production plants were opened in Poland; by 1955, there were fifty-three specialized armaments factories and ninety-one civilian plants converted to arms production purposes in the country, employing a total of some 140,000 qualified workers. At the behest of the Soviets, many sub-assemblies and certain spares were excluded from production in Polish plants, so that without supplies from the USSR, it would have been impossible to complete many production cycles.[7]

In 1951, Rokossowski also brought back from Moscow a "recommendation" concerning strategic investments, to the effect that over the course of three to four years, it would be desirable to build eight railway lines in Poland, five of which were to run from the eastern to

[3] Cf. *T.W. Wołokitina, G.P. Muraszko, A.F. Noskowa, T.A. Pokiwajłowa*, Moskwa i Wostocznaja Jewropa. Stanowlienije politiczieskich rieżimow sowiestkowo tipa 1949–1953. Oczierki Istorii. Moskwa 2002, pp. 463–464.

[4] Cf. *Paweł Piotrowski*, Śląski Okręg Wojskowy. Przekształcenia organizacyjne 1945–1956 (The Silesian Military District. Organisational transformations 1945–1956). Warsaw 2003, p. 81.

[5] Cf. ibid, pp. 86–88.

[6] Cf. *Tadeusz Pióro*, W kleszczach wojennej psychozy. Obciążenia obronne Polski w latach 1950–1955 (In the grip of a war psychosis. The burdens of Polish defense costs, 1950–55), in: *Więź*, 1995, no 8, pp. 141–142.

[7] Cf. ibid, pp. 145–146; AAN, Państwowa Komisja Planowania Gospodarczego (State Economic Planning Commission), ref.: sygn. 8369, Bilans siły roboczej przemysłu zbrojeniowego (The labor force balance in the arms industry), k. 202.

the western border, each with a flow capacity of between ninety and 110 trains per day. This system was to be accompanied by new roads for vehicular traffic. The Communications Department was ordered to lay three underground cables to link the command centers in the USSR with the Soviet forces in Germany. Finally, over forty airports were to be built, some with runways of up to 4000 m in length.[8]

The fact that the Polish Army was subordinate to Soviet military plans determined its strategic thinking about the type of warfare and the war doctrine. The Polish armed forces were part of the Soviet Army's war operations structure in Central Europe, and Soviet military plans included the activities of the so-called Polish Seaboard Front and Coastal Defense[9].

On June 2, 1952, the Polish government signed an agreement with North Korea which assured the delivery of goods, followed by a 1953 agreement on the free delivery of armaments. On August 1, 1951, the Polish authorities had already promised to provide North Korea with pharmaceuticals. Moreover, Poland welcomed groups of Korean children who were victims of the war - about 200 in 1951 and more than 1000 in 1953.[10]

The expansion of the armaments sector caused by the Korean War had a drastic effect on the Polish economy and the living conditions of Poles, with radical restrictions in production for social consumption. The need to stockpile supplies for the event of war, together with other economic policy measures, such as the collectivization of agriculture, aggravated the deteriorating food situation further. The period of the worst deterioration began in 1952 and 1953. Figures for meat consumption for example show that deterioration began in 1951 and reached his nadir in 1952. Not until 1955 was the 1951 level exceeded.[11]

The Korean War was very important in Polish history, because it sparked a major propaganda campaign. Korea, a country formerly very little known in Poland, took center stage in June 1950, and thereafter the war remained a constant element of speeches and lectures about the world's political situation. There were numerous demonstrations and rallies in support of the "Korean people," and the Polish press published many articles about the war. The centrally slogans for International Children's Day contained a reference to the suffering of the Korean people, particularly the children.[12] The guidelines for educational work in the children's summer holiday, drafted by the Ministry of Education and the Board of the Union of Polish Youth (Zarząd Główny Związku Młodzieży Polskiej) in July 1952, included instructions to familiarize the participants with "the tragedy of Korean children that have been orphaned, starved and murdered by American imperialists."[13] At the behest of this centrally-directed initiative, local aid committees for Korean children were set up. From July 10 to 17, 1950, the "world week of active solidarity with the Korean nation" was celebrated in Poland.

[8] Cf. ibid, p. 147.

[9] Cf. *Piotrowski*, Śląski Okręg Wojskowy, p. 69.

[10] Cf. *Aleksander Kochański*, Polska 1944–1991 (Poland 1944–1991), t. I, Wydawnictwo Sejmowe. Warszawa 1996, pp. 393, 446, 396, 511.

[11] Cf. Czesław Bywalec, Wzrost gospodarczy a przemiany poziomu życia społeczeństwa polskiego w latach 1945–1980 (Economic growth and the transformations in the level of living conditions of Polish society 1945–80). Kraków 1986, p. 119.

[12] Cf. AAN, Ministerstwo Oświaty (Ministry of Education), 3994, Instrukcja Krajowego Komitetu dla Przygotowania i Obchodu Międzynarodowego Dnia Dziecka (Instructions of the National Committee for Preparing and Celebrating International Children's Day), pp. 17–23.

[13] Główna Kwatera Związku Harcerstwa Polskiego (General Headquarters of the Polish Scouts' Association), Zarząd Główny Związku Młodzieży Polskiej (Central Board of the Polish Youth Union), 64, Ministerstwo Oświaty (Ministry of Education) and ZG ZMP, Wytyczne do pracy zlotowej na placówkach wczasów letnich dla dzieci (Guidelines for work at children's holiday resorts), Warsaw, July 1952.

In July, a campaign to collect money to help the Koreans was also launched. An "additional productivity pledges" initiative was inaugurated under the slogan "The Polish working class responds to the aggression of the USA against Korea with intensified work."[14]

According to the widely disseminated propaganda version of events, South Korean forces had attacked the northern part of the country, as allegedly shown by secret documents of South Korean President Li Syng-Man[15] discovered in Seoul, by speeches of South Korean politicians, and by the visits of American dignitaries before the start of the war. The low morale of the South Korean forces was emphasized, and attributed to American war crimes, and to the "universal joy" among Koreans over pending unification under North Korean auspices. The intervention of North Korean forces had, it was claimed, sparked a massive and spontaneous influx of Chinese volunteers to serve in Korea.[16]

What were the societal reactions to the Korean War in Poland? An analysis of the daily bulletins of the Ministry of Public Safety in the second half of 1950 suggests that during that summer, many people bought large quantities of salt, sugar, flour, soap etc., in reaction to the widespread "war propaganda." In Cracow for example, 300 tons of sugar were sold between June 28 and July 1, 1950, while shops normally only sold approx. 400 tons per month. On July 1 in Warsaw, shops completely sold out of a number of items, selling three or four times the normal amount of sugar and soap and more than twice the amount of salt. Similar behavior was registered in other regions of the country.[17]

In certain places, leaflets calling for support for American intervention in Korea appeared in July 1950.[18] Around this time, the first rumors of impending war appeared. In Warsaw, one rumor reported supposed voluntary conscription into the North Korean army.[19] Another fairly macabre rumor claimed that "people were hidden, in the mountains who murdered other people by night and took their blood for the injured in Korea."[20]

Interestingly, some officers of Polish units stationed in the western parts of the country were sure that the war in Korea would be "the beginning of a third world war." Several panicked and submitted requests for transfers to administrative posts, or to garrisons in central Poland. In the rumors, this motif of the "Korean conflict as the beginning of the third world war" was frequently linked with forecasts of an imminent victory of the Americans and their allies, which could cause the liberation of Poland from the communist regime.[21] Finally "the dissemination of hostile propaganda" in connection with the war in Korea led to a number of arrests.[22]

[14] *Adam Leszczyński*, Wojna koreańska w propagandzie polskiej od czerwca do grudnia 1950 roku (The Korean War in Polish propaganda from June to December 1950), in: *Przegląd Historyczny*, 1995, vol. 1, pp. 48–58.

[15] Li had, during his decades in US exile, anglicized his name to "Syngman Rhee," under which he is still widely known.

[16] Cf. ibid., pp. 49–61.

[17] Cf. Biuletyny dzienne MBP 1949–1950 (Daily Bulletins of the Ministry of Public Safety 1949–50), selected and edited by Łukasz Kamiński, Warsaw 2004, pp. 713–749.

[18] Cf. ibid., p. 733.

[19] Cf. ibid., p. 743.

[20] AAN, Związek Młodzieży Polskiej (Union of Polish Youth, further: ZMP), 451/VII–61, Biuletyn Listów nr 4, 1 II 1951; *Dariusz Jarosz*, Polacy wobec groźby wybuchu wojny w świetle przekazów potocznych z lat 1946–1956. (Poles in face of the threat of outbreak of war in the light of word of mouth communications), in: *Dzieje Najnowsze*, 1997, no 2, pp. 53–61.

[21] *Dariusz Jarosz, Maria Pasztor*, W krzywym zwierciadle. Polityka władz komunistycznych w Polsce w świetle plotek i pogłosek z lat 1949–1956 (In a distorted mirror. The policy of the communist authorities in Poland in the light of gossip and rumors in 1949–56). Warsaw 1995, p. 53.

[22] Biuletyny dzienne MBP 1949–1950, p. 774.

The outbreak of war also affected the organization of summer holidays for children and youth. The fears of an imminent escalation of the armed conflict to a global scale, which already appeared in June 1950, sparked a mass aversion to collective holiday trips for children, which were generally organized by educational institutions and workplaces. Many withdrawals of applications for participation in holiday initiatives occurred in Łódź[23]. Many parents of peasant background went to Końskie, to take their children away to holiday there.[24] The war psychosis, which continued during the following year as well, increased the demand for holiday spots for children in areas close to their home towns.[25]

These facts show how "grand policy," as planned by the Kremlin and implemented from the center of power in Warsaw, affected the everyday lives of people in Stalinist Poland. Due to the war in Korea, Poland had to produce more military equipment at the expense of consumer goods. Due to the war in Korea, the already scanty level of nutrition deteriorated further. Due to the war in Korea, Poles were increasingly fearful of another world war. Even if we assume that for some people, this was seen as a welcome opportunity to get rid of the communist regime, for most people, the prospect of another war only five years after the end of World War II was frightening.

[23] Cf. Archiwum Ruchu Zawodowego (further – ARZ), Centralna Rada Związków Zawodowych (Central Trades Unions Council, further - CRZZ) Wydział Prezydialny, 427, k. nlb., Sprawozdanie Wydziału Socjalno-Ubezpieczeniowego o przebiegu akcji wczasów dziecięcych w 1950 r. oraz wytyczne na rok 1951 opracowane na podstawie sprawozdań Zarządów Głównych Związków Zawodowych, CRZZ i dokonanych lustracji przez Sekcję Socjalną CRZZ (Report of the Social Security Section on the course of the children's holidays initiative in 1950 and guidelines for 1951, compiled on the basis of the reports of the Central Boards of the Trades Unions and the vetting carried out by the Social Section of the CRZZ).

[24] Cf. AAN, Urząd Rady Ministrów (Council of Ministers' Office), 15/9, Sprawozdanie z przebiegu akcji wczasów letnich dla dzieci i młodzieży w województwie gdańskim w czasie od 20 czerwca do 8 sierpnia br. [1950 r.] [Report on the course of holiday initiatives for children and youth in Gdańsk province from June 20 to August 8 (1950)], k. 195.

[25] Cf. AAN, MO, 3920, k. 161, Notatka informacyjna dla Obywatela Premiera w sprawie przebiegu i wyników wczasów letnich dla dzieci i młodzieży w r. 1951 oraz planu na rok 1952 (Memorandum for the Prime Minister with regard to the course and results of summer holidays for children and youth in 1951, and the plan for 1952).

3. Koreakrieg und Militärisch-Industrieller Komplex

Matthias Uhl (Moskau)

Die sowjetischen Streitkräfte und der militärisch-industriell-akademische Komplex der UdSSR während des Koreakrieges 1950 bis 1953

Der vorliegende Beitrag möchte vor allem an Hand von russischem Archivmaterial untersuchen, welche Auswirkungen der Konflikt um Korea auf die Sowjetarmee und die Rüstungsindustrie der UdSSR hatte.

Scheute sich Stalin während der ersten Berlin-Krise noch davor, seine Truppen aktiv einzusetzen, so wechselte er nach dem Scheitern der Blockade und der empfindlichen Niederlage seiner offensiven Konsolidierungsstrategie in Europa den Konfrontationsschauplatz. In Ostasien wollte die sowjetische Führung auch mit dem Einsatz militärischer Mittel das erreichen, was ihr 1948/49 in Mitteleuropa verwehrt geblieben war – der weiteren Ausbau des eigenen Interessen- und Herrschaftsbereiches.

Im Sommer 1945 besetzten sowjetische und amerikanische Truppen die koreanische Halbinsel und etablierten zwei am 38. Breitengrad voneinander getrennte Einflusszonen, wobei der nördliche Teil an die UdSSR und der südliche an die USA fiel. Im Norden agierten bald darauf die von Moskau unterstützten koreanischen Kommunisten unter Kim Il-sung, während sich im Süden 1948 eine westlich orientierte Regierung unter Syng-man Rhee bildete. Keine der beiden Seiten war aber mit dem Status quo zufrieden und insbesondere die Kommunisten drängten auf eine gewaltsame Vereinigung des Landes. Lange Zeit widersetzte sich Stalin den Anschlussbestrebungen Kim Il-sungs. Nachdem sich jedoch die Amerikaner bis Mitte 1949 aus Korea zurückgezogen hatten (die sowjetischen Truppen räumten die Halbinsel bereits Ende 1948, gleichwohl verblieben bis zu 4 200 Militärberater im Land) und US-Außenminister Dean Acheson im Januar 1950 erklärt hatte, Korea liege außerhalb der vitalen Interessenszone seines Landes, bewertete Stalin die politische und militärische Gesamtsituation neu und sicherte Kim Il-sung im April 1950 bei einem Besuch in Moskau, seine volle Unterstützung für dessen Angriffspläne gegen den Süden zu.[1]

Mehr noch, Stalin finanzierte nicht nur die Ausstattung der koreanischen Volksarmee mit Waffen im Wert von mehr als 70 Millionen Rubel; zugleich entwarf der sowjetische Chefmilitärberater in Nordkorea, Generalleutnant Nikolaj A. Vasil'ev, in Zusammenarbeit mit dem nordkoreanischen Generalstab den gegen den Süden gerichteten Angriffsplan. Dieser wurde am 16. Juni 1950 nach Moskau übermittelt und der sowjetische Diktator billigte den für den 25. Juni vorgesehenen Angriffstermin. Selbst nachdem in den Morgenstunden dieses Tages die nordkoreanischen Truppen die Demarkationslinie überschritten hatten und rasch in Richtung Seoul vorgestoßen waren, „leitete Stalin alles persönlich: er entschied, wann mit der „Befreiung" zu beginnen sei, er wies die Koreaner an, wie sie zu kämpfen hatten, erließ Anordnungen zu buchstäblich jeder ihrer Aktionen".[2]

[1] Vgl. *Jeremy Isaacs, Taylor Dowing*, Der Kalte Krieg. Eine illustrierte Geschichte, 1945–1991. München/Zürich 1998, S. 86 f.; *Wladislaw Subok, Konstantin Pleschakow*, Der Kreml im Kalten Krieg: Von 1945 bis zur Kubakrise. Hildesheim 1997, S. 87–90; Rossija (SSSR) v vojnach vtoroj poloviny XX veka- Moskva 2002, S. 88; *Bruce E. Bechtol Jr.*, Paradigmenwandel des Kalten Krieges. Der Koreakrieg 1950–1953, in: Heiße Kriege im Kalten Krieg, hrsg. von Bernd Greiner, Christian Th. Müller und Dierk Walter, Hamburg 2006, S. 143–148.

[2] *Anatolij V. Torkunov*, Zagadočnaja vojna: korejskij konflikt 1950–1953 godov. Moskva 2000, S. 77; *Kathryn Weathersby*, Soviet Aims in Korea and the Origins of the Korean War, 1945–1950: New Evidence

Bis zum 15. September 1950 glaubten Stalin und seine nordkoreanischen Bündnispartner an einen leichten Sieg. Die erfolgreiche Landung der UN-Streitkräfte unter General Douglas MacArthur bei Incheon und ihr rascher Vorstoß auf Seoul führten jedoch zum Zusammenbruch der nordkoreanischen Armee und ihrer überstürzten Flucht nach Norden. Nur das Eingreifen Chinas, das sich von Stalin in den Konflikt drängen ließ, bewahrte die Nordkoreaner vor einer totalen Niederlage.[3]

Zur Sicherung des chinesischen Aufmarsches und des Nachschubes für die „Freiwilligenverbände" über die nordkoreanische Grenze hinweg hatte Stalin im Herbst 1950 die Verlegung des 64. Jagdflieger-Korps nach China befohlen. Zugleich wies er für den Fall einer weiteren Verschlechterung der militärischen Situation die Vorbereitung der Entsendung von fünf sowjetischen Divisionen nach Korea an, deren Einsatz dann allerdings doch nicht erfolgte. Die durchschnittliche Mannschaftsstärke des sowjetischen Expeditionskorps betrug 1952 rund 26 000 Mann. Im Verlauf des Konfliktes wurden die eingesetzten Einheiten insgesamt viermal ausgetauscht, so dass insgesamt mehr als 70 000 sowjetische Soldaten im Koreakrieg kämpften.[4]

Auch nachdem beide Seiten im Sommer 1951, ermattet von den verlustreichen Kämpfen, erste Waffenstillstandsverhandlungen aufgenommen hatten, drängte Stalin auf eine Fortsetzung des Konfliktes, sah der doch die Weltmacht USA durch ihr Engagement im Abnutzungskrieg in Korea gebunden und geschwächt.[5]

Um den Durchhaltewillen der Chinesen und Nordkoreaner zu stärken, setzte Stalin auf den weiteren Einsatz der sowjetischen Luftstreitkräfte, selbst als deren Verluste stiegen. Bis zum Ende des Krieges im Juli 1953 flog das 64. Jagdflieger-Korps nach sowjetischen Angaben insgesamt 63 229 Kampfeinsätze, in deren Verlauf sich 1 790 Luftkämpfe ereigneten. Dabei schossen die sowjetischen Piloten, ebenfalls nach eigenen Angaben, 1 097 Flugzeuge der UN-Truppen ab. Weitere 212 Flugzeuge der UN-Streitkräfte in Korea fielen Flakfeuer zum Opfer.[6] Die personellen Verluste der sowjetischen Streitkräfte während des Koreakrieges betrugen 315 Mann, davon waren 168 Offiziere, die übrigen 147 Unteroffiziere oder Soldaten.[7]

from Russian Archives. Washington, D.C. 1993, S. 29–36. Als Beweis für Stalins direkte Einmischung in die Kampfhandlungen dienen auch militärische Karten der Operativen Hauptverwaltung des Generalstabes mit persönlichen Eintragungen des Diktators. Vgl. RGASPI, 5/11/688, Karte Nr. 13/1379 der Lage in Korea, 5.7.1950; ebenda, 5/11/691, Karte Nr. 13/3116 der Lage in Korea, 21.12.1950.

3 Vgl. *Torkunov*, Zagadočnaja vojna, S. 81–132; *Laurence Freedman*, The Cold War: A Military History. London 2001, S. 40–43; *James G. Hershberg, Vladislav Zubok*, Russian Documents on the Korean War, 1950–1953, in: Cold War International History Project Bulletin, Nr. 14/15, 2003/2004, S. 369–378.

4 Vgl. Istorija vnešnej politiki SSSR, tom 2 1945–1975 gg., Moskva 1976, S. 165; *Igor' G. Drogovoz*, Vozdušnyj ščit Strany Sovetov. Moskva 2002, S. 118–128; Rossija (SSSR) v lokal'nych vojnach i vooružennych konfliktach vtoroj polovinyj XX veka, pod redakciej V. A. Zolotareva, Moskva 2000, S. 71–75.

5 Vgl. Gespräch zwischen Stalin und Tschou En-lai, 20.8.1952, zit. nach: *Dmitrij Volkogonov*, Sem' voždej. Galerija liderov SSSR v 2-ch knigach, kniga I. Moskva 1995, S. 302.

6 Vgl. *Drogovoz*, Vozdušnyj ščit, S. 128; Rossija (SSSR) v lokal'nych vojnach, S. 74 f. Demgegenüber geben westliche Quellen 1 041 eigene Flugzeugverluste für die UN-Truppen an, von denen allerdings nur 147 Maschinen nachweislich bei Luftkämpfen abgeschossen wurden, die Verluste der nordkoreanischen, chinesischen und sowjetischen Seite werden mit 935 Abschüssen beziffert. Die Validität dieser unterschiedlichen Angaben diskutiert: Blasser, Danz, Research in the U.S. – Russian Archives: The Human Dimension, auf: <http://www.koreacoldwar.org/news/usrarcconfblasser.html>.

7 Vgl. Rossija i SSSR v vojnach XX veka: Statističeskoe issledovanie. Moskva 2001, S. 524 f. Demgegenüber fielen während des Koreakrieges 500 000 nordkoreanische Soldaten, und rund zwei Millionen Zivilisten aus Nordkorea kamen während der Kämpfe ums Leben. Die chinesischen „Freiwilligenverbände" verloren ca. eine Million Mann. Südkorea beklagte in Folge des Krieges 1,47 Millionen Tote, die Verluste der US-Truppen betrugen 54 046 Mann, die britischen Streitkräfte verloren 686 Soldaten, die anderen

Tabelle 1: Staats- und Militärausgaben der Sowjetunion zwischen 1948 und 1953

Ausgaben	1948	1949	1950	1951	1952	1953
Staatshaushalt (gesamt) in Mrd. Rubel	370,9	412,3	413,2	443,0	476,9	484,0
Prozent	100	100	100	100	100	100
Finanzierung Volkswirtschaft	149,6	161,9	157,6	179,6	180,4	191,2
Prozent	40,3	39,3	38,1	40,5	37,8	39,5
Finanzierung Streitkräfte	66,3	79,2	82,8	93,9	113,8	110,2
Prozent	17,9	19,2	20,0	21,2	23,9	22,7
Finanzierung MVD/MGB	23,1	21,7	20,6	21,2	22,8	16,4
Prozent	6,2	5,2	5,0	4,8	4,8	3,4
Finanzierung sozialer und kultureller Maßnahmen	105,7	116,0	116,7	119,4	124,8	129,8
Prozent	28,5	28,1	28,2	27,0	26,2	26,8
Finanzierung Staatsverwaltung	13,0	13,5	13,9	14,0	14,4	14,3
Prozent	3,5	3,3	3,4	3,2	3,0	2,9

Quelle: RGAE, 7733/36/3588, Bl. 105, Spravka von Zverev an Berija über Staatshaushalt 1940, 1948–52, 8.9.1952; 4372/11/742, Bl. 107–143, Entwurf Beschluss des Ministerrates der UdSSR für das Staatsbudget 1953, 29.7.1953.

Insgesamt entsprach der politische Gewinn aus dem militärischen Engagement in Nordkorea nicht den hochgesteckten Erwartungen der sowjetischen Führung. Weder gelang es, die Amerikaner aus Ostasien „zu werfen", noch stellte sich der erhoffte Machtverlust der USA an der europäischen Flanke ein. Im Gegenteil, als Ergebnis ihrer offensiven Außenpolitik weckte die Sowjetunion in der westlichen Welt zunächst Misstrauen, das rasch in Bedrohungsängste umschlug. Zur Eindämmung der expansiven Sicherheitspolitik Stalins setzten jetzt auch die USA auf das Militär, das nicht nur in Asien, sondern vor allem in Europa verstärkt wurde. Belief sich der Personalbestand der US-Streitkräfte im Juli 1950 noch auf 1,37 Millionen Soldaten, so standen 1953 bereits mehr als 3,45 Millionen Mann unter Waffen. Aber auch die Streitkräfte der anderen Mitgliedstaaten der 1949 gegründeten NATO wurden personell aufgestockt. Zugleich erhöhten sich die Verteidigungsausgaben des nordatlantischen Bündnisses zwischen 1949 und 1953 sprunghaft von 18,723 Milliarden US-Dollar auf 64,014 Milliarden. Die fortschreitende Militarisierung des Ost-West-Konfliktes im Zuge des Koreakrieges wurde damit zum entscheidenden Merkmal der ersten Hochphase des Kalten Krieges.[8]

Koalitionsstreitkräfte zusammen 2 508 Mann. Vgl. *John Halliday, Bruce Cumings*, Korea: the unknown war. London u. a. 1988, S. 200 f.

[8] Vgl. RGANI, 5/30/311, Bl. 132, Informationsmitteilung Nr. 119 der Hauptverwaltung Aufklärung des Generalstabes (GRU) an das ZK der KPdSU, 30.9.1959; *Bernd Stöver*, Der Kalte Krieg 1947–1991. Geschichte eines radikalen Zeitalters. Bonn 2007, S. 98 ff.; *Gustav Schmidt*, Strukturen des „Kalten Krieges" im Wandel, in: Konfrontationsmuster des Kalten Krieges 1946–1956, hrsg. von Norbert Wiggershaus und Dieter Krüger, München 2003, S. 175–188; *Norbert Wiggershaus*, Bedrohungsvorstellungen Bundeskanzler Adenauers nach Ausbruch des Korea-Krieges, in: Militärgeschichtliche Mitteilungen, Nr. 1, 1979, S. 79–93; *Franz-Wilhelm Engel*, Handbuch der NATO. Frankfurt/Main 1957, S. 944.

Streitkräfte

Dem vom Koreakrieg angestoßenen Militarisierungsprozess konnte sich die Sowjetunion nicht entziehen. Besonders deutlich wurde dieser im Anstieg der Verteidigungsausgaben, die 1952 einen neuen Höhepunkt nach dem Ende des Zweiten Weltkrieges erreichten und in etwa auf das Niveau des Kriegsjahres 1942 stiegen.

Dieser Anstieg machte sich zunächst vor allem im Zuwachs der Mannschaftsstärke der Sowjetarmee sichtbar. Verfügten die sowjetischen Streitkräfte 1948 noch über rund 2,784 Millionen Soldaten, so hatte sich ihre Zahl bis 1952 mehr als verdoppelt. Nach Quellen der CIA dienten zum damaligen Zeitpunkt mehr als 6,8 Millionen Mann in der sowjetischen Armee.[9] Dass der amerikanische Nachrichtendienst mit seinen Schätzungen gar nicht so weit von der Wirklichkeit entfernt war, zeigen auch sowjetische Quellen, denn am 1. März 1953 zählten die Streitkräfte der UdSSR immerhin fast 5,4 Millionen Soldaten.[10]

Besonders deutlich wird dieser umfangreiche Zuwachs der sowjetischen Streitkräfte in der ersten Phase des Kalten Krieges beispielsweise bei den Truppen der Heimatluftverteidigung (PVO). Zum Stichtag 1. September 1948 zählten zum Bestand der PVO-Streitkräfte 69 398 Mann, 1909 Jagdflugzeuge, 2272 Flakgeschütze und 174 Funkmessstationen. Allein der Moskauer Luftverteidigungsbezirk verfügte im Mai 1953 über mehr Personal und Ausrüstung als die gesamten PVO-Truppen von 1948, deren Gesamtzahl mittlerweile auf 266 000 Mann gestiegen war.[11]

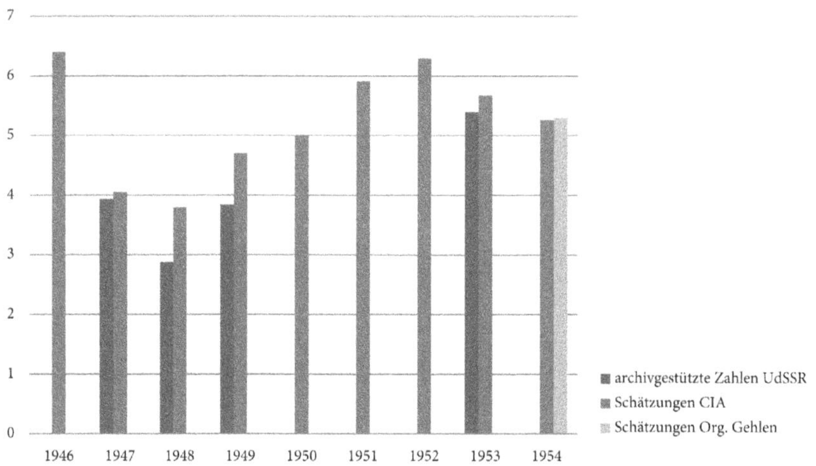

Abbildung 1: Stärke der sowjetischen Streitkräfte 1946–1954 in Mill. Mann

[9] Vgl. CIA Intelligence Report: Trends in Soviet Military Manpower, Oktober 1972, Bl. 9. Bestätigte sowjetische Zahlenangaben über die Streitkräftestärke für die Zeit zwischen 1948 und 1953 liegen bis heute nicht vor. Malinovskij nannte jedoch im Dezember 1959 auf einer Versammlung der Chefs der Militärbezirke für 1949 die Zahl von 3,838 Millionen Mann. Vgl. RGASPI, 17/165/153, Bl. 6, Stenogramm der Sitzung der Chefs der Teilstreitkräfte, Flotten und Militärbezirke zu den Abrüstungsvorschlägen Chruščevs, 18.12.1959.

[10] Vgl. Schreiben von Žukov und Sokolovskij an das ZK der KPdSU, 9.2.1956, in: Sokraščenie Vooružennych Sil SSSR v sredine 50-ch godov, in: Voennye archivy Rossii, Nr. 1, 1993, S. 283.

[11] Vgl. Protivovozdušnaja oborona strany (1914–1995 gg.). Voenno-istoričeskij trud. Moskva 1998, S. 269.

Auch die Heerestruppen wurden nach 1949 wieder zahlenmäßig aufgestockt. 1953 gehörten zu den Landstreitkräften 29 Panzerdivisionen, 70 mechanisierte Divisionen, 144 Schützendivisionen, jeweils sechs Gebirgs- und Kavalleriedivisionen sowie 22 Maschinengewehr-Artilleriedivisionen. Besonderer Aufmerksamkeit erfreuten sich die Fallschirmjäger. Die Anzahl ihrer Divisionen vergrößerte sich von neun auf 15. Gleichzeitig erfolgte bei den Landstreitkräften eine umfangreiche Mechanisierung und Motorisierung der Truppen. In den ersten sieben bis acht Jahren nach dem Kriegsende wurden die sowjetischen Liniendivisionen in großem Umfang mit moderner Militärtechnik ausgestattet, unter anderem mit neuen gepanzerten Fahrzeugen und mit Artillerie. Hatte die Rüstungsindustrie beispielsweise an das Verteidigungsministerium 1948 insgesamt lediglich 200 Panzer des Typs T-54 geliefert, so waren es 1951 bereits 1566.[12]

Allein, die quantitative Vergrößerung der Streitkräfte bedeutete in der Realität nicht unbedingt eine Erhöhung ihrer Schlagkraft. Besonders deutlich wird dieses Faktum gleichfalls bei den Truppen der Luftverteidigung. Der seit 1949 einsetzenden amerikanischen Luftaufklärung über sowjetischem Territorium mussten die sowjetischen Streitkräfte zuweilen relativ hilflos zusehen. Zwar attackierten sowjetische Jagdflieger am 22. Oktober 1949 erstmals ein US-Spionageflugzeug über den Territorialgewässern der UdSSR, doch der erste Abschuss einer amerikanischen Aufklärungsmaschine im sowjetischen Luftraum erfolgte erst im Frühjahr 1950. Am 8. April fingen vier Flugzeuge des 30. Garde-Jagdfliegeregimentes acht Kilometer westlich der lettischen Ortschaft Liepaja über der Ostsee ein in Wiesbaden gestartetes Flugzeug der US Navy ab, das sich auf einer Aufklärungsmission befand. Die zehnköpfige Besatzung kam während des Angriffs ums Leben, wird allerdings in den Akten des US-Verteidigungsministeriums bis heute als vermisst geführt.[13]

Für 1950 reklamierten sowjetische Piloten fünf weitere Abschüsse amerikanischer Flugzeuge über sowjetischem Territorium, wobei von amerikanischer Seite allerdings nur einer bestätigt ist. Für 1952 meldete das sowjetische Luftverteidigungskommando 34 Luftraumverletzungen. Obwohl in fast allen Fällen Jagdflugzeuge der PVO aufstiegen, gelang nur siebenmal ein Abfangen der Eindringlinge. Da diese den sowjetischen Landeaufforderungen nicht nachkamen, wurden bei den nachfolgenden Luftkämpfen vier ausländische Maschinen abgeschossen und drei weitere Flugzeuge beschädigt. Nach sowjetischen Angaben ging dabei eine eigene Maschine verloren.[14] Die Ursachen für die von der Führung als unzureichend eingeschätzten Leistungen der Luftabwehr lagen unter anderem in der mangelnden Ausbildung der Flugzeugbesatzungen. Doch auch die technische Ausrüstung entsprach nicht den Anforderungen. Die Bodenradarstationen arbeiten zu ungenau, um nachts Jä-

[12] Vgl. RGAE, 4372/11/142, Bl. 1–15, Schreiben von Saburov an Stalin, 31.1.1952; *V.I. Fes'kov, K.A. Kalašnikov, V.I. Golikov*, Sovetskaja armija v gody „cholodnoj vojny" (1945–1991). Tomsk 2004, S. 2 f.; 163 f.; *Nikolaj S. Simonov*, Voenno-promyšlennyj kompleks SSSR v 1920–1950-e gody: tempy ekonomičeskogo rosta, struktura, organizazija proizvodstva i upravlenie. Moskva 1996, S. 236–238; General'nyj štab Rossijskoj armii: istorija i sovremennost'. Moskva 2006, S. 259 f.

[13] Vgl. *Aleksandr Semenovič Orlov*, Vozdušnaja razvedka SŠA nad territoriej SSSR v 1950–1955 gg., in: Novaja i novejšaja istorija, Nr. 6, 2000, S. 41 f.; 1992–1996 Findings of the Cold War Working Group, S. 7–13. Die Cold War Working Group besteht aus amerikanischen und russischen Militärhistorikern und untersucht seit 1992 ungeklärte Luftzwischenfälle während des Kalten Krieges.

[14] Vgl. RGASPI, 17/164/694, Bl. 82 f., Spravka des Verteidigungsministeriums über Luftraumverletzungen vom 1. Mai 1952 bis zum 30. November 1952, 28.1.1953; *Drogovoz*, Vozdušnyj ščit, S. 134–138; Protivovozdušnaja oborona strany, S. 271 f. 1952 schoss die sowjetische Luftverteidigung zwei schwedische und zwei US-Flugzeuge ab. Die beiden US-Maschinen und ein schwedisches Flugzeug hatten sich auf Aufklärungsmissionen befunden. Das zweite schwedische Flugzeug wurde bei der nachfolgenden Suchaktion abgeschossen. 20 US-Piloten und acht schwedische Militärangehörige kamen dabei ums Leben.

ger an die „Eindringlinge" heranführen zu können. Zudem erwiesen sich die Radargeräte der eingesetzten Flugzeuge, soweit sie überhaupt vorhanden waren, als „absolut einsatzunfähig", sobald die „Gegenseite" diese mit funkelektronischen Maßnahmen störte. Trat bis Ende 1951 im sowjetischen Radarnetz keine einzige dieser „Störungen" auf, so stieg deren Zahl bis zum August 1952 auf insgesamt mehr als 421 Fälle.[15]

Am 18. November 1952 lieferten sich, 90 Kilometer südlich von Wladiwostok, sieben Jagdflugzeuge der am Pazifik stationierten 5. Flotte[16] sogar einen Luftkampf mit vier US-Maschinen der 781. Jagdstaffel des Flugzeugträgers *Oriskany*, der mit dem Verlust von drei sowjetischen MiG-15 endete.[17]

Vor dem Hintergrund dieser ständigen Zusammenstöße ist es mehr als einleuchtend, dass die sowjetische Führung Planungen für eine militärstrategische Auseinandersetzung mit den USA machte. Als Haupteinsatzmittel setzten der Diktator und seine Militärführung auf die 1946 geschaffenen Fernfliegerkräfte. Ihre Aufgabe war „die Bekämpfung von Zielen in der Tiefe des Hinterlandes des Gegners, auf den kontinentalen und ozeanischen Kriegsschauplätzen sowie die Durchführung von operativer und strategischer Luftaufklärung".[18]

Obgleich der Sowjetunion bereits am 29. August 1949 die erfolgreiche Zündung einer Nuklearwaffe gelungen war, dauerte es wegen technischer Probleme noch bis zum Herbst 1951, bis endlich ein Versuchsexemplar unter Einsatzbedingungen getestet werden konnte.[19] Am 18. Oktober 1951 warf eine Tu-4A der 72. selbstständigen Bomberstaffel um 09.52 Uhr über dem Testgelände von Semipalatinsk eine Atombombe des Typs RDS-3 ab. Dieser erste erfolgreiche Nukleartest unter realistischen Einsatzbedingungen bewog die sowjetische Führung, den Befehl zu geben, die Serienfertigung der RDS-3 unverzüglich anlaufen zu lassen und die Umrüstung einzelner Tu-4 zu Kernwaffenträgern zu beschleunigen.[20] Zugleich legten die Militärs jetzt erste Listen von strategischen Zielen des „wahrscheinlichen Gegners" an. Im Sommer 1950 hatten zudem für die ersten Offiziere spezielle Ausbildungskurse im Umgang mit Nuklearwaffen begonnen.[21] Ab dem 7. No-

[15] Vgl. RGANI, 17/164/694, Bl. 55–64, Schreiben von Veršinin an Bulganin und Vasilevskij über die Arbeit des Systems der Grenzluftverteidigung, 25.12.1952.

[16] Im Januar 1947 hatte die sowjetische Marineführung auf Anweisung Stalins die Pazifikflotte in einen südlichen und nördlichen Bereich aufgeteilt und in 5. beziehungsweise 7. Flotte umbenannt. Am 27. Januar 1956 machte ein Ministerratsbeschluss diese Aufteilung wieder rückgängig. Vgl. Tri veka Rossijskogo flota v trech tomach, pod. Redakciej I.V. Kastonova, Bd. 3, St. Peterburg 1996, S. 221.

[17] Vgl. RGASPI, 17/164/693, Bl. 248, Bericht an Bulganin über Verlust von 3 MiG-15bis der 5. Flotte, 19.12.1952. Siehe hierzu auch: CVG 102 Action Report 28 October 1952 through 22 November 1952, 22.11.1952, Bl. 4.

[18] Zit. nach: Dal'njaja aviacija. Pervye 90 let. Moskva 2004, S. 188.

[19] Die erste sowjetische Atombombe vom Typ RDS-1 wurde von 1949 bis 1950 in insgesamt fünf Exemplaren gebaut. Technische Probleme zwangen zu einer Überarbeitung. Ab Ende 1951 begann in Arzamas-16 die Produktion einer Kleinserie der RDS-1. Die insgesamt fünf Atombomben wurden jedoch nie an die Streitkräfte ausgeliefert. Vgl. *Steve Zaloga*, The Kremlin's nuclear sword: the rise and fall of Russia's strategic nuclear forces, 1945–2000. Washington/London 2002, S. 10 f.; *I. A. Andrjušin, A.K. Černyšev, Ju.A. Judin*, Ukroščenie jadra. Stranicy istorii jadernogo oruija i jadernoj infrastruktury SSSR. Sarov 2003, S. 315–318; *Irina V. Bystrova*, Sovetskij voenno-promyšlennyj kompleks: problemy stanovlenija I razvitija (1930–1980-e gody). Moskva 2006, S. 69–72.

[20] Vgl. Lev M. Mezelev, Oni byli pervymi. (Iz istorii jadernych ispytanij), kniga 1. Moskva 2001, S. 34–36; *S.M. Kulikov*, Aviacija i jadernye ispytnija. Moskva 1998, S. 62–66; Filmausschnitte vom Test der RDS-3, 18.10.1951, auf: CD: Rossija atomnaja: Jadernyj ščit, Moskva 1998.

[21] Vgl. *Jurij K. Zavališin*, Ob'ekt 551. Saransk 1996, S. 102–110; *Andrjušin/Černyšev/Judin, Ukroščenie jadra*, S. 323–325; *A.S. Skvorcov*, General'nyj štab v sisteme organov central'nogo voennogo upravlenija strany, in: VIŽ, Nr. 1, 2003, S. 7.

vember 1951 erfolgte dann auf dem Luftwaffenstützpunkt der 45. Fernbomberdivision in Bolbasovo der Aufbau einer sogenannten Atomgruppe. Ihre Aufgabe war die Vorbereitung und Ausbildung von ausgewählten Flugzeugbesatzungen zum Atombombenabwurf. Dabei trainierten die Piloten den gesamten Ablauf des Nuklearwaffeneinsatzes vom Empfang des Gefechtsbefehls bis zur Auslösung des Bombenabwurfknopfes.

Gleichwohl bestand, trotz dieser Bemühungen des Militärs, während des Koreakrieges für die Sowjetunion nie die ernsthafte Option eines Nuklearschlages gegen Westeuropa oder gar die USA. So hatte das Militär Ende 1951 die Übernahme der ersten Serie von drei Kernwaffen wegen gravierender Fertigungsmängel zurückgewiesen und die Produktion der oben erwähnten RDS-3 lief trotz aller Anstrengungen bis 1954 nur schleppend voran. Zudem erweiterte die Luftwaffenführung erst im September des gleichen Jahres die genannte „Atomgruppe" zum 402. schweren Bomberregiment, das als erster sowjetischer Truppenteil für den nuklearen Einsatz gegen Ziele in Westeuropa vorgesehen war. Zunächst standen für diese Aufgabe allerdings nur insgesamt zehn ausgebildete Besatzungen zur Verfügung. Die strikte Geheimhaltung und das strenge Sicherheitsregime bedingten zudem einen geringen Bereitschaftsgrad. Allein die Prozedur zur Ausrüstung der Flugzeuge mit Atombomben nahm fast 72 Stunden in Anspruch. Insofern blieb die „sowjetische Atomgefahr" im Koreakonflikt, wie später auch der „Sputnikschock" eine Fehlperzeption westlicher Nachrichtendienste.[22]

Dass die technischen Möglichkeiten für einen tatsächlichen Kernwaffeneinsatz während des Koreakrieges nicht zur Verfügung standen, heißt allerdings nicht, dass ein solcher nicht doch geplant wurde. Als Ende 1952 die M-4 *Bison* und die Tu-95 *Bear* als Nachfolgemodelle für die Tu-4 kurz vor dem Beginn ihrer Flugerprobung standen, widmeten sich Stalin und seine Militärführung erstmals detaillierten Atomkriegsplänen gegen die USA. Mit den beiden neuen Flugzeugmustern rückten die Vereinigten Staaten endlich in die Reichweite der sowjetischen Streitkräfte. Am 10. Januar 1953 wurde deshalb der sowjetischen Partei- und Staatsführung vom Generalstab ein umfangreicher Plan zur „Dislokation von Flugplätzen für Fernbomber" vorgelegt, der am 27. Januar 1953 durch den Ministerrat der UdSSR bestätigt wurde. Nach diesem Papier sollten zwischen 1953 und 1954 insgesamt elf Flugplätze für die M-4 bzw. Tu-95 neu gebaut oder rekonstruiert werden. Vier operative Flugfelder sollten für Schläge gegen die USA sowie Ziele im Atlantik und Stillen Ozean dienen. Um verstärkt über dem Atlantik und dem nordamerikanischen Festland operieren zu können, sollten im europäischen Machtbereich der UdSSR zudem vier Reserveflughäfen gebaut werden[23]. Die geplanten Einsatzbasen der Fernbomberflotte im Herrschaftsgebiet der Sowjetunion sollten in der ČSSR, Polen, Ungarn und der DDR errichtet werden. Da beispielsweise die Entfernung zwischen dem ostdeutschen Templin und New York „lediglich" 6400 Kilometer betrug, wies die sowjetische Führung die rasche Fertigstellung der vorgesehenen ausländischen Einsatzbasen an. Spätestens bis 1955 sollten alle dafür erforderlichen Maßnahmen abgeschlossen sein.[24]

[22] Vgl. *Gennadij Petrovič Rošin*, Istorija Dal'nej aviacii. Voenno-istoričeskij očerk. Čast' II: Vozdušnye parady – Jadernoe oružie – Katastrofy. Moskva 2003, S. 97 f.; Roždennye atomnoj eroj. 12 Glavnoe upravlenie Ministerstva oborony Rossijskoj Federacii: opyt i razvitija. Moskva 2002, S. 108.

[23] Vgl. RGASPI, 17/164/693, Bl. 195 f., Entscheidungen der Rüstungskommission des ZK der VPK(b), 16.1.1953; RGASPI, 17/164/697, Bl. 13–17, Erläuterungen zur Dislokation von Flugplätzen für Fernbomber, 10.1.1953; RGASPI, 17/164/697, Bl. 85, Karte des Einsatzradius der von den Flugzeugen Tupolev und Mjaciščev erreicht wird – ausgearbeitet vom Chef der Operativen Verwaltung des Hauptstabes der VVS, Generalleutnant Sinjakov, 2.7.1952.

[24] Vgl. RGASPI, 17/164/682, Bl. 60, Schreiben von Vasilevskij und Sokolovskij an Stalin, 12.1.1953; *Irina V. Bystrova*, Voenno-promyšlennyj kompleks SSSR v gody cholodnoj vojny. (Vtoraja polovina 40-ch – načalo 60-ch godov). Moskva 2000, S. 84–86.

Die dargestellten Fakten zeigen, dass Stalin nicht nur erhebliche Anstrengungen unternahm, um endlich eine Kernwaffe in die Hand zu bekommen. Der sowjetische Diktator versuchte auch, ein mögliches Einsatzkonzept für sie zu skizzieren.

Rüstung

Die Entwicklung und Produktion von Waffen aller Art, wie auch die Herstellung eines Großteils der Ausrüstung der sowjetischen Streitkräfte erfolgten in der UdSSR nach 1945 innerhalb des militärisch-industriell-akademischen Komplexes (MIAK). Seit den 1930er Jahren existierte in der Sowjetunion eine umfangreiche Rüstungsindustrie und ein speziell darauf ausgerichteter Forschungs- und Entwicklungsbereich. Der Zweite Weltkrieg beschleunigte den Ausbau der bestehenden Strukturen und verfestigte das entstandene Gefüge. Nach Kriegsende war eine klare Trennung der zivilen wissenschaftlichen und der industriell-technischen Sektoren vom Rüstungsbereich nicht mehr möglich.

Mit dem Abwurf der amerikanischen Atombomben und dem beginnenden Kalten Krieg erhielt die „akademische" Komponente des militärisch-industriellen Komplexes auch in der Sowjetunion endgültig eine überragende Bedeutung. Die politische Führung der UdSSR orientierte ihre Erwartungen immer deutlicher an Wissenschaft und Technik, um auf diese Weise ihre Interessen durchsetzen zu können. Politikern, Wissenschaftlern, Rüstungsmanagern und Militärs war im Verlauf des Zweiten Weltkrieges bewusst geworden, dass der militärisch nutzbaren Wissenschaft und Technik künftig eine entscheidende Rolle zukommen würde. Dies führte in wehrtechnischen Forschungsbereichen zu einer starken finanziellen Förderung und zu schnell sichtbaren Erfolgen, was in einer Art positiver Rückkopplung noch größere Forschungsinvestitionen nach sich zog. Es entstanden militärisch-industriell-wissenschaftliche Strukturen in Form von wissenschaftlichen Forschungsinstituten mit angegliederten Rüstungswerken in denen sich politische, wissenschaftliche, industrielle und militärische Strukturen eng miteinander verzahnten. In der Sowjetunion forcierten vor allem die erste Berlinkrise und der nachfolgende Koreakrieg die Herausbildung solcher Strukturen.

Der dadurch beförderte technologische Sprung der sowjetischen Wehrwirtschaft konnte jedoch nur erreicht werden, weil die sowjetische Führung dem Ausbau ihrer Rüstungskapazitäten – trotz eines kurzzeitigen Konversionsversuches – auch nach dem Ende des Zweiten Weltkriegs weiter uneingeschränkte Priorität zumaß. Bereits 1950 lag die Bruttoproduktion der Rüstungsministerien wieder weit über dem Stand von 1940 (Ministerium für Flugzeugindustrie: 133 %; Ministerium für Bewaffnung: 175 %; Ministerium für Schiffbau: über 240 %).[25] Stalins Atom-, Flugzeug- und Raketenprojekte verschlangen umfangreiche finanzielle Mittel und wirtschaftliche Ressourcen, die beim Wiederaufbau der zerstörten Volkswirtschaft fehlten.

Getrieben wurde der sowjetische Partei- und Staatschef beim Ausbau der sowjetischen Rüstungsindustrie vom Fortschreiten der technologischen Entwicklung in den USA, die er zunehmend als Referenzsystem betrachtete. Deutlich wird dieser Zusammenhang, wie oben erwähnt, u. a. bei der Atombombenentwicklung, der Stalin höchste Priorität zuwies. Im Bereich dieser und anderer Waffenentwicklungen zeigt sich dabei, dass die entsprechenden Minister in ihren Bereichen wie „kleine Stalins" agierten. Gerade die Vorgehensweise des für die Atombomben- und später auch für die Raketenwaffenent-

[25] Vgl. *Simonov*, Voenno-promyšlennyj kompleks SSSR, S. 202.

wicklung verantwortlichen Lavrentij P. Berija lässt erkennen, wie seine Forderungen und Entscheidungen an den etablierten bürokratischen Strukturen vorbeiliefen und dadurch zu flexiblen zielorientierten Problemlösungen führten.[26]

Die ideologisch-politische Priorität der Wehrwirtschaft führte aber auch dazu, dass die sowjetische Führung die Rüstung gegenüber dem zivilen Sektor privilegierte. Zugleich existierte ein dichtes Kontrollnetzwerk, das argwöhnisch darüber wachte, dass die beschlossenen rüstungspolitischen Direktiven eingehalten wurden. Dieses Kontrollnetzwerk lässt in der Rückschau indirekt die Existenz verschiedener Interessengruppen in der sowjetischen Rüstungsindustrie erkennen, die allerdings informeller organisiert waren als in einem liberal-demokratischen System. Gerade in der zweiten Hälfte der 1940er Jahre wird die Bedeutung solcher Interessengruppen im entstehenden sowjetischen militärisch-industriell-akademischen Komplex deutlich, als verschiedene Personen der militärisch-politischen Elite im inneren Machtkreis in Ungnade fielen und in der Folge institutionelle Umstrukturierungen, Projektabbrüche sowie Neuverteilungen der Ressourcen stattfanden. Dabei spielten informelle Aktivitäten und Beziehungen eine gewichtige Rolle und sorgten in erheblichem Maße dafür, dass politische Entscheidungsprozesse weniger formalisiert abliefen, als für gewöhnlich angenommen wird.[27]

Besonders veranschaulicht wird die zunehmende Verschmelzung von wissenschaftlich-technischen Sektoren mit den wehrwirtschaftlichen Strukturen durch die Gliederung der sowjetischen Rüstungsindustrie nach 1945. Die Masse der so genannten Kaderbetriebe, also der Unternehmen, die fast ausschließlich Waffen, Munition und militärische Ausrüstung produzierten, war in den Ministerien für Luftfahrtindustrie, Bewaffnung, Schiffbau und funktechnische Industrie konzentriert. In diesen Bereichen arbeiteten auch viele der wissenschaftlichen Forschungsinstitute und Konstruktionsbüros, die sich mit der Entwicklung neuer Waffen beschäftigten.[28] Daneben existierte eine ganze Reihe weiterer Ministerien, deren offizielle Bezeichnung zwar auf eine zivile Nutzung hinzuweisen schien, die jedoch in Wirklichkeit ganz oder zumindest teilweise für das Militär produzierten. So lieferte z. B. das Ministerium für Automobil- und Traktorenbau an die sowjetischen Streitkräfte Panzer und gepanzerte Fahrzeuge, während das Ministerium für landwirtschaftlichen Maschinenbau die Versorgung der Armee mit Munition und Sprengstoffen übernahm. Der bekannteste dieser Rüstungsgiganten mit „ziviler Tarnung" dürfte das 1953 geschaffene Ministerium für mittleren Maschinenbau gewesen sein. Diese Behörde war aus dem im August 1945 gegründeten Sonderkomitee Nr. 1 hervorgegangen und in der Sowjetunion primär für die Entwicklung und die Herstellung von Nuklearsprengköpfen verantwortlich.[29]

[26] Vgl. *N. Rubin*, Lavrentij Berija: Mif i real'nost. Moskva/Smolensk 1998, S. 280–326; *Anton V. Antonov-Ovseenko*, Berija. Moskva 1999, S. 386–405; *Boris Starkov*, The Security Organs and the Defence-Industry Complex, in: The Soviet Defence-Industry Complex from Stalin to Khrushchev, ed. by John Barber and Mark Harrison, Houndsmills/Basingstoke/Hampshire/London 2000, S. 260–265.

[27] Vgl. *Burghard Ciesla, Christoph Mick, Matthias Uhl*, Rüstungsgesellschaft und Technologietransfer (1945–1958). Flugzeug- und Raketenentwicklung im Military-Industrial-Academic-Complex der UdSSR, in: Sowjetische Demontagen in Deutschland 1944–1949. Hintergründe, Ziele und Wirkungen, hrsg. von Rainer Karlsch und Jochen Laufer, Berlin 2002, S. 193–196; *Eric J. Duskin*, Stalinist Reconstruction and the Confirmation of a New Elite, 1945–1953, Houndmills/New York 2001, S. 83–88; *I.N. Kosenko*, Tajna „aviacionnogo dela", in: VIŽ, Nr. 8, 1994, S. 55–64.

[28] Vgl. Aufstellung der Betriebe und Forschungseinrichtungen der Ministerien für Luftfahrtindustrie, Radiotechnik, Verteidigungsindustrie und Schiffbau, Januar 1956, RGAE, 4372/76/329, Bl. 5.

[29] Vgl. *David Holloway*, Stalin and the Bomb: The Soviet Union and Atomic Energy, 1939–1956. New Haven/London 1994, S. 321; *Arkadij K. Kruglov*, Kak sozdavalas' atomnaja promyšlennost' v SSS. Moskva 1995, S. 36 f.

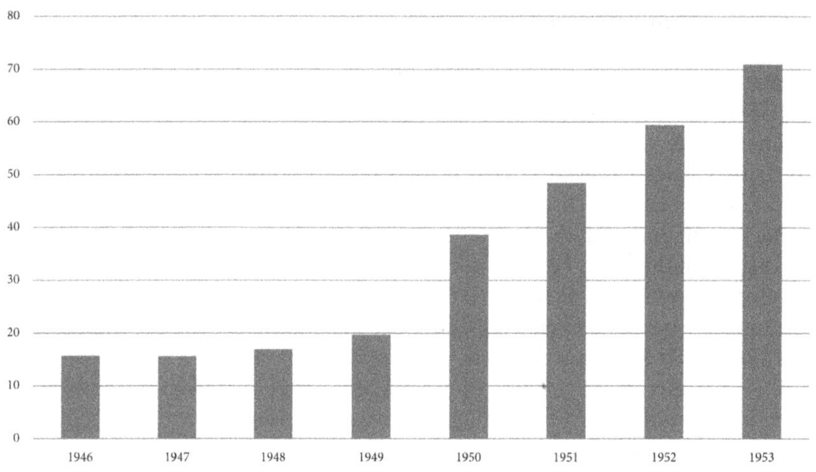

Abbildung 2: Rüstungsproduktion in der Sowjetunion 1946–1953 in Milliarden Rubel (Preise 1950)

Der Bereich der Kernwaffenentwicklung und ihrer Serienproduktion gehörte zu den Rüstungszweigen, die in der UdSSR nach dem Zweiten Weltkrieg faktisch aus dem Nichts geschaffen wurden. Als wichtiger strategischer Sektor standen für seinen Aufbau fast unbegrenzte Ressourcen zur Verfügung. Hatten Ende 1944 kaum mehr als 370 Personen, davon ca. 40 Wissenschaftler, am sowjetischen Atomprojekt gearbeitet[30], so waren 1948 bereits mehr als 68 000 mit der Produktion von Kernwaffen beschäftigt. Auf zahllosen Baustellen stampften 250 000 GULag-Häftlinge Forschungszentren und Produktionsstätten aus dem Boden. Allein von 1947 bis 1949 kostete Stalins Atombombenprojekt mehr als 14,5 Milliarden Rubel. Der erste erfolgreiche Atomtest im Sommer 1949 war der Auftakt für noch umfangreichere Investitionen in das Kernwaffenprogramm der UdSSR. Von 1950 bis 1955 sollten weitere 73,45 Milliarden Rubel in die Entwicklung und den Serienbau von Nuklearwaffen fließen.[31]

Der Zuwachs an Fertigungskapazitäten zeigt sich deutlich in den Kennziffern der sowjetischen Rüstungsproduktion zwischen 1948 und 1953. Zugleich wird anhand dieser hier präsentierten Zahlen sichtbar, welchen Einfluss die erste Berlinkrise und der nachfolgende Koreakrieg auf die Rüstungspolitik Stalins hatten. In allen wichtigen Bereichen militärischer Bewaffnung kam es zu erheblichen Steigerungen der Produktion. Hatte die Rüstungsindustrie 1947 lediglich 274 neue Panzer an die Streitkräfte ausgeliefert, so waren es fünf Jahre später, auf dem Höhepunkt des Koreakrieges bereits knapp 2000.[32] Insgesamt profitierten alle Teilstreitkräfte von den umfangreichen Beschaffungsprogrammen. Diese ermöglichten nicht nur eine merkliche Modernisierung der Armee, sondern erlaubten auch die Aufstellung zahlreicher neuer Einheiten. Die aufgestellten Verbände konnten dabei mit Waffen ausgerüstet werden, die den neuen strategischen und rüstungstechnischen Anforderungen nach 1945 Rechnung trugen. Bestes Beispiel hierfür dürfte, neben

[30] Vgl. Spravka des GKO an Berija über den Stand der Arbeiten zum Uranproblem, 2.11.1944, abgedruckt in: Atomnyj proekt SSSR: Dokumenty i materialy: V 3-ch tomach, tom 1. 1938–1945: V 2 č. Čast' 2. Moskva 2002, S. 150–153.

[31] Vgl. *Simonov*, Voenno-promyšlennyj kompleks SSSR, S. 242–246; *Arkadij K. Kruglov*, Štab Atomproma. Moskva 1998, S. 94 f.

[32] Vgl. RGAE, 4372/11/868, Bl. 1–19, Spravka über die Entwicklung des Panzerbaus in der UdSSR nach 1945, 25.3.1953.

der Schaffung von ersten Raketeneinheiten, die Neuaufstellung von drei Luftarmeen sein, die mit mehr als 1200 strategischen Fernbombern des Typs Tu-4 ausgestattet waren.[33] Zugleich muss jedoch auch betont werden, dass in der späten Stalinzeit die sowjetische Rüstung nur im begrenzten Maße Offensivwaffen produzierte. Eine interkontinentale Auseinandersetzung mit den USA blieb für die sowjetischen Streitkräfte mit dem zur Verfügung stehenden Kriegsmaterial ohne Aussicht auf Erfolg.

Auch der sowjetischen Bevölkerung blieben die Modernisierungsanstrengungen nicht verborgen. Vor dem Hintergrund des Kalten Krieges stießen sie bei den Menschen zum Teil sogar auf Zustimmung. Nicht ohne Stolz berichtete der für die Ukraine zuständige Erste ZK-Sekretär Aleksej I. Kirišenko über den Eindruck, den 1953 die Herbstmanöver der Sowjetarmee bei der Bevölkerung hinterlassen hatten: „In der Sowjetunion ist die Technik absolut nicht die, wie sie vor dem Krieg und sogar während des Krieges 1941–1945 war. Mit diesen Flugzeugen kann man selbst bis Amerika fliegen. Deshalb fürchten die Amerikaner Russland. Jetzt werden Manöver durchgeführt und die gesamte Technik ist ganz neu und um vieles leistungsstärker als während des Krieges. Und all das wird dafür getan, dass die Amerikaner und Engländer bei sich zu Hause bleiben und nicht bei uns eindringen".[34]

Dieser militärische Produktionsanstieg wurde allerdings teuer erkauft. Er war nur möglich, weil im Zuge der weiteren Eskalation des Kalten Krieges auf dringende Investitionen für den zivilen Produktionssektor verzichtet und der Konsum der sowjetischen Bevölkerung zurückgefahren wurde.

Der ständige Zufluss immer neuer Ressourcen führte allerdings zu einer kaum noch überschaubaren Flut neuer Waffenprogramme. Verschärft wurde dieses Problem dadurch, dass die Partei- und Staatsführung immer häufiger parallele Entwicklungsprogramme an konkurrierende Einrichtungen vergab, ohne dass nach Abschluss der Erprobungsarbeiten dann tatsächlich das „bessere" System in die Bewaffnung aufgenommen wurde. Nicht selten wurde unter dem Druck der Chefs der Konstruktionsbüros die Entscheidung getroffen, auch das unterlegene Produkt den Streitkräften zu übergeben. Dies zog entsprechend den Eigenarten der sowjetischen Wirtschaft, in denen jeder Produktionsstrang auf Zulieferer mit entsprechenden Eigenprodukten zurückgriff, einen weiteren Ausbau paralleler Fertigungsstrukturen und damit ein weiteres Ausgreifen der Rüstungsindustrie nach sich.[35]

Insgesamt hatte der Koreakrieg die Macht des sowjetischen militärisch-industriell-akademischen Komplexes nach 1945 so sehr anwachsen lassen, dass er bereits unter Chruščev, auch gegen die Interessen der Spitzen der sowjetischen Partei- und Staatsführung, kostspielige Waffenprojekte, die Ressourcen- und Prestigegewinn versprachen, durchsetzen konnte, selbst wenn sie von zweifelhaftem militärischen Wert waren.

In der Folge konnte der MIAK seine Position im sowjetischen System so weit festigen, dass bis zum Zerfall der UdSSR keine weit reichende Entscheidung mehr ohne seine Zustimmung getroffen werden konnte. Damit bedeutete der Koreakrieg für die sowjetische Rüstungsindustrie einen *take-off*, der seine zentrale Rolle bis zum Ende der Sowjetunion begründete. Zwar bestimmte bereits bis 1945 der MIAK die Wirtschaftsentwicklung der

[33] Vgl. RGAE, 29/1/1792/, Bl. 4, Produktion von Flugzeugen und Motoren in der Sowjetunion 1947–1961, 1961.

[34] RGANI, 5/30/36, Bl. 90, Schreiben von Kiričenko an Chruščev, 21.10.1953.

[35] Vgl. *Andrew Cockburn*, Die sowjetische Herausforderung: Macht und Ohnmacht des militärischen Giganten. Wie stark ist die wirklich: an Kampfkraft, Waffen, Technologie, Aufbau, Organisation, Logistik, in: Führung, Kadern, Mannschaften. München/Wien/Bern 1983, S. 90–96; *Matthias Uhl*, „Rakete ist Verteidigung und Wissenschaft." Die militärische Raketenentwicklung der Sowjetunion im Kalten Krieg, in: Peenemünde: Mythos und Geschichte der Rakete 1923–1989, hrsg. von Johannes Erichsen und Bernhard M. Hoppe, Berlin 2004, S. 91 f.

Tabelle 2: Sowjetische Rüstungsproduktion zwischen 1948 und 1953

	1948	1949	1950	1951	1952	1953	Gesamt
ballistische Raketen	–	–	18	76	320	432	846
davon R-1	–	–	18	76	240	338	672
davon R-2	–	–	–	–	80	94	174
Flügelraketen	–	–	–	–	2	125	127
Fla-Raketen	–	–	–	–	89	1432	1521
Kampfflugzeuge	2994	2164	2761	5653	6122	5042	24 736
davon Jagdflugzeuge	2287	1527	2281	4645	4777	3298	18 815
hiervon mit Strahltriebwerk	581	1174	2181	4463	4777	3298	16 474
davon MiG-15	–	729	1996	4421	3491	497	11 134
davon MiG-17	–	–	–	–	1286	2801	4087
Schlachtflugzeuge	155	178	–	–	–	104	437
Bombenflugzeuge	535	298	168	587	977	1624	4189
Strat. Bomber Tu-4	17	161	312	421	368	16	1295
Transportflugzeuge	694	670	301	313	312	130	2420
Hubschrauber	–	–	–	20	41	65	126
Panzer	425	1081	1003	1616	1963	2220	8302
davon T-54	200	551	1003	1566	1832	2000	7152
Schützenpanzer	50	400	640	1170	1220	1450	4930
Artilleriesysteme	16 241	19 140	17 064	26 962	27 797	28 416	135 620
MG	17 320	20 250	32 708	40 558	38 617	41 620	191 073
Gewehre/ Karabiner	161 700	170 000	303 784	400 995	435 000	600 000	2 071 479
MPi Kalaschnikow	–	–	150 815	250 354	282 656	350 000	1 033 825
Patronen (Mrd.)	0,583	0,583	1,07	1,432	1,539	1,713	6,92
Artilleriegeschosse (Mio.)	2,977	4,54	4,36	7,718	8,535	k.A.	k.A.
Kreuzer	–	–	5	–	5	4	14
Zerstörer	5	12	20	21	22	3	83
U-Boote	6	12	11	9	17	34	89
Fregatten	2	4	2	2	4	3	17
U-Jäger	12	21	27	32	40	38	170
Torpedoschnellboote	74	83	83	51	92	121	504
Minensucher	17	33	24	36	52	52	214
Hilfsschiffe	159	135	k.A.	203	272	301	k.A.

Quelle: Berichte über die Erfüllung der Rüstungsproduktion 1949–1953, RGAE, 4372 – Bestand GOSPLAN

UdSSR maßgeblich mit, doch wagte nach dem Ende des Konfliktes um Korea niemand mehr der Rüstungsindustrie die Kosten- und Effizienzfrage ernsthaft zu stellen. Gleichwohl war auf lange Sicht das sowjetische System, trotz der erheblichen wirtschaftlichen Aufwendungen, nicht in der Lage, die rüstungstechnische und militärstrategische Dominanz der USA zu überwinden, was entscheidende Konsequenzen für den Fort- und Ausgang des Kalten Krieges haben musste.

Irina V. Bystrova (Moscow)

The Korean War and the American Military-Industrial Complex: "The Militarization of America"

During the first years after World War II, before the first Berlin crisis of 1948, the United States of America reduced its military forces and did little to increase its stockpile of atomic bombs. Between July 1, 1945 and July 1, 1948, the Army's troop strength dropped from almost six million to a little over half a million.

Organizationally, the Air Force remained part of the Army until September 1947, while the Army and Navy continued on their separate ways, with their leaders embroiled in a debate about the future organization of the military establishment. During World War II, a number of members of Congress, as well as Army and defense-industrial leaders, thought it would be better for the United States to have a single unified military service, with army officers calling for a single chief of staff and general staff. Navy officers were opposed to any such plan, fearing that a unified high command would be dominated by officers from the ground and air forces.

The dispute continued from 1945 to 1947. Finally, President Harry S. Truman accepted a formula endorsed by Navy Secretary James V. Forrestal, which Congress passed as part of the National Security Act of 1947. It vested in a Secretary of Defense "general direction" of the national military establishment, consisting of separate Army, Navy and Air Force Departments. It also established the Joint Chiefs of Staff to function as an overall military staff. Two years later, Congress provided that the Secretary of Defense would head a Department of Defense, of which the three service departments would be components, and that the JCS would also include a chairman as a fourth member, who would be served by a small staff. James Forrestal became the first US Secretary of Defense.[1]

Still, battles over unification and the definition of roles and missions between the Services continued until mid-1948. Special sessions held by the Secretary of Defense with the JCS at Key West, Florida, in March 1948, and at Newport, Rhode Island, in August 1948, finally assured the Navy control over carrier aircraft, while assigning the Air Force primary responsibility for strategic air operations.

From the point of view of military research and development at that time, all were committed to the principle voiced by General Dwight D. Eisenhower when he was Chief of Staff of the Army in 1946: "We must be superior to any nation on any kind of weapon or equipment which we need."[2]

U.S. military plans for the immediate post-war period largely ignored the development of nuclear weapons. The Army had managed the wartime Manhattan project, but had made little effort to retain it, for most of the military officers didn't know enough to think in practical terms about how the weapons might be used. There was strong agitation in Congress and among scientists in favor of civilian control of nuclear energy. In mid-1946, Congress authorized the creation of a civilian Atomic Energy Commission (AEC), with a General Advisory Committee and a Military Liaison Committee to provide advice from scientists and military officers.

[1] Cf. *A. Goldberg (ed.)*: History of Strategic Arms Competition. 1945–1972 Part I, (Office of the Secretary of Defense. Historical Office, March 1981), pp. 16–17.

[2] Ibid., p. 22.

By 1948, a tendency arose in Congress and in the country to regard the strategic nuclear bomber as the primary weapon which the United States needed. A major share of defense spending was earmarked for strategic bombers: "Moreover if such public funds as were spent for defense went chiefly for aircraft, maximum economic-political benefits would accrue, for aircraft production employed large numbers of workers in California, Texas, Washington, and Missouri, and, in addition, created demand for engines, parts, steel, and aluminum, the production of which employed large numbers of people in Michigan, Illinois, Ohio, Pennsylvania, New York, and other populous states."[3] This ensured legislators in Congress who voted for Air Force bombers economic and political benefits, and was also one of the foundations of the American military-industrial complex.

At that time, the assumption was that nuclear weapons would be carried primarily by long-range bombers. The Strategic Air Command (SAC) had been established within the Army Air Force in 1946, it later remained as an entity in the separate Air Force. Lt. Gen. Curtis L. LeMay, one of the strongest and most aggressive commanders of that service, had been recalled from Germany in October 1948 to be appointed Commanding General, SAC. Under his leadership, the command received top priority in the allotment of Air Force resources, and was made responsible for strategic air operations. Conflicts and debates in Congress and between the services, led to the acceptance by the Air Force and the Army, and, after a struggle, by the Navy, of the principle that priority should go to ready strategic nuclear offensive forces – to SAC.

By 1948, the level of militarization of American society was already rather high. The main trends of that process were shown in a report issued by the prominent physicist Albert Einstein and twenty other prominent persons in 1948, which took issue with the course of the "militarization of America." Among the major factors to which they pointed with concern were the following:

- Growing U.S. defense spending: in 1947 the defense budget was about $12.5 billion, or 32 % of the federal budget;
- "A huge military establishment:" in 1947, there were 1,070,000 troops serving in the Army and Air Forces, and another 700,000 in the National Guard; the Organized Reserve numbered 1,000,000;
- "Military men influence our foreign affairs" and take "key positions in government:" The list included Admiral William D. Leathy, President's Truman personal aide, and Secretary of State General George C. Marshall, as well as a number of his subordinates, including Lt. Gen. Lucius D. Clay, the military governor of the American Zone in Germany, General Douglas MacArthur, the military governor of Japan, Lt. Gen. Walter Bedell Smith, the Ambassador to the USSR, and such other ambassadors as Admiral Alan G. Kirk in Belgium, Gen. Frank T. Hines in Panama and Gen. Thomas Holcomb in South Africa;[4]
- "The military encroaches on the national economy:" increasingly, businessmen were not civilian administrators, but military men;
- "Military influence over science:" the assertion was that "federal support of pure science is today almost completely under military control."[5]

The authors also found military influence in the areas of education and labor.

[3] Ibid., pp. 28–29.

[4] Cf. *Albert Einstein, Dorothy Fisher Canflied, Reuben Gustavson, William J. Millor, et al.*, The Militarization of America. New York 1948, pp. 4–6.

[5] Ibid., p. 15.

US military spending continued to rise through the end of fiscal year 1950, and was much higher than before World War II. The first postwar peak of the American military build-up of 1950-1953 was obviously connected with the Korean War. Shortly before the outbreak of that Cold War-engendered conflict, a new doctrinal document was proposed by the National Security Council in its Directive No. 68 (NSC-68), in which the idea was expressed that the United States was engaged in an ideological and military competition with the Soviet Union. NSC-68 characterized the world as polarized "between the idea of freedom under a government of laws, and the idea of slavery under the grim oligarchy of the Kremlin." The general conclusion was that the United States would have to pursue a policy of containment, which required "superior aggregate military strength, in being, and ready mobilizable," and in view of the intelligence agencies' estimates of Soviet capabilities, "our military strength is becoming dangerously inadequate." The only sure means of deterring Soviet use of atomic weapons, said NSC-68, was for the United States to possess "overwhelming atomic superiority" and "command of the air."[6]

The influence of the Korean War on U.S. military policy

After the outbreak of the Korean War, American defense programs abruptly increased in scale. In 1949-'50, $13 billion were spent for defense, in 1952-'53, the figure was $50.4 billion. The troop strength of the U.S. Armed Forces grew from 1.6 million in 1949 to 3.5 million in 1953. Production of conventional weapons – aircraft, armored equipment, artillery and ammunition – sharply increased, and the number of nuclear-weapons delivery systems expanded greatly. By 1953, the nuclear strike force had 1000 weapons at its disposal.[7]

On June 25, 1950 North Korean forces attacked South Korea. President Truman ordered the commander of the occupation forces in Japan, General of the Army Douglas MacArthur, to provide air and naval support to the South Koreans and – a few days later – to send in American ground troops. Together, the South Koreans and the Americans succeeded in holding a perimeter around the port of Pusan.

The American leaders interpreted the North Korean action as having been dictated by the Soviet Union. In mid-July, Truman went before Congress to propose a national response far beyond the requirements of the operations in Korea. By September 1950, the military establishment – the new Secretary of Defense General Marshall, the Deputy Secretary of State Robert A. Lovett and JCS members – prepared proposals for an initial build-up and for additional spending, which became the basis for two supplemental defense appropriations.

In Korea, MacArthur conducted a number of successful military operations, but by December, the American units had to retreat into South Korea. He had ignored instructions from Washington, and Truman thus decided to relieve the general of his command in April 1951. Senate hearings concerning MacArthur's removal showed that Marshall and all the chiefs of staff had supported the President.[8]

On the whole, the prolonged Korean War led to increased influence for the US military establishment. The leadership was provided by the Pentagon rather than by the White House. Lovett announced that the budget for 1952, in contrast to those for previous years,

[6] History of Strategic Arms Competition, pp. 74–76.
[7] Cf. *R.A. Faramazjan*, Voennaja ekonomika amerikanskogo imperializma. Moskva 1983, pp. 15–18.
[8] Cf. History of Strategic Arms Competition, pp. 104–107.

was governed by "military needs" rather than by revenue estimates. Truman accepted the guidance of Marshall and Lovett.

The Korean War weakened those elements in the executive branch which had been calling for a balanced budget – the Council of Economic Advisors, the Bureau of the Budget and the Treasury. After June 25, 1950, almost no one in Washington opposed the proposition that the United States should spend more for defense. Nonetheless, there were still different notions as to how and why it should do so. Secretary of State Dean Acheson emphasized industrial mobilization, while the Chiefs of Staff emphasized forces in being. In fact, NSC-73/4 of August 25, 1950 combined both ideas by declaring: "The United States should as rapidly as possible increase the build-up of its military and supporting strength in order to reach at the earliest possible time and maintain for as long as necessary a level of constant military readiness adequate to support U.S. foreign policy, to deter Soviet aggression, and to form the basis for fighting a global war, should war prove unavoidable."[9] NSC-114/2 of October 12, 1951 stated that the Soviet threat had increased, and that the Soviets had made more rapid progress than expected toward modernizing their ground and air forces and developing air defenses. The United States would have to spend more to develop a ready capability for winning a war.

After June 1950, more money was directed to the atomic and missile programs. When the Korean War started, the military establishment (JCS) submitted to the Secretary of Defense their force augmentation proposals. The Army asked for an extra 150,000 men specifically for the Korean operation. The Navy proposed activating an additional carrier, and enlarging the Marine Corps. The Air Force proposed an increase from forty-eight to fifty-eight wings, with another four wings specifically for Korea – for a total strength of sixty-two.[10]

The Korean War substantially altered the estimation of the Soviet threat. At that time, the JCS and the planners in the services assumed that the Red Army could go whenever it wanted, with the United States and its allies able to offer relatively little resistance. Having been surprised by the events in Korea and taking into account the actual or potential threat to the United States, the JCS ordered SAC to give top priority to destroying Soviet bomber bases and nuclear weapons storage depots.

This development was extended to the European theater. After the beginning of the Korean War, the concept of Europeans becoming militarily self-sufficient, with reduced U.S. military aid to the NATO allies, dramatically changed. The large majority of the American leaders supported the President, as he instructed the Pentagon to explore several proposals: for the stationing of additional U.S. troops in West Germany, West Berlin and Austria; for the formation of a supreme command with a combined staff, and for an arrangement for German rearmament. The JCS recommended dispatching four infantry divisions, one and a half armored divisions, eight tactical air groups, and appropriate naval support forces to Europe. They also supported a German contribution and the establishment of a supreme command with a U.S. general at its head.

The NATO council agreed in December 1950 to create a combined NATO force which would be led by an American supreme commander, and might include German units. Truman announced that General Eisenhower would return to active duty to take that post.[11]

[9] Ibid., p. 115.

[10] Cf. Ibid., p. 130.

[11] Cf. Ibid., pp. 131–132.

The immediate impacts of the war on the U.S. military policy were:

- At the end of 1953, after three full years of greatly increased defense spending, the Unites States had an Army with twenty divisions and 135 antiaircraft batteries; a Navy with nineteen attack carriers, sixteen carrier groups, and 110 submarines; and an Air Force of 106 wings, of which forty-one were strategic, twenty-six air defense, twenty-three tactical and sixteen troop carrier. Manpower in each service, exclusive of the portion assignable to Korean operations, was just about double what it had been in June 1950.[12].
- Changes in the size of the American military forces were accompanied by changes in the composition of these forces. They acquired large quantities of new armaments, including jet aircraft, and they shifted to heavier dependence on nuclear weapons, not only in strategic operations, but also for theater operations and even for home defense. The capabilities of SAC steadily grew during the Korean War. At the same time, the Army wanted to lead retardation operations, too. A study prepared for the Army by researchers at the California Institute of Technology developed the thesis that a relatively small number of NATO divisions could halt the Red Army if they made use of precisely targeted, low-yield "tactical" nuclear weapons.

  During 1952, the SAC and the Tactical Air Command (TAC) were in competition to provide the Army with nuclear support. As a result, SAC remained the dominant nuclear force. In general the Air Force emerged from the Korean War period with offensive force programs, designed for delivery of nuclear weapons.

  In 1951, the Navy launched an effort to significantly enlarge its capability for delivering nuclear weapons. Its construction and modernization program provided for equipping every attack carrier to store nuclear weapons components. Naval officers took part in preparing the JCS target list for nuclear strikes. By the end of 1952, the Navy, like the Air Force, was engaged in the process of transforming its offensive forces for the delivery of nuclear weapons.

  The Army leaders tended to view nuclear air support as an expedient pending the development of nuclear-armed cannons and missiles under the direct control of ground force commanders. Army forces were at that time still equipped and trained for warfare involving primarily conventional ordnance. However, by 1952 Army leaders had arrived at the opinion that tactical nuclear weapons could rectify the balance in Europe.
- In general, the JCS described the most important forces as being "those ... capable of making early and accurate delivery of atomic weapons to the enemy at the points where they will hurt him most." At the beginning of 1953, they characterized such weapons as "essential to the success of our strategic plans."[13] The US military establishment was in the process of becoming primarily a nuclear force.

  After June 1950, the President abandoned the idea that the AEC should retain custody of nuclear weapons. In September 1952, he agreed that both non-nuclear and nuclear components could be turned over to the military and stored not only on carriers, but also at air bases abroad. The JCS welcomed that fundamental change as providing "a degree of operational flexibility and military readiness ... heretofore considered unattainable."[14]

[12] Cf. Ibid., p. 138.
[13] Ibid., p. 149.
[14] Ibid., p. 151.

President's Eisenhower "New Look" and the U.S. military establishment

On January 20, 1953 Eisenhower succeeded Truman as President. He was a professional soldier, had commanded allied forces in Europe during World War II, served as army chief of staff from 1945 to 1948, and as NATO commander from 1951 to 1952. His main ideas were, first, a belief that the defense of Europe was vital to the security of the United States, and, second that government spending had to be reduced; he supported lower taxes and a balanced budget.

Eisenhower's entourage came from the private sector, and included such figures as Secretary of State John Foster Dulles, a Wall Street layer; Secretary of the Treasury George Humphrey, an Ohio banker; and Secretary of Defense Charles Wilson and his Deputy Roger Kyes, a former chief executives of General Motors. Kyes proposed cutting defense expenditures in 1954 to $41.4 billion and in 1955 to $34.6 billion, assuming the Korean War were still in progress. The services' response was immediate protest. The Army declared that such a limit would mean abandoning Japan and reducing the NATO contribution to two divisions. The Navy said it would have to stop most new construction and force modernization. The Air Force declared that it would have to reduce all elements except SAC to a state of ineffectiveness. An ensuing memorandum by JCS asserted that such expenditure ceilings would entail unacceptable military risks. In the face of such response from the military, Kyes and Wilson withdrew the projected ceilings, and instead issued a general instruction to the services to keep spending within limits.[15]

In March 1953, Stalin died, and the Soviet Union appeared to be entering a period of change in domestic and foreign policy, accompanied by a shift of resources toward greater production of consumer goods and a move toward negotiations. At around the same time, the Korean War came to end, as the Chinese and North Koreans agreed to cease-fire terms in July 1953.

The new JCS now arrived at a revised estimate of the Soviet threat. The new Chairman of JCS, Admiral Arthur W. Radford, at a meeting of the National Security Council on August 27, 1953, expressed the opinion that strategic forces were essential to American security. The threat of a nuclear attack on the Soviet Union was, he said, the principal means by which the United States could deter not only a general war, but local conflicts such as that in Korea. The strategic nuclear forces therefore deserved top priority in the allocation of American resources.

Second in importance was the continental defense, which involved protection of strategic forces and conservation of a mobilization base for later stages of war. The number of personnel in general-purpose forces had to be reduced. These principles were the basis for NSC-162/2, the "Basic National Security Policy," endorsed by the National Security Council on October 29, 1953 and approved by the President the next day.

In various sessions of the NSC, the President had declined to answer affirmatively the question as to whether he would authorize use of nuclear weapons in the event of a new flare-up in Korea. The American political and military leadership accepted the doctrine on the grounds that another large-scale limited war such as that in Korea was highly unlikely, that any new war would result from a Soviet initiative, and that the Soviets would probably use nuclear weapons themselves. There was no guarantee from the U.S. President that he would authorize a nuclear attack.

[15] Cf. Ibid., pp. 153–157.

Eisenhower and Wilson started their so-called "new look" policy with substantial cutbacks of military personnel. Two Army divisions were withdrawn from Korea and disbanded. In general, the budget for 1955 involved no significant new issues. The cutback in the number of Army divisions from twenty to seventeen, and the reductions in ships and manpower in the Navy, were necessitated by budget constraints. Accompanying this trend were greater investment in nuclear forces and reduced investment in general-purpose forces. This process gave the Air Force – and specifically the SAC – a lead over the other services.[16]

The increase of military expenditures was thus brought to a close, but its general level remained higher than it had been before the Korean War. The period of massive build-up of American military power led to a strengthened role of the military establishment in American policy.

[16] Cf. Ibid., pp. 159–166.

Rüdiger Wenzke (Potsdam)

Der Koreakrieg als Katalysator der geheimen Aufrüstung in der DDR? Anmerkungen zur Reflexion des Krieges in Militär und Gesellschaft

Sowohl im Selbstverständnis als auch in der Propaganda der Sowjetunion und der von ihr dominierten kommunistischen Staaten galt der Beginn des Koreakrieges im Juni 1950 als Provokation „reaktionärster Kräfte" der USA. Mitten im Kalten Krieg war der heiße Krieg ausgebrochen. Die amerikanische Intervention im Fernen Osten wurde als Bedrohung des gesamten sozialistischen Lagers gewertet.

Auch die Partei- und Staatsführung in Ost-Berlin fürchtete um „ihren" Staat, die DDR, als ein potentielles Opfer des „aggressiven US-Imperialismus". „Was die amerikanischen Räuber heute dem koreanischen Volke antun, das wollen sie morgen in Deutschland wiederholen"[1], so formulierte es ein Manifest der Sozialistischen Einheitspartei Deutschlands (SED) an das deutsche Volk im Juli 1950. Die Amerikaner würden ihre „westdeutsche Kolonie" – gemeint war die Bundesrepublik Deutschland – als Aufmarschgebiet für ihren Eroberungszug in Europa ausbauen. Beweis dafür seien die Pläne zur Wiederaufrüstung Westdeutschlands.[2]

Im Sommer 1950 tagte in Ost-Berlin der III. Parteitag der SED. Die ostdeutschen Einheitssozialisten protestierten auf ihrem offiziell höchsten Parteiforum entschieden gegen das Vorgehen der USA in Korea und brachten ihre Solidarität für das koreanische Volk zum Ausdruck.[3] In Betrieben und Institutionen sollte eine breite Hilfsbewegung für das koreanische Volk initiiert werden.[4] Die „anglo-amerikanischen Imperialisten", so hieß es u. a. in der Rede des SED-Vorsitzenden Wilhelm Pieck, betrieben unter Anwendung brutaler Gewalt eine „freche" militärische Intervention in Korea. Sie seien damit von einer aggressiven Kriegspolitik zur „direkten, offenen und brutalen militärischen Aggression" übergegangen. Der Kampf um den Frieden müsse deshalb die Hauptaufgabe der Partei sein, gefolgt vom Kampf um die Einheit Deutschlands sowie um die Stärkung der DDR und ihrer Wirtschaft. Jeder sollte sich in den „Friedenskampf" einreihen. Pazifismus und politischer Neutralität unter der Bevölkerung wurde der Kampf angesagt.[5]

Unter dem Dach des „Friedenskampfes" gegen den Koreakrieg sowie der Aktivitäten gegen die Wiederbewaffnung der Bundesrepublik nutzte die SED die Möglichkeit, auch solche militärpolitischen und militärischen Maßnahmen zu propagieren und umzusetzen, die einzig und allein der Stabilisierung ihrer eigenen Herrschaft dienten. Nach wie vor lag zwar der militärische Schutz der DDR in den Händen der Sowjetarmee, aber die SED konnte nun nicht nur deutlicher als zuvor die Erziehung der Bürger zur Verteidigungs-

[1] Manifest an das deutsche Volk vom 24.7.1950, in: Dokumente der Sozialistischen Einheitspartei Deutschlands. Beschlüsse und Erklärungen des Parteivorstandes, des Zentralkomitees sowie seines Politbüros und seines Sekretariats, Bd. III. Berlin (Ost) 1952, S. 184–188, hier S. 185.

[2] Ebenda, S. 184–188.

[3] Vgl. Grußadresse der Delegierten des III. Parteitages der SED an den Vorsitzenden der Arbeiterpartei Koreas, Kim Ir Sen, vom 22.7.1950, in: Ebenda, S. 76.

[4] Vgl. Geschichte der deutschen Arbeiterbewegung, Bd. 7. Berlin (Ost) 1966, S. 65.

[5] *Wilhelm Pieck*, Die gegenwärtige Lage und die Aufgaben der Partei, in: Protokoll der Verhandlungen des III. Parteitages der Sozialistischen Einheitspartei Deutschlands, Bd. 1. Berlin (Ost) 1951, S. 20 f.; Entschließung des III. Parteitages der SED vom 24.7.1950, in: Dokumente der Sozialistischen Einheitspartei Deutschlands, Bd. III, S. 79–130.

bereitschaft als Bestandteil eines neuen Staatsbewusstseins einfordern, sondern auch den Ausbau der militärischen Komponente sowie des Grenzsystems der jungen DDR weiter vorantreiben. Es war daher mehr als nur eine symbolische Handlung, als die Delegierten des III. Parteitages erstmals auch von einer Delegation der bewaffneten Kräfte begrüßt wurden. Diese Manifestation sollte die Überzeugung vermitteln, dass die bewaffnete Macht ein notwendiges Instrument des Schutzes der Interessen der DDR-Bevölkerung gegen „alle feindlichen Angriffe" sei. Darüber hinaus erinnerte das Parteiforum ausdrücklich an den SED-Politbürobeschluss von 1949[6], der dazu mahnte, dass es im Falle einer Aggression die Pflicht des deutschen Volkes sei, gegen die Aggressoren zu kämpfen und die Sowjetarmee zu unterstützen.

Der Beginn der militärischen Aufrüstung

Der Aufbau der für diesen Kampf nötigen bewaffneten militärischen Formationen in der DDR war im Sommer 1950 bereits in vollem Gange. Schon 1948 hatte die SED mit Hilfe der sowjetischen Besatzungsmacht unter dem Deckmantel der Polizei, erste streng geheim gehaltene Schritte zur Aufrüstung in ihrem Herrschaftsbereich eingeleitet.[7] Auf Befehl Iosif V. Stalins wurden in der damaligen sowjetischen Besatzungszone deutsche kasernierte Bereitschaften als militärische Komponente der Polizeiorgane aufgestellt. Der Tenor lautete, die kommunistische Herrschaft im eigenen Bereich zu festigen und zugleich über eine Ausdehnung der SED-Macht politischen Einfluss in Westdeutschland zu gewinnen.[8]

Im Aufbau von kasernierten Bereitschaften der Polizei repräsentierte sich von vornherein der Wille zur Bildung militärischer Stammeinheiten sowie zur frühzeitigen Ausbildung eines militärischen Offiziers- und Unteroffizierskorps.[9] Im Oktober 1949, dem Gründungsmonat der DDR, gehörten militärisch orientierte Polizeikräfte bereits zum Machtapparat des sich im Osten Deutschlands etablierenden SED-Regimes. Die rund 35 000 Mann wurden von der Hauptverwaltung für Ausbildung (HVA) im Ministerium des Innern geführt. Im Frühjahr 1950 begann man mit der Aufstellung von Marinepersonal. Planungen für künftige Luftstreitkräfte lagen wenig später ebenfalls vor. Der Ausbruch des Koreakrieges bildete also keinesfalls den Auslöser für die Aufrüstung im Osten Deutschlands.

Auch in der Folge machte sich der Einfluss des weit von Europa entfernten Krieges auf die Entwicklung der militärischen Formationen in der DDR scheinbar eher indirekt und erst mit einer gewissen Verzögerung bemerkbar. So sucht man in den einschlägigen mili-

[6] Vgl. Erklärung des Politbüros des ZK der SED „Gegen Aggression – für Unterstützung der Sowjetarmee" vom 1.3.1949, in: Dokumente der Sozialistischen Einheitspartei Deutschlands. Beschlüsse und Erklärungen des Parteivorstandes des Zentralsekretariats und des Politischen Büros, Berlin (Ost) 1951. Bd. II, S. 220.

[7] Vgl. *Torsten Diedrich, Rüdiger Wenzke,* Die getarnte Armee. Geschichte der Kasernierten Volkspolizei 1952–1956 (= Militärgeschichte der DDR, Bd. 1) 2. Auflage. Berlin 2003, S. 1–38.

[8] Vgl. *Gerhard Wettig,* Neue Erkenntnisse aus sowjetischen Geheimdokumenten über den militärischen Aufbau in der SBZ/DDR 1947–1952, in: Militärgeschichtliche Mitteilungen, 53 (1994) 2, S. 399–419, hier: 402 f.

[9] Vgl. *Rüdiger Wenzke,* Auf dem Wege zur Kaderarmee. Aspekte der Rekrutierung, Sozialstruktur und personellen Entwicklung des entstehenden Militärs in der SBZ/DDR bis 1952/53, in: Volksarmee schaffen - ohne Geschrei! Studien zu den Anfängen einer „verdeckten Aufrüstung" in der SBZ/DDR 1947–1952. Im Auftrag des Militärgeschichtlichen Forschungsamtes hrsg. von Bruno Thoß (= Beiträge zur Militärgeschichte, Bd. 51). München 1994, S. 205–272.

tärischen DDR-Dokumenten vergeblich nach *direkten* Verbindungen zum Koreakrieg. In den Protokollen der Führungsbesprechungen des ostdeutschen Militärs finden sich keine Tagesordnungspunkte, die sich dezidiert mit dem Koreakrieg und seinen Auswirkungen auf die Stäbe und Truppen beschäftigt hätten.

Im Herbst 1950 kam es jedoch in der HVA zu einer wichtigen Umstrukturierung. Die bisherige Ausbildungsstruktur wurde militärischen Zweckmäßigkeiten entsprechend der sowjetischen Regimentsstruktur angepasst, was durchaus einen Zusammenhang mit dem Koreakrieg nahe legen könnte. Aber zum einen lässt sich in den bisher zugänglichen Dokumenten kein Bezug zum Krieg erkennen und zum anderen stand bereits 1949 fest, dass das allgemeine Ausbildungsprogramm der HVA planmäßig im Herbst 1950 enden sollte. Es hätte also in jedem Fall eine Umstrukturierung gegeben, denn man war in Moskau und auch in Ost-Berlin von Anfang an gleichermaßen gewillt rasch einsatzfähige Einheiten zu schaffen, die ein mögliches militärisches Vakuum in einem einheitlichen Deutschland füllen sollten.

Der „Sonderfall" DDR

Für den globalen Ost-West-Konflikt brachte der Ausbruch des Koreakrieges freilich relativ rasch erhebliche Veränderungen mit sich.[10] Durch die vor dem Hintergrund des Krieges ausgelösten westlichen Bemühungen um die Verteidigung Westeuropas sah sich Stalin herausgefordert. Er versuchte nunmehr, der erwarteten geballten militärischen Macht des Westens die gemeinsamen Anstrengungen des Ostens gegenüberzustellen.

Seine neue Generallinie (militärische Gegenmaßnahmen großen Umfangs) verkündete Stalin den Parteichefs und Verteidigungsministern der europäischen „Volksdemokratien" auf einem Geheimtreffen im Januar 1951 in Moskau. Vertreter der DDR waren zu diesem Treffen der Satellitenstaaten jedoch nicht eingeladen. Dabei hatte der sowjetische Diktator zur weiteren militärischen Entwicklung seiner „Verbündeten" in Osteuropa klare Worte gefunden: Man müsse unverzüglich die Zeit nutzen, um sich militärisch zu wappnen, so Stalin, da die USA in Korea genug zu tun hätten und dort noch auf zwei bis drei Jahre gebunden seien. Aber die Amerikaner würden einen großen Krieg beginnen, sobald sie sich wieder in der Lage dazu sähen. Daher hieß Stalins unmissverständliche Forderung an die „Volksdemokratien" Polen, Tschechoslowakei, Ungarn, Bulgarien und Rumänien: „Ihr müsst in zwei, drei Jahren in den volksdemokratischen Ländern moderne und schlagkräftige Armeen schaffen, die am Ende des Zeitraums von drei Jahren vollständig kampfbereit sein sollten".[11] Beschlossen wurden u. a. die Friedens- und Kriegsstärke der Satellitenarmeen, die Ausrüstung von Jagdfliegerverbänden mit Strahlflugzeugen und der Aufbau von Bombenfliegerkräften, die Verteilung der Standorte von Radarstationen sowie immense Vorgaben für die Kriegsgüterproduktion in jedem Land. Ein permanentes Koordinierungsorgan unter Führung der Sowjetunion, quasi der Vorläufer zum späteren Warschauer Pakt, sollte das gigantische Rüstungsprogramm koordinieren, kontrollieren und führen.

Die DDR blieb 1950/51 von all dem im Wesentlichen noch ausgenommen, da sie aus sowjetischer Sicht – mit Blick auf die ungelöste deutsche Frage und damit auch dem Status

[10] Vgl. *Rolf Steininger*, Der vergessene Krieg. Korea 1950–1953, München 2006.

[11] Zit. nach: *Gerhard Wettig*, Stalins Aufrüstungsbeschluss. Die Moskauer Beratungen mit den Parteichefs und Verteidigungsministern der „Volksdemokratien" vom 9.-12.1.1951, in: Vierteljahreshefte für Zeitgeschichte, 53 (2005), S. 635–650, hier: S. 642.

ihrer militärischen Formationen – immer noch eine gewisse Sonderrolle einnahm. Es ist nicht einmal klar, ob die führenden SED-Politiker und Militärs des ostdeutschen Staates überhaupt von den Beschlüssen der Konferenz und deren Auswirkungen zeitnah unterrichtet worden sind.

Stalin hatte nach dem Ausbruch des Koreakrieges offenbar noch gehofft, durch nationale Wiedervereinigungsappelle an die Westdeutschen die Einbeziehung der Bundesrepublik in die westliche Allianz und deren drohende Bewaffnung zu verhindern und ein Gesamtdeutschland nach sowjetischen Vorstellungen herbeiführen zu können. Massive Aufrüstungsaktivitäten der DDR hätten die Glaubwürdigkeit derartiger Appelle eher gestört. Allein die Existenz der Volkspolizei-Formationen wurde im Westen schon als Begründung dafür genutzt, ein militärisches Gegengewicht in Westdeutschland schaffen zu müssen.[12]

Erst im Laufe des Jahres 1951 kam Stalin offensichtlich zu dem Schluss, dass die westdeutsche Wiederbewaffnung mit einheitspolitischen Kampagnen nicht aufzuhalten sei und politische Aktivitäten keinen Erfolg zeitigten. Militärische Gegenmaßnahmen auch im Ostteil Deutschlands erschienen jetzt notwendig. Der sowjetische Generalstab erhielt daher Mitte 1951 den Auftrag, die DDR in die bereits laufenden Aufrüstungsbestrebungen der „Volksdemokratien“ mit einzubeziehen.[13] Erst jetzt, das heißt mit einer gewissen zeitlichen Verzögerung und vor allem in strikter Abhängigkeit von der politischen Entwicklung in Deutschland, wurde auch die DDR Teil des gemeinsam forcierten und letztlich durch den Koreakrieg in Gang gesetzten Aufrüstungsprozesses im Ostblock.

Für den Aufbau der Streitkräfte in der DDR bedeutete dies, dass die bisher auf Bürgerkriegsoptionen ausgerichteten so genannten Volkspolizei-Bereitschaften schrittweise in Formationen für eine künftige Armee umorganisiert werden mussten. Das Vorbild Koreas, wo militärisch gut vorbereitete Kommunisten nach dem Abzug der Amerikaner leichtes Spiel mit ihren nur schwach bewaffneten Landsleuten im Süden gehabt hatten, erwies sich nunmehr vor dem Hintergrund der westlichen Verteidigungsmaßnahmen in Deutschland als unrealistisch. Die Einheiten der Volkspolizei sollten jetzt an der Seite der anderen Volksarmeen schrittweise militärisch für den „Großen Krieg“ vorbereitet werden.

Der bisherige Stand der Entwicklung der kasernierten Einheiten erwies sich dafür zweifellos als guter Ausgangspunkt, auch wenn ihr Gesamtzustand keinesfalls befriedigend war. 1951 dienten zwar in der HVA insgesamt bereits mehr als 50 000 Mann, jedoch bestanden noch viele Probleme in der Ausbildung und Erziehung sowie im allgemeinen Dienstbetrieb. Insbesondere die Ausrüstung der Truppe mit Technik und Bewaffnung ließ zu wünschen übrig. Die HVA verfügte beispielsweise 1950/51 an schwerem Gerät nur über wenige Panzer vom Typ T-34, einige Panzerspähwagen sowie etwa 100 Kanonen und Haubitzen.[14]

Das Schlüsseljahr 1952 – Die Schaffung „Nationaler Streitkräfte“

Entscheidende Veränderungen für die militärische Entwicklung und den Aufrüstungsprozess in der DDR brachte erst das Jahr 1952. Dieses Jahr gilt heute als das eigentliche

[12] Vgl. *Gerhard Wettig*, Vorgeschichte und Gründung des Warschauer Paktes, in: Militärgeschichtliche Zeitschrift, 64 (2005), S. 151–176, hier: S. 158 f.

[13] Vgl. ebenda, S. 159.

[14] Vgl. Bundesarchiv-Militärarchiv Freiburg (BA-MA), DVH 1/33, Bl. 39–51, Aufstellung über den Gesamtbestand an Waffen, Gerät und Munition der HVA vom 15.11.1950.

Schlüsseljahr auf dem Weg der DDR zu mehr Eigenstaatlichkeit unter klaren sozialistischen Vorzeichen, sowie nicht zuletzt auch zu eigenen Streitkräften.[15]

Nachdem im Frühjahr 1952 die Westmächte die Deutschland-Verhandlungen abgelehnt hatten und sich somit die Aufrüstung im Osten wiederum als notwendige Reaktion auf die „aggressive" Politik des Westens darstellen ließ, erteilte Moskau endgültig grünes Licht.[16] SED-Spitzenfunktionär Wilhelm Pieck vermerkte nach einer Besprechung mit Stalin am 1. April 1952 dazu sinngemäß: „Volksarmee schaffen – ohne Geschrei/Pazifistische Periode ist vorbei".[17]

Mit nahezu unglaublicher Massivität und großem Tempo wurden nun politische, ideologische, ökonomische und militärische Maßnahmen ausgelöst und durchgesetzt, die auf der 2. Parteikonferenz der SED im Juli 1952 in der Verkündung des planmäßigen Aufbaus des Sozialismus in der DDR und der Schaffung „Nationaler Streitkräfte" gipfelten.[18] Wilhelm Pieck begründete die Notwendigkeit einer bewaffneten Verteidigung der Errungenschaften der DDR mit einer vom Westen ausgehenden Kriegsgefahr: „Bereit sein zur Abwehr des Feindes, eine eigene Armee schaffen, sie mit modernen Waffen ausrüsten und gründlich ausbilden – das erfordert von uns die veränderte internationale Situation".[19]

Die bisherigen Volkspolizei-Bereitschaften reorganisierten sich in Gestalt der „Kasernierten Volkspolizei (KVP)" faktisch als – wenn auch noch getarnte – Streitkräfte der DDR. Das betraf Veränderungen in der Organisation, der Ausbildung, der Bewaffnung und im Personal. Die ursprünglichen Planungen machen das ganze Ausmaß dieser Aufrüstung sichtbar und zeugen noch heute von der Absurdität der damaligen Beschlüsse: In der „kleinen" DDR sollte eine 300 000-Mann-Armee mit 30 Divisionen, Land-, Luft- und Seestreitkräften mit moderner Bewaffnung, das heißt ausgerüstet mit Panzern, Strahlflugzeugen und U-Booten, entstehen.

Immerhin gelang es der SED-Führung und den ostdeutschen Militärs in relativ kurzer Zeit vier Armeekorps der Landstreitkräfte, Küstensicherungskräfte und erste Einheiten der Luftstreitkräfte aufzustellen, die zusammen bis Ende 1952 eine Gesamtstärke von über 90 000 Mann erreichten. Innerhalb weniger Monate lieferte Moskau fast 700 Panzer, Sturmartilleriefahrzeuge und Schützenpanzer an die DDR. Die Grenzpolizei und die Grenzsicherung erhielten nach sowjetischem Vorbild ein militärisches Profil. Mehr als 8 000 Grenzpolizisten wurden neu eingestellt. Es erfolgte weiterhin eine strukturelle Neugliederung der DDR in Bezirke, die ebenfalls militärische Gesichtspunkte berücksichtigte. Nicht zuletzt sind die Wehrorganisationen für die Jugend zu nennen, die aus dem Boden gestampft wurden und dazu beitragen sollten, eine umfassende Militarisierung der DDR einzuleiten.[20]

[15] Vgl. *Diedrich/Wenzke*, Die getarnte Armee, S. 73–96.

[16] Vgl. ebenda; *Bernd Bonwetsch, Sergej Kudrjašov*, Stalin und die II. Parteikonferenz der SED. Ein Besuch der SED-Führung in Moskau, 31. März - 8. April 1952 und seine Folgen (Dokumentation), in: Stalin und die Deutschen. Neue Beiträge der Forschung, hrsg. von Jürgen Zarusky. München 2006, S. 173–206.

[17] Stiftung Archiv der Parteien und Massenorganisationen der DDR im Bundesarchiv (SAPMO-BArch), NL 36/696, Bl. 14, Handschriftliche Notizen von Wilhelm Pieck zur Besprechung in Moskau am 1.4.1952; Aufzeichnung des Gesprächs Stalins mit Wilhelm Pieck, Walter Ulbricht und Otto Grotewohl am 1.4.1952 in Moskau (aufgezeichnet von Vladimir Semenov), abgedruckt in: *Bonwetsch/Kudrjašov*, Stalin und die II. Parteikonferenz, S. 187–199, hier: S. 188 f.

[18] Vgl. *Diedrich/Wenzke*, Die getarnte Armee, S. 93–96.

[19] *Wilhelm Pieck*, Diskussionsrede auf der II. Parteikonferenz der SED am 10.7.1952, in: Protokoll der Verhandlungen der II. Parteikonferenz der SED. Berlin (Ost) 1952, S. 198–218, hier: S. 216.

[20] Vgl. *Diedrich/Wenzke*, Die getarnte Armee, S. 225–240.

Überdimensionierte Rüstungsanstrengungen

Zu den oben genannten Neuerungen kam noch ein anspruchsvolles Rüstungsprogramm. Die Ausgangsbedingungen für den Aufbau einer eigenen Rüstungsindustrie waren allerdings für die DDR denkbar ungünstig. Die ausgeprägte Demontagepolitik der Sowjetunion nach dem Zweiten Weltkrieg hatte bekanntlich dazu geführt, dass nach 1948 größere Munitionsbetriebe, die Flugzeugindustrie und auch Betriebe für den Fahrzeugbau praktisch nicht mehr existierten. Außerdem gab es lange Zeit sowjetische Vorbehalte gegen den Aufbau ostdeutscher Rüstungskapazitäten. Nunmehr zeichneten sich vor dem Hintergrund des Koreakrieges und des von der UdSSR durchgesetzten massiven Aufrüstungsprogramms im Ostblock deutliche Modifikationen ab.

Bereits Ende 1951 war es zu ersten Absprachen zwischen der UdSSR und der DDR im Bereich der militärischen Ausrüstung und Rüstung gekommen. Koordiniert wurden diese Aktivitäten durch das neu gegründete „Büro für Wirtschaftsfragen", das später in das „Amt für Technik" umgewandelt wurde. Ausdrücklich erteilte Stalin dann im April 1952 der ostdeutschen Führung die Erlaubnis, die „nötige Bewaffnung", das hieß Maschinengewehre, Gewehre, Revolver und Patronen, selbst herzustellen.[21] Der Aufbau einer begrenzten Rüstungsindustrie in der DDR sollte die UdSSR darüber hinaus etwas entlasten, so u. a. durch den Bau kleinerer Kriegsschiffe und Flugzeuge sowie durch den Ausbau von Reparatur- und Instandsetzungsbetrieben.

Der Anteil der Militärausgaben im engeren Sinne[22], der im Staatsbudget des Jahres 1951 noch rund 639 Millionen Mark umfasste, verdoppelte sich dadurch im Jahr 1952 auf fast 1,2 Milliarden Mark. Im Vergleich dazu stellte der Haushalt der DDR 1952 für den Gesamtbereich Bildung, Kultur und Wissenschaft nur rund 700 Millionen Mark mehr zur Verfügung.[23] Darüber hinaus verlangte die UdSSR der DDR ab Frühjahr 1952 enorme Rüstungseinkäufe ab, die Sparprogramme im Konsumgüterbereich nach sich zogen.

Auch wenn manche der ursprünglichen Planungen letztlich nicht umgesetzt wurden, waren die Folgen für die ostdeutsche Wirtschaft und andere gesellschaftliche Bereiche fatal. Anders als in der Bundesrepublik, für die der Koreakrieg zur wirtschaftlichen Chance und zur Geburtsstunde ihrer Stellung als Außenhandelsmacht wurde, führten die genannten Auswirkungen des Koreakrieges die DDR tief in die Krise. Diese erreichte mit dem Volksaufstand vom Juni 1953 ihren Höhepunkt. Erst danach revidierte die SED einige Auswüchse in der Militarisierung der DDR, unter anderem bei der Personalstärke und bei der Bewaffnung der Kasernierten Volkspolizei.[24]

[21] Vgl. Aufzeichnung des Gesprächs Stalins mit Pieck, Ulbricht und Grotewohl, S. 189.

[22] Darunter sind nur die unmittelbaren Ausgaben für die HVA und die KVP zu verstehen. Um die Gesamtkosten des militärischen Aufbaus in der DDR zu erhalten, müssten darüber hinaus Besatzungskosten, Reparationszahlungen, Kosten der Wismut AG und Aufwendungen für andere Bereiche mit militärischer Relevanz hinzu gerechnet werden.

[23] Vgl. *Torsten Diedrich*, Lasten und Folgen der Militarisierung der DDR, in: 17. Juni. Der Aufstand für die Demokratie. München 2003, S. 58–72, hier: S. 69; *Diedrich/Wenzke*, Die getarnte Armee, S. 308; *Rainer Karlsch*, Die Rüstungsindustrie der DDR im Überblick, in: Militär, Staat und Gesellschaft in der DDR. Forschungsfelder, Ergebnisse, Perspektiven. Im Auftrag des Militärgeschichtlichen Forschungsamtes hrsg. von Hans Ehlert und Matthias Rogg (= Militärgeschichte der DDR, Bd. 8). Berlin 2004, S. 173–186.

[24] Vgl. *Diedrich/Wenzke*, Die getarnte Armee, S. 315–402.

Sowjetische Truppen in der DDR mit verstärkter Kampfkraft

Schlussfolgerungen und Veränderungen aus dem Koreakrieg ergaben sich auch für die in der DDR stationierten sowjetischen Truppen, der stärksten militärischen Macht im Herzen Europas und potentieller „Waffenbruder" des ostdeutschen Militärs.[25] Sie waren immer ein Testfeld der Möglichkeiten neuester Kampftechnik sowie Niveau bestimmend in der Vorbereitung des Kommando- und Personalbestandes. Hier fanden Umrüstungen auf moderne Waffen früher statt als in den inneren Militärbezirken der UdSSR.

Ohne Zweifel hatte die Verschärfung des Kalten Krieges zu einer zunehmenden Aufgabenverschiebung der sowjetischen Besatzungsstreitmacht im Osten Deutschlands geführt. Ihre in den ersten Nachkriegsjahren wichtigsten Aufgaben, die Niederhaltung Deutschlands nach dessen militärischer Niederlage und die Sicherung und Kontrolle der Entwicklung in der eigenen Besatzungszone, waren inzwischen weitgehend erfüllt. Daher begann man, sich frühzeitig auf eine mögliche militärische Auseinandersetzung mit den ehemaligen Alliierten einzustellen. Die anfänglichen Personalreduzierungen wurden schon bald eingestellt, es kam zu einer deutlichen Mechanisierung und zu einer Erhöhung des Anteils gepanzerter Verbände und der Artillerie. Gleichzeitig, und hier wirkten die Erfahrungen und Erkenntnisse aus dem Koreakrieg in der Tat ganz unmittelbar, wurden die sowjetischen Fliegerabwehrkräfte auf deutschem Boden enorm ausgebaut. Neueste Waffensysteme und Unterstützungsmittel sowie eine intensivere Ausbildung machten die sowjetischen Streitkräfte in der DDR Anfang der 1950er Jahre zu einer militärischen Gruppierung, die hinsichtlich ihrer Schlagkraft und Einsatzbereitschaft in der Sowjetarmee ihres gleichen suchte.[26]

Die ideologische Instrumentalisierung des Koreakrieges in den militärischen Einheiten

Waren die direkten und indirekten Auswirkungen des Koreakrieges im militärischen Bereich und im Rüstungssektor Ostdeutschlands nicht für jeden immer gleich auf den ersten Blick zu erkennen, so zeigte sich in der Propagandatätigkeit der SED und insbesondere in ihrer politisch-ideologischen „Erziehungsarbeit" in den militärischen Einheiten ein anderes Bild. Hier wurde der Krieg im Fernen Osten von Anfang an massenwirksam für die Herausbildung und Festigung der Verteidigungs- und Kampfbereitschaft sowie des Feindbildes der DDR-Soldaten funktionalisiert.

An erster Stelle ging es der SED und der militärischen Führung darum, den Ernst der Kriegsgefahr für Mitteleuropa herauszustellen, um so die Bevölkerung und die Militärangehörigen, unter denen pazifistische Anschauungen noch verbreitet waren[27], stärker für den „Friedenskampf" mobilisieren zu können. Den DDR-Bürgern und -Soldaten wurde in

[25] Vgl. Sowjetische Truppen in Deutschland 1945–1994. Gedenkalbum, Moskau 1994, S. 108.

[26] Vgl. Kurt Arlt, Fremdbestimmung der DDR zwischen 1953 und 1961 am Beispiel der sowjetischen Truppen in Deutschland, in: Staatsgründung in Raten? Auswirkungen des Volksaufstandes 1953 und des Mauerbaus 1961 auf Staat, Militär und die Gesellschaft der DDR. Im Auftrag des Militärgeschichtlichen Forschungsamtes hrsg. von Torsten Diedrich und Ilko-Sascha Kowalczuk (= Militärgeschichte der DDR, Bd. 11). Berlin 2005, S. 169–185, hier: S. 173 f.

[27] Vgl. BA-MA, DVH 1/694, Bl. 28, Diskussion auf der Delegiertenkonferenz der SED in der HVA am 1./2.7.1950.

diesem Zusammenhang suggeriert, dass Korea nur ein Probefall für einen amerikanischen Krieg in Europa wäre. Genau wie in Deutschland hätten die Amerikaner in Korea zuerst das Land gespalten, um dann in einem Teil ein amerikahöriges Regime zu installieren. Nunmehr würden sie versuchen, mit Hilfe der „Kriegsvorbereitung“ in Westdeutschland zur offenen Aggression gegen die DDR überzugehen. Daher müsse das deutsche Volk bereit sein, den Frieden mit aller Kraft zu verteidigen. Ein Krieg sei jedoch nur vermeidbar, so argumentierte die SED weiter, wenn sich die Kräfte des Friedens noch enger um die Sowjetunion scharten und noch entschlossener gegen jede Kriegsvorbereitung aufträten. Erforderlichenfalls müsse einem Aggressor Widerstand geleistet werden. Und mit der Begründung der dadurch „notwendigen“ eigenen militärischen Maßnahmen schloss sich dann der Kreis der kommunistischen Propaganda wieder, wobei man bemüht war, Bedenken einer Kriegsvorbereitung durch die DDR auszuräumen. „Wir wollen keinen Krieg, und werden alles tun, um ihn zu verhindern. Aber eben um den Imperialisten die Lust auf Kriegsabenteuer im Herzen Europas zu nehmen, müssen wir unsere eigenen starken nationalen Streitkräfte schaffen, die alle Waffen der modernen Kriegstechnik zu Lande, zu Wasser und in der Luft beherrschen“.[28]

Eng damit verbunden war eine verstärkte patriotische Erziehung der Angehörigen der kasernierten Einheiten, in Form einer von der SED gesteuerten Pressepropaganda über die Ereignisse in Korea.[29] Den bewaffneten Kräften der DDR wurde es zudem zur Pflicht gemacht, dem koreanischen Volk zu helfen – so zum Beispiel durch Sammelaktionen und Spenden. Die „beste Unterstützung“ für Korea, so verkündeten die Politfunktionäre in den Einheiten, sei jedoch ein erfolgreicher Kampf gegen die Remilitarisierung in Westdeutschland, für den die Waffenträger der Arbeiter-und-Bauern-Macht vorgeblich ein „wesentlicher Faktor“ waren.[30]

Der Koreakrieg bot darüber hinaus für die SED die Möglichkeit, ein konkretes antiamerikanisches Feindbild zu schaffen. Wenige Jahre nach Beendigung des Zweiten Weltkrieges verwies man hier auf angebliche Parallelen zwischen Korea und Deutschland. So verbreitete die Propaganda, dass die amerikanischen fliegenden Festungen, die Korea in Schutt und Asche gelegt hätten, die gleichen Bomber seien, die auch Berlin, Dresden, Hamburg oder Köln angegriffen hätten. Mit solchen Gerüchten sowie mit der Darstellung „mordlüsterner GI's“, die sich an Kindern und Greisen vergriffen, wollte die SED dem „verbrecherischen US-Imperialismus“ und seinen „Helfershelfern“, vor allem in Westdeutschland, ein „Gesicht“ geben und die Menschen in der DDR zu „glühendem Hass“ gegen die „westlichen Kriegstreiber“ aufrufen. Tatsächlich hatte bereits die Schuldzuweisung an die USA für die Auslösung des Krieges zu einer gewissen politisch-ideologischen Mobilisierung geführt, die sich nicht nur bei vielen Soldaten in einem ausgeprägten Anti-Amerikanismus verfestigte, sondern auch bei einem Teil der Bevölkerung im Osten Deutschlands Spuren hinterließ.

Der Krieg in Korea wurde zudem von der SED genutzt, um die Angehörigen der bewaffneten Kräfte zu einer erhöhten „revolutionären Wachsamkeit“ zu erziehen, die zum Ziel haben sollte, „alle Feinde unserer Republik in den Reihen der Volkspolizei zu entlarven und auszumerzen“.[31] Säuberungen und eine Welle von Verfahren gegen angebliche Feinde

[28] *Pieck*, Diskussionsrede auf der II. Parteikonferenz der SED, S. 216.

[29] Vgl. BA-MA, Pt 3602, Bl. 87, Anordnung Nr. 11/53 über die patriotische Erziehung der Angehörigen der KVP vom 13.3.1953.

[30] *Heinz Hoffmann*, Unsere Volkspolizei – ein wesentlicher Faktor im Kampf um den Frieden, in: Monatshefte der Volkspolizei, 7/1951, S. 27–31.

[31] BA-MA, DVH 1/694, Bl. 44, Resolution der Parteidelegiertenkonferenz der SED in der HVA zur Vorbereitung des III. Parteitages vom 1./2.7.1950.

der Sowjetunion, Gegner der Oder-Neiße-Grenze, Pazifisten oder so genannte Kriegshetzer waren die Folge.[32] Eine Grundlage dafür bildete das am 12. Dezember 1950 von der DDR-Volkskammer verabschiedete „Gesetz zum Schutz des Friedens“[33], das nicht zufällig gerade zu diesem Zeitpunkt auf Empfehlung des kommunistisch gesteuerten Weltfriedensrates beschlossen wurde. Bereits in der Präambel des Gesetzes wurde darauf verwiesen, dass die „aggressive Politik“ der USA, Großbritanniens und Frankreichs auf ein „Weltgemetzel“ hinzielen würde, in das auch das deutsche Volk hineingezogen werden sollte. Die Kriegspropaganda der USA stelle daher eine ernste Gefährdung des Friedens dar und sei eines der schwersten Verbrechen gegen die Menschlichkeit. Diese polemischen Formulierungen waren mehr als eine im Zusammenhang mit dem Koreakrieg und der Entwicklung in der Bundesrepublik betriebene propagandistische Demonstration der SED. In seltener Offenheit wurde das Gesetz ein Zeugnis dafür, wie man in der DDR das Strafrecht politisch instrumentalisierte. Bestraft werden konnten unter anderem diejenigen, die die „Wiederaufrichtung des deutschen Militarismus“ oder die Einbeziehung Deutschlands in einen „aggressiven Militärblock“ propagierten oder einfach auch nur gegen Teilnehmer am Kampf für den Frieden „hetzten“. Auch wenn das Gesetz letztlich in nicht allzu vielen Fällen zur Anwendung kam, trug es doch dazu bei, die allgemeine Hysterie gegen Andersdenkende, „Staatsfeinde“ und „Agenten“ in der DDR zu verstärken.[34]

Der Koreakrieg bot der Führung von HVA und KVP nicht zuletzt die Chance, Heroismus, Patriotismus und den Siegeswillen bei den jungen ostdeutschen Soldaten zu stärken. In den einschlägigen Pressematerialien der bewaffneten Kräfte finden sich vor allem Berichte über Heldentaten koreanischer und chinesischer Soldaten sowie über die Erfolge des Nordens.[35] Hervorgehoben wurden vor allem die „moderne bewegliche Kampfführung“ der nordkoreanischen Volksarmee, vorgeblich heroische Taten von Partisanen sowie die „Waffenbrüderschaft“ mit den Streitkräften der Volksrepublik China. Niederlagen und Verluste wurden verschwiegen oder in Erfolge der Nordkoreaner umgemünzt. So wertete man die Friedensverhandlungen als Zeichen dafür, dass die „imperialistischen“ Armeen nicht mehr in der Lage seien, die für ihre Unabhängigkeit kämpfenden Völker zu besiegen.

Die Überzeugungskraft derartiger Artikel ließ aber in der Truppenpraxis offenbar zu wünschen übrig. Im Laufe der Zeit zeigten sich bei immer mehr HVA/KVP-Angehörigen sowohl Desinteresse an den Vorgängen in Korea als auch Zweifel an der SED-Propaganda. So hielt ein Inspektionsbericht über eine KVP-Division im Mai 1953 fest, dass die Soldaten, Unteroffiziere und auch Offiziere zwar allgemein über die nationalen Befreiungsbewegungen in anderen Ländern sprächen, aber viele überhaupt nicht wussten, auf welchem Erdteil Korea läge.[36]

[32] Vgl. *Torsten Diedrich*, Gegen Aufrüstung, Volksunterdrückung und politische Gängelei. Widerstandsverhalten und politische Verfolgung in der Aufbau- und Konsolidierungsphase der DDR-Streitkräfte 1948 bis 1968, in: Staatsfeinde in Uniform? Widerständiges Verhalten und politische Verfolgung in der NVA. Im Auftrag des Militärgeschichtlichen Forschungsamtes hrsg. von Rüdiger Wenzke (= Militärgeschichte der DDR, Bd. 9). Berlin 2005, S. 31–195, hier: S. 55–64.

[33] Gesetz zum Schutz des Friedens vom 15.12.1950, in: Gesetzblatt der DDR, 1950, T I, S. 1199.

[34] Vgl. *Karl Wilhelm Fricke*, Politik und Justiz in der DDR. Zur Geschichte der politischen Verfolgung 1945–1968. Bericht und Dokumentation. Köln 1979, S. 199.

[35] Vgl. Monatshefte der Volkspolizei, 2/3/1950, S. 72–74.

[36] Vgl. BA-MA, DVH 1/2051, Bl. 79, Inspektionsbericht auf der Kollegiumssitzung der KVP vom 3.7.1953.

Fazit

Abschließend bleibt festzuhalten: Der Koreakrieg wurde in der DDR im Kontext des Kalten Krieges und der sowjetischen West- und Deutschlandpolitik für die Durchsetzung und Popularisierung der Aufrüstung genutzt. Er war zwar nicht der Auslöser, bildete aber den Hintergrund für den beschleunigten Streitkräfteaufbau und die Militarisierungspolitik der SED in der ostdeutschen Gesellschaft. Die entscheidenden Impulse dafür entsprangen der Deutschlandpolitik Stalins mit ihren konzeptionellen Wandelungen und Kursänderungen. Fraglos entstanden in der Zeit zwischen 1950 und 1953 die wesentlichen Grundlagen des Militär- und Sicherheitsapparates der SED. Sein Aufbau hat die DDR einerseits beinahe in den Abgrund geführt, andererseits bildete er eine unabdingbare Voraussetzung für den weiteren Machterhalt des Regimes.

Dieter Krüger (Potsdam)

Der „Koreaschock" 1950. Wendepunkt oder Katalysator der westdeutschen Sicherheitspolitik?

Die politische Ordnung der 1949 gegründeten Bundesrepublik folgte – sieht man von der deutschen Teilung ab – den Grundsätzen des Potsdamer Abkommens vom 2. August 1945. Sie besaß eine demokratische Verfassung, aber die Regierungsgewalt ging in letzter Instanz nicht vom Volke aus, sondern von den Besatzungsmächten Vereinigte Staaten, Großbritannien und Frankreich. Das Verhältnis der demokratisch gewählten Bundesregierung zur Alliierten Hohen Kommission der Besatzungsmächte regelte ein Besatzungsstatut. Es stellte eine freiwillige Beschränkung des *ius occupationis* dar. Die Bundesrepublik war weitgehend dezentralisiert, d.h. föderal aufgebaut. Die Polizeigewalt lag bei den Bundesländern. Ihre Polizeikräfte waren stark dezentralisiert und minimal bewaffnet. Die Bundesregierung verfügte zunächst über keinerlei eigene polizeiliche Exekutive. Westdeutschland war vollständig entmilitarisiert.[1] Nur die Besatzungsmächte konnten im Ernstfall mit ihren schwachen Besatzungstruppen die Sicherheit der Bundesrepublik nach innen und außen behaupten.

Im Gegensatz zur Außen- und Sicherheitspolitik besaß die Bundesregierung hinsichtlich der politischen und sozialen Kohärenz der westdeutschen Gesellschaft als Element staatlicher Stabilität einen gewissen wirtschafts- und sozialpolitischen Handlungsspielraum. Die Ausweitung deutscher Souveränität im Verhältnis zu den Besatzungsmächten war der Bundesregierung als Programm gleichsam vorgegeben.

Dagegen stellten die seit 1948 – im Widerspruch zum Potsdamer Abkommen – gebildeten paramilitärischen Volkspolizeibereitschaften der DDR-Regierung ein spezifisches Risiko dar. Im eher unwahrscheinlichen Fall eines Abzugs der Besatzungsmächte aus ganz Deutschland hätte die DDR-Regierung über ein militärisches Machtinstrument verfügt, dem die Bundesregierung nichts entgegenzusetzen gehabt hätte. Das galt auch für den denkbaren Fall eines Einmarsches der Polizeibereitschaften, wenn die westlichen Besatzungsmächte nicht bereit sein sollten, die Bundesrepublik zu verteidigen. Angesichts eines drohenden, nuklear geführten Weltkrieges mit der Sowjetunion im Falle einer direkten Konfrontation amerikanischer und sowjetischer Truppen war das nicht auszuschließen. In jedem Fall war zu erwarten, dass die DDR und die westdeutschen Kommunisten ihrer Propaganda gegen den Bonner „Separatstaat" dank ostdeutscher Polizeibereitschaften womöglich bald militärischen Nachdruck verliehen.[2]

Noch 1950 setzten die Alliierten die Entmilitarisierung fort. Dabei war die Notwendigkeit eines westdeutschen Beitrags zum Atlantischen Bündnis unter westlichen Soldaten und Politikern ein offenes Geheimnis.[3] Mit dem am 9. Mai 1950 verkündeten Schuman-Plan zur Integration der europäischen Kohle- und Stahlindustrie reagierte Frankreich auf die Tatsache, dass die alte Rüstungsschmiede an Rhein und Ruhr wieder gebraucht wurde.

[1] Vgl. *Gerhard Wettig*, Entmilitarisierung und Wiederbewaffnung in Deutschland 1943–1955. München 1967, S. 102–112, 225–227, 289–291.

[2] Vgl. *Torsten Diedrich, Rüdiger Wenzke*, Die getarnte Armee. Geschichte der Kasernierten Volkspolizei in der DDR 1952 bis 1956. Berlin 2001, S. 22–50; *Wettig*, Entmilitarisierung, S. 113 f., 221–225, 292 f.

[3] Vgl. *Norbert Wiggershaus*, Die Entscheidung für einen westdeutschen Verteidigungsbeitrag 1950, in: R. G. Foerster. u. a., Von der Kapitulation bis zum Pleven-Plan. München/Wien 1982, S. 325–402, hier S. 327–338; *Rolf Steininger*, Wiederbewaffnung: die Entscheidung für einen westdeutschen Verteidigungsbeitrag. Adenauer und die Westmächte 1950. Erlangen u. a. 1989, S. 34–39, 143–147.

Ohne ihre Schwerindustrie konnte die westdeutsche Wirtschaft nur wenig zum wirtschaftlichen Wiederaufbau Westeuropas und nichts zu dessen Aufrüstung beitragen. Schon im Dezember 1949 hatte Adenauer in einem Presseinterview einen militärischen Beitrag der Bundesrepublik zur Nordatlantischen Allianz angedeutet. Allerdings forderte er im Gegenzug Gleichberechtigung und den Abbau des Besatzungsregimes.[4]

Zur selben Zeit hatte Adenauer die Hohen Kommissare auf die Volkspolizeibereitschaften hingewiesen und ein förmliches Sicherheitsversprechen der Besatzungsmächte gefordert. Zu seinem Leidwesen reagierten diese sehr zurückhaltend.[5] Noch im Mai 1950 betonte der amerikanische Hochkommissar John McCloy, dass die Besatzungsstreitkräfte vor allem zum Schutz der Bundesrepublik in Westdeutschland stünden.[6] Über eine Bundespolizei als westdeutsches Gegengewicht dachten Amerikaner und Briten gleichwohl nach. In Absprache mit ihnen begann im Mai 1950 ein kleiner Stab ehemaliger Wehrmachtoffiziere im Bundeskanzleramt eine paramilitärische Bundespolizei zu planen. Diese Stelle beobachtete von nun an auch die militärische Entwicklung in der DDR.[7] Die Bundesländer lehnten unterdessen eine Bundespolizei strikt ab. Nordrhein-Westfalen wollte der Bundesregierung nicht einmal ein kleines Schutz- und Begleitkommando für den Bonner Raum zubilligen.[8]

Als Nordkorea am 25. Juni 1950 den Süden des Landes angriff, sah Bundeskanzler Konrad Adenauer darin einen sowjetischen Stellvertreterkrieg. Er teilte jedoch die amerikanische Annahme, dass zunächst kein paralleles Vorgehen auf deutschem Boden drohe. Allerdings warnte er am 29. Juni 1950 die Hohen Kommissare vor Panikreaktionen der Bevölkerung in den östlichen Landesteilen und vor der kommunistischen „Fünften Kolonne". Er erinnerte an den Plan einer Bundesgendarmerie, die mit genau solchen Risiken fertig werden sollte. Nichtsdestoweniger trat Adenauer am 13. Juli 1950 einen vierwöchigen Erholungsurlaub in den Schweizer Bergen an. Er unterstellte der Sowjetunion und der von ihr gesteuerten kommunistischen Weltbewegung einen aggressiven, aber auch rationalen Charakter. Eine möglichst unversehrte Übernahme der Industriestaaten Westeuropas in den eigenen Machtbereich galt ihm als Ziel sowjetischer Außenpolitik. Nur im Falle eines geringen Risikos werde Stalin andere angreifen lassen oder gar selbst militärisch vorgehen um den westeuropäischen Ländern die eigene Gesellschaftsordnung aufzuzwingen und sie in den sich konsolidierenden kommunistischen Machtbereich einzugliedern. Die sowjetischen Truppen in Ostdeutschland sah Adenauer als Teil der allgemeinen Bedrohung der Bundesrepublik. Deren Zusammenstoß mit den amerikani-

[4] Vgl. *Roland G. Foerster*, Innenpolitische Aspekte der Sicherheit Westdeutschlands (1947–1950), in: R. G. Foerster u. a., Von der Kapitulation bis zum Pleven-Plan. München 1982, S. 403–575, hier. S. 451 f. und dagegen Steininger, Wiederbewaffnung, S. 391 f., der den Zusammenhang zwischen dem Angebot von Soldaten und der Forderung nach Souveränität für diese Phase bestreitet.

[5] Vgl. *Hans-Peter Schwarz (Hrsg.)*, Adenauer und die Hohen Kommissare 1949–1951. Bd. 1. München 1989, S. 54–56; *Hans Booms (Hrsg.)*, Die Kabinettsprotokolle der Bundesregierung. Bd. 1.1949. Boppard am Rhein 1982, S. 264; *Konrad Adenauer*, Teegespräche 1950–1954. Bearb. v. Hanns Jürgen Küsters, Berlin 1984, S. 5 f. (20.4.1950); *Foerster*, Kapitulation, S. 486–492.

[6] Vgl. *Schwarz*, Adenauer und die Hohen Kommissare 1949–1951, S. 204; *Adenauer*, Teegespräche 1950–1954, 20.04.1950; *Wettig*, Entmilitarisierung, S. 295–297.

[7] Vgl. *Dieter Krüger*, Das Amt Blank. Die schwierige Gründung des Bundesministeriums für Verteidigung. Freiburg 1993, S. 17–19, 71–74; *Foerster*, Kapitulation , S. 456–458, 465–470; *Wettig*, Entmilitarisierung, S. 293–295, 302 f.

[8] Vgl. *Hans Booms (Hrsg.)*, Die Kabinettsprotokolle der Bundesregierung. Bd. 1. 1949. Boppard am Rhein, S. 183; ebenda, Bd. 2. 1950. Boppard am Rhein 1984, S. 443 f.; *Foerster*, Von der Kapitulation, S. 492–495; *Wettig*, Entmilitarisierung, S. 299 f., 353–359.

schen Besatzungsstreitkräften hätte voraussichtlich die überlegenen Nuklearstreitkräfte der Vereinigten Staaten auf den Plan gerufen.[9]

Für die westdeutsche Bevölkerung war der Krieg ein großer Schock. Das Nachrichtenmagazin „Der Spiegel" sprach von einem „Probe-Krieg" [10], mit dem Stalin teste, was die Vereinigten Staaten und die UNO hinzunehmen bereit seien. Die Zahl der Befragten, die einen Dritten Weltkrieg erwarteten, stieg von 26 % im April auf 53 % im August und betrug im Januar 1951 immer noch 47 %. Und nur 32 % gingen im August 1950 davon aus, dass die Besatzungsmächte Westdeutschland verteidigen würden. Schockierend wirkte namentlich, wie problemlos die Nordkoreaner den Süden aufrollten und wie wenig die Vereinigten Staaten zunächst dagegen tun konnten. Die meisten westdeutschen Blätter beschworen die Gefahr einer Parallelaktion in Deutschland. Das galt auch für die sozialdemokratische Presse. Der Parteivorsitzende der Sozialdemokraten Kurt Schumacher hatte zwar schon frühzeitig vor der „Bürgerkriegstruppe" gewarnt, die in Ostdeutschland aufgestellt werde, allerdings wähnte er das eigentliche Risiko in der Kombination dreier Faktoren: dem äußeren Druck der Sowjetunion in Verbindung mit der inneren Unterwanderung durch westdeutsche Kommunisten vor dem Hintergrund der sozialen Ungleichheit der westdeutschen Gesellschaft. Dagegen half in seinen Augen nur eine sozialistische Gesellschaftspolitik. Abgesehen von den ganz unterschiedlichen ordnungspolitischen Konsequenzen entsprach dieser Standpunkt der zivilen Machtprojektion des Marshallplanes der Jahre 1947 bis 1949. Die Vereinigten Staaten sollten der kommunistischen Herausforderung durch die wirtschaftliche und soziale Stabilisierung der demokratischen Gesellschaften Westeuropas entgegengetreten. Einen deutschen Verteidigungsbeitrag lehnte Schumacher zunächst ab; zumal eine Verteidigung am Rhein aus deutscher Sicht kaum sinnvoll war. Damit befand er sich durchaus im Einklang mit der Mehrheit der Bevölkerung. Noch im November 1950 waren 73 % der Befragten, ungeachtet der als bedrohlich wahrgenommenen Lage, nicht bereit, selbst Soldat zu werden oder ihre Angehörigen einrücken zu lassen. Ein einseitiges Vorgehen der DDR schloss Schumacher; trotz bedrohlicher Vergleiche, welche die ostdeutschen Medien zwischen Korea und Deutschland anstellten, aus.[11] Auch „Der Spiegel" warnte im Juli 1950 vor „strategischen Bierbank-Vergleichen"[12]: 50 000 Volkspolizisten müssten mit 170 000 alliierten Soldaten fertig werden. Dagegen seien in Korea 150 000 nordkoreanische auf 90 000 südkoreanische Soldaten getroffen.

Die sozialdemokratischen Presseorgane erkannten in der europäischen Aufrüstung eine angemessene Antwort auf die Gefahr einer ostdeutschen Attacke. Allerdings blieben Vor-

[9] Vgl. *Schwarz*, Adenauer , Bd. 1, S. 217 f., 222–230; *Gunther Mai*, Westliche Sicherheitspolitik im Kalten Krieg. Der Korea-Krieg und die deutsche Wiederbewaffnung 1950. Boppard am Rhein 1977, S. 110–115; *Wettig*, Entmilitarisierung, S. 310–312; *Wiggershaus*, Entscheidung, S. 339–349, 363–367; *Ders.*, Bedrohungsvorstellungen Bundeskanzler Adenauers nach Ausbruch des Korea-Krieges, in: Militärgeschichtliche Mitteilungen 25 (1979), S. 79–122, hier S. 105–108; *Steininger*, Wiederbewaffnung, S. 45. – Zur Kontinuität der Bedrohungsperzeption des Kanzlers vgl. auch *Adenauer*, Teegespräche 1950–1954, S. 102 (13.7.1951), 299 (3.6.1952).

[10] Vgl. Der Spiegel, 29.6.1950.

[11] Vgl. *Wilfried Loth*, Der Koreakrieg und die Staatswerdung der Bundesrepublik, in: J. Foschepoth (Hrsg.), Kalter Krieg und Deutsche Frage. Deutschland im Widerstreit der Mächte 1945–1952. Göttingen/Zürich 1985, S. 335–361, hier S. 348–350; *Hyung-Sik Choi*, Zur Frage des Korea-Krieges bei der westdeutschen Wiederaufrüstungsdebatte und des Einflusses auf die prinzipielle Entscheidung für die Wiederaufrüstung im Kontext der Aktualisierung des Ost-West-Konfliktes. Phil. Diss. Düsseldorf 1994, S. 237–245, 287–291; *Mai*, Westliche Sicherheitspolitik, S. 99–108, 153–170; *Steininger*, Wiederbewaffnung, S. 54–56; Der Spiegel, 29.11.1950.

[12] Vgl. Der Spiegel, 20.7.1950.

behalte gegen einen westdeutschen Beitrag bestehen. Dagegen befürwortete die liberale FDP die umfassende europäische Aufrüstung. An ihr sollte Westdeutschland mit sagenhaften 30 Divisionen teilnehmen. Dabei sahen die Liberalen in Korea gerade kein akutes Sicherheitsproblem für die Bundesrepublik. Vielmehr galt ihnen die Aufrüstung als Chance gleich drei Ziele zu erreichen: Rückgewinn von Souveränität, Gleichberechtigung in Westeuropa sowie die moralische, rechtliche und materielle Rehabilitierung der ehemaligen Wehrmachtangehörigen. Schließlich hatte sich die ehemalige Generalität besonders zahlreich in den Reihen der FDP versammelt. Forderte Kurt Schumacher die Souveränität als Voraussetzung eines deutschen Verteidigungsbeitrages, so erkannten die Liberalen in diesem Beitrag den Weg zur Souveränität. Darin war man sich mit Adenauer und den Christdemokraten einig.[13]

Vor dem Hintergrund des Koreakrieges war Adenauer sicher, dass die Hohen Kommissare die Aufstellung einer Bundesgendarmerie genehmigen würden. Wider Erwarten lehnten diese Ende Juli 1950 den Vorschlag ab. Stattdessen boten die Hohen Kommissare 10 000 Mann Bereitschaftspolizei der Länder an. Ganz offensichtlich wollten insbesondere die Franzosen die ausgeprägt föderale Verfassung der Bundesrepublik nicht antasten, in der sie ihre Sicherheit vor Deutschland verbürgt sahen. Der Koreakrieg schien jedoch die Bedeutung konventioneller Streitkräfte auch im Atomzeitalter zu bestätigen. Das bestätigte auch eine Denkschrift der ehemaligen Wehrmachtsgeneräle Hans Speidel und Adolf Heusinger vom 7. August 1950, die Adenauer angeregt hatte. Zudem ließ der Bundeskanzler sich fortlaufend, nicht nur von der Organisation Gehlen, dem deutschen Nachrichtendienst der CIA, sondern auch von einem eigenen kleinen Geheimdienst des Bundeskanzleramtes berichten.

Auf der Grundlage all dieser Informationen trug er am 17. August 1950 zunächst den Hohen Kommissaren seine sicherheitspolitischen Vorstellungen vor. Aber er besaß die Chuzpe, schon einen Tag später seine Forderungen in einem Interview mit der New York Times publik zu machen. Ihm war natürlich bekannt, dass, mit Ausnahme der Franzosen, immer mehr Europäer und Amerikaner erkannten, dass Westeuropa ohne deutsche Soldaten kaum zu verteidigen war. Allerdings hatte Adenauer den Hohen Kommissaren nach einer umfassenden Darstellung des sowjetischen Aufmarsches in Ostdeutschland keine deutschen Truppen angeboten. Vielmehr forderte er eine deutliche Aufstockung der alliierten Truppen. Das sollte dem Defätismus der deutschen Bevölkerung entgegenwirken. Die Deutschen hätten, so Adenauer, angesichts der Lage in Korea den Glauben in die westliche Stärke verloren. Die ostdeutschen Volkspolizeibereitschaften hielt er vorläufig noch nicht für kampfbereit. Allerdings würden sie gegen die Bundesrepublik eingesetzt werden, sobald die amerikanischen Atomwaffen, dank eines hinreichenden sowjetischen nuklearen Potentials, ihre abschreckende Wirkung verlören. Ebenso wie die Briten glaubte er, dass diese Lage frühestens 1951 eintreten werde.

Er forderte erneut eine Bundesgendarmerie von etwa 150 000 Mann – als Gegengewicht zu den ostdeutschen Bereitschaften und als Grundstock einer künftigen Armee. Am 11. August 1950 hatte der Europarat auf Initiative des britischen Oppositionsführers Winston Churchill eine Europaarmee vorgeschlagen. Adenauer war bereit, sich daran zu beteiligen, jedoch wollte er eine umfassende Aufrüstung am liebsten vermeiden. Und zwar weil Adenauer zum einen die Skepsis vieler Deutscher gegen das Militär teilte und er zum anderen der Meinung war, dass Verteidigungsausgaben und Rüstungsproduktion zwangs-

[13] Vgl. *Mai*, Westliche Sicherheitspolitik, S. 141–152; *Choi*, Zur Frage des Korea-Krieges, S. 231–237, 245–251, 270–287.

läufig das Wirtschaftswachstum bremsten, das den Frontverlauf zwischen West und Ost definierte, solange der Krieg ‚kalt‘ bliebe.[14]

Gegen Ende August 1950 destillierte Adenauer aus diesen Überlegungen zwei Memoranden zur Sicherheitsfrage und zur Revision des Besatzungsstatuts.[15] Er legte sie dem amerikanischen Hohen Kommissar McCloy vor, einen Tag bevor der Kanzler sie dem eigenen Kabinett verlas. Sein Konzept beinhaltete folgende Punkte: Erstens eine Bundesgendarmerie gegen die wachsende Gefährdung durch die Volkspolizei, zweitens ein förmliches Sicherheitsversprechen gegen die sowjetische Bedrohung und drittens ein militärischer Beitrag der Bundesrepublik im europäischen Rahmen nur dann, wenn im Gegenzug den Deutschen Souveränität und Gleichberechtigung gewährt würde. Die in düsteren Farben gezeichnete Bedrohungslage empfand nicht nur der militärische Stellvertreter des amerikanischen Kommissars als zweckpessimistisch. Auch der Herausgeber des „Spiegel“ warnte unter seinem Pseudonym Jens Daniel, dass Adenauer die kommunistische Gefahr ebenso übertreibe wie Schumacher[16], von dessen Zustimmung Adenauer im Übrigen einen deutschen Militärbeitrag abhängig machen wollte. Schumacher und andere führende Sozialdemokraten dachten mittlerweile ebenfalls über einen deutschen Beitrag nach. Allerdings erwartete Schumacher von den Alliierten zuvor einen derart offensiven Aufmarsch, dass im Zweifel eine militärische Entscheidung am Njemen und an der Weichsel fallen würde. Der Wunsch, Deutschland nicht zum Schlachtfeld werden zu lassen, war zwar verständlich, aber namentlich in Paris bestätigten solche Vorstellungen die schlimmsten Befürchtungen. Man sah sich bereits in einen Revanchekrieg der Deutschen zur Rückeroberung der DDR und der verlorenen Ostgebiete verstrickt.[17]

Die New Yorker Konferenz der Besatzungsmächte im September 1950 empfand Adenauer als Enttäuschung. Die Bundesgendarmerie wurde endgültig abgelehnt und Fortschritte bei der Revision des Besatzungsstatuts u. a. an die Anerkennung von Vorkriegsschulden geknüpft. Tatsächlich hatte aber Hochkommissar McCloy Recht, als er am 1. Dezember 1950 betonte, dass die Stationierung amerikanischer Streitkräfte in Westdeutschland und die förmliche Sicherheitsgarantie für die Bundesrepublik als Erfolge zu verbuchen seien. Die paramilitärische Bundesgendarmerie spielte keine Rolle mehr, da es nun um deutsche Soldaten ging, ohne die das Sicherheitsversprechen ebenso substanzlos geblieben wäre, wie die geplante NATO-Militärorganisation. Frankreich stand mit seinen Ängsten isoliert da. Dabei war kaum jemandem in Europa wirklich wohl bei dem Gedanken an deutsche Soldaten. Jetzt begann allmählich das quid pro quo zu greifen, das Adenauer von Anfang an im Sinn hatte. Im Kabinett sprach er im Novem-

[14] Vgl. *Schwarz*, Adenauer, Bd. 1, S. 222–230; *Mai*, Westliche Sicherheitspolitik, S. 116–131; *Foerster*, Kapitulation, S. 512–516; *Steininger*, Wiederbewaffnung, S. 61–66, 70–76, 95–103, 163 f.; *Wiggershaus*, Entscheidung, S. 367–372; *Ders.*, Bedrohungsvorstellungen, S. 95–100; *Wettig*, Entmilitarisierung S. 330–334.

[15] Vgl. Memorandum über die Sicherung des Bundesgebietes nach innen und außen, 29.8.1950, in: *H. Booms (Hrsg.)*, Kabinettsprotokolle. Bd. 3. Boppard am Rhein 1950, S. 85–90; Memorandum über die Neuordnung der Beziehungen auf der Basis vertraglicher Abmachungen, 29.8.1950, in: *K. A. Maier, B. Thoß (Hrsg.)*,Westintegration, Sicherheit und deutsche Frage. Quellen zur Außenpolitik in der Ära Adenauer 1949-1963. Darmstadt 1994, S. 50 f.

[16] Vgl. Der Spiegel, 31.8.1950 und ähnlich wieder am 15.11.1950.

[17] Vgl. *Schwarz*, Adenauer, Bd. 1, S. 231–237; *Booms*, Kabinettsprotokolle, Bd. 2, S. 639, 663 f.; *Myonghwam Lee*, Die Reaktion der deutschen Sozialdemokratie auf den Koreakrieg 1950–1951. Diss. Köln 1998, S. 79–89; *Foerster*, Kapitulation, S. 472–475, 494–496, 516–519, 523–528; *Mai*, Westliche Sicherheitspolitik, S. 132 f.; *Steininger*, Wiederbewaffnung, S. 115–121, 134 f., 239, 273 f.; *Wettig*, Entmilitarisierung, S. 334–338; *Wiggershaus*, Entscheidung, S. 372 f.; *Ders.*, Bedrohungsvorstellungen, S. 102–104, 110–113.

ber 1950 nicht mehr nur von der Ablösung des Besatzungsstatuts und vom definitiven Ende der Demontagen, sondern auch von der Einstellung der Kriegsverbrecherprozesse, von Gnadenerweisen für Verurteilte und von der Umwandlung von Todesurteilen in Haftstrafen.[18]

Noch während der New Yorker Konferenz über einen deutschen Verteidigungsbeitrag wurde eine plötzliche Verhärtung der deutschen Verhandlungsführung in den Gesprächen über eine supranationale Europäische Kohle- und Stahlgemeinschaft in Paris registriert.[19] Im Dezember 1950 forderte Adenauer ein deutliches Voranschreiten in Richtung Souveränität, zum einen aufgrund der für den Westen ungünstigen Entwicklungen in Korea, die sich auch deutlich in der Stimmung der westdeutschen Öffentlichkeit widerspiegelten, und zum anderen wegen der Forderungen der meisten NATO-Staaten nach einem deutschen Beitrag zu den künftigen Allianzstreitkräften.[20] Tatsächlich war die Forderung nach Gleichberechtigung der Bundesrepublik im Gegenzug zu ihrem Beitrag zur Verteidigung Westeuropas die Quintessenz der ersten sicherheitspolitischen Debatte des Deutschen Bundestages am 8. November 1950 gewesen.[21] Der Bundeskanzler konnte sich nun auch der Unterstützung des sonst überwiegend Adenauer-kritischen Herausgebers des „Spiegel" sicher sein. Dieser forderte eine große Koalition zwischen Christdemokraten und Sozialdemokraten als deutliche Antwort auf die kommunistische Herausforderung.[22]

Um dem drohenden NATO-Beitritt der Bundesrepublik und der Aufstellung nationaler deutscher Streitkräfte vorzubeugen, hatte Paris am 24. Oktober 1950 eine Europäische Verteidigungsgemeinschaft vorgeschlagen. Adenauer reagierte zunächst genauso skeptisch wie die Amerikaner. Er machte sich sogar Sorgen, dass diese künftig ihr Hauptaugenmerk auf Asien statt Europa richten könnten. Immerhin verhandelte man nun über beide Optionen – den Beitritt der Westdeutschen zur NATO oder zu einer Europäischen Verteidigungsgemeinschaft. Parallel dazu wurden Verhandlungen über die Ablösung des Besatzungsstatutes aufgenommen.[23]

Damit hatte der Koreakrieg die politischen Entscheidungen zur Einbindung der Bundesrepublik in die transatlantische Sicherheitsgemeinschaft beschleunigt. Einen kurzfristig wirksamen militärischen Beitrag, der mit weiteren politischen Zugeständnissen an die Bundesregierung hätte erkauft werden müssen, hielten die Besatzungsmächte jedoch nicht für erforderlich. Einmal mehr wurde der Zweckpessimismus des Bundeskanzlers deutlich, als er Anfang April 1951 klagte, dass die Verhandlungen trotz wachsender innerer und äußerer Bedrohungen über den westdeutschen Militärbeitrag auf der Stelle träten.[24]

[18] Vgl. *Schwarz*, Adenauer, Bd. 1, S. 238–246, 250, 279–298, 299–301; *Booms*, Kabinettsprotokolle, Bd. 2, S. 707, 728, 819–822, 839 f., Bd. 3, S. 142–159; Der Spiegel, 6.12.1950; *Foerster*, Kapitulation, S. 556–560; Wiggershaus, Entscheidung, S. 379 f., 387–389; Wettig, Entmilitarisierung, S. 345 f.

[19] Vgl. *Schwarz*, Adenauer, Bd. 1, S. 307–313; *Dieter Krüger*, Sicherheit durch Integration? Die wirtschaftliche und politische Zusammenarbeit Westeuropas 1947 bis 1957/58. München 2003, S. 200–202, 205–207.

[20] Vgl. *Schwarz*, Adenauer, Bd. 1, S. 314–339; *Adenauer*, Teegespräche 1950–1954, S. 24–30 (8. u. 15.12.1950); *Klaus A. Maier*, Die internationalen Auseinandersetzungen um die Westintegration der Bundesrepublik Deutschland und um ihre Bewaffnung im Rahmen der Europäischen Verteidigungsgemeinschaft, in: L. Köllner u. a., Die EVG-Phase. München 1990, S. 1–234, hier S. 25–27.

[21] Vgl. Verhandlungen des Deutschen Bundestages, 1. Wahlperiode 1949, Stenographische Berichte. Bd. 5. Bonn 1951, S. 3563–3622.

[22] Vgl. Der Spiegel, 6.12.1950.

[23] Vgl. *Booms*, Kabinettsprotokolle, Bd. 2, S. 911; *Maier*, Auseinandersetzungen, S. 12–23, 27–29; *Krüger*, Sicherheit, S. 203–205; *Steininger*, Wiederbewaffnung, S. 282–284, 290–295, 306–324, 376–378; *Wettig*, Entmilitarisierung, S. 369–400.

[24] Vgl. *Schwarz, Adenauer*, Bd. 1, S. 345–350.

Innenpolitisch war der Kurs des Bundeskanzlers riskant. Er entwarf seine Sicherheitspolitik im engsten Kreis der Mitarbeiter, wobei er zwar mit Schumacher und dem DGB-Vorsitzenden Hans Böckler sprach, aber eine angemessene Beteiligung des Bundeskabinetts vermied. Innenminister Gustav Heinemann lehnte die Aufstellung deutscher Soldaten aus moralischen und politischen Gründen ab. Er fürchtete zu Recht, dass die deutsche Teilung dadurch vertieft werde. Heinemann trat im Oktober 1950 zurück und wechselte ins Lager der Kritiker der Wiederbewaffnung über.

Diese machten im Herbst 1950 politisch gegen Adenauer mobil – an der Spitze standen vor allem Protagonisten der evangelischen Kirche. Deren pazifistische und neutralistische Argumente waren weitaus gefährlicher als die kommunistische Agitation, deren Ursprung in Ost-Berlin und Moskau kaum zu verkennen war. Gleichwohl wünschte beinahe die Hälfte aller Befragten, dass über das Angebot der DDR-Regierung verhandelt werden möge. Diese hatte der Bundesregierung im November 1950 die Einrichtung eines „gesamtdeutschen konstituierenden Rates“ zur Vorbereitung der Wiedervereinigung vorgeschlagen.[25] Adenauer hielt seit Oktober 1950 propagandistisch dagegen. Er rückte alle Kritiker eines westdeutschen Militärbeitrages, die sich meist lediglich besorgt über die schwindenden Chancen einer Wiedervereinigung äußerten, in die Nähe der kommunistischen Handlanger Moskaus und Ost-Berlins. Zwangsläufig wurde die politische Kultur der Bundesrepublik somit zusehends von der Rhetorik des Kalten Krieges geprägt.[26] Davon profitierten nicht zuletzt diejenigen, die sich einst im Zeichen des Anti-Bolschewismus in die Verbrechen des Nationalsozialismus verstrickt hatten.

In der gleichwohl verbreiteten und über den Koreaschock hinaus anhaltenden Abneigung der Westdeutschen gegen einen Militärbeitrag lassen sich vier Leitmotive erkennen. Diese sind vor dem Hintergrund von Nationalsozialismus, Krieg, Niederlage und Entnazifizierung zu betrachten. Eine Mehrheit der Deutschen verarbeitete diese Erfahrungen durch Schuldbewusstsein, Verdrängung und Trotz:

In der Parole „Ohne mich!“ hatte sich die traditionelle deutsche Skepsis gegen politische Führung mit der Abneigung verknüpft, sich politisch zu engagieren und für etwas anderes einzusetzen, als das persönliche Wohlergehen.

Die Deutschen fühlten sich diskriminiert durch die These der kollektiven Schuld an den Verbrechen des Nationalsozialismus, durch die Vertreibung der Deutschen aus den Ostgebieten, durch die Entnazifizierung und durch die Diffamierung der ehemaligen Soldaten.

Millionen von Kriegsteilnehmern fassten ihre persönlichen Erfahrungen mit dem erniedrigenden Drill der Wehrmacht („08/15“[27]), der Entgrenzung von Gewalt und mit der fortschreitenden Deprofessionalisierung des deutschen Militärs während des Krieges in der Parole zusammen „Nie wieder!“. Schon gar nicht wollten die meisten Deutschen für die westlichen Besatzungsmächte in die Rolle schlüpfen, die einst die russischen Hilfswilligen der Wehrmacht gespielt hatten: „Kanonenfutter“, das im Zweifel rasch geopfert wurde.

[25] Vgl. *Grotewohl*, 30.11.1950, *Adenauer*, 15.1.1951, in: *Maier, Thoß*, Westintegration. Quellen, S. 80–82.

[26] Vgl. *Booms*, Kabinettsprotokolle, Bd. 2, S. 744, Bd. 3, S. 31–42, 46 f., 49–54, 101 f., 104–109, 112 f., 187–195, 197–199; Adenauer, Teegespräche 1950–1954, S. 28 f. (15.12.1950); *Foerster*, Kapitulation, S. 533–536; *Mai*, Westliche Sicherheitspolitik, S. 132–140; *Steininger*, Wiederbewaffnung, S. 270–273, 304 f., 367 f., 371–375.

[27] Mit seiner Romantrilogie „08/15“ setzte der Schriftsteller Hans Hellmut Kirst 1954 dem vermeintlichen oder tatsächlichen inneren Gefüge der ehemaligen Wehrmacht ein triviales, aber umso wirksameres literarisches Denkmal. Vgl. Robert C. Moeller, Kämpfen für den Frieden: 08/15 und westdeutsche Erinnerungen an den Zweiten Weltkrieg, in: Militärgeschichtliche Zeitschrift 64 (2005), S. 359–389.

Schließlich zweifelten viele angesichts der sowjetischen Übermacht generell am Sinn einer Verteidigung.[28]

In die Landtagswahlkämpfe im Herbst 1950 zog die Basis von Sozialdemokraten und Gewerkschaften mit der Parole: „Wer Adenauer wählt, wählt den Krieg!". Verärgert registrierte Adenauer, dass Schumacher, angesichts der Abneigung der Parteibasis gegen die Bewaffnung der Bundesrepublik, seine Bedenken bis zur blanken öffentlichen Ablehnung der Sicherheitspolitik des Bundeskanzlers und der Alliierten steigerte. Tatsächlich schlug sich die Skepsis der westdeutschen Bevölkerung in katastrophalen Wahlergebnissen der Christdemokraten nieder - in Bayern beispielsweise halbierte sich die Zahl der CSU-Wähler. In seinem politischen Kurs ließ sich Adenauer dadurch freilich nicht beeinflussen.[29] Er hielt an seiner Entscheidung fest, die Integration der Bundesrepublik in die westliche Sicherheitsgemeinschaft keinesfalls der Neutralität eines wiedervereinigten Deutschlands zu opfern.[30]

Allerdings wirkten sich die wirtschaftlichen Folgen des Koreakrieges auch auf die Wahlergebnisse aus. Schon Mitte Juli 1950 fürchtete die Bundesregierung, dass die „Angstkäufe" der Bevölkerung zu Versorgungsengpässen führen könnten. Angesichts steigender Brotpreise dachte man über die Einführung eines Brotes minderer Qualität nach, um dieses zu gleich bleibendem Preis zu verkaufen. Der Koreakrieg bewirkte weltweit eine sprunghaft steigende Nachfrage nach Rohstoffen. Im September 1950 kam es dann zu einem erneuten Anstieg der Nahrungsmittelpreise. Angesichts explodierender Schweinefleischpreise wollte die Bundesregierung eine „Radikalisierung der Arbeiterschaft" nicht mehr ausschließen. Tatsächlich machte die Bevölkerung sie für die Preissteigerungen verantwortlich.[31]

Mindestens ebenso bedrohlich war das Zahlungsbilanzdefizit der Bundesrepublik gegenüber der Europäischen Zahlungsunion. Die westdeutsche Industrie hatte seit 1949 von der Investitionsgüternachfrage Westeuropas profitiert. Jetzt deckte sie sich ungeachtet der Preissteigerungen weiter mit Rohstoffen ein, um die voraussichtlich weiter wachsende Nachfrage nach deutschen Industrieerzeugnissen befriedigen zu können. Die in Europa verbreitete straffe Lenkung des Außenhandels und der Investitionen lehnte die westdeutsche Industrie kategorisch ab. Nicht zuletzt die amerikanische Besatzungsmacht drängte im Februar 1951 zu einer Rückkehr der Bundesregierung zu einer rüstungsorientierten Wirtschaftslenkung. Die amerikanischen Vorschläge erinnerten viele an die nationalsozialistische Wirtschaftspolitik vor dem Krieg. Das Defizit gegenüber der Zahlungsunion konnte jedoch durch einen Währungskredit und vorübergehende Einfuhrbeschränkungen rasch überwunden werden. Gleichwohl wurden 1952, sehr zu Lasten der Verbrauchsgüterindustrie, Investitionen in den Bereich der westdeutschen Schwerindustrie gelenkt, da man einen Beitrag zur Aufrüstung der Bundesrepublik und Westeuropas erwartete. Allerdings geschah dies in weitgehender Selbstverwaltung der Industrie. Nichtsdestoweniger war die marktwirtschaftliche Ordnungspolitik korporativ modifiziert worden. Dabei knüpfte man an Strukturen an, die schon seit der Kaiserzeit typisch für die deutsche Wirtschaft waren – keine unwichtige Folge des Koreakrieges.[32] Die Aufrüstung sollte sich dann noch einige Jahre hinziehen. Derweil konnte die westdeutsche Volkswirtschaft,

[28] Vgl. *Foerster*, Kapitulation, S. 540–543; *Hans-Erich Volkmann*, Die innenpolitische Dimension Adenauerscher Sicherheitspolitik in der EVG-Phase, in: Köllner u. a., Die EVG-Phase, S. 235–604, hier S. 463.

[29] Vgl. *Loth*, Der Koreakrieg, S. 351–353; *Mai*, Westliche Sicherheitspolitik, S. 169 f.; *Steininger*, Wiederbewaffnung, S. 274 f., 291 f., 297.

[30] Vgl. *Steininger*, Wiederbewaffnung, S. 379 f.

[31] Vgl. *Booms*, Kabinettsprotokolle 1950, Bd. 2, S. 493, 540 f., 706 (Zitat), 713, 731 f.

[32] Vgl. *Booms*, Kabinettsprotokolle 1950, Bd. 2, S. 841 f.; *Werner Abelshauser*, Ansätze „korporativer Marktwirtschaft" in der Korea-Krise der frühen Fünfziger Jahre. Ein Briefwechsel zwischen dem Hohen

frei von Rüstungslasten, wenn auch nicht von Besatzungskosten, die Grundlage für ein erstaunliches Wachstum und einen steigenden Wohlstand der Bevölkerung schaffen. Beides sollte Adenauer 1953 einen überzeugenden Wahlsieg und 1957 dann eine absolute Mehrheit bescheren.

Die schon vor drei Jahrzehnte formulierte These Gunther Mais, dass der Koreakrieg als „Katalysator“ für die Wiederbewaffnung der Bundesrepublik wirkte[33], ist nach wie vor gültig. Der Krieg in Korea beschleunigte den Prozess der Westintegration, der mit dem Marshall-Plan angestoßen worden war. Die Verhandlungen über den Schuman-Plan und die Gründung der Europäischen Zahlungsunion mag dieser Krieg ebenso günstig beeinflusst haben. Ob er die Wiederbewaffnung wirklich wesentlich beschleunigte, ist fraglich. Schließlich rückten erst im Januar 1956 die ersten Freiwilligen und im April 1957 die ersten Wehrpflichtigen in die Kasernen ein. Wilfried Loth glaubt, der Koreakrieg sei mehr gewesen als ein „Katalysator“. Er habe der Westintegration der Bundesrepublik zum Durchbruch verholfen. Hätte Moskau bereits 1950 Neutralität sowie Wiedervereinigung angeboten, so Loth, wäre das nicht nur bei den Deutschen sehr positiv aufgenommen worden, sondern auch die westlichen Regierungen hätten, angesichts der Stimmung in ihren Ländern, Verhandlungen kaum vermeiden können. 1952 jedoch sei dieses Angebot zu spät gekommen. Insofern konstatiert Loth, dass die politische Entwicklung der Bundesrepublik vor dem Sommer 1950 sehr viel offener war, als es im Rückblick vielleicht scheine. [34] Eine alternative Interpretation ist die Auffassung Loths in meinen Augen nur bedingt. Auch für ihn – und ebenso wie für die ähnlich argumentierenden Historiker Hermann Graml, Rolf Steininger und Zun-Weon Suh[35] – stellte Korea keinen wirklichen Wendepunkt in der deutschen Sicherheitspolitik dar.

Kommissar John McCloy und Bundeskanzler Konrad Adenauer, in: Vierteljahreshefte für Zeitgeschichte 30 (1982), S. 715–756; *Krüger*, Sicherheit, S. 250–252; *Loth*, Der Koreakrieg, S. 357–359.

[33] Vgl. *Mai*, Westliche Sicherheitspolitik, S. 171–183.

[34] Vgl. *Loth*, Der Koreakrieg, S. 341 f., 347; 353–357, 359–361.

[35] Vgl. *Hermann Graml*, Die allgemeinen politischen Rückwirkungen der Korea-Krise auf Europa und die Bundesrepublik, in: Die Korea-Krise als ordnungspolitische Herausforderung der deutschen Wirtschaftspolitik. Texte und Dokumente. Ein Symposion der Ludwig-Erhard-Stiftung am 7. November 1984 in Bonn. Stuttgart/New York 1986, S. 33–47; *Zun Weon Suh*, Der Einfluss des Koreakrieges auf die politische Emanzipation und Wiederbewaffnung der Bundesrepublik Deutschland. Phil. Diss. München 1991, S. 176 f.; *Steininger*, Wiederbewaffnung, S. 397 f.

Rolf Steininger (Innsbruck)

Schlussbetrachtungen

Der vergessene Krieg: Korea 1950–1953 und die Folgen

Am 25. Juni 1950 begann der Koreakrieg. Im Morgengrauen jenes Sonntags griff das kommunistische Nordkorea den Süden des Landes an. Der Überfall wurde von den USA als ein Stellvertreterkrieg und Beginn einer von der Sowjetunion gesteuerten globalen kommunistischen Offensive interpretiert. Mithin stand – mit den Worten von US-Außenminister Dean Acheson – „die Zukunft der gesamten freien Welt auf dem Spiel“. Für US-Präsident Harry S. Truman war der Überfall der „Wendepunkt des Kalten Krieges“. Entsprechend entschlossen handelten die USA. Was als „Polizeiaktion“ der UNO begann, dauerte drei Jahre, forderte furchtbare Opfer und hatte langfristige Folgen, wie nachstehend aufgelistet wird. Er war dennoch in den USA lange Jahre ein „vergessener Krieg“ – ähnlich auch in Deutschland, nicht jedoch in Korea.

Der Krieg und seine Folgen im Einzelnen:

Unmittelbar für die Menschen:

Es gibt keine exakten Zahlen über die koreanischen und chinesischen Verluste, aber Folgendes lässt sich wohl sagen: Südkorea verlor etwa eine Million Menschen (Soldaten und Zivilisten), Nordkorea 2,5 Millionen, und China eine Million (darunter auch Maos Sohn Anying, der am 25. November 1950 bei einem Bombenangriff auf Pjöngjang ums Leben kam). Die Alliierten (ohne die USA) beklagten 3 960 Tote.[1] Darüber hinaus gab es Millionen Flüchtlinge. Bis Juni 1950 waren bereits 3,5 Millionen Menschen aus dem kommunistischen Norden in den Süden geflüchtet, von Dezember 1950 bis Januar 1951 folgte eine weitere Million (bei einer Gesamtbevölkerung Nordkoreas von 9,5 Millionen). General Matthew B. Ridgway meinte damals, das sei wohl „die größte Tragödie, die Asien jemals erlebt hat“.[2]

Für Korea:

Zwei Fünftel der Industrieanlagen und ein Drittel aller Wohnungen in ganz Korea waren zerstört.

Seoul wurde mehrmals besetzt und zurückerobert. Südkoreas Hauptstadt war Ende Juni 1950 erstmals von Kommunisten erobert worden; die meisten Bewohner waren geflüchtet. Als es Ende September wieder befreit wurde, hatten die Kommunisten alle Männer von 15 bis 40 Jahren und alle Frauen von 16 bis 25 Jahren, die geblieben waren, verschleppt. Im Januar und März 1951 erlebte Seoul dieses Schicksal erneut. Am Ende des Krieges war die Stadt weitgehend zerstört, genauso wie Nordkoreas Hauptstadt Pjöngjang.

Das Land war als „Opfer“ des Kalten Krieges 1948 geteilt worden und ist es bis heute.

Für das amerikanisch-chinesische Verhältnis:

Der Krieg vergiftete für Jahrzehnte – bis zum Besuch von US-Präsident Richard Nixon 1972 – die Beziehungen und zwang Peking für lange Zeit an die Seite Moskaus, was offensichtlich von Anfang an Stalins Absicht gewesen war.

Für Tschiang Kai-schek:

[1] Vgl. *Spencer C. Tucker (Ed.)*, Encyclopedia of the Korean War. A Political, Social, and Military History, Bd. 1. Santa Barbara, California 2000, S. 100 f.

[2] Ebenda, S. 560.

Er war und blieb der Verbündete der USA, gesichert u. a. durch die 7. US-Flotte und ein Sicherheitsabkommen, das Maos Pläne einer Invasion der Insel zunichte machte. Das Militärbündnis wurde erst 1979 von US-Präsident Jimmy Carter gekündigt.

Für Japan:

Der Krieg war „ein Geschenk der Götter", wie der japanische Ministerpräsident Shigeru Yoshida 1951 meinte. Japan wurde zum wichtigsten Verbündeten der USA in Asien; es schloss im September 1951 einen moderaten Friedensvertrag; gleichzeitig wurde ein Sicherheitsabkommen zwischen den USA und Japan unterzeichnet, das auch Japans Wiederbewaffnung vorsah[3]. Während des Krieges wurde auch der Grundstein für den wirtschaftlichen Wiederaufstieg des Landes gelegt. Allein für die UN-Truppen in Korea lieferte Japan für mehr als 3,5 Milliarden Dollar Material.[4]

Für das kommunistische China:

Mao musste seine Pläne für die Eroberung Formosas definitiv zu den Akten legen. Zugleich wuchs Maos Misstrauen gegenüber Stalin u. a. wegen mangelnder Unterstützung (Rüstungsgüter mussten von China bezahlt werden). Damit begann jenes Schisma zwischen Moskau und Peking, das Anfang der sechziger Jahre offen ausbrach.

Nach dem Ende der Kämpfe wurden Kräfte frei, um Ho Chi Minh in Indochina im Kampf gegen Frankreich zu unterstützen.

Für die Sowjetunion:

Stalin zwang den osteuropäischen Staaten im Januar 1951 in Moskau ein gigantisches Rüstungsprogramm auf, was sie u. a. in größere Abhängigkeit von der Sowjetunion brachte.[5] (Das war sozusagen das sowjetische Gegenstück zu NSC 68.) Für die DDR begann diese Entwicklung im April 1952.[6]

Offensichtlich hatte Stalin beabsichtigt, 1951 Jugoslawien anzugreifen. Nach den Koreaerfahrungen und der Reaktion der USA wurden diese Pläne nicht realisiert.[7]

Für Deutschland und Europa:

Durch die Ernennung von General Dwight D. Eisenhower zum Oberbefehlshaber der NATO im Dezember 1950 wurde aus dem „Papiertiger" NATO erst ein wirkliches Militärbündnis. Im Februar 1952 wurden Griechenland und die Türkei Mitglieder des Bündnisses, die Sollstärke der westeuropäischen NATO-Streitkräfte auf 100 Divisionen angehoben.

Wohl am wichtigsten war die Grundsatzentscheidung der Westalliierten zur Wiederbewaffnung der Bundesrepublik Deutschland, die ohne den Koreakrieg keinesfalls bereits im Dezember 1950 gefallen wäre. Damit verbunden war die Verlegung der Verteidigungslinie vom Rhein an die Elbe. Die USA nutzten den Krieg, um die zögernden Briten und vor allem die Franzosen von der Notwendigkeit einer deutschen Wiederbewaffnung zu überzeugen. Bundeskanzler Konrad Adenauer nutzte die Gunst der Stunde und die Furcht vor einem deutschen Korea. So war dieser Krieg wenn schon nicht der „Vater", so doch zumindest der „Geburtshelfer" der Bundeswehr.

[3] Der Vertragstext ist abgedruckt bei *Ernst-Otto Czempiel, Christoph Schweitzer*, Weltpolitik der USA nach 1945: Einführung und Dokumente. Bonn 1984, S. 114 f.

[4] Vgl. *Michael Schaller*, Altered States: The United States and Japan since the Occupation. London 1997, S. 49.

[5] Vgl. *Gerhard Wettig*, Stalins Aufrüstungsbeschluss. Die Moskauer Beratungen mit den Parteichefs und Verteidigungsministern der Volksdemokratien vom 9. bis 12. Januar 1951, in: Vierteljahreshefte für Zeitgeschichte 53 (2005), S. 635–650.

[6] Vgl. *Rolf Steininger*, Deutsche Geschichte: Darstellung und Dokumente in vier Bänden, Bd. 2: 1948–1955. Frankfurt/Main 2002, S. 194.

[7] Vgl. *Beatrice Heusinger*, Western „Containment" Policies in the Cold War: The Yugoslav case, 1948–1953. London u. a. 1989.

Zugleich förderte er – ähnlich wie in Japan – den wirtschaftlichen Aufschwung der BRD („Wirtschaftswunder"). Schon wenige Wochen nach Beginn des Krieges war Hochkonjunktur in Westdeutschland. Der Krieg in Asien verhalf der westdeutschen Industrie zu einem Boom.[8]

Darüber hinaus entschlossen sich die Vereinigten Staaten zur dauerhaften Stationierung von US-Truppen in Europa und zur verstärkten Militärhilfe für ihre Verbündeten.

Für die UNO:

Der Koreakrieg war die erste Militäraktion der UNO.

Mit der Resolution „Uniting for Peace" vom November 1950 wurde eine grundsätzliche Neuerung eingeführt, die auch für die Zukunft galt. Für den Fall, dass der Sicherheitsrat durch ein Veto blockiert war, konnte eine Entscheidung an die Generalversammlung delegiert werden. Diese war dann berechtigt, bei Friedensbrüchen Empfehlungen für Kollektivmaßnahmen, darunter auch für den Einsatz bewaffneter Kräfte, abgeben zu können.

Für die USA:

Fast drei Millionen Soldaten (einige Quellen sprechen von fünf bis sechs Millionen) taten Dienst in Korea, 36 914 von ihnen wurden getötet (nicht 54 246; diese vielfach noch heute kolportierte Zahl – u. a. ist sie auch auf dem 1995 in Washington errichteten Memorial eingemeißelt – wurde in der offiziellen „Statistical History of the United States" genannt und ist durch zwei Fehler entstanden: 1. *alle* Vermissten [Missing in Action, MIA] wurden doppelt, und 2. *alle* „anderen Toten" waren weltweit für die Zeit des Krieges gezählt worden; auf der offiziellen Website des Pentagon wurde noch im Jahre 2003 die Zahl 36 570 angegeben), 103 284 verwundet.[9] (Zum Vergleich der Zahl der Toten: 36 914 in drei Jahren, in Vietnam 58 135 in acht Jahren.)

Verwicklung in Indochina/Vietnam. Die Vereinigten Staaten verstärkten ihre Militärhilfe für Frankreichs Krieg in Indochina. Truman kündigte das bereits in seiner Erklärung vom 27. Juni 1950 an. Am selben Tag wurden 35 Militärberater nach Saigon geschickt, am 30. Juni landeten dort acht C-47 Transportmaschinen mit militärischer Ausrüstung an Bord. Die „Voice of America" (VoA) strahlte Sendungen in vietnamesischer Sprache aus; am 26. Juli erhielt Frankreich 15 Mio. Dollar; im September 1950 wurde eine „Military Assistance Advisory Group, Indochina" (MAAG) eingerichtet. Dem folgte im Dezember 1950 ein Verteidigungsabkommen mit Frankreich, Vietnam, Kambodscha und Laos. Die Militärhilfe für Frankreich stieg von 100 Mio. Dollar im Jahre 1950 auf 300 Mio. 1952 bis 1 Mrd. 1954, d. h. 80 Prozent der Kosten des Indochina-Krieges wurden von den USA übernommen.

Nach dem Waffenstillstand von 1953 verstärkte Mao, wie auf westlicher Seite befürchtet, die Unterstützung für Ho Chi Minh. Die Niederlage Frankreichs ein Jahr später war nicht aufzuhalten (trotz der insgesamt etwa 3 Mrd. Dollar amerikanischer Unterstützung).[10] Von da an führte Amerikas Weg beinahe direkt in den Vietnamkrieg.

1954 wurde in Asien das Gegenstück zur NATO (North Atlantic Treaty Organization) gegründet, der Südostasiatische Verteidigungspakt SEATO (South East Asia Treaty Organization), nach dem ANZUS-Pakt (Austrialia–New Zealand–USA) zwischen Australien, Neuseeland und den USA vom September 1951. In gewisser Weise gehörte seit 1955 auch der Mittelost-Verteidigungspakt METO (Middle East Treaty Organization) dazu, auch als

[8] Vgl. *Werner Abelshauser*, Wirtschaft und Rüstung in den fünfziger Jahren, in: Anfänge westdeutscher Sicherheitspolitik 1945–1956, hrsg. vom Militärgeschichtlichen Forschungsamt. München 1997, S. 1–185.

[9] Vgl. *Tucker*, Encyclopedia, S. 100 f.

[10] Vgl. ebenda, S. 280.

CENTO (Central Treaty Organization) bzw. Bagdhad-Pakt bekannt; Mitglieder: Irak, Türkei, Pakistan, Iran, Großbritannien; ab 1958 auch USA).

In den USA erfolgte eine massive Aufrüstung mit dem Ziel, die strategische Überlegenheit („preponderance of power")[11] gegenüber der Sowjetunion aufrechtzuerhalten. (Mit Herausbildung des „militärisch-industriellen Komplexes", vor dessen Machtanspruch und Auswirkungen Präsident Eisenhower am Ende seiner Amtszeit in seiner „Farewell Address" am 17. Januar 1961 warnte.[12]) Das vom Nationalen Sicherheitsrat NSC ausgearbeitete Dokument NSC 68 war die Grundlage für diese Entwicklung. Erst mit dem Koreakrieg konnte NSC 68 umgesetzt werden. Allein im ersten Jahr (1950/51) wurde der Verteidigungshaushalt von 13,5 auf 52 Milliarden Dollar vervierfacht. Die Armee wurde von Juni 1950 bis Juni 1954 von rund 1,5 Millionen Mann auf 3,5 Millionen vergrößert. Die Zahl der im Ausland stationierten Truppen stieg in dieser Zeit von 280 000 auf 963 000.[13] Army, Marineinfanterie, Navy und Luftwaffe wurden ausgebaut. Die Inflation blieb auf einem niedrigen Stand, weil die US-Wirtschaft etwa in derselben Größenordnung wuchs wie der Verteidigungshaushalt. In diesem Zusammenhang muss wohl auch die im Oktober 1952 gegründete National Security Agency (NSA) erwähnt werden, die die Aufgabe hatte, weltweit Nachrichtenverbindungen abzuhören.[14]

Gravierende Veränderungen gab es auch im atomaren Bereich: Mit der Verlegung von B-29 Bombern nach Okinawa und Guam, die einsatzfähige Atombomben an Bord hatten, war Truman im April 1951 den Wünschen der Stabschefs – die seine Entscheidung, MacArthur zu entlassen, unterstützten – entgegengekommen. Er hatte den Vorsitzenden der zivilen Atomenergiebehörde (Atomic Energy Commission, AEC) angewiesen, neun einsatzbereite Atombomben für die Air Force herauszugeben. Bis zu diesem Zeitpunkt unterstand das Atomwaffenprogramm der Verfügungsgewalt der AEC. Jetzt begann die Auflösung dieser zivilen Kontrolle – bis das Pentagon die Atomwaffen übernahm.[15]

McCarthyism: Der Koreakrieg löste in den USA apokalyptische Ängste vor einer kommunistischen Weltverschwörung aus. Das innenpolitische Klima wurde auf Jahre vergiftet. Es begann die Periode des McCarthyismus: die antikommunistische Hexenjagd, angetrieben vom republikanischen Senator aus Wisconsin, Joseph McCarthy. Dessen „Karriere" endete zwar im Dezember 1954, aber sein „Erbe" zeigte später Wirkung: Kein Politiker in Washington war bereit oder konnte es sich „leisten", Länder in Asien an den Kommunismus zu „verlieren" – wie einst Truman und Acheson China „verloren" hatten. Das hat zweifelsohne mit zum Vietnamkrieg beigetragen.[16]

Während des Koreakrieges verstärkte sich die Bürgerrechtsbewegung in der Armee: Die von Truman am 26. Juli 1948 unterzeichnete Executive Order 9981 – Gleichbehandlung und Chancengleichheit für alle, ohne Rücksicht auf Rasse, Hautfarbe, Religion oder Ab-

[11] So auch der Buchtitel von *Melvyn P. Leffler*, A preponderance of power: national security, the Truman administration, and the Cold War. Stanford 1992.

[12] Abgedruckt in: *Stephen Ambrose, Douglas Brinkley (Eds.)*, Witness to America. New York 1999, S. 447 ff.

[13] Vgl. *Ronald E. Powaski*, Cold War: the United States and the Soviet Union. New York u. a. 1998, S. 92; NATO: Strategie und Streitkräfte, Berlin 1976, S. 103.

[14] Zur NSA siehe: *James Bamford*, NSA: Die Anatomie des mächtigsten Geheimdienstes der Welt. München 2002.

[15] Vgl. *Klaus A. Maier*, Die politische Kontrolle über die amerikanischen Nuklearwaffen. Ein Bündnisproblem der NATO unter der Doktrin der Massiven Vergeltung, in: Die NATO als Militärallianz: Strategie, Organisation und nukleare Kontrolle im Bündnis 1949 bis 1959, hrsg. von Christian Greiner, Klaus A. Maier und Heinz Rebhan, Oldenbourg 2003, S. 289 ff.

[16] Vgl. Tucker, Encyclopedia, S. 424.

stammung – wurde ansatzweise umgesetzt. Gab es anfangs in der Armee Einheiten, in denen ausschließlich Schwarze dienten, so wurden ab Oktober 1951 Schwarze in die Truppe integriert, ein Prozess, der 1954 abgeschlossen wurde.[17]

Durch den damals wohl populärsten Amerikaner, den Fünf-Sterne-General Douglas MacArthur, war es erstmals in der amerikanischen Geschichte zur Insubordination eines Militärs gegenüber dem Präsidenten und damit zum Konflikt zwischen Militär und Politik gekommen. Auch wenn Truman nur „der Mann aus Missouri" und bei weitem nicht so populär war wie der General: *Er* war der Präsident und damit der Oberste Befehlshaber. Sein Befehl galt! Durch die Entlassung MacArthurs hatte der Präsident den Vorrang der politischen Führung vor der militärischen sichergestellt.

Der Koreakrieg war der erste Düsenjägerkrieg – MiG-15 gegen F-86. Er war auch der erste Hubschrauber-Krieg – der seine massive Fortsetzung im Vietnamkrieg fand.

Grundsätzliches:

Im Koreakrieg wurde zum ersten und gleichzeitig zum letzten Mal eine kommunistische Hauptstadt – Pjöngjang – erobert. Es war gleichzeitig auch das erste und letzte Mal, dass Stalin, bzw. seine Nachfolger, mit dem Angriff gegen den Süden jene unsichtbare, bei Kriegsende 1945 gezogene Linie der beiderseitigen Einflusssphären überschritten. Das Gleiche galt auch für die USA, trotz der neuen „roll back"-Strategie, in der es um das Zurückdrängen des Kommunismus ging, die an die Stelle des „containment", der Eindämmung des Kommunismus, trat. Dass diese vom neuen US-Außenminister John Foster Dulles 1953 formulierte antikommunistische Befreiungspolitik nicht viel mehr war als aggressive Befreiungsrhetorik, die sich in der Praxis nicht wesentlich von der Politik Trumans unterschied, wurde damals nicht sogleich erkannt. Hoffnungen im Ostblock auf eine Befreiung vom Kommunismus mit Unterstützung der USA – 1953 in der DDR, 1956 Ungarn, 1968 Tschechoslowakei – wurden in der Folge enttäuscht. Konflikte wurden in der „Dritten Welt" ausgetragen: Lateinamerika (Kuba), Naher Osten (Israel), Afrika (Angola, Mozambique), Asien (Vietnam).

War der Kalte Krieg mit Gründung der NATO 1949 gleichsam „institutionalisiert" worden, so wurde er jetzt „organisiert". Durch den Koreakrieg erhielt er jetzt so etwas wie eine Organisationsstruktur, die im Prinzip bis an sein Ende, dem Zusammenbruch der Sowjetunion 1991, galt. Der Koreakrieg war sozusagen die „formative Phase" dieses Krieges. Damit aber hat er den Lauf der Geschichte in der zweiten Hälfte des 20. Jahrhunderts nachhaltig beeinflusst, wenn nicht sogar bestimmt.

Der vergessene Krieg – nicht mehr vergessen!

Der Koreakrieg selbst wurde in den USA schon bald zum „vergessenen Krieg", der zwischen dem „guten" Zweiten Weltkrieg und dem „schlechten" Vietnamkrieg stand. Der Krieg war nie wirklich „populär" und daher kein Thema für „Bestseller" oder Spielfilme, wie etwa der Zweite Weltkrieg oder Vietnam (es gibt nur einen sehenswerten Film: „Die Brücken von Toko-Ri", 1954 von Regisseur Mark Robson, mit William Holden) und wurde „vergessen". Das hat sich in den letzten Jahren geändert. Von 1972 bis 1978 lief die populäre Serie M.A.S.H. im US-Fernsehen. Als dann in Washington 1983 das Vietnam-Memorial eingeweiht wurde, organisierten sich Veteranen des Koreakrieges – unter ihnen so bekannte Namen wie der Schauspieler James Garner (mit drei Purple Heart-Auszeichnungen) und

[17] Vgl. ebenda, S. 11–14.

der Astronaut John Glenn (mit drei MiG-Abschüssen) und wurden bei Präsident Ronald Reagan und dem Kongress wegen eines Denkmals für den Koreakrieg vorstellig. Im Oktober 1986 erteilte der Kongress die Genehmigung zur Errichtung eines entsprechenden Denkmals in der Nähe des Vietnam-Memorials. Das „Korean War Veterans Memorial" wurde am 27. Juli 1995, dem Jahrestag der Unterzeichnung des Waffenstillstands 1953, eingeweiht. Auch wenn es wohl nicht so „attraktiv" ist wie das Vietnam-Memorial: Seit jener Zeit ist der Koreakrieg auch in den USA kein „vergessener" Krieg mehr. Man erinnert sich an ihn (auch ohne „Bestseller" und Spielfilme, dafür aber mit hervorragenden Darstellungen und zahlreichen Websites). „The Forgotten War Remembered" – hieß eine Photoausstellung in den National Archives II in College Park in Maryland im Herbst 2005.

Auch in Deutschland war der Krieg jahrzehntelang „vergessen". Erst im Jahre 2006 ist eine Gesamtdarstellung in deutscher Sprache erschienen.[18]

In Korea – Nord wie Süd – hat man den Krieg mit seinem Elend nie vergessen, auch wenn er nach wie vor unterschiedlich interpretiert wird. Dort heißt er nur der „25. Juni". Es gibt zahlreiche „Erinnerungsorte", Denkmäler und Museen. In Pjöngjang gibt es ein riesiges „Befreiungsmuseum", in Südkorea allein 1500 (!) Denkmäler, davon 300 staatliche. Der 15. August – Japans Kapitulation 1945 – ist Nationalfeiertag in *beiden* Koreas. Ansonsten gibt es wenige Gemeinsamkeiten.

[18] *Rolf Steininger*, Der vergessene Krieg. Korea 1950–1953. München 2006. Weitere Informationen hierzu unter www.rolfsteininger.at/dervergessenekrieg.html.

Quellen- und Literaturverzeichnis

Ungedruckte Quellen

Archiv vnejšnej politiki Rossijskoj Federacii – Archiv für Außenpolitik der Russischen Föderation, Moskau (AVP RF)

fond 3, opis' 65

fond 45, opis' 1

Archiwum Akt Nowych – Archiv für neue Akten, Warschau (AAN)

Komitet Centralny Polskiej Zjednoczonej Partii Robotniczej (Committee of the CC PZPR)

Ministerstwo Oświaty (Ministry of Education)

Państwowa Komisja Planowania Gospodarczego (State Economic Planning Commission)

Archiwum Ruchu Zawodowego – Archiv der polnischen Gewerkschaftsbewegung, Warschau (ARZ)

Centralna Rada Związków Zawodowych (Central Trades Unions Council, further - CRZZ)

Bundesarchiv-Militärarchiv, Freiburg (BA-MA)

DVH 1: Hauptverwaltung Ausbildung

Pt: 3602

Rossijskij gosudarstvennyj archiv novejšej istorii – Russisches Staatsarchiv für Zeitgeschichte, Moskau (RGANI)

fond 5, opis' 30: Allgemeine Abteilung beim ZK der KPdSU (1953–1966)

Rossijskij gosudarstvennyi archiv social'no-političeskoj istorii – Russisches Staatsarchiv für sozialpolitische Geschichte, Moskau (RGASPI)

fond 5, opis' 11: Persönliches Archiv Stalin

fond 17, opis' 162: Internationale Abteilung – Material zu Sondermappen

fond 17, opis' 165: Politbüro des ZK der KPdSU (1919–1974)

Rossijskij gosudarstvennyi archiv ėkonomiki – Russisches Staatsarchiv für Wirtschaft, Moskau (RGAĖ)

fond 29, opis' 1: Staatliches Komitee für Flugzeugtechnik

fond 4372: Staatliche Plankommission (GOSPLAN)

fond 7733: Finanzministerium der UdSSR

Stiftung Archiv der Parteien und Massenorganisationen der DDR im Bundesarchiv, Berlin (SAPMO-BArch)

NL 36: Nachlass Wilhelm Pieck

Udenrigsministeriets Arkiv – Archiv des dänischen Außenministeriums, Kopenhagen

Referater af møder i Udenrigspolitisk Nævn

Literatur (Auswahl)

Abakumov, B.S., Sovetskie letčiki v nebe Korei, in: Voprosy istorii 1993, Nr. 1, S. 129–139

Abelshauser, Werner, Ansätze „korporativer Marktwirtschaft" in der Korea-Krise der frühen Fünfziger Jahre. Ein Briefwechsel zwischen dem Hohen Kommissar John McCloy und Bundeskanzler Konrad Adenauer, in: Vierteljahrshefte für Zeitgeschichte, 30, 1982, S. 715–756

Abelshauser, Werner, Deutsche Wirtschaftsgeschichte seit 1945, München 2004

Abelshauser, Werner, Wirtschaft und Rüstung in den fünfziger Jahren, in: Anfänge westdeutscher Sicherheitspolitik 1945–1956, hrsg. vom Militärgeschichtlichen Forschungsamt, München 1997, S. 1–185

Abraham, Nils/Wegener Friis, Thomas/Mählert, Ulrich, Vademecum for contemporary and Cold War history in Scandinavia, Berlin 2007

Adenauer. Teegespräche 1950–1954. Bearb. v. Hanns Jürgen Küsters, Berlin 1984

Ambrose, Stephen/Brinkley, Douglas (Hrsg.), Witness to America, New York 1999

Andrjušin, I. A./Černyšev, A.K./Judin, Ju. A., Ukroščenie jadra. Stranicy istorii jadernogo oruija i jadernoj infrastruktury SSSR, Sarov 2003

Antonov-Ovseenko, Anton V., Berija, Moskva 1999

Appleman, Roy E., South to the Naktong, North to the Yalu. June – November 1950. United States Army in the Korean War, Washington, D.C. 1961

Arendt, Hannah, Elemente und Ursprünge totaler Herrschaft, Frankfurt/M. 1955

Arlt, Kurt, Fremdbestimmung der DDR zwischen 1953 und 1961 am Beispiel der sowjetischen Truppen in Deutschland, in: Diedrich, Torsten/Kowalczuk, Ilko-Sascha (Hrsg.), Staatsgründung in Raten? Auswirkungen des Volksaufstandes 1953 und des Mauerbaus 1961 auf Staat, Militär und die Gesellschaft der DDR, Berlin 2005, S. 169–185

Atomnyj proekt SSSR: Dokumenty i materialy: V 3-ch tomach, tom 1. 1938–1945: V 2 č. Čast' 2, Moskva 2002

Baltijskij flot. Tri veka na službe Otečestvu, Sankt-Peterburg 2002

Bamford, James, NSA. Die Anatomie des mächtigsten Geheimdienstes der Welt, München 2002

Bateman, Robert L., No Gun Ri. A Military History of the Korean War Incident, Mechanicsburg 2002

Baylis, John, British Defense Policy: Striking the Right Balance, Houndmils, Basingstoke, New York 1989

Bechtol, Bruce E., Jr., Paradigmenwandel des Kalten Krieges. Der Koreakrieg 1950–1953, in: Greiner, Bernd/Müller, Christian Th./Walter, Dierk (Hrsg.), Heiße Kriege im Kalten Krieg, Hamburg 2006, S. 141–166

Bender, Peter, Deutschlands Wiederkehr. Eine ungeteilte Nachkriegsgeschichte 1945–1990, Stuttgart 2007

Blasser, Danz, Research in the U.S. – Russian Archives: The Human Dimension, auf: <http://www.koreacoldwar.org/news/usrarcconfblasser.html>

Bonwetsch, Bernd, Die Sowjetunion und der Beginn des Koreakrieges Juni–Oktober 1950, in: Unruhige Welt. Konflikt- und Kriegsursachen seit 1945, hrsg. vom Arbeitskreis für Wehrforschung, Koblenz 1989, S. 9–24

Bonwetsch, Bernd/Kudrjašov, Sergej, Stalin und die II. Parteikonferenz der SED. Ein Besuch der SED-Führung in Moskau, 31. März–8. April 1952 und seine Folgen (Dokumentation), in:, Zarusky, Jürgen (Hrsg.), Stalin und die Deutschen. Neue Beiträge der Forschung, München 2006, S. 173–205

Bonwetsch, Bernd/Kuhfus, Peter M., Die Sowjetunion, China und der Koreakrieg, in: Vierteljahrshefte für Zeitgeschichte 33 (1985), S. 28–87

Booms, Hans (Hrsg.), Die Kabinettsprotokolle der Bundesregierung, Boppard 1982 ff.

Brazinsky, Gregg, Nation Building in South Korea. Koreans, Americans and the Making of a Democracy, Chapel Hill 2007

Bor'ba v rukovodstve KPK po voprosu ob otnosenii k SSSR vo vremja „Kul'turnoj revoljucii" v KNR. IDV AN SSSR, Moskva 1981.

Buchheim, Christoph (Hrsg.), Wirtschaftliche Folgelasten des Krieges in der SBZ/DDR, Baden-Baden 1995

Bystrova, Irina V., Sovetskij voenno-promyšlennyj kompleks. Problemy stanovlenija i razvitija (1930–1980-e gody), Moskva 2006

Bystrova, Irina V., Voenno-promyšlennyj kompleks SSSR v gody cholodnoj vojny. (Vtoraja polovina 40-ch–načalo 60-ch godov), Moskva 2000

Bywalec, Czesław, Wzrost gospodarczy a przemiany poziomu życia społeczeństwa polskiego w latach 1945–1980 (Economic growth and the transformations in the level of living conditions of Polish society 1945–80), Kraków 1986

Charles A., Intelligence Assessments of Soviet Atomic Capability, 1945–1949. Myths, Monopolies and Maskirovka, in: Intelligence and National Security 12 (1997) No. 4, S. 1–24

Chen, Jian, China's Road to the Korean War. The Making of the Sino-American Confrontation, New York 1994

Chen, Jian, In the Name of Revolution. China's Road to the Korean War Revisited, in: Stueck, Korean War in World History, S. 93–125

Choi, Hyung-Sik, Zur Frage des Korea-Krieges bei der westdeutschen Wiederaufrüstungsdebatte und des Einflusses auf die prinzipielle Entscheidung für die Wiederaufrüstung im Kontext der Aktualisierung des Ost-West-Konfliktes, Phil. Diss., Düsseldorf 1994

Christmas-Møller, Wilhelm, Niels Bohr og atomvåbnet, København, 1985

Chu Chon, Tuk, Die Beziehungen zwischen der DDR und der Koreanischen Demokratischen Volksrepublik (1949–1978) unter besonderer Berücksichtigung der Teilungsproblematik in Deutschland und Korea sowie der Beziehungsstruktur zwischen einem sozialistischen Mitgliedsstaat des Rates für gegenseitige Wirtschaftshilfe sowie des Warschauer Paktes und einem sozialistischen Staat im Einflussbereich der Volksrepublik China, München 1982

Ciesla, Burghard/Mick, Christoph/Uhl, Matthias, Rüstungsgesellschaft und Technologietransfer (1945–1958). Flugzeug- und Raketenentwicklung im Military-Industrial-Academic-Complex der UdSSR, in: Karlsch, Rainer/Laufer, Jochen, Sowjetische Demontagen in Deutschland 1944–1949. Hintergründe, Ziele und Wirkungen, Berlin 2002, S. 187–225

Clark, Ian/Wheeler, Nicholas J., The British Origins of Nuclear Strategy, 1945–1955, Oxford 1989

Cockburn, Andrew, Die sowjetische Herausforderung. Macht und Ohnmacht des militärischen Giganten. Wie stark ist die wirklich. An Kampfkraft, Waffen, Technologie, Aufbau, Organisation, Logistik, in: Führung, Kadern, Mannschaften, München/Wien/Bern 1983

Condit, Doris M., The Test of War, 1950–1953 (= History of the Office of the Secretary of Defence, vol. 2), Washington, D.C. 1995

Cumings, Bruce, Parallax Visions. Making Sense of American-East Asian Relations at the End of the Century, Durham 1999

Cumings, Bruce, The Origins of the Korean War. 2 Bde. (Bd. I: Liberation and the Emergence of Separate Regimes; Bd. II: The Roaring of the Cataract 1947–1950), Princeton 1981, 1990

Czempiel, Ernst-Otto/Schweitzer, Christoph, Weltpolitik der USA nach 1945. Einführung und Dokumente, Bonn 1984

Czepuck, Harri, Meine Wendezeiten. Erinnerungen, Erwägungen, Erwartungen, Berlin 1999.

Dal'njaja aviacija. Pervye 90 let, Moskva 2004

Danmark under den Kolde Krig, Bd. 1, København 2005

Deane, John R., Das seltsame Bündnis, Wien 1946

Deng, Feng, Korean War Studies in China. A Review of the Last Decade, in: Social Sciences in China 37 (2006), Nr. 4, S. 136–151

Dengler, Gerhard, Zwei Leben in einem, Berlin 1989

Der Spiegel, 29. Juni 1950

Diedrich, Torsten, Aufrüstungsvorbereitung und -finanzierung in der SBZ/DDR in den Jahren 1948 bis 1953 und deren Rückwirkungen auf die Wirtschaft, in: Thoß, Bruno (Hrsg.), Volksarmee schaffen – ohne Geschrei! Studien zu den Anfängen einer „verdeckten Aufrüstung" in der SBZ/DDR 1947–1952, München 1994, S. 306–336

Diedrich, Torsten, Gegen Aufrüstung, Volksunterdrückung und politische Gängelei. Widerstandsverhalten und politische Verfolgung in der Aufbau- und Konsolidierungsphase der DDR-Streitkräfte 1948 bis 1968, in: Wenzke, Rüdiger (Hrsg.), Staatsfeinde in Uniform? Widerständiges Verhalten und politische Verfolgung in der NVA., Berlin 2005, S. 31–195

Diedrich, Torsten, Lasten und Folgen der Militarisierung der DDR, in: Maruhn, Jürgen (Koord.), 17. Juni. Der Aufstand für die Demokratie, München 2003, S. 58–72

Diedrich, Torsten/Rüdiger Wenzke, Die getarnte Armee. Geschichte der Kasernierten Volkspolizei der DDR 1952 bis 1956, Berlin 2001

Dokumente der Sozialistischen Einheitspartei Deutschlands. Beschlüsse und Erklärungen des Parteivorstandes, des Zentralkomitees sowie seines Politbüros und seines Sekretariats, Bd. III, Berlin (Ost) 1952

Dokumente der Sozialistischen Einheitspartei Deutschlands. Beschlüsse und Erklärungen des Parteivorstandes des Zentralsekretariats und des Politischen Büros, Berlin (Ost) 1951, Bd. II

Domes, Jürgen, Peng Te-huai. The Man and the Image. Stanford 1984

Drogovoz, Igor' G., Neob'javlennye vojny SSSR, Minsk 2004

Drogovoz, Igor' G., Vozdušnyj ščit Strany Sovetov, Moskva 2002

Duskin, Eric J., Stalinist Reconstruction and the Confirmation of a New Elite, 1945–1953, Houndmills 2001

Einstein, Albert, et al., The Militarization of America, New York 1948

Engel, Franz-Wilhelm, Handbuch der NATO, Frankfurt/Main 1957

Erhard, Ludwig, Deutsche Wirtschaftspolitik. Der Weg zur sozialen Marktwirtschaft, Düsseldorf u. a. 1992

Erikson, Knut/ Pharo, Helge, Norsk Utenrikspolitikks Historie, Bd. 5: Kald krig og internasjonalisering, 1949–54, Oslo 1997

Faramazjan, R.A., Voennaja ekonomika amerikanskogo imperializma, Moskva 1983

Fehrenbach, T. R., This Kind of War. A Study in Unpreparedness, New York 1963

Fes'kov, V.I./Kalašnikov, K.A./Golikov, V.I., Sovetskaja armija v gody „cholodnoj vojny" (1945–1991), Tomsk 2004

Filitov, A. M., SSSR i germanskij vopros. Povorotnye punkty (1941–1961 gg.), in: Egorova, I. N., Čubarjan, A. O. (Hrsg.), Cholodnaja vojna. 1945–1963 gg., Istoričeskaja retrospektiva, Moskva 2003, S. 223–256

Foerster, Roland G., Innenpolitische Aspekte der Sicherheit Westdeutschlands (1947–1950), in: Roland G. Foerster u. a., Von der Kapitulation bis zum Pleven-Plan, S. 403–575

Foreign Relations of the United States. Diplomatic Papers. Edited by the Department of State (FRUS), 1947, vol. 3, Washington, D.C. 1980

Foreign Relations of the United States. Diplomatic Papers. Edited by the Department of State (FRUS), 1950, vol. 4, Washington, D.C. 1980

Foerster, Roland G./Greiner, Christian/Meyer, Georg/Rautenberg, Hans-Jürgen/ Wiggershaus, Norbert, Von der Kapitulation bis zum Pleven-Plan (= Anfänge westdeutscher Sicherheitspolitik 1945–1956, Bd. 1). München/Wien 1982

Freedman, Laurence, The Cold War: A Military History, London 2001

Fricke, Karl Wilhelm, Politik und Justiz in der DDR. Zur Geschichte der politischen Verfolgung 1945–1968. Bericht und Dokumentation, Köln 1979

Friedrich, Carl. J. /Brzezinski, Zbigniew K., Totalitarian Dictatorship and Autocracy, Cambridge, (Mass.) 1956.

Friedrich, Jörg, Yalu. An den Ufern des dritten Weltkrieges, Berlin 2007.

Gaddis, John Lewis, Strategies of Containment. A Critical Reappraisal of Post-war American National Security Policy, New York and Oxford 1982

Galenovič, Jurij M., Korejskaja vojna, in: ders., Stalin i Mao: dva voždja. Moskva 2008, S. 485–546

Galenovič, Jurij M., „Kul'turnaja revoljucija" v Kitae: bor'ba v kitajskom rukovodste, maj 1966 g. - aprel' 1969 g. 4 Bde, Moskva 1974–1977

Galenovič, Jurji M., Rossija-Kitaj: Šest' dogovorov, Moskva 2003

Galenovič, Jurij M., Stalin i Mao: dva voždja, Moskva 2008

Gardner, Lloyd C., Korean Borderlands. Imaginary Frontiers of the Cold War, in: William Stueck (Hrsg.), The Korean War in World History, Lexington 2004, S. 126–144

General'nyj štab Rossijskoj armii. Istorija i sovremennost', Moskva 2006

Geschichte der deutschen Arbeiterbewegung, Bd. 7, Berlin(Ost) 1966

Gesetzblatt der DDR, 1950, T. I

Goldberg, A. (Hrsg.), History of Strategic Arms Competition. 1945–1972 Part I, Office of the Secretary of Defense. Historical Office, March 1981

Goncharov, S.N./Lewis, J./Xue, L., Uncertain Partners. Stalin, Mao, and the Korean War, Stanford 1993

Götz, Norbert, Danish participation in the United Nations and in the Security Council, in: Militært Tidsskrift, vol. 134 (2005), no. 3, S. 311–333

Götz, Norbert, Prestige and Lack of Alternative. Denmark and the United Nations in the Making, in: Scandinavian Journal of History, 29 (2004), no. 2, S. 73–96

Graml, Hermann, Die allgemeinen politischen Rückwirkungen der Korea-Krise auf Europa und die Bundesrepublik, in: Die Korea-Krise als ordnungspolitische Herausforderung der deutschen Wirtschaftspolitik. Texte und Dokumente. Ein Symposion der Ludwig-Erhard-Stiftung am 7. November 1984 in Bonn, Stuttgart/New York 1986, S. 33–47

Greiner, Christian, Die Entwicklung der Bündnisstrategie 1949 bis 1958, in: Ders./Maier, Klaus A./Rebhan, Heinz, Die NATO als Militärallianz. Strategie, Organisation und nukleare Kontrolle 1949 bis 1959, München 2003, S. 17–174

Halberstam, David, The Best and the Brightest, New York 1972

Halberstam, David, The Coldest Winter. America and the Korean War, New York 2007

Halliday, John/Cumings, Bruce, Korea: the unknown war, London u. a. 1988

Hamilton, Nigel, Monty. The Field Marshal, 1944–1976, London 1985

Hanley, Charles J./Choe, Sang-Hun/Mendoza, Martha, The Bridge at No Gun Ri. A

Harder, Hans-Joachim (Hrsg.),Von Truman bis Harmel. Die Bundesrepublik Deutschland im Spannungsfeld von NATO und europäischer Integration, München 2000

Hidden Nightmare from the Korean War, New York, 2001

Hermes, Walter G., United States Army in the Korean War. Truce Tent and Fighting Front, Washington, D.C. 1966

Hershberg, James G./Zubok, Vladislav, Russian Documents on the Korean War, 1950–1953, in: Cold War International History Project Bulletin, Nr. 14/15, 2003/2004, S. 369–378

Heusinger, Beatrice, Western „Containment" Policies in the Cold War: The Yugoslav case, 1948–1953, London u. a. 1989

Hoffmann, Heinz, Unsere Volkspolizei – ein wesentlicher Faktor im Kampf um den Frieden, in: Monatshefte der Volkspolizei, 7/1951, S. 27–31

Holloway, David, Stalin and the Bomb: The Soviet Union and Atomic Energy, 1939–1956, New Haven 1994

Isaacs, Jeremy/Dowing, Taylor, Der Kalte Krieg. Eine illustrierte Geschichte, 1945–1991, München/Zürich 1998

Istorija vnešnej politiki SSSR, tom 2 1945–1975 gg., Moskva 1976

Jarosz, Dariusz, Polacy wobec groźby wybuchu wojny w świetle przekazów potocznych z lat 1946–1956. (Poles in face of the threat of outbreak of war in the light of word of mouth communications), in: Dzieje Najnowsze, 1997, Nr. 2, S. 53–61

Jarosz, Dariusz /Pasztor, Maria, W krzywym zwierciadle. Polityka władz komunistycznych w Polsce w świetle plotek i pogłosek z lat 1949–1956 (In a distorted mirror. The policy of the communist authorities in Poland in the light of gossip and rumors in 1949–56), Warsaw 1995

Jensen, Bent, Bjørnen og Haren. Sovjetunionen og Danmark 1945–1965, Odense 1999

Jensen, Bent, Den lange befrielse. Bornholm besat og befriet 1945–1946, Odense 1996

Kamiński, Łukasz (Hrsg.), Biuletyny dzienne MBP 1949–1950 (Daily Bulletins of the Ministry of Public Safety 1949–50), Warsaw 2004

Karlsch, Rainer, Allein bezahlt? Die Reparationsleistungen der SBZ/DDR 1945–1953, Berlin 1993

Karlsch, Rainer, Die Rüstungsindustrie der DDR im Überblick, in: Ehlert, Hans/Rogg, Matthias (Hrsg.), Militär, Staat und Gesellschaft in der DDR. Forschungsfelder, Ergebnisse, Perspektiven, Berlin 2004, S. 173–186

Karlsch, Rainer, Uran für Moskau. Die Wismut - Eine populäre Geschichte, Berlin 2007

Kastanov, I.V., Flot vyšel v okean. Moskva 1996

Kastonova, I.A. (Hrsg.),Tri veka Rossijskogo flota v trech tomach, Bd. 03, St. Peterburg 1996

Kennan, George F., Memoiren eines Diplomaten, München 1971

Kim, Dė Čžun, Južnaja Koreja. Dramy i nadeždy demokratii, Moskva 1992

Klehr, Harvey/Radosh, Ronald, The Amerasia Spy Case. Prelude to McCarthyism, Chapel Hill, NC, 1996

Kleßmann, Christoph/Stöver, Bernd (Hrsg.), Der Koreakrieg. Wahrnehmung, Wirkung, Erinnerung, Köln u. a. 2008

Köllner, Lutz, Die EVG-Phase. München 1990

Kochański, Aleksander, Polska 1944–1991 (Poland 1944–1991), t. I, Wydawnictwo Sejmowe. Warszawa 1996

Koh, B.C., „The War's Impact on the Korean Peninsula," *The Journal of American-East Asian Relations*, 2:1 (1993), S. 57–76

The Korean War. 3 Bde., hrsg. vom Korean Institute of Military History, Seoul 1997–1999

Korotkov, G. I., I.V. Stalin i korejskaja vojna, in: Vojna v Koree, 1950–1953 gg. Moskva 2001

Kosenko, I.N., Tajna „aviacionnogo dela", in: VIŽ, Nr. 8, 1994, S. 55–64

Krüger, Dieter, Das Amt Blank. Die schwierige Gründung des Bundesministeriums für Verteidigung, Freiburg 1993

Krüger, Dieter, Sicherheit durch Integration? Die wirtschaftliche und politische Zusammenarbeit Westeuropas 1947 bis 1957/58, München 2003

Kruglov, Arkadij K., Kak sozdavalas' atomnaja promyšlennost' v SSSR, Moskva 1995

Kruglov, Arkadij K., Štab Atomproma. Moskva 1998

Kubek, Anthony, How the Far East was Lost. American Policy and the Creation of Communist China, 1941–1949, Washington, D.C. 1963

Kuhfus, Peter M., Widerstand und Hilfe. Hintergründe der chinesischen Intervention in Korea (September 1950 - Januar 1951), in: Unruhige Welt. Konflikt- und Kriegsursachen seit 1945, hrsg. vom Arbeitskreis für Wehrforschung, Koblenz 1989, S. 25–57

Kulikov, S.M., Aviacija i jadernye ispytnija. Moskva 1998

„Kul'turnaja revoljucija" v Kitae: bor'ba maoistskoj pravjaščej gruppirovki. Moskau 1974–1977

Kuniholm, Bruce R., The Origins of the Cold War in the Near East. Great Power Conflict and Diplomacy in Iran, Turkey and Greece, Princeton 1980

Lankov, Andrei, From Stalin to Kim Il Sung: The Formation of North Korea, 1945–1950, New Brunswick 2002

Lawrence, Mark A., Assuming the Burden. Europe and the American Commitment to War in Vietnam, Berkeley 2007

Ledovskij, Andrej M., Delo Gao Gana - Zao Susi. Moskva 1990

Ledovskij, Andrej M., Kitajskaja politika SŠA i sovetskaja diplomatija 1946–1954, Moskva 1985

Ledovskij , Andrej M., Rol' Dunbeja i dejatel'nost' Gao Gana v period amerikanskoj agressii v Koree, in: ders., Delo Gao Gana - Zao Susi. Moskva 1990, S. 72–80.

Ledovskij, A.M., SSSR i Stalin v sud'bach Kitaja. Dokumenty i svidetel'stva učastnika sobytij. 1937–1952, Moskva 1999

Ledovskij, A.M., Stalin, Mao Czedun i korejskaja vojna 1950–1953 gg., in: Novaja i novejšaja istorija 2005, Nr. 5, S. 79–113

Ledovskij, A.M., Tajnye kontakty maoistov i amerikanskoj diplomatii v 1949 godu, in: Voprosy istorii 182 (1980) H. 10, S. 75–89

Lee, Myonghwam, Die Reaktion der deutschen Sozialdemokratie auf den Koreakrieg 1950–1951, Diss. Köln 1998

Leffler, Melvyn P., A Preponderance of Power. National Security and the Truman Administration, Stanford 1993

Leffler, Melvyn P., A preponderance of power. National security, the Truman administration, and the Cold War, Stanford 1992

Leszczyński, Adam, Wojna koreańska w propagandzie polskiej od czerwca do grudnia 1950 roku (The Korean War in Polish propaganda from June to December 1950), in: Przegląd Historyczny, 1995, Nr. 1, S. 48–58

Li, V.F. (Hrsg.), Vnešnjaja politika i diplomatija stran ATR, Moskva 1998

Li, V.F., Politika superderžav (SŠA, SSSR i KNR) v Korejskoj vojne, in: Vojna v Koree 1950–1953 gg. Vzgljad čerez 50 let, S. 56

Liebmann, Irina, „Wäre es schön? Es wäre schön!“ Mein Vater Rudolf Herrnstadt, Berlin 2008

Lidegaard, Bo, Overleveren. 1914–1945. Dansk Udenrigspolitiks Historie, Bd. 4, København 2004

Lim, Un (Pseud.), The Founding of a Dynasty in North Korea. An Authentic Biography of Kim Il-song, Tokio 1982

Loth, Wilfried, Der Koreakrieg und die Staatswerdung der Bundesrepublik, in: Foschepoth, Josef (Hrsg.), Kalter Krieg und Deutsche Frage. Deutschland im Widerstreit der Mächte 1945–1952, Göttingen/Zürich 1985, S. 335–361

Lowe, Peter, The Origins of the Korean War, New York 1986

Lundestad, Geir, Empire by Invitation. The United States and Western Europe, in: Society for Historians of American Foreign Relations, Newsletter, 15 (1984), S. 1–21.

Mackintosh, John M., Strategie und Taktik der sowjetischen Außenpolitik, Stuttgart 1963

MacMillan, Margaret, Nixon and Mao. The Week that Changed the World, New York 2007

Mai, Gunther, Westliche Sicherheitspolitik im Kalten Krieg. Der Korea-Krieg und die deutsche Wiederbewaffnung 1950, Boppard 1977

Maier, Klaus A./Thoß, Bruno, Westintegration, Sicherheit und deutsche Frage. Quellen zur Außenpolitik in der Ära Adenauer 1949-1963, Darmstadt 1994

Maier, Klaus A., Die internationalen Auseinandersetzungen um die Westintegration der Bundesrepublik Deutschland und um ihre Bewaffnung im Rahmen der Europäischen Verteidigungsgemeinschaft, in: Köllner, Lutz u. a., Die EVG-Phase, München 1990, S. 1–234

Maier, Klaus A., Die politische Kontrolle über die amerikanischen Nuklearwaffen. Ein Bündnisproblem der NATO unter der Doktrin der Massiven Vergeltung, in: Greiner, Christian/Maier, Klaus A./Rebhan, Heinz (Hrsg.), Die NATO als Militärallianz. Strategie, Organisation und nukleare Kontrolle im Bündnis 1949 bis 1959, Oldenbourg 2003, S. 253–420

Malkasian, Carter, The Korean War 1950–1953, Oxford 2001

Mansourov, A.Y., Stalin, Mao, Kim and China's Decision to Enter the Korean War, September 16–October 15, 1950. New Evidence from the Russian Archives, in: CWIHP Bulletin. Issues 6–7. Winter 1995/1996, S. 94–107

Mao Tse-tung, Ausgewählte Werke, Bd. 5, Peking 1977

Mastny, Vojtech, The Cold War and Soviet Insecurity. The Stalin Years, Oxford 1996

McCullough, David, Truman, New York 1993

Mezelev, Lev M., Oni byli pervymi. (Iz istorii jadernych ispytanij), kniga 1, Moskva 2001

Midtgaard, Kristine, Jutlandia-ekspeditionen. Tilblivelse og virke 1950–53, København 2001

Midtgaard, Kristine, Småstat, magt og sikkerhed. Danmark og FN 1949–65, Odense 2005

Moeller, Robert C., Kämpfen für den Frieden: 08/15 und westdeutsche Erinnerungen an den Zweiten Weltkrieg, in: Militärgeschichtliche Zeitschrift 64 (2005), S. 359–389

Møller, Christmas/Frisch, Hartvig, RFF, 1945, 6.9.1945

Monatshefte der Volkspolizei, 2/3, 1950

Müller-Enbergs, Helmut, Erst Chefredakteur, dann „Unperson". Lex Ende und Rudolf Herrnstadt, in: Jahrbuch für Historische Kommunismusforschung 1996, Berlin 1995, S. 296–304

Nakajima, Mineo, Foreign Relations. From the Korean War to the Bandung Line, in: The Cambridge History of China. Bd. 14. Cambridge 1987, S. 259–289

Nakajima, Mineo, The Sino-Soviet Confrontation in Historical Perspective, in: Nagai Yonosuke, Iriye Akira (Hrsg.), The Origins of the Cold War in Asia, Tokio 1977, S. 203–223

Nakajima, Mineo, The Sino-Soviet Confrontation: Its Roots in the International Background of the Korean War, in: The Australian Journal of Chinese Affairs 1, 1979, S. 17–47

Niedhart, Gottfried (Hrsg.), Der Westen und die Sowjetunion, Paderborn 1983

Nigel, Tomas, Vojna v Koree. 1950–1953, St. Peterburg 2000

Offner, Arnold, Another Such Victory. President Truman and the Cold War, 1945–1953, Stanford 2002

Olesen, Thorsten Borring (Hrsg.), The Cold War – and the Nordic Countries. Historiography at a Crossroads, Odense 2004

Olesen, Thorsten Borring/Villaume, Poul, I blokopdelingens tegn. 1945–1972, København 2005

Orlov, Aleksandr Semenovič, Sovetskaja aviacija v korejskoj vojne 1950–1953 gg., in: Novaja i novejšaja istorija 1998, Nr. 4, S. 121–146

Orlov, Aleksandr Semenovič, Tajnaja bitva sverchderžav. Moskva 2001

Orlov, Aleksandr Semenovič /Gavrilov, V.A., Tajny korejskoj vojny, Moskva 2003

Orlov, Aleksandr Semenovič, Vozdušnaja razvedka SŠA nad territoriej SSSR v 1950–1955 gg., in: Novaja i novejšaja istorija, Nr. 6, 2000, S. 35–47

Ostermann, Christian F., Archival thaw in China, in: Cold War International History Project Bulletin (2008) No. 16, S. 1–3

Pak, M.N., Velikaja ograničennaja vojna, in: Argumenty i fakty, 1988, Nr. 50, S. 5

Parrish, Thomas, Berlin in the Balance, 1945–1949. The Blockade, the Airlift, the First Major Battle of the Cold War, Reading, Mass. 1998

Peng, Dehuai, Memoirs of a Chinese Marshal. The Autobiographical Notes of Peng Dehuai (1898–1974), Beijing 1984

Pechatnov, Vladimir O., The Soviet Union and the World, 1944–1953, in: The Cambridge History of the Cold War, Bd. I, S. 90–111.

Pieck, Wilhelm, Reden und Aufsätze, Berlin 1954

Pióro, Tadeusz, W kleszczach wojennej psychozy. Obciążenia obronne Polski w latach 1950–1955 (In the grip of a war psychosis. The burdens of Polish defense costs, 1950–55), in: Więź, 1995, Nr. 8, S. 141–142

Piotrowski, Paweł, Śląski Okręg Wojskowy. Przekształcenia organizacyjne 1945–1956 (The Silesian Military District. Organisational transformations 1945–1956), Warsaw 2003

Poksiński, Jerzy/Kochański, Aleksandr/Persak, Krzysztof, Kierownictwo PPR i PZPR wobec wojska 1944–1956 (The attitude of the PPR and PZPR leadership towards the army 1944–56), Warsaw 2003

Powaski, Ronald E., Cold War. The United States and the Soviet Union, New York u. a. 1998

Prollius, Michael v., Deutsche Wirtschaftsgeschichte nach 1945, Göttingen 2006

Protivovozdušnaja oborona strany (1914–1995 gg.). Voenno-istoričeskij trud, Moskva 1998

Protokoll der Verhandlungen des III. Parteitages der Sozialistischen Einheitspartei Deutschlands, Bd. 1, Berlin(Ost) 1951

Rearden, Steven L., The Formative Years, 1947–1950 (= History of the Office of the Secretary of Defense, vol. 1), Washington D.C. 1984

Robert, C., Kämpfen für den Frieden. 08/15 und westdeutsche Erinnerungen an den Zweiten Weltkrieg, in: Militärgeschichtliche Zeitschrift, 64, 2005, S. 359–389

Roesler, Jörg, Momente deutsch-deutscher Wirtschafts- und Sozialgeschichte 1945 bis 1990. Eine Analyse auf gleicher Augenhöhe, Leipzig 2006

Rošin, Gennadij Petrovič, Istorija Dal'nej aviacii. Voenno-istoričeskij očerk. Čast' II: Vozdušnye parady – Jadernoe oružie – Katastrofy, Moskva 2003

Rossija (SSSR) v vojnach vtoroj poloviny XX veka, Moskva 2002

Rossija atomnaja. Jadernyj ščit, Moskva 1998, (CD)

Rossija i SSSR v vojnach XX veka. Statističeskoe issledovanie, Moskva 2001

Roždennye atomnoj eroj. 12 Glavnoe upravlenie Ministerstva oborony Rossijskoj Federacii. Opyt i razvitija, Moskva 2002

Rubin, N., Lavrentij Berija: Mif i real'nost, Moskva/Smolensk 1998

Savel'ev, R. V., Issledovanija sovetskich i rossijskich učenych o Korejskoj vojne, in: Vojna v Koree 1950–1953 gg. Vzgljad čerez 50 let. Materialy meždunarodnoj naučno-teoretičeskoj konferencii, Moskva 2001, S. 198–235

Schaller, Michael, Altered States. The United States and Japan since the Occupation, London 1997

Schmidt, Gustav, Strukturen des „Kalten Krieges" im Wandel, in: Wiggershaus, Norbert/Krüger Dieter (Hrsg.), Konfrontationsmuster des Kalten Krieges 1946–1956, München 2003, S. 175–188

Schnabel, James F., The Joint Chiefs of Staff and National Policy, 1945–1947 (= The History of the Joint Chiefs of Staff, vol. 1), Wilmington, Del. 1979

Schnabel, James F., United States Army in the Korean War. Policy and Direction. The First Year, Washington, D.C. 1972

Schrecker, Ellen, Many are the Crimes. McCarthyism in America, Boston 1998

Schwarz, Hans-Peter (Hrsg.), Adenauer und die Hohen Kommissare. 1949–1951, München 1989

Semin, Ju. N./Ruban, S. N., Učastie SSSR v korejskoj vojne (novye dokumenty), in: Voprosy istorii 1994, Nr. 11, S. 3–20

Shen, Zhihua, China Sends Troops to Korea. Beijing's Policy-Making Process, in: Xiaobing Li, Hongshan (Hrsg.), China and the United States. A New Cold War History, Lanham 1998, S. 13–47

Shen, Zhihua, The Discrepancy Between the Russian and Chinese Versions of Mao's 2 October 1950 Message to Stalin on Chinese Entry into the Korean War. A Chinese Scholar's Reply, in: CWIHP Bulletin. Issues 8–9. Winter 1996/1997, S. 237–242

Shen, Zhihzs, Interests conflicts and their solution during the talks on the Sino-Soviet treaty of 1950, in: Social sciences in China (2002) H. 2, S. 41–53

Shen, Zhihua, „Sino-North Korean Conflict and its Resolution during the Korean War," Cold War International History Project Bulletin, Issue 14/15 (Winter 2003/Spring 2004), S. 9–24

Shen, Zhihua, ZhongSu tiaoyue tanpan zhong de liyi chongtu ji qi jiejue, in: Lishi yanjiu (2001) H. 2, S. 39–55

Simmons, Robert R., The Strained Alliance. Peking, P'yongyang, Moscow and the Politics of the Korean War, New York/London 1975

Simonov, Nikolaj S., Voenno-promyšlennyj kompleks SSSR v 1920–1950-e gody: tempy ekonomičeskogo rosta, struktura, organizazija proizvodstva i upravlenie, Moskva 1996

Skvorcov, A.S., General'nyj štab v sisteme organov central'nogo voennogo upravlenija strany, in: VIŽ, Nr. 1, 2003, S. 7

Sisk, Thomas M., Forging the Weapon: Eisenhower as NATO's Supreme Allied Commander Europe, 1950–1952, in: Eisenhower: A Centenary assessment, ed. by Günter Bischof, Stephen E. Ambrose, London 1995, S. 64–83

Slapentokh, Vladimir, China in the Russian mind today: ambivalence and defeatism, in: Europe-Asia studies Vol. 59 (2007) H. 1, S. 1–21

Sokraščenie Vooružennych Sil SSSR v sredine 50-ch godov, in: Voennye archivy Rossii, Nr. 1, 1993, S. 271–308

Sowjetische Truppen in Deutschland 1945–1994. Gedenkalbum, Moskau 1994

Sovetsko-kitajskie otnošenija, dokumenty i materialy, 1946–fevral' 1950, hrsg. von Andrej M. Ledovskij und Sergej L. Tichvinskij, 2 Bde. Moskva 2005

Starkov, Boris, The Security Organs and the Defence-Industry Complex, in: Barber, John/Harrison, Mark (Hrsg.), The Soviet Defence-Industry Complex from Stalin to Khrushchev, Houndsmills/Basingstoke/Hampshire/London 2000, S. 246–268

Statistisches Jahrbuch der DDR 1955 und 1962, Berlin 1956 und 1963

Steiner, André, Von Plan zu Plan. Eine Wirtschaftsgeschichte der DDR, München 2004

Steininger, Rolf, Der vergessene Krieg. Korea 1950–1953, München 2006

Steininger, Rolf, Deutsche Geschichte: Darstellung und Dokumente in vier Bänden, Bd. 2: 1948–1955, Frankfurt/Main 2002

Steininger, Rolf, Wiederbewaffnung: die Entscheidung für einen westdeutschen Verteidigungsbeitrag. Adenauer und die Westmächte 1950, Erlangen u. a. 1989

Stöver, Bernd, Folgen des Koreakrieges: Wahrnehmungen, Wirkungen und Erinnerungskultur in Europa und Korea vom 13. bis 15. Oktober 2005: Potsdamer Bulletin für Zeithistorische Studien 2005, Nummer 34/35, Potsdam 2005, S. 75–77

Stöver, Bernd, Der Kalte Krieg 1947–1991. Geschichte eines radikalen Zeitalters, Bonn 2007

Stöver, Bernd, Periphere Schlachten? Korea und der Koreakrieg im Kalkül der großen Mächte, in: Kleßmann/Stöver, Koreakrieg, S. 35–41.

Stoun, Isidor F., Zakulisnaja istorija vojny v Koree, Moskva 1953

Stueck, Wiliam, Rethinking the Korean War. A New Diplomatic and Strategic History, Princeton 2002

Stueck, William (Hrsg.), The Korean War in World History, Lexington 2004

Stueck, William, The Korean War. An International History, Princeton 1995

Stulz-Herrnstadt, Nadja, Das Herrnstadt-Dokument. Das Politbüro der SED und die Geschichte des 17. Juni 1953, Reinbek bei Hamburg 1990

Subok, Wladislaw/Pleschakow, Konstantin, Der Kreml im Kalten Krieg. Von 1945 bis zur Kubakrise, Hildesheim 1997

Suh, Zun-Weon, Der Einfluss des Koreakrieges auf die politische Emanzipation und Wiederbewaffnung der Bundesrepublik Deutschland, Phil. Diss., München 1991

Talmon, Jacob L., The Rise of Totalitarian Democracy, Boston 1952

The Cambridge History of the Cold War. Hrsg. v. Melvyn P. Leffler, Odd Arne Westad. Bd. I. Cambrigde 2010

Thornton, Richard C., Odd Man Out. Truman, Stalin, Mao and the Origins of the Korean War, Washington, D.C., 2000

Thoß, Bruno, Kollektive Verteidigung und ökonomische Sicherheit. Die Verteidigungsplanung der NATO zwischen militärischen Erfordernissen und finanziellen Begrenzungen 1949–1967, in: Harder, Hans-Joachim (Hrsg.),Von Truman bis Harmel. Die Bundesrepublik Deutschland im Spannungsfeld von NATO und europäischer Integration, München 2000, S. 19–37

Thoß, Bruno, The Presence of American Troops in Germany and German-American Relations, 1949–1956, in: Diefenbach, Jeffrey M./Frohn, Axel/Rupieper, Hermann-Josef (Hrsg.), American Policy and the Reconstruction of West Germany, 1945–1955, Washington, D.C. 1993, S. 411–432

Thoß, Bruno, Die Sicherheitsproblematik im Kontext der sowjetischen West- und Deutschlandpolitik 1941-1952, in: „Volksarmee schaffen - ohne Geschrei!“ Studien zu den Anfängen einer „verdeckten Aufrüstung“ in der SBZ/DDR 1947–1952, hrsg. v. Bruno Thoß, München 1994, S. 23–89

Thoß, Bruno (Hrsg.), Volksarmee schaffen – ohne Geschrei! Studien zu den Anfängen einer „verdeckten Aufrüstung“ in der SBZ/DDR 1947–1952, München 1994

Torkunov, A.V./Ufimcev, E.P., Korejskaja problema. Novyj vzgljad, Moskva 1995

Torkunov, Anatolij V., Zagadočnaja vojna. Korejskij konflikt 1950–1953 godov, Moskva 2000

Tucker, Spencer C. (Hrsg.), Encyclopedia of the Korean War. A Political, Social, and Military History, Bd. 1, Santa Barbara, California 2000

Tumanov, Grigorij, Štykovaja ataka Kim Ir Sena, in: Novoe vremja (1993) H. 23, S. 32–34

Uhl, Matthias, „Rakete ist Verteidigung und Wissenschaft." Die militärische Raketenentwicklung der Sowjetunion im Kalten Krieg, in: Erichsen, Johannes/Hoppe, Bernhard M. (Hrsg.), Peenemünde. Mythos und Geschichte der Rakete 1923–1989, Berlin 2004, S. 87–98

Vanin, Ju. V., Korejskaja vojna (1950–1953) i OON. Moskva 2006

Vanin, Ju. V., Nekotorye voprosy predystorii i načala Korejskoj vojny, in: Vojna v Koree 1950–1953 gg. Vzgljad čerez 50 let. Materialy meždunarodnoj naučno-teoretičeskoj konferencii, Moskva 2001, S. 21–29

Verhandlungen des Deutschen Bundestages, 1. Wahlperiode 1949, Stenographische Berichte, Bd. 5, Bonn 1951

Vestnik (sbornik archivnych dokumentov). Moskva 1996

Villaume, Poul, Allieret med forbehold. Danmark, NATO og den kolde krig. En studie i dansk sikkerhedspolitik 1949–1961, København 1995

Volkmann, Hans-Erich, Die innenpolitische Dimension Adenauerscher Sicherheitspolitik in der EVG-Phase, in: L. Köllner u. a., Die EVG-Phase. München 1990, S. 235–604,

Volkogonov, Dmitrij A., Triumf i tragedija. Političeskij portret I. V. Stalina, in: Oktjabr', 1989, Nr. 10, S. 40–69

Volkogonov, Dmitrij A., Sem' voždej. Galerija liderov SSSR v 2-ch knigach, kniga I, Moskva 1995

Wampler, Robert A. Ambiguous Legacy. The United States, Great Britain and the Foundation of NATO Strategy, 1948–1957, 2 vols., Ann Arbor 1996

Watt, Donald C., Die Sowjetunion im Urteil des britischen Foreign Office 1945–1949, in: Niedhart, Gottfried (Hrsg.), Der Westen und die Sowjetunion, Paderborn 1983, S. 235–252

Weathersby, Karen, „‚Should We Fear This?': Stalin and the Danger of War with America," Working Paper No. 39, Cold War International History Project Washington, DC 2002

Weathersby, Kathryn, Soviet Aims in Korea and the Origins of the Korean War, 1945–1950: New Evidence from Russian Archives. Washington, D.C. 1993

Weathersby, Karen, The Soviet Role in the Korean War: The State of Historical Knowledge, in: W. Stueck (Hrsg.), The Korean War in World History, Lexington 2004, S. 61–92

Weathersby, Kathryn, „Stalin, Mao, and the End of the Korean War," in: Westad, Odd Arne (Hrsg.), Brothers in Arms: The Rise and Fall of the Sino-Soviet Alliance, Washington/Stanford 1998, S. 90–116

Weathersby, Kathryn, „To Attack or Not to Attack?: Stalin, Kim Il Sung and the Prelude to War," Cold War International History Project Bulletin, 5 (1995), S. 1–9

Wegener Friis, Thomas, Den nye nabo. DDR's forhold til Danmark 1949–1960, København 2001

Wenzke, Rüdiger, Auf dem Wege zur Kaderarmee. Aspekte der Rekrutierung, Sozialstruktur und personellen Entwicklung des entstehenden Militärs in der SBZ/DDR bis 1952/53, in: Thoß, Bruno (Hrsg.), Volksarmee schaffen - ohne Geschrei! Studien zu den Anfängen einer „verdeckten Aufrüstung" in der SBZ/DDR 1947–1952, München 1994, S. 205–272

Wettig, Gerhard, Entmilitarisierung und Wiederbewaffnung in Deutschland 1943–1955, München 1967

Wettig, Gerhard, Neue Erkenntnisse aus sowjetischen Geheimdokumenten über den militärischen Aufbau in der SBZ/DDR 1947–1952, in: Militärgeschichtliche Mitteilungen, 53 (1994) 2, S. 399–419

Wettig, Gerhard, Stalins Aufrüstungsbeschluss. Die Moskauer Beratungen mit den Parteichefs und Verteidigungsministern der „Volksdemokratien" vom 9. bis 12. Januar 1951, in: Vierteljahreshefte für Zeitgeschichte, 53 (2005), S. 635–650

Wettig, Gerhard, Vorgeschichte und Gründung des Warschauer Paktes, in: Militärgeschichtliche Zeitschrift, 64 (2005), S. 151–176

Whiting, Allen S., China Crosses the Yalu. The Decision to Enter the Korean War, New York 1960

Wiggershaus, Norbert, Bedrohungsvorstellungen Bundeskanzler Adenauers nach Ausbruch des Korea-Krieges, in: Militärgeschichtliche Mitteilungen, 25, 1979, S. 79–122

Wiggershaus, Norbert, Die Entscheidung für einen westdeutschen Verteidigungsbeitrag 1950, in: Foerster, Roland G. u. a., Von der Kapitualtion bis zum Pleven-Plan, München/Wien 1982, S. 325–402

Wiggershaus, Norbert, Nordatlantische Bedrohungsperzeptionen im „Kalten Krieg" 1948–1956, in: Das Nordatlantische Bündnis 1949 bis 1956, Auftrag des Militärgeschichtlichen Forschungsamtes hrsg. von Klaus A. Maier, Norbert Wiggershaus, München 1993, S. 17–54

Yoo, Jeh Seung, Der Koreakrieg und der sowjetische Einfluss auf die Kriegsführung der Koreanischen Volksrepublik, Bochum 2003

Zaloga, Steve, The Kremlin's nuclear sword. The rise and fall of Russia's strategic nuclear forces, 1945–2000, Washington/London 2002

Zavališin, Jurij K., Ob'ekt 551, Saransk 1996

Zhang, Shu Guang, Mao's Military Romanticism: China and the Korean War 1950–1953, Kansas 1995

Zhanhou ZhongSu guanxi zouxiang (1945–1960): Zhong E(Su) guanxi xueshu lunwenxuan. Beijing 1997

Zolotarev, V.A. (Hrsg.), Rossija (SSSR) v lokal'nych vojnach i vooružennych konfliktach vtoroj polovinyj XX veka, Moskva 2000

Zubok, Vladislav/Pleshakov, Constantin, Inside the Kremlin's Cold War. From Stalin to Khrushchev, Cambridge 1996

Abkürzungen

AEC	Atomic Energy Commission
AG	Aktiengesellschaft
AAN	Archiwum Akt Nowych – Archiv für neue Akten
ANZUS	Australia, New Zealand, United Nations
ARZ	Archiwum Ruchu Zawodowego – Archiv der polnischen Gewerkschaftsbewegung
AVP RF	Archiv vnejšnej politiki Rossijskoj Federacii – Archiv für Außenpolitik der Russischen Föderation
B	Flugzeuge der Firma Boeing
BALTAP	Allied Command Baltic Approaches
BA-MA	Bundesarchiv-Militärarchiv Freiburg
BBC	British Broadcasting Corporation
BND	Bundesnachrichtendienst
BRD	Bundesrepublik Deutschland
C	Flugzeuge der Firma Curtis
CC	Central Committee
CIA	Central Intelligence Agency
CRZZ	Centralna Rada Związków Zawodowych
CSU	Christlich-Soziale Union
ČSSR	Československá Socialistická Respublika – Tschechoslowakische Sozialistische Republik
CWIHPB	Cold War International History Project Bulletin
DDR	Deutsche Demokratische Republik
DGB	Deutscher Gewerkschaftsbund
DPRK	Democratic People's Republic of Korea
DVRK	Demokratische Volksrepublik Korea
F	Kennzeichung für us-amerikanische Jagdflugzeuge
FDP	Freie Demokratische Partei
FRUS	Foreign Relations of the United States. Diplomatic Papers.
Gen.	General
GRU	Glavnoe razvedyvatel'noe upravlenie Genštaba – Hauptverwaltung Aufklärung des Generalstabes
GŠ VS SSSR	General'nyj štab Vooružennych Sil SSSR – Generalstab der Streitkräfte der UdSSR
GuLag	Glavnoe upravlenie lagerej – Hauptverwaltung Lager
HVA	Hauptverwaltung für Ausbildung
JCS	Joint Chiefs of Staff
KDVR	Koreanische Demokratische Volksrepublik
KP	Kommunistische Partei
KPA	Korean People's Army
KPD	Kommunistische Partei Deutschlands
KPdSU	Kommunistische Partei der Sowjetunion
KPSS	Kommunističeskaja partija Sovestskogo Sojuza – Kommunistische Partei der Sowjetunion
KVP	Kasernierte Volkspolizei

M	Flugzeuge aus dem Konstruktionsbüro Mjaciščev
MAAG	Military Assistance Advisory Group, Indochina
MBP	Ministerstwo Bezpieczeństwa Publicznego
METO	Middle East Treaty Organization
MGB	Ministerstvo gosudarstvennoj bezopasnosti SSSR – Ministerium für Staatssicherheit der UdSSR
MIA	Missing in Action
MIAK	Militärisch-Industriell-Akademischer Komplex
MiG	Flugzeuge aus dem Konstruktionsbüro Mikojan/Gurevič
Mrd.	Milliarden
MVD	Ministerstvo vnutrennych del SSSR – Innenministerium der UdSSR
NATO	North Atlantic Treaty Organisation
ND	Neues Deutschland
NSA	National Security Agency
NSC	National Security Council
PRC	People's Republic of China
PVO	Protivovozdušnaja oborona Strany – Heimatluftverteidigung
PZPR	Polska Zjednoczona Partia Robotnicza
RDS	Bezeichnung für sowjetische Atombomben
RGAĖ	Rossijskij gosudarstvennyj archiv ėkonomiki – Russisches Staatsarchiv für Wirtschaft
RGANI	Rossijskij gosudarstvennyj archiv novejšej istorii – Russisches Staatsarchiv für Zeitgeschichte
RGASPI	Rossijskij gosudarstvennyj archiv social'no-političeskoj istorii – Russisches Staatsarcchiv für sozialpolitische Geschichte
RGW	Rat für Gegenseitige Wirtschaftshilfe
ROK	Republic of Korea
SAC	Strategic Air Command
SACEUR	Supreme Allied Commander Europe
SAPMO-BArch	Stiftung Archiv der Parteien und Massenorganisationen der DDR im Bundesarchiv
SBZ	Sowjetische Besatzungszone
SEATO	South East Asia Treaty Organization
SED	Sozialistische Einheitspartei Deutschlands
SPD	Sozialdemokratische Partei Deutschlands
SSSR	Sojuz Sovetskich Socialističeskich Respublik – Union der Sozialistischen Sowjetrepubliken
SŠA	Soedinennye Štaty Ameriki – Vereinigte Staaten von Amerika
SVR	Služba Vnešnej Razvedki – Auslandsnachrichtendienst der Russischen Föderation
T	Tank – Panzer
TAC	Tactical Air Command
TOP	Tagesordnungspunkt
Tu	Flugzeuge des Konstruktionsbüro Tupolev
U-Boot	Unterseeboot
U-Jäger	Unterseebootjäger
UN, UNO	United Nations, United Nations Organisation
US/U.S.	United States
USA	United States of America

UdSSR	Union der Sozialistischen Sowjetrepubliken
USSR	Union of Soviet Socialist Republics
VoA	Voice of America
VPK(b)	Vsesojuznaja kommunističeskaja partija (bol'ševikov) – Kommunistische Partei der Sowjetunion (Bolschewiki)
VR	Volksrepublik
VRCh	Volksrepublik China
ZK	Zentralkomitee

Die Autoren

Prof. Dr. Bernd Bonwetsch, Historiker, Gründungsdirektor des Deutschen Historischen Instituts, Moskau

Dr. Dr. Irina V. Bystrova, Historikerin, leitende wissenschaftliche Mitarbeiterin am Institut für russische Geschichte der Akademie der Wissenschaften der Russischen Föderation

Dr. Ciesla, Burghard, Historiker, Wissenschaftlicher Mitarbeiter am Historischen Institut der Universität Potsdam

Außerordentlicher und Bevollmächtigter Botschafter Prof. Dr. Valerij I. Denisov, Historiker und Jurist, Hauptwissenschaftler am Forschungszentrum für Ostasien und die Shanghaier Organisation für Zusammenarbeit des Moskauer Staatsinstituts für internationale Beziehungen des Außenministeriums der Russischen Föderation

Dr. Dr. Natalja I. Egorova, Historikerin, Leiterin des Zentrums für die Erforschung des Kalten Krieges am Institut für allgemeine Geschichte der Akademie der Wissenschaften der Russischen Föderation

Prof. Dr. Dariusz Jarosz, Historiker, Professor für Geschichte an der Universität Warschau und an der Polnischen Akademie der Wissenschaften

PD Dr. Dieter Krüger, Historiker, Wissenschaftlicher Mitarbeiter am Militärgeschichtlichen Forschungsamt Potsdam/Dozent an der Universität Halle/Wittenberg

Dr. Peter M. Kuhfus, Historiker, Akademischer Oberrat an der Philosophischen Fakultät der Universität Tübingen

Dr. Kristine Midtgaard, Dozentin an der Universität von Süd-Dänemark

Dr. Bernd Schäfer, Historiker, Senior Research Scholar, Woodrow Wilson International Center, Washington D.C. und Professorial Lecturer, German Department, George Washington University, Washington D.C.

Prof. Dr. Rolf Steininger, Historiker, Professor an der Freien Universität Bozen

Dr. Bruno Thoss, Historiker, bis 2008 Kommissarischer Leiter der Abteilung Forschung am Militärgeschichtlichen Forschungsamt Potsdam

Dr. Matthias Uhl, Historiker, wissenschaftlicher Mitarbeiter am Deutschen Historischen Institut Moskau

Kathryn Weathersby, Historikerin, Washington D.C.

Dr. Thomas Wegener Friis, Historiker, Assistant Professor an der Universität von Süd-Dänemark

Dr. Rüdiger Wenzke, Historiker, Wissenschaftlicher Mitarbeiter am Militärgeschichtlichen Forschungsamt Potsdam

Generaloberst Dr. Jeh Seung Yoo, Militär/Historiker, Direktor des Politischen Planungsbüros des Ministeriums für Nationale Verteidigung der Republik Korea

Personenregister

www.ingramcontent.com/pod-product-compliance
Lightning Source LLC
Chambersburg PA
CBHW050737110426
42814CB00006B/286
9783486712711